普通高等教育"十一五"国家级规划教材

投资项目评估

（第3版）

主　　编　徐　强
编写人员　徐　强　陈洪转　牛建高
　　　　　曹楠楠　徐　晔　权　延
　　　　　王　耘　徐天舒

东南大学出版社
·南京·

内 容 提 要

本书介绍了各类实业投资项目评估的基本原理,内容包括项目建设环境与条件评估、投资项目环境影响评估、项目技术与规模评估、投资项目财务评价、投资项目经济费用效益分析和费用效果分析、投资项目的不确定性分析等,教材还对不同类型项目的比较与选择、一些特殊项目的经济评估以及运用Excel对投资项目评估的财务与经济分析进行计算的方法进行了介绍。在"大众创业,万众创新"和中国经济转型大背景下,教材还对创业投资项目的评估进行了介绍。所有这些内容安排,以及教材材料组织及语言设计的原则都是从投资项目评估的"三基"训练入手的,所以特别在评估的基本思路和实际动手能力方面作了安排。本教材每章都附有学习要点、重点与难点、基本概念提示、延伸阅读材料、网络学习资源提示、能力训练等内容,方便使用者进行自我训练。

本书可作为金融学专业学生的教材,也可供财务管理、工程管理、项目管理、投资经营管理和其他管理专业的学生以及专业人员作为教材或参考书使用。

图书在版编目(CIP)数据

投资项目评估/徐强主编. —3版. —南京:东南大学出版社,2020.6(2024.7重印)
 ISBN 978-7-5641-8902-0

Ⅰ.①投… Ⅱ.①徐… Ⅲ.①投资项目—项目评价—高等学校—教材 Ⅳ.①F830.59

中国版本图书馆 CIP 数据核字(2020)第 085054 号

投资项目评估(第3版)
Touzi Xiangmu Pinggu(Di-san Ban)

| 主　　编:徐　强
| 出版发行:东南大学出版社
| 社　　址:南京市四牌楼 2 号　邮编:210096
| 出 版 人:江建中
| 网　　址:http://www.seupress.com
| 电子邮件:press@seupress.com
| 经　　销:全国各地新华书店
| 印　　刷:丹阳兴华印务有限公司
| 开　　本:787mm×1092mm　1/16
| 印　　张:21.75
| 字　　数:543 千字
| 版　　次:2020 年 6 月第 3 版
| 印　　次:2024 年 7 月第 3 次印刷
| 书　　号:ISBN 978-7-5641-8902-0
| 定　　价:48.00 元

本社图书若有印装质量问题,请直接与营销部联系。电话(传真):025-83791830
本书有参考 PPT,选用该教材的教师请联系 xq8xq8@126.com;LQCHU234@163.com

第3版前言

在改革开放40周年的庆典之后,我们又迎来了2019年中华人民共和国成立70周年大典,中国投资已经进入一个新的阶段,市场化的投资行为促进了中国实体经济的蓬勃发展,但各路资金在寻找投资机会时都存在一个如何评估项目的问题,这就是本教材要解决的问题。

本教材第1版2005年面市后,受到广大读者的喜爱,几度重印,2007年被列入国家教育部"十一五"规划教材。2010年第2版在第1版基础上,根据2006年8月国家发展改革委员会和建设部《建设项目经济评价方法与参数》(第3版)的要求,对财务和经济评价部分进行了全面修订,并对投资项目评估的计算机运用进行了修订。教材第2版出版后,六次重印,受到读者的好评,在读者要求下,现在出版第3版,以适应新的投资市场形势要求。

第3版保留了第2版突出实践性特点的优点,在保留了每章都附有学习要点、重点、难点,附有能力训练题的基础上,对投资项目评估的新的进展进行了补充。除了文字的修正和部分内容的更新外,教材第3版增加了两个重要内容:

1. 在不确定性分析部分,增加了实物期权和期权博弈的相关分析内容。这是投资项目评估在传统净现值法基础上的新的研究成果,已经被广泛应用于不确定的投资项目的价值分析和评估中。添加这部分内容使得投资项目评估内容更加完整,教材更加全面。

2. 在常规投资项目评估基础上,增加了创业投资的项目评估内容。在当下"大众创业、万众创新"、中国经济转型的大背景下,对于包括风险投资、私募股权投资等在内的创业投资项目的评估,成为市场投资者需要研究和学习的重要内容,尤其是年轻创业者们迫切需要专业的创业投资知识,添加这部分内容使得投资项目评估方法更科学,本教材的适用面更广。

本教材第3版依旧由南京航空航天大学经济与管理学院徐强教授主编,具体参与第3版编写的人员及分工如下:南京航空航天大学徐强教授编写第一章、第二章、第四章、第五章、第九章、第十章、第十一章、第十二章、第十三章,南京航空航天大学陈洪转教授编写第三章、第八章,河北地质大学牛建高教授、曹楠楠副教授、徐晔副教授编写第六章、第七章,南京航空航天大学王耘、徐天舒参与编写了第九章、第十二章,权延参与编写了第十三章。参与本教材第1版和第2版的编写人员还有河北大学董正信,北京农学院李萍、白华,沈阳农业大学许桂红等老师。

本教材由徐强教授统稿、审稿、定稿。

本教材在编写过程中参阅了大量前人的研究成果,其中的一部分列入了各章的阅读书目和书后的参考文献,但仍有疏漏而未被列入的,他们的文献和资料给本教材的编写提供了许多资料、信息和启发,本教材编者在此表示衷心的感谢!本教材的第3版的顺利出版得到东南大学出版社各位编审人员的支持,对他们的工作表示衷心感谢!

由于编者水平有限、时间仓促,本教材肯定存在不尽人意之处,欢迎读者朋友给予批评指正,以便再版时进一步完善,主编的电子邮箱为 xq8xq8@126.com。本教材每章之后的能力训练题目有参考答案,欢迎使用者向主编索取。

目 录

第一章　绪论 ……………………………………………………………………… (1)
　　第一节　投资、项目及其投资项目的内涵 ………………………………… (1)
　　第二节　投资项目发展周期及投资项目评估的位置 ……………………… (4)
　　第三节　投资项目的可行性研究及投资项目评估 ………………………… (7)
　　第四节　投资项目评估与可行性研究、项目管理的关系 ………………… (11)

第二章　投资项目资金的时间价值 ………………………………………………… (20)
　　第一节　投资项目资金时间价值的基本原理 ……………………………… (20)
　　第二节　投资项目的现金流量 ……………………………………………… (25)
　　第三节　投资项目资金时间价值的计算 …………………………………… (31)

第三章　投资项目建设环境与条件评估 …………………………………………… (48)
　　第一节　项目投资背景分析评估 …………………………………………… (48)
　　第二节　项目投资环境评估 ………………………………………………… (50)
　　第三节　投资项目建设的市场分析 ………………………………………… (57)
　　第四节　投资项目建设条件评估 …………………………………………… (64)
　　第五节　项目生产条件评估 ………………………………………………… (72)

第四章　投资项目环境影响评估 …………………………………………………… (79)
　　第一节　项目环境影响评估的意义 ………………………………………… (79)
　　第二节　建设项目环境影响评估发展过程及其法律制度的历史回顾 …… (81)
　　第三节　项目可能造成环境污染的因素与后果 …………………………… (84)
　　第四节　项目环境影响评估的内容和一般程序 …………………………… (86)
　　第五节　项目环境影响的经济损益分析 …………………………………… (94)
　　第六节　环境保护措施的评估 ……………………………………………… (96)

第五章　项目总体方案、技术与规模评估 ………………………………………… (110)
　　第一节　总体方案和总平面布置方案评估 ………………………………… (110)
　　第二节　生产工艺技术与设备评估 ………………………………………… (113)

第三节　项目生产规模的评估 …………………………………………………… (119)

第六章　投资项目财务数据估算 ……………………………………………… (136)
　　第一节　投资项目财务数据估算概述 …………………………………………… (136)
　　第二节　项目投资估算与资金筹措 ……………………………………………… (140)
　　第三节　项目成本费用的估算 …………………………………………………… (157)
　　第四节　项目营业收入、税金及利润的估算 …………………………………… (164)

第七章　投资项目财务评价 …………………………………………………… (170)
　　第一节　财务评价指标体系与基本报表 ………………………………………… (170)
　　第二节　项目财务盈利能力分析 ………………………………………………… (182)
　　第三节　项目清偿能力分析与财务生存能力分析 ……………………………… (189)

第八章　投资项目经济费用效益分析和费用效果分析 ……………………… (194)
　　第一节　经济费用效益分析和费用效果分析概述 ……………………………… (194)
　　第二节　影子价格及国家参数 …………………………………………………… (201)
　　第三节　经济费用效益评估报表 ………………………………………………… (216)
　　第四节　经济费用效益（效果）评估指标及其分析 …………………………… (221)

第九章　投资项目的不确定性分析 …………………………………………… (225)
　　第一节　投资项目不确定性分析概述 …………………………………………… (225)
　　第二节　传统的不确定性分析 …………………………………………………… (226)
　　第三节　基于实物期权的不确定性分析 ………………………………………… (231)
　　第四节　基于期权博弈的不确定性分析 ………………………………………… (235)

第十章　投资项目总评估 ……………………………………………………… (248)
　　第一节　项目总评估的作用 ……………………………………………………… (248)
　　第二节　项目总评估的内容 ……………………………………………………… (250)
　　第三节　区域、产业经济和宏观经济影响分析 ………………………………… (252)
　　第四节　项目总评估的步骤与方法 ……………………………………………… (255)
　　第五节　项目评估报告的撰写与要求 …………………………………………… (256)

第十一章　特殊项目的经济评估 ……………………………………………… (260)
　　第一节　改扩建项目的经济评估 ………………………………………………… (260)
　　第二节　并购项目的经济评估 …………………………………………………… (271)

第三节　部分行业项目的经济评估 ………………………………………… (276)

第十二章　创业投资项目评估 ……………………………………………… (285)
   第一节　创业投资项目评估概述 …………………………………………… (285)
   第二节　创业投资项目评估阶段及投资过程 ……………………………… (289)
   第三节　创业投资评估指标体系研究 ……………………………………… (293)
   第四节　创业投资项目评估方法研究 ……………………………………… (296)

第十三章　投资项目评估的计算机应用 …………………………………… (307)
   第一节　运用 Microsoft Excel 工具包进行项目经济评估的基本形式 ……… (307)
   第二节　Microsoft Excel 工具包中用于建设项目评估的常用函数 ………… (314)
   第三节　项目评估过程的运行和输出 ……………………………………… (328)

参考文献 ………………………………………………………………………… (340)

第一章 绪 论

【学习要点】投资及其投资项目是现代经济活动的重要组成部分,投资项目评估作为投资的一个重要环节,肩负着对投资效益的把关作用。本章的学习要点主要是把握投资的内涵,投资项目评估在投资中的地位和作用,学习包括投资、风险投资、投资项目、可行性研究、投资项目评估等基本概念在内的基本知识,了解项目发展周期、项目管理周期、可行性研究、投资项目评估等基本问题。投资项目评估既是投资领域的一门具体操作性的课程,又是融资环节重要的一环。

【学习重点与难点】理解投资项目评估在项目投资中的位置、作用,明确项目评估与可行性研究的不同作用和异同,明确投资项目评估在项目管理中的地位。学习的难点在于:由于分析主体角度不同,视角和方法存在差异,从而导致对项目评估和可行性研究的理解的区分。

【基本概念】投资　风险投资　投资项目　项目可行性研究　项目评估　项目发展周期　项目管理

第一节　投资、项目及其投资项目的内涵

一、投资的含义

投资是指投资主体为获取未来效益而在当下进行的要素投入并形成资产的活动。理解这个概念需要分别理解以下几个名词:"投资主体""效益""要素""资产"。

投资主体是投资的主导,既可以是企业、政府、事业单位等法人单位,也可以是自然人,但投资主体的性质的不同,决定了它们所追求的投资目标也会不同,因而投资所要获得的"效益"就可能是经济效益(即收益),也可能是社会效益和生态环境效益,或者兼而有之。而为投资所要投入的"要素"既包括资金,也包括技术、土地和人力资源等其他要素;投资所形成的"资产"既包括实物资产,也包括金融资产。

在这个概念中,投资实际上包含了三层含义:投资要追求某种"效益";投资是为未来谋取效益,因而存在预期与结果的可能的不一致,这就是"风险",投资存在风险;投资需要在时间轴上进行选择,以保证最大的效益,因而需要保持要素或者资产的"流动性"。换句话说,真正的投资是需要考虑"效益—风险—流动性"的统一。

在现代经济与金融两种体系中,"投资"的概念和含义是有差别的。

按照西方经济学家的观点,投资(微观的含义)就是指证券、金融投资,因此,在以他

们的理论为核心的现代金融学的体系中,投资学成为核心课程之一,而这个投资学即为证券投资学,投资就是证券投资。至于实物领域的投资活动,他们认为应属于经济体系的内容,由经济学研究,不属于金融范畴。

改革开放之前,我国的投资实践主要是在实物投资领域,来源于马克思的投资理论,也主要是解决实物投资的问题,因而长期形成的投资概念主要是指的实物投资的概念,改革开放后,逐步恢复了金融证券的投资体系,因而目前经济学界的"投资"概念是既包括实物投资,也包括金融投资。

从本质角度讲,投资主要应该指实物投资,因为只有实物投资才能增加一国经济生产的能力,才是经济增长的因素。而金融投资仅表现为所有权的转移,并不构成生产能力的增加。但是现代经济条件下,金融投资将在很大程度上影响实物投资的规模和效果,能够为实物投资提供足够的资金,金融投资有利于实物投资能力的提高。

投资项目评估里所讲的"投资"则是指实物投资,因而是我国的投资概念。本教材后面如果不加特别说明的话,"投资"均是指实物投资的概念。

在实物投资领域,由于"效益—风险—流动性"的不同,投资也存在巨大的不同,譬如对风险很大的投资,我们通常称为"风险投资"。由于风险投资的巨大风险,因而对风险投资项目的分析和评估与一般意义上的投资分析和评估存在较大的区别,前者过去更多是从冒险和制度设计安排上解决风险的问题,因而过去的"投资项目评估"主要针对的不是这类"风险投资"项目。第二次世界大战结束之后,世界经济发展和竞争的节奏越来越快,风险投资对保持经济的高速增长起到巨大的推动作用,因而对风险投资的分析和评估也就提到了议事日程上来。

二、项目和投资项目的含义

项目是在事先限定的资源及限定的时间内需要完成的一次性任务。具体可以是一项工程、服务、研究课题及活动等。项目的一次性、不重复的性质,使得项目没有像重复劳动那样的能够通过经验积累获得提高解决问题的能力。每个项目都是独特的,因而项目的实施需要谨慎,需要较好地事先规划,这样才有可能在满足时间性目标(如在规定的时段内或规定的时点之前完成)、成果性目标(如提供某种规定的产品或服务的能力)、约束性目标(如不超过规定的资源限制)、其他需满足的要求(包括必须满足的要求和尽量满足的要求)的前提下,完成任务。所以,项目投资的评估非常重要!

项目中的最重要的一类就是"投资项目",亦称建设项目,一般来说,是指在一个总体设计范围内,由一个或几个单项工程[①]所组成的,经济上实行单独核算、行政上实行统一

---

① 一个建设工程项目由单项工程、单位工程、分部工程、分项工程四级构成。单项工程是建设项目的组成部分,是具有独立的设计文件,在竣工后可以独立发挥效益或生产能力的独立工程,如一个仓库、一幢住宅;单位工程是不能独立发挥生产能力的,但有独立的施工组织设计和图纸的工程,如土建工程、安装工程;分部工程,是指按工程的种类或主要部位将单位工程划分为分部工程,如基础工程、主体工程、电气工程、通风工程等;分项工程,是指按不同的施工方法、构造及规格将分部工程划分为分项工程,如土方工程、钢筋工程、给水工程中的铸铁管等安装。

管理的建设单元。

一个投资项目一般由以下要素构成：

——投资资金。是指具有能用于项目土建工程和机器设备及其安装等投资的资金，也包括之后项目的运行资金。

——实施能力和计划。指具备提供有关工程设计、技术方案、实施施工监督、改进操作和维修等投资活动的能力，并将其拟定为明确的实施计划。

——组织机构。拥有一个按集中统一原则组织起来的，能协调各方面关系，促进各类要素合理配置，高效、精干的组织机构。

三、投资项目的分类

根据不同的标准，投资项目有着不同的类型。

（一）根据项目在寿命周期的不同阶段，投资项目分为风险投资项目和非风险投资项目

风险投资主要是为了培育未来具有发展潜力的，项目还没有形成规模的那些具有较大风险的投资行为，这个时候的投资需要远见和胆识，具有较大的风险性，所以称之为风险投资。风险投资项目主要是在高新技术领域、新的商业模式、新的市场形式等有巨大的发展潜力的那些投资项目，主要是面向初创型企业的项目。具体的风险投资项目根据风险的不同，分为天使投资项目、风险投资项目（VC项目）、私募股权投资项目（PE项目）等不同类型。除此之外的大多数的投资项目就是非风险投资项目，过去的投资项目评估主要是针对这类项目所进行的评估活动。

（二）根据项目的目标，分为经营性项目和非经营性项目

经营性项目通过投资以实现所有权益的市场价值最大化为目标，以投资牟利为行为倾向。绝大多数生产或流通领域的投资项目都属于这类项目。非经营性项目不以追求营利为目标，其中既包括本身没有经营活动、没有收益的项目，如城市道路、公共绿化等，也包括本身有生产经营活动，但产品价格不由市场机制形成的为公众提供基本生活服务的项目。对于经营性项目，其财务分析要分析项目的盈利能力、偿债能力和财务生存能力；而对非盈利项目，财务分析不是评估的重点，财务分析主要分析项目的财务生存能力。

（三）根据项目的产出属性（产品或服务），分为公共项目和非公共项目

公共项目是指为满足社会公众需要，生产或者提供公共物品（包括服务）的项目，公共物品的特征是具有非排他性或者排他无效率。非公共项目是指除了公共项目以外的其他项目。公共项目的效益常常不能简单地使用经济效益来评价，而非公共项目的重要特征是供应商能够向那些想消费这种商品的人收费并因此得到利润，因而经济效益是重要评估依据。

（四）根据项目与企业原有资产的关系，分为新建项目和改扩建项目

新建项目就是建设一个与原有资产无关的完全独立的项目，改扩建则是在原有资产基础上的改造。改扩建项目与新建项目的区别在于，前者是在原有企业基础上进行建设的，在不同程度上利用了原有企业的资源，以增量带动了存量，以较小的新增投入取得较大的新增效益，因而其分析的方法更多采用增量分析法、有无比较法。

(五)根据项目的融资主体,分为新设法人项目和既有法人项目

新设法人项目由新组建的项目法人为项目主体进行融资,其特点是:项目投资由新设法人筹集的资本金和债务资金构成;由新设项目法人承担融资责任和风险;从项目投产后的财务效益情况考察偿债能力。而既有法人项目则要依托现有法人为项目主体进行融资,其特点是:拟建项目不组建新的项目法人,由既有法人统一组织融资活动并承担责任和风险;拟建项目一般是在既有法人资产和信用的基础上进行的,并形成增量资产;从既有法人的财务整体状况考察融资后的偿债能力。

(六)根据项目的投资主体,分为政府投资项目、私人投资项目;国内投资项目、外资投资项目等

政府投资项目资金来源于财政,私人投资项目资金来源于民间,因而需要评估的角度和内容都有差异。

国内投资项目是指全部由国内投资者兴建的项目。其资金来源可以是投资者的自有资金,也可以是投资者在国内外筹集的资金。外资投资项目的资金来源主要是海外投资者提供的投资项目,可以是外资独资、中外合资经营和中外合作经营(过去称为"三资项目"),他们的资金来源也是不同的。

第二节 投资项目发展周期及投资项目评估的位置

一、投资项目发展周期

投资项目发展周期是指项目从投资设想开始,经过可行性研究和设计、建设、生产,直到项目报废为止的整个发展过程。尽管说,每个投资项目性质不同,面临的内外环境有别,但都有一个发展周期问题。

从投资活动的角度看,投资项目发展周期一般包括三个阶段,即投资前阶段、投资建设阶段和生产经营阶段。其中,投资前阶段的活动具体包括两个大的阶段:投资项目决策阶段和投资项目规划设计阶段。投资项目评估是投资前阶段的投资项目决策阶段最重要的工作之一,它是从出资者角度对投资项目所进行的一次重要的把关活动。投资前阶段的工作实际上是一个投资决策问题,其质量决定着整个项目的成败,因而是极其重要的阶段。

具体的投资项目发展周期可以由如下阶段组成:

(1)投资意向;

(2)市场研究与投资机会分析;

(3)项目建议书;

(4)初步可行性研究;

(5)可行性研究;

(6)投资项目评估和决策立项;

(7)设计任务书;

（8）初步设计；

（9）建设准备；

（10）技术设计；

（11）施工图设计；

（12）施工组织设计；

（13）施工准备；

（14）施工过程；

（15）生产准备；

（16）竣工验收；

（17）投产运营和投资回报；

（18）项目后评估。

从投资前阶段的活动内容看，投资项目评估是重要内容之一。如果说，投资机会研究、投资详细可行性研究、项目设计任务书的编写等内容是由建设单位进行的话，而投资项目评估则是由与项目有关的一些管理部门和贷款银行进行的。

由于投资机会研究、投资详细可行性研究、项目设计任务书的编写等内容是由建设单位进行的，受利益驱使的影响，不可避免地带有偏见，因而往往不能保证决策的科学性。而投资项目评估由于是由与项目有关的一些管理部门和贷款银行进行的，往往能够做到客观、公正，因而能够保证决策的科学性。

二、几个国际金融机构的贷款项目管理周期

（一）世界银行的贷款项目管理周期

贷款项目管理周期是指银行对贷款项目进行管理的全过程。世界银行作为向成员国进行投资项目贷款的国际金融机构，在长期的贷款实践中，形成了一套科学的贷款项目管理办法，并将贷款项目管理周期划分为五个阶段。这五个阶段的具体内容如下：

1. 项目初选

项目初选即选择备选项目。项目初选的依据，在西方国家是项目机会研究报告或项目初步可行性研究报告，在我国是"项目建议书"。采用的方法是静态法。如果世界银行认为，项目符合贷款银行的有关规定，项目所生产的产品有良好的市场前景，效益较好，就将项目列为备选项目，接着进行下一阶段的工作。

2. 项目评估

项目评估是在项目初选的基础上进行的。评估的依据是可行性研究报告，采用的方法更多的是动态法。世界银行对建设单位提供的可行性研究报告要进行全面的分析、审查，并在此基础上编制项目评估报告，据此对项目是否贷款提出结论性意见。对于经评估认可的贷款项目，世界银行与建设单位双方签订贷款合同。

3. 付款

项目到了这一步，意味着项目进入投资实施阶段。世界银行在付款时，是遵循计划原则、设计原则、合同原则和进度原则等进行的。计划原则就是根据可行性研究报告和

项目评估报告中的年度投资计划与年度贷款计划分次支付贷款。设计原则就是根据设计规定的工程项目、设备购置和其他有关部门费用支付贷款,贷款总额不得超过初步设计概算。合同原则就是根据建设单位与世界银行签订的贷款合同、建设单位与施工单位签订的工程合同、建设单位与材料设备供应单位签订的采购合同支付款项等。进度原则就是贷款的支付要与工程施工进度、设备材料采购进度相一致,保证资金的合理运用。

银行在付款的同时,要对建设单位进行有效的监督。这种监督既包括事先监督,也包括事后监督。事先监督,就是通过调查了解或参与建设单位的有关活动,看建设单位在以往的贷款使用方面是否符合银行的有关规定,进而及时纠正贷款使用中的一些违规现象。事后监督,就是在贷款支付之后,通过对建设单位的有关部门会计与统计报表的审查、现场检查等,对建设单位贷款资金的使用进行监督。

4. 贷款的收回

银行贷款的及时收回,是保证银行资金正常周转的重要环节。因此,贷款银行应在贷款项目投产之后,陆续收回贷款的本金和利息。

为了保证按期收回贷款的本金和利息,银行应在贷款的收回阶段对建设单位的经营活动进行必要的监督,如发现问题,应提出改进性建议。

5. 后评估

后评估是指银行在收回贷款的本金和利息之后,对贷款项目进行的全面评估。其目的在于总结贷款的经验教训,以便为以后的贷款提供借鉴。

后评估是贷款项目管理周期中的重要阶段,贷款银行应给予足够的重视。

从以上贷款项目管理周期可知,项目评估是贷款项目管理周期的重要阶段,在贷款项目管理周期中处于重要地位。如果评估工作做得不好,既使初选工作失去意义,又不能保证贷款的合理进行和贷款的按期收回。因此,投资项目评估是银行提高贷款决策水平、保证银行资金顺畅流转的重要途径。

(二)亚洲开发银行贷款项目管理周期

表1-1是亚洲开发银行贷款项目管理周期的主要阶段和内容。

表1-1 亚洲开发银行贷款项目管理周期及主要工作

各阶段工作步骤	主要工作内容
1. 立项(选项)	研究国别经济和发展规划,形成亚行国别业务战略,政府要求亚行提供援助,确定国别规划图,制定国别规划,与援助机构进行协调
2. 可行性研究	政府做项目准备,聘请咨询专家做可行性研究
3. 实地考察和预评估	检查项目可行性研究,现场考察和讨论,要求提供进一步信息或采取进一步行动,亚行内部审查和预评估,项目现场考察
4. 派出评估团	与政府和执行机构讨论,检查项目的技术、经济和财务讨论,项目有关的问题和政策,决定贷款期限和条件,签署谅解备忘录
5. 准备董事会文件	行长报告和推荐书,评估报告,贷款协定和项目协议,亚行内部审查,向政府发出贷款文件草本
6. 贷款谈判	讨论贷款协定和项目协议草本,签署贷款谈判纪要

续表

各阶段工作步骤	主要工作内容
7. 董事会传阅	行长报告、评估报告和其他文件的最终定稿,将全套文件送董事会传阅
8. 批准贷款	董事会开会讨论,审查项目和有关国家的经济状况,董事会批准
9. 贷款签字	由行长和政府及执行机构的代表签署
10. 项目执行	A. 执行机构方面:选择和聘请咨询专家,完善工程设计并准备招标文件,采购机器设备,土建工程安装 B. 亚行方面:审查和批准执行机构的工作计划,检查执行机构提交的进展报告,派出考察团,贷款拨付
11. 项目完成	启用项目设施,关闭贷款拨付账户,准备项目完成报告
12. 项目效益的监控评估	详细检查项目的社会经济影响
13. 项目实施效果后评估	对照原计划和目标评价项目实际执行情况,对项目的财务经济和社会效益进行评价,总结经验教训用于未来项目的准备和执行

第三节 投资项目的可行性研究及投资项目评估

一、投资项目的可行性研究

(一) 可行性研究的产生与发展

可行性研究是指对拟建的投资项目在技术上、工程上和经济上是否合理与可行,进行全面分析和论证,并作多方案比较和评价,以期达到最佳投资效益的一种工作方法。

可行性研究在 20 世纪 30 年代美国开发中部的田纳西流域时开始运用,并取得了很好的效果,第二次世界大战以后得到广泛发展。尽管各国赋予它的名称有所不同,如西方国家叫可行性研究,前苏联叫技术经济论证,日本叫投资前研究,印度等国叫投资研究或费用分析,但基本要求和内容是相似的。通过几十年的不断充实和完善,目前已成为一门运用多种学科成果,实现投资项目决策科学化、民主化,并取得最佳投资效益的综合性新兴科学。

我国于 1981 年开始实施投资项目的可行性研究工作。1981 年 3 月 3 日国务院颁发的《关于加强基建项目管理,控制基建规模的若干规定》指出,"所有新建、扩建的大中型项目以及所有利用外资进行基建的项目都必须有可行性研究才能列入计划"。此后,原国家计划委员会颁布了一系列文件,对我国进行可行性研究的原则、编制程序、内容、方法、参数确定、审查办法等作了详细规定。世界银行规定,对任何一笔贷款项目都必须有严密的可行性研究报告。

(二) 可行性研究的步骤

可行性研究一般包括三个阶段,每个阶段的任务如下:

第一阶段是机会研究。这一阶段的主要任务是提出拟建项目的投资方向和建议,也就是在某个确定的地区,通过对该地区自然资源和建设条件的调查了解,市场供需情况的调查与预测,选择投资项目,寻找最理想的投资机会。由于这个阶段仅是提出投资的方向和建议,所以,机会研究是比较粗略的研究,一些数据主要靠情报资料来做笼统的估计,而不是详细的计算。就所需投资和产品成本的估算精确程度要求达到正负30%以内即可。

机会研究的结果,如证明是可行的,则可进入下一步的研究。

第二阶段是初步可行性研究。初步可行性研究也称预可行性研究。许多投资项目经过机会研究后,还不能决定是否值得进行详细可行性研究(即第三阶段的可行性研究),因此,就需要进行初步可行性研究。初步可行性研究的任务主要是:第一,分析机会研究的可靠性,并在详细资料的基础上分析判断投资项目可行性。第二,对关键性问题,如市场供需情况的调查与预测、生产规模的确定、设备方案的选择等进行辅助性研究。第三,确定是否应进行下一步的详细可行性研究。

初步可行性研究与详细可行性研究的结构相同,仅在细节和精确度上有所区别。在机会研究中,如果有足够的资料,足以表明可以决定直接进入详细可行性研究时,可以越过初步可行性研究阶段。

第三阶段是详细可行性研究。详细可行性研究也称技术经济可行性研究、正式可行性研究、最终可行性研究。这是项目投资前期的关键阶段。这个阶段的主要任务是对项目进行技术、经济和商务澄清方面综合分析论证的基础上,对多方案进行比较,选择最佳方案,为项目投资提供决策依据。

这一阶段的要求比较严格,投资额和成本都要根据项目的实际情况进行详细计算。精确度要求控制在正负10%以内。

通过这一阶段研究,并得出明确的结论,或是提出一个最佳的推荐法案,或者提出几个比较法案并对其利弊由决策者选定,或是说明项目不可行。

(三) 可行性研究的主要内容

可行性研究的内容,因各类项目的建设用途不同而有所差异,应根据项目的各自特点来决定。就一般工业项目来讲,要求包括以下10个方面的内容:

第一,总论,包括项目提出的背景,投资的必要性和经济意义,研究工作的依据和范围;

第二,生产产品的需求预测和项目拟建规模;

第三,资源、原材料、燃料及公用设施状况;

第四,建厂条件和厂址方案;

第五,技术设备方案;

第六,环境保护;

第七,企业组织、劳动定员和人员培训;

第八,实施进度的建议;

第九,投资估算和资金筹措;

第十,经济与社会效益评价。

(四) 可行性研究的机构与责任

承担可行性研究的机构一般是具有一定资格的咨询机构、设计部门和专业工程公司。这些机构拥有各种专门的工程技术人员和经济专家,拥有情报系统资料,能够根据投资项目的要求提出研究报告。我国利用外资建设的投资项目,可行性研究一般是由国际咨询工程公司来承担的。

可行性研究的编制单位必须对可行性研究报告的质量负责。

二、投资项目评估

(一) 投资项目评估的意义

投资项目评估是一个外来语,其原始含义是指对投资项目的审查,也称投资项目评估。

投资项目评估无论是对国家还是对企业都具有十分重要的意义。

1. 投资项目评估是避免投资决策失误的关键环节

历史的经验一再告诉我们,决策失误是最大的失误。而要避免投资决策失误,就必须对投资项目进行评估。投资项目评估是由专门的机构和人员,利用一整套科学方法进行的工作,从而可以保证投资项目决策的科学化,避免投资决策失误造成不必要的损失。

2. 投资项目评估是投资项目获得资金来源的重要依据

一个大中型项目,其大部分资金来源于银行贷款。银行部门为保证资金能够及时收回,从而保证资金的正常周转,对每一笔贷款都要采取谨慎的态度,都要有科学依据。实际工作中,银行对每一笔贷款都要根据投资项目评估的结果实施。目前,银行部门规定,不经过评估的投资项目,一律不予贷款。可见,投资项目评估是投资项目获得资金来源的重要依据。

(二) 投资项目评估的原则

投资项目评估是一个由多人参与的系统工程。为搞好投资项目评估工作,项目评估人员必须遵循以下原则:

1. 系统性原则

任何一个投资项目,不论是大型还是小型项目,不论是外部环境还是内部结构,都具有系统性质。这就要求我们在项目评估中必须树立系统观念,遵循系统分析的原则,在错综复杂的环境因素中,把项目建设的目的、功能、环境、费用、效益等联系起来进行综合的分析和判断,从而保证投资项目方案选择的科学性。

2. 效益最大化原则

讲求经济效益是人类从事经济活动的根本目的,投资项目评估也不例外。我们知道,一个投资项目在建厂规模、工作流程、原材料供应等方面客观上存在着许多方案,为了达到以较小投入获得较大的产出,必须坚持效益最大化原则,要采用科学的比选方法,找出最优方案。

3. 指标统一性原则

指标统一性原则是指在投资项目评估中使用的国家参数、效益指标应该统一。如果采用的评估指标不统一,其结果必然不同。所以,在项目评估中,必须以国家权威性机关制定的统一参数和指标为标准,并针对不同性质的项目,参考不同行业的参数和指标。

4. 价格合理性原则

投资项目评估中,必然涉及大量的价格问题。而要使评估科学,必须采用合理的价格,即采用既符合价值又反映供求关系的价格。目前,我国的价格体系仍然不尽合理,针对这一状况,对涉外项目的主要投入与产出,可采用国际市场价格;对产品主要是在国内市场销售的项目,可参照国际市场价格进行调价,以保证评估工作符合实际。

5. 方法科学性原则

进行项目评估,可采用多种方法,这些方法既有传统的经验判断方法,也有现代科学方法。为了保证评估的正确性,要力求采用的方法科学,也就是说,评估时采用的方法必须符合客观实际,并能够揭示事物内在的规律。目前,投资项目评估中使用的方法,实践证明是科学的,但应进一步完善。

6. 立场公正性原则

公正性就是指在项目评估中,要尊重客观实际,不带主观随意性,不受外界干扰,不屈服于任何压力。投资项目评估本身是一项公正性极强的技术经济论证过程,它不但对各个部门、各单位的经济利益负责,更重要的是对国家、社会的经济利益负责,没有公正性,也就失去了科学性和可靠性。

目前,各地不讲社会经济利益的一些争投资、争项目的现象依然存在,行政干预仍在投资项目决策中发挥作用,在这种状况下,坚持公正性原则就显得更为重要。

(三) 投资项目评估的内容

投资项目评估的内容是比较复杂的,不可能面面俱到。就目前来看,评估的内容主要涉及如下一些方面:

1. 投资项目建设的必要性评估;
2. 投资项目建设条件评估;
3. 技术分析;
4. 基本经济数据的审查与鉴定;
5. 项目财务效益评估;
6. 项目经济效益评估;
7. 项目不确定性分析;
8. 投资项目总评估。

(四) 投资项目评估的程序

投资项目评估是一项经济技术性很强的工作,必须按照科学的程序来进行。一般来讲,可分四步进行。

1. 制定计划阶段

投资项目评估,一般是在建设单位提交的可行性研究报告基础上进行的。对于小型项目的评估,一般是指定专人负责评估;对于大中型项目,应组织评估小组,制定评估工作计划。

在这一阶段,应根据项目的繁简程度,确定评估人员的数量与分工,并对评估的内容、重点、调查方法、途径、时间进度等进行集体讨论,并在此基础上制定出项目评估计划。

2. 搜集、整理资料阶段

评估所需要的基本数据资料,可行性研究报告大都具备,评估时应根据需要认真搜集、整理好这些资料。

为了保证评估的科学性,评估时,不能单纯地向建设单位搜集资料或拘泥于可行性研究报告提供的资料,而应广开资料搜集渠道,如从价格管理部门搜集有关价格资料,向银行部门搜集利率资料,向税务部门搜集税收资料,向设计部门搜集工艺技术标准、定额等资料,向规划部门搜集产业政策、发展规划等。

3. 系统分析阶段

这一阶段实际上就是具体的评估阶段。在这个阶段,要进行详细的审查、分析和计算。

4. 总评估阶段

系统分析阶段解决的问题实质上属于局部性的,即从项目的各个方面进行的评估。而局部之间,其结论有些是一致的,有些是不一致的,甚至是冲突的。所以,在系统分析之后,需要进行总评估。总评估实际上是一种综合性、平衡性评估。

经过总评估,评估人员应编写投资项目评估报告,对项目是否可行作出判断和结论。

第四节 投资项目评估与可行性研究、项目管理的关系

一、投资项目评估与可行性研究的关系

(一) 投资项目评估与可行性研究的相似性

项目评估与可行性研究都是投资项目前期工作的重要内容,并且二者在出发点、基本原理等方面有着一致性,所以两者之间有很多的相似性。

1. 两者均处于项目投资周期的前期阶段

项目周期分为三个阶段,投资项目评估和项目可行性研究都是处于投资前期的工作,是决策前的技术经济分析论证工作,它们都是为了实现投资决策的科学化、规范化,减少投资风险和避免投资决策失误,在投资前期所进行的工作。这些工作的成效关系到项目未来实施后的生命力、竞争力,因而它们都是决定项目投资成败的重要环节。

2. 两者的出发点一致

投资项目评估和项目可行性研究都是以企业和国家利益为出发点的,一般来说,市场是它们研究的基点,一切资源的配置都要考虑市场的需求变化,遵守国家的有关方针政策和产业政策。因而,它们在国家的宏观规划中、在企业(项目)的计划中,都扮演重要的、类似的作用。

3. 两者的基本原理一致

无论是投资项目评估,还是项目可行性研究,它们的研究目的是一样的,都是要提高项目投资的科学决策水平,因而都需要进行深入细致的调查研究,运用规范化的评价方法和统一的参数、技术标准和定额资料,采用同一衡量尺度和标准,实事求是地对拟建项目进行技术经济分析论证,力求在资料来源可靠、数据准确的基础上,对项目未来的资源可能性、技术可行性和经济合理性进行评判,形成科学的决策意见。

投资项目评估和项目可行性研究的这种相似性,是由两者之间的密切关系决定的。二者的关系主要是一种因果关系,即项目评估是对可行性研究报告的审查与鉴定,也就是说,项目评估是在可行性研究的基础上进行的,评估的对象是可行性研究报告,因此,没有可行性研究就不存在项目评估,项目评估是可行性研究的延伸;而项目评估的目的实质上在于决策,所以,不经项目评估,可行性研究也不能最后成立,由此也可以说,项目评估同可行性研究相比较,处于更高的阶段。

(二)投资项目评估与可行性研究的差异性

尽管有着上述的相似和关系,投资项目评估和项目的可行性研究还是存在着一些明显的差异性,这些差异主要表现在:

1. 研究的执行单位不同。为了保证投资项目决策的科学性和独立性,投资项目评估和项目的可行性研究分别是由不同的机构作为研究的执行单位的。在我国,可行性研究通常是由项目的建设单位来主持,由他们委托给具有资质的专业设计或咨询机构来完成这项任务,这些机构的研究工作是对项目业主负责的;而项目评估则是由决策机构或者贷款、出资机构所组织的一项工作,他们可以自行进行评估,也可以委托给专业的设计和咨询机构来完成此项工作,受托者要对决策机构和出资者负责。

2. 研究的角度不同。可行性研究主要是站在业主的角度,从企业自身的利益去分析项目存在和运行的意义;而项目评估则是决策者和出资者对项目的评估,所以他们的角度是国家的利益、出资者的利益。

3. 研究的侧重点不同。可行性研究研究的侧重点是项目建设的必要性、建设条件、技术可行性、财务合理性等方面,主要是考察项目实施对企业盈利能力的影响程度;项目评估若是决策机构进行的,就要关注对国家宏观布局和宏观调控的影响,就要站在国家、部门、地区和行业的角度审视项目;如果是出资者的项目评估,则会侧重分析出资的安全性、分析项目的还款能力和财务效益。

4. 在项目管理中所起的作用不同。投资项目的前期工作包含项目规划、机会研究、项目建议书、可行性研究、项目评估等不同的阶段,而包括可行性研究在内的前期的其他几个环节(项目规划、机会研究、项目建议书、可行性研究等)都是从拟投资项目方案的整体科学性、经济合理性等方面所做的工作,其作用主要是为确定项目投资的价值决策提供必要的基础。而项目评估是项目的审批决策和出资者的审查决策工作,其基本工作是对可行性研究报告提出评审意见,以便最终决定是否选择该项目进行投资,其作用是为决策者提供直接的、最终的决策依据,因而具有决定性作用。

二、投资项目评估与投资项目管理的关系

投资项目评估是投资项目管理的一个组成部分。项目管理可以说是在一个确定的时间范围内,为了完成一个既定的目标,并通过特殊形式的临时性组织运行机制,通过有效的计划、组织、领导与控制,充分利用既定有限资源的一种系统管理方法。因为项目都是一些具有唯一性的工作,存在着相当的不确定性,因而项目管理会将每个项目分解为几个不同的项目阶段,这就构成了整个项目的寿命周期。

项目评估与项目管理的关系实际上就是两者之间的相互作用。项目管理的每个阶段都是以一个或者一个以上的工作成果的完成为标志的,这种成功被项目管理者视为里程碑式事件。项目管理的阶段划分基本上为五个:项目起始、项目计划、项目执行、项目控制、项目结束。每个阶段的结束都会有一个项目的评估,以决定是否进入下一个阶段。这决定了项目实施的效果和效率。以项目的成本控制为例,一般说来,项目的成本控制分为事前成本控制、事中成本控制和事后成本控制三个阶段。项目评估作为成本控制的一种模式,如果开展得及时、合理,则对于提高企业整体管理水平和效益水平大有裨益。

项目的可行性研究和项目评估应该属于项目的起始阶段,对于项目管理的有效实施具有非常重要的意义。

【背景知识】

为规范我国对建设项目经济评价,1987年、1993年和2006年先后出台了三版《建设项目经济评价方法与参数》(以下简称《方法与参数》),为了更好地适应投资体制的改革要求,2006年新版的《方法与参数》对之前版本的规范作了如下主要修改。

(1) 针对企业投资和政府投资项目提出不同要求,落实企业投资自主权,根据不同情况实行项目核准制和备案制。政府性投资项目仍执行审批制。从这一改变中我们可以看到,在企业投资项目中,过去企业编制可行性研究报告,其核心目的是为了获得政府有关部门的审批。今后政府不再直接审批企业投资项目的可行性报告,而是强调企业发展战略的重要性,这就要求企业在投资项目的前期论证中,不是从如何获得政府审批的角度,而是重点从企业自身发展战略的角度进行评估论证。

(2) 强调对部分项目要加强国民经济评价。如关系公共利益、国家安全和市场不能有效配置资源的重大建设项目,都要进行国民经济评价。

(3) 强调有关部门(行业)的《方法与参数》细则应与国家相关政策相统一,需经国家发改委和建设部审批。新版《方法与参数》覆盖面宽,给出的参数指标对于指导企业和行业项目较宽泛,这就需要有关部门(行业)的相关细则进一步完善并与国家的政策相统一。

(4) 加强了对融资渠道、融资方案及资金成本的分析指导,并进一步拓宽了企业投资项目的融资渠道。项目的融资方式和成本与项目的效益密切相关,因此新版《方法与参数》对融资主体和融资方式的选择、项目资金来源的合理划分、资金成本分析及方法、融资方案对项目的效益与生存能力的影响、优化融资方案应当注意的方面等内容进行

了深化、补充和完善。

(5) 加强了对项目不确定性分析及抵抗风险的分析力度,在项目前期可行性研究阶段,预测、预报、预警项目潜在的风险尤为重要。提高风险分析力度,以提示项目可行性研究人员和项目投资决策人员提高风险意识,建立和健全风险决策机制,为项目全过程风险管理奠定基础。新版《方法与参数》增加了敏感度和临界值2个指标,使敏感性分析结果量化,操作性更强。强调风险分析,主要识别经济风险的基本因素,规范风险分析的过程与分析方法,借鉴世界银行的经验,提出风险等级矩阵分类法,提出风险的应对原则,并给出不同的项目应当使用的不同风险分析方法与步骤。

(6) 重视并加强了特大项目对区域经济与宏观经济影响的分析。重大战略投资项目一般不是由项目业主决策,往往是由中央政府决策。因此,不仅要从项目的层面考虑项目本身的财务生存能力,更重要的是从区域或国家的层面考虑项目对区域经济或宏观经济的影响,尤其是对财政收入和支出的影响。

(7) 增加了对收购兼并项目的财务分析及对非盈利项目和一些特殊行业的评价指导。增设了费用效果分析,一方面能使项目评价的方法更完整,另一方面可为效果不易货币化的项目,特别是一些公共投资项目,提供分析的手段,其结论可为这些项目决策提供依据。

(8) 引进了银行系统比较关注的一些财务指标,如利息备付率、偿债备付率都是新版《方法与参数》增加的评价参数,使得偿债能力指标更符合当前债务融资的实际情况,也与国际通行的指标和财政部考核企业的指标保持一致。

(9) 对一些财务报表进行了改进。进一步完善了相关数据的计算方法,对项目经济评价的财务报表名称、专业术语方面加以规范或与企业财务会计相衔接。

应该注意的是,项目财务评价与企业财务报告是有很大区别的。首先,它们分析目的是不同的,项目财务评价是确定项目所需要的资金量、制定筹措方案、分析项目盈利能力、清偿能力,为投资决策提供依据;而财务报告是反映企业生产经营效果、利润分配、资产利用、资金周转、财务收支等经营状况的。其次,项目财务评价和财务报告依据的数字资料和分析的时间长短不同,财务评价以预测数据为基础,通常要对项目进行15年以上的数据分析,而财务报告通常以当月或当年实际发生的数据进行分析。再次,财务评价需要考虑资金的时间价值,进行动态分析,而财务报告不考虑资金的时间价值,只作静态分析,可见分析方法是不同的。最后,财务评价允许有一定的数据误差,而财务报告的数据精确度要求是很高的。

(10) 不再单独列出中外合资项目经济评价方法。

(11) 对于企业技改项目给出了较为灵活的评价处理方法。

(摘自余庆薇:《〈建设项目经济评价方法与参数〉(第三版)的思考》,《铁路工程造价管理》2007年第11期)

【专栏 1-1】

投资项目经济评价理论的各种经济评价方法的特点

项目经济评价的 OECD、WB、UNIDO、UNIDO-IDCAS、EM 等一系列方法都认为,项目投资者所获得的直接经济效益并不能代表项目的国民经济效益,需要用费用—效益分析法对项目进行经济评价……且要求考虑外部效果、公平分配等因素,即要进行项目的社会评价。

对上述方法进一步研究,可将其分为两大类:第一类主张通过价格调整,如使用影子价格或调整价格进行项目的成本、效益计算,属于这一类的方法有 OECD(或 L-M 法)、WB(或 ST 法)、UNIDO 法、UNIDO-IDCAS 法;第二类主张直接采用市场价格进行费用效益分析。OECD 和 WB 法对项目具有相似的评价方法与原则,它们只是在一些应用的技术细节上有一些不同,如 L-M 法用多目标决策的方法进行社会评价,S-T 法将社会评价中的多目标决策转化为单目标决策;在影子工资参数计算中,S-T 法除考虑资金分配的影响外,还考虑减少闲暇时间所引起的社会费用。UNIDO-准则法偏重于理论分析。UNIDO-指南法旨在使准则法实用化,UNIDO-IDCAS 法则更加简化了项目评价的计算。

1. OECD 法或 L-M 法。OECD 或 L-M 法以国际价格的储蓄为计量单位。当国内市场各种货物之间比价是合理的,外汇的官方汇率能正确反映国际贸易中的外汇价值时,可以用官方汇率乘以净出口额,再减去国内投入物,就得到项目财务分析中第 t 年净收益。当国内市场货物价格与国际市场的货物比价不合理时,就要用各种货物的价格转换系数将国内市场价格修正到国际市场价格上来,虽然计算结果都是以人民币元表示的,但项目的净效益是以国际市场价格为基础的以人民币元表示的,这一净效益就是 OECD 法或 L-M 法计算的净效益。

2. ST 法。ST 法与 L-M 法的差别就在于主张用一个社会福利函数来反映在贫富阶层之间的分配问题,以求达到公平分配的目的。ST 法是把可以自由使用于各公共部门的实际资源价值作为计量单位。

3. UNIDO 法。UNIDO 1972 年出版《项目评价准则》后,1978 年世界银行经济学家 Hansen. J. R 根据"准则"的思想和原理写了一本实用性的《项目估价实用指南》。"准则"和"指南"都以累计总消费为目标,"准则"未指明以哪一个阶层的人消费作为计算单位,"指南"明确指出以具有基准消费水平的人们手中的消费值作为计算单位。"准则"主张项目的全部投入物和产出物均需用影子价格。"指南"提出只对项目较重要的以及价格扭曲较大的资源使用影子价格。"准则"和"指南"都主张以不变值(不考虑通货膨胀影响)的本国货币为计算单位。

4. UNIDO-IDCAS 法。UNIDO-IDCAS 法,又称《工业项目评价手册法》,简称《手册法》。UNIDO-IDCAS 法主张,在发展中国家将影子价格应用在项目评价上,至少在现阶段,无论在概念上或实践上都是不可能的。因此,项目分析时原则上应该按实际市场价格计算投资项目的投入和产出,实际价格是指国内价格和能在国际上销售出去和购入的世界市场现时价格和预期的将来价格。

UNIDO-IDCAS法主张只使用两种认为是最重要的国家参数:社会折现和调整外汇率。

5. 法国的影响方法。影响方法与价格方法一样,认为在发展中国家中,市场价格存在严重的扭曲和存在外部效果,用市场价格来计算项目的投入物、产出物得出的利润,不能代表项目对国民经济作出的贡献。因此,不能直接应用在项目经济评价中。为了纠正价格的扭曲和计算外部效果,影响方法通过与项目有关的生产链分析和计算项目对国民经济的全面影响:一个项目的建设会引起与项目投入有关的效果分析、新增值分配的影响分析及其使用影响分析三种流量的变化。

影响分析法是以国内增量增值为计算效益指标。国内增量增值是在有项目和无项目两种情况下计算国内收入的变化量(包括工资、利润、租金、利息和政府收入等)。对于生产性项目,假定都存在一个参照项目(包括无项目)以比较在相同最终需求的前提下,计算国内增量增值。这里有这样几种情况:进口替代项目在同样满足原来进口的最终需求前提下,有项目的增值与无项目的增值之差即为项目的增量增值;技术进步的项目和生产同样的最终需求的项目比较,新项目所增加的增值,即为项目的增量增值;出口项目可以与不出口(无项目)比较,口岸价格扣除投入品中直接或间接的进口口岸费用即为增量增值。影响分析法认为,项目评价与选择的标准是国民收入的最大化,也是国家增值的最大化。

(摘自刘志东、徐淼:《国外投资项目经济评价理论与方法体系比较研究》,《生产力研究》2007年第4期)

【专栏1-2】

项目评估决策方法简介

传统的投资项目评估决策方法由于它完善的理论结构和较强的可操作性,长期以来在投资项目评估决策上一直占据主流地位,得到从业者广泛认可。但自从金融期权的定价问题得到解决,以及实物期权思想和博弈理论诞生以来,传统方法在理论界和实务界受到了越来越多的抨击和挑战。与此同时,实物期权方法在西方开始发展并逐渐得到认同,逐渐成为投资项目特别是风险型投资项目评估决策的重要依据,并已有较为成功的案例。而将现代博弈理论与实物期权方法应用于项目评估决策的期权博弈方法也逐渐引起人们的重视,在国外已取得显著的科研成果。

(一)传统的方法

主要是贴现现金流(DCF)方法及对其适当进行改进后的决策树分析方法(Decision Tree Analysis)和蒙特卡洛模拟(Monte Carlo Simulation)方法等。

传统DCF方法主要包括投资回收期法、内含报酬率(IRR)法和净现值(NPV)法等,其中NPV法则被认为是最常用、最经典的决策准则。该法则的决策思路是以货币时间价值为基点,先估计项目未来的预期现金流,然后用资本资产定价模型(CAPM)导出与项目风险相适应的折现因子来计算项目的净现值,从而确定项目的可行性。如果计算得出的NPV为正,则决定实施该项目;如果小于零则拒绝实施该项目。如果备选项目不止一个,则选择NPV值最大的项目来实施。

对DCF方法的改进包括决策树分析方法、蒙特卡洛模拟方法以及其他一些方法,如将传统DCF方法结合其他一些对公司有较大相关利益的衡量标准来使用,如预期市场占有率等;在计算NPV的同时参考其他的利润标准等。最主要的是前两种,它们主要用来捕捉项目未来经营柔性的价值。其倡导者认为,项目的现金流量至少是部分可控的,决策者可通过获得更多未来信息而影响项目未来的现金流量概率分布。因此在对项目进行初始分析时,决策者的这个有条件的未来随机行动应该被考虑进去,因为这将影响项目现金流量的期望值及未来风险。这说明他们已经认识到管理和控制现金流量的能力在项目决策分析中的重要性。

(二) 实物期权方法

它是随着期权定价理论的形成和不断成熟而出现的。Myers教授于1977年首次提出把投资机会看作是增长期权,认为管理柔性和金融期权具有一些相同的特点,从一个投资项目开始实施到该项目运行期间,管理者都可以根据环境和项目本身的变化来灵活地改变其管理策略,如扩张、延期、缩减甚至放弃该项目的投资。这就是所谓的实物期权。在一定时点上(或一定时期内),对一项实物资产的看涨期权就是赋予企业以一种支付约定的价格获取基础资产的权利而不是义务;同时,看跌期权就是赋予企业出卖一项资产而获得约定价格的权利。权利和义务的不对称是期权价值的核心。同金融期权一样,在投资项目分析中,实物期权是针对变化的未来市场条件而采取相应行动,以此扩大向上的收益和限制向下的损失。可见,由战略投资的管理适应性引起的不对称可以反映出项目价值由两部分组成,即扩展的(战略的)NPV=期望现金流量的被动NPV+管理柔性的期权价值。项目决策选择的原则是扩展的NPV为正则实施该项目,否则不予实施。

实物期权定价的基本思想是根据期权定价的核心思想——复制技术,在资本市场上寻找一个与所要评价的实际资产或项目有相同风险特征的可交易证券,称之为"孪生证券",并用该孪生证券与无风险债券的组合复制出相应的实物期权的收益特征。然后按照期权定价理论,采用离散模型和连续模型两种方式对实物期权进行估价。前种估价方法是利用证券市场和现金资产的组合来复制项目现金流,通过交易市场信息,利用无套利均衡分析方法对项目进行估价,它的定价模型与金融期权的二叉树定价模型相对应。后者则假定实物期权的标的资产价格服从几何布朗运动方程,并引入随机过程和伊藤定理对实物期权进行分析,从而导出实物期权连续定价模型,其定价模型和Black-Scholes期权定价模型相对应。对于连续模型,根据Black-Scholes期权定价模型,在完善的市场条件下,作为动态组合的可交易孪生证券的风险特征如果和不能交易的实物资产的风险特征完全相同,实物期权定价问题便可迎刃而解。而对于离散模型,任何资产或有要求权不管是否能够交易,在存在系统风险的情况下,都可以通过使用确定等价率(Certainty-Equivalent Rate)代替实际的增长率进行定价;对于没有系统风险的均衡交易资产或实物资产,确定等价率或风险中性概率就是无风险利率。

（三）期权博弈方法

该方法是随着现代博弈理论的形成和发展而出现的,它将竞争者的反应也纳入其分析框架,同时将实物期权理论和博弈论结合起来,形成了一个连续整体投资项目评估决策分析的框架。其基本思想是,在采用期权定价理论思想方法基础上,对包含实物期权的项目价值进行评估的同时,利用博弈论的思想、建模方法对项目投资进行科学管理决策,它是项目评估决策分析方法的最新进展。

（摘自王其荣：《投资项目评估决策方法之评价》,《福建财会管理干部学院学报》2006年第3期）

【能力训练】

1. 不定项选择题

（1）可行性研究的第一个阶段是（　　）。
   A. 初步可行性研究　　　　　　B. 机会研究
   C. 详细可行性研究　　　　　　D. 项目评估

（2）项目前评估的主要内容包括（　　）。
   A. 建设必要性评估　　　　　　B. 生产建设条件评估
   C. 财务效益评估　　　　　　　D. 国民经济评估
   E. 不确定性分析

（3）投资项目评估中的投资是指（　　）。
   A. 金融投资　　　　　　　　　B. 实物投资
   C. 证券投资　　　　　　　　　D. 与储蓄相对应的投资

（4）工程建设项目按照分级的排序是（　　）。
   A. 单项工程、单位工程、分部工程、分项工程
   B. 单项工程、分项工程、分部工程、单位工程
   C. 单项工程、单位工程、分项工程、分部工程
   D. 单位工程、单项工程、分部工程、分项工程

2. 判断题

（1）项目评估就是对项目总投资的评估。　　　　　　　　　　　　　　　　（　　）

(2) 项目评估就是可行性研究。　　　　　　　　　　　　　　　　（　）
(3) 项目评估之后进行可行性研究。　　　　　　　　　　　　　　（　）
(4) 项目管理是项目评估的一个组成部分。　　　　　　　　　　　（　）

3. 简答题

(1) 项目评估与资产评估有何区别？
(2) 什么是可行性研究，其经过的阶段和包括的内容有哪些？
(3) 投资项目评估的原则、内容和程序有哪些？
(4) 投资项目评估与可行性研究是什么关系？

4. 案例分析题

(1) 我国《政府核准项目目录》是由国务院投资主管部门会同有关行业主管部门研究提出，报国务院批准后实施的。根据该目录，企业投资建设列入核准的项目，仅须向政府提交项目申请报告，不再经过批准项目建议书、可行性研究报告和开工报告的程序。请分析为什么需要核准项目，怎样规范？

(2) 项目投资时，为什么有些项目失败了，而类似的项目却能获得成功？

【网络资源与阅读书目】

[1] 国家发展改革委，建设部. 建设项目经济评价方法与参数. 3版. 北京：中国计划出版社，2006

[2] 住房和城乡建设部标准定额所. 公路建设项目经济评价方法与参数. 北京：中国计划出版社，2010

[3] 住房和城乡建设部标准定额司，标准定额研究所. 铁路建设项目经济评价方法与参数. 北京：中国计划出版社，2012

[4] 中国石油规划总院，住房和城乡建设部标准定额研究所. 石油建设项目经济评价方法与参数. 北京：中国计划出版社，2010

[5] 住房和城乡建设部标准定额所. 市政公用设施建设项目经济评价方法与参数. 北京：中国计划出版社，2008

[6] 投资项目可行性研究指南编写组. 投资项目可行性研究指南. 北京：中国电力出版社，2002

[7] 潘彬. 公共投资项目绩效评估研究. 北京：中国人民大学出版社，2012

[8] 苏益. 投资项目评估. 北京：清华大学出版社，2017

[9] 简德三. 投资项目评估. 上海：上海财经大学出版社，2016

第二章 投资项目资金的时间价值

【学习要点】 无论是投资项目的评估,还是企业资金运作管理,都存在一个考察资金使用效果的问题,而资金使用效果就有一个比较的问题。不同时间点发生的资金出入,是不能够简单相加的,这就是因为资金存在着时间价值。本章主要介绍资金时间价值的价值来源、衡量要素,及其各种可能情况下计算资金时间价值的计算公式。考察资金的时间价值是投资项目评估科学合理的必要前提。

【学习重点与难点】 本章的重点是掌握普通复利条件下的六个基本计算公式的具体应用,难点在于对资金时间价值计算公式不同条件的具体使用。

【基本概念】 资金时间价值 利率 盈利率 折现率 折现 现金流量 现金流入量 现金流出量 现金流量图 单利 复利 间断复利 连续复利 名义利率 实际利率 现值 终值 年金 等值 时点

第一节 投资项目资金时间价值的基本原理

无论投资项目采用何种经济资源,占用和使用的资源都可以用货币资金形式表达出来,而货币资金在不同时间点上的价值是存在差异的,如何衡量不同时间点投资项目资金的价值,就是本章学习的意义所在。

一、资金时间价值的含义及意义

在投资项目评估中,我们经常会遇到这样的问题:一个项目的投入和产出是在不同的时间发生的,那么这些不同时间发生的资金流是否可以直接进行比较呢?我们来看下面两个例子:

【例2-1】 假如有两个投资方案,寿命期相同,投资及实现的生产能力也相同,所不同的只是前一个方案的投产时间比后一个方案早两年。根据常识,我们可以判断前一方案优于后一方案。

【例2-2】 假如甲乙两个方案投资相同,年收益和寿命期也相同,不同的是甲方案是一次全部投入,而乙方案是分期投入,具体数据见表2-1所示。

表 2-1

年份末	0	1	2	3	4	5	6
甲方案	-1 000	0	300	300	300	300	300
乙方案	-500	-500	300	300	300	300	300

同样根据常识，上面甲乙两个方案的比较，显然乙方案优于甲方案，因为乙方案有一半的钱在第一年可以用于其他用途。

直觉已经告诉我们，不同时间的资金流不能够直接相加而对比。上面两个例子都是能够直接看出不同投资状态下的优劣的，但并不是所有的方案都是这样的，那么，怎样才能够对比而衡量项目的经济价值呢？这就需要使用"资金时间价值"的概念和方法。

我们再来看一个例子：

【例 2-3】 我国目前一年期银行定期存款的利率为 2.25%，假如我们将 100 元存入银行，一年后得到存款利息为 2.25 元，本利和为 102.25 元。就是说，现在我们的 100 元，如果不用作其他用途，存入银行一年后可以变成 102.25 元，换句话说，一年后我们所拥有的货币升值了。

这就是说，不同时间点的资金，如果没有用作其他用途是不能直接比较的，反过来说，如果我们将资金用作了其他用途，那么就不能用不同时间的货币值作为比较这个用途的效益的标准。这就是因为其中隐含着一种资金的时间价值。

资金的时间价值是指因现金流量发生的时间不同而使现金流量所具有的价值不同，即是指在不同的时间点，同一数量的资金所表现出的不同价值数量。譬如上例中 100 元与一年后的 102.25 元的价值是相等的，而 100 元和一年后的 100 元就不相等了。我们可以用随着时间增值的比例来表达这种时间价值，也可以直接用增值的数值来表示，这就是相对值和绝对值表达的资金时间价值的关系。例 2-3 中的 2.25 元我们平时称为"利息"，而 2.25% 则被称为"利率"，可见利息和利率也都是资金时间价值的表达方式。

一般而言，随着时间的推移，资金价值数量一定会发生变化，而且这种变化多是发生的数量增值变化，但资金数量的这种随着时间的数量增值如果是按一种平均的或者是必然的比率发生的，那么它的实际购买力可能就没有增加，这个时候，变化的各个时间点的资金数量尽管已经发生了变化，但其价值量却是一样的，所以在具体表现形式上，今天的一元钱资金就比以后的一元钱资金的实际购买力更大，今天的钱比明天同数量的钱更加值钱。投资项目一般寿命期校长，这就使得我们在项目评估中不得不考虑资金的时间价值，必须在同一个时间点上考察项目的收益与成本情况。通过一定的方式，可以将不同价值数量的资金转换为同一时间的可以衡量的资金，这就是我们用来评估项目的一种方法。

那么，是什么原因导致这种资金随着时间推移发生价值数量的增值变化的呢？难道钱能够变出钱来？

我们先从物质生产的角度来看这些问题。我们应该看到,货币资金具有很多的职能,但资金的时间价值不是自然存在的。一笔货币如果作为贮藏手段保存起来,多年之后,其价值数量并不会发生增值,仍为同数量的货币,货币这时实现了作为贮藏手段的职能,但并不能让货币在贮藏中实现增值。货币的时间价值是在物质生产过程中才能实现。如果同一笔货币,作为社会生产的资本或资金,投入到生产活动中去,那么数年之后,就会带来利润,使资金发生增值,表现为价值数量的增加,利润是货币随着时间推移发生增值的源泉。因此,只有投入到生产之中的资金才能实现增值,资金时间价值是资金在生产运动过程中发生增值而表现出的一种性质。从这个意义上,我们可以定义资金的时间价值,它是指资金在再生产及循环周转过程中,随着时间变化而产生的资金增值或经济效益。资金的价值之所以会随着时间的变化而增值,是因为社会资金是社会物质财富的货币表现,资金的运动过程,也是物质资料生产的过程。在这个过程中,人们的劳动增加了社会财富,表现在货币上,就是社会资金的扩大,社会经济效益的增加,每年累积的收益又可用作以后年度的资本而再度获得收益,所以,随着时间的推移,累积的经济效益会变多。这种资金随着时间推移而不断增值的现象是资本主义社会和社会主义社会共有的,不论生产方式如何,只要存在商品生产和商品交换,资金的时间价值就客观存在,因此必须充分认识和发挥其作用。

从资金的生产过程性质,确定资金的时间价值需要注意一个问题:是不是社会所有的利润都应该作为资金的时间价值?是不是每一个盈利性单位都根据自己的盈余去确定资金的时间价值?

我们已经知道资金时间价值的源泉是物质的生产,那么假如所有的利润都作为资金的时间价值看待,那么还怎么去衡量一个项目的资金投入好坏?所有的利润都反映到资金时间价值中的结果就是所有的项目都不需要投资,因为投资之后的资金增值的因素消除后,未来的资金(数量增值后的资金)与现在的资金是等值的,没有必要投资,显然这是荒谬的。因此可以肯定,我们衡量资金时间价值只是从一种大致平均的角度去衡量资金时间价值。每一个盈利性单位都努力争取获得比平均利润更高的利润,只有超过了这样一个点的资金投入才被看作是有意义的投资行为。

我们在经济实践中,也注意到这样的事实:对一个项目的资金投资与否,是在与社会所有资金的投资进行比较后才确定的,如果有一笔资金有多种投资机会,那么从经济意义上肯定要选择回报最大的那个项目,所以对资金的时间价值就可以从另外的角度进行分析,这就是机会成本的角度。

机会成本是对投资项目进行评估时需要考虑的一个重要概念。就资金时间价值而言,对资金价值的衡量是将所有的项目都与没有任何风险就能够获得的资金增值进行比较的,就是说,如果一笔资金能够没有风险地获得一个比率的回报,那么所有低于这个比率的投资都是没有意义的,因为投资是有风险的,如果冒着风险所进行的投资回报还低于没有风险的回报,那就完全没有必要进行这样的投资。无风险利率成为我们衡量项目资金时间价值的最低标准。

承认资金的时间价值并在投资项目的经济分析中加以应用,是非常重要的。资金投资效果的衡量,实际上就是在收益和风险之间进行的博弈。我们考虑资金的时间价值并不是从资金增值的顺向思考的,正是资金存在着时间价值,所以我们的投资项目就要高于资金随时间推移而发生的增值,所以实际上我们是从资金时间价值的相反方向来考虑的,即用资金的时间价值作为标准,去衡量准备进行的资金投资活动。一切不能够达到资金时间价值这个低限的投资,从经济意义上都是不能够进行的。因此,资金时间价值的引入对我们合理有效地利用资金这一稀缺资源具有重大意义。资金的时间价值,并不意味着有了资金就会无条件地随时间推移带来价值增值,无风险利率的高低也是随着人们对资金使用的整体效果的好坏而发生变化的。资金时间价值有利于我们克服过去那种不顾资金投资效果而出现的争项目、争投资、争设备的现象,可促使投资资金得到合理的利用,提高整个社会资金资源的使用效率。

此外,资金时间价值也是市场经济竞争的必然结果。不考虑资金的时间价值,必然在竞争中出现糊涂的、不能够体现公平的现象,对于建立健全市场经济体制显然是不利的。

有必要说明的是,资金的时间价值完全是从传统经济意义上来说的,被资金时间价值否定的项目不一定都是不能投资或者不必要投资的项目。譬如一个环境污染治理的投资项目,也许从资金时间价值去衡量的经济效益是不可行的,但从环境保护角度可能必须上马,所以,衡量项目并不能够完全采用经济意义的标准。

总之,资金的时间价值的源泉来自生产过程中的增值,而资金的运动规律就是资金的价值会随时间的变化而变化,但数字上的变化并非仅仅表现在时间价值本身。资金随着时间的推移所发生的变化,其主要原因大致有三个方面:

1. 通货膨胀,货币贬值

由于我们生活在货币的纸币时代,流通使用的货币不再是过去的金属货币,而是替代金属货币的纸币或电子货币(即我们所说的"通货"),纸币(包括电子货币,后同)本身是会发生膨胀或者紧缩的,通货膨胀是经济发展过程的常态,紧缩是偶尔出现的形态,因此,随着时间的推移,货币表达值也会发生增大,从而现在的货币比未来的货币更值钱。

通货与金融货币之间会存在对应数量比率的变化,如果一定时间的因通货贬值而造成资金数量上的经济损失,那么这个因素是投资中应该被考虑的,反过来,如果造成经济增值也是应该被考虑的。不过,实际运用中通货的变化对投资项目的影响是很复杂的,而且非常难以预测,所以在投资项目评估中经常使用不考虑通货膨胀的所谓基价(不变价格)来进行分析计算,因而在形式上会形成投资项目评估投资和回报的资金数量与以后实际投资和回报的资金数量存在巨大差异,但这不是投资项目本身的错误,而是衡量投资效果需要采取的一种具体措施。为了更加准确地分析投资项目,很多情况下,可以采用不变价格和考虑通货膨胀的实际价格分别进行分析。

2. 承担风险,风险报酬

除了无风险的投资外,资金投入其他任何活动,都要承担一定的风险。衡量一个项目的可行性,实际上是要衡量项目的收益与风险。理想的评估目标是选择收益最大,而风险最小的项目,但这种状况几乎是不可实现的。我们实际追求的是项目相对较大的收益,而风险相对较小。为了使得风险投资能够实现,给予有风险的投资活动一定的报酬就是社会的共识,换句话说,现在的货币要比未来同等数量的货币更加保险,在表现形式上就是未来的货币值高于现在的货币值,但价值却是相同的。所以从经济上说,资金的时间价值应该包括一部分预防风险发生的风险补偿,即对因风险的存在可能造成的损失所给予的补偿,就是说,资金的时间价值衡量应该高于无风险报酬。

3. 投入生产,货币增值

资金的时间价值最根本的还是通过一系列生产经济活动使得现在的货币在未来能够获得一定数量的利润,从而到未来就能够得到更多的货币。这是资金时间价值的本源。从投资项目的角度看,项目利润是各不相同的,资金时间价值所要考虑的利润应该是怎样的呢?

这可以从三个方面观察:第一个方面从静态视角观察。资金时间价值应该至少是社会平均的资金利润率,因为平均利润率代表社会总资金的增值程度,而社会平均利润率很难得到,所以资金时间价值会随着这个平均利润率高低的变化而变化,在一定时期内,如果社会平均的资金价值增量比率较高,那么说明这段时间社会资金的增值程度较高,社会财富增殖较快,资金的时间价值也应该较高。第二个方面从动态视角观察。社会是进步的,每个具体项目资金总是希望获得高于平均利润率的利润,因而实际资金时间价值的衡量标准就会被提高,而整个社会的利润率又会因为各个具体项目所追求的利润提高而水涨船高地变高。第三个方面从行业特点观察。由于经济发展的不平衡性,不同行业在不同的时间段,其所能创造的利润是有较大差别的,理论上随着时间的推移,资本趋利性的结果会消除这种差异,但这需要一定的时间,所以在具体项目评估的阶段,资金时间价值需要考虑这种差异,这就构成了行业的资金时间价值。

二、资金时间价值的度量

衡量资金的时间价值需要有具体的指标,从常见的形式上看主要存在下面的两类:

1. 绝对尺度指标

度量资金时间价值的绝对尺度是资金的绝对回报额,这有多种形式,主要是利息或盈利。一般来说,我们将银行存款获得的资金增值部分称为利息;将资金投入社会再生产过程而产生的利润,获得的资金增值部分称为盈利。它们都是使用资金的报酬,是投入资金在一定时间内产生的增值,体现了资金的时间价值。不过,在投资项目评估中,由于衡量资金效果的资金时间价值是从反向来进行的,所以采用利息或盈利的指标会不太方便,一般在投资项目评估中并不直接采用。

2. 相对尺度指标

度量资金时间价值的相对尺度是相对于投资的回报率,主要是利率或盈利率。利率是单位时间内利息与本金之比;盈利率是单位时间内获得的盈利与本金之比。利率和盈利率反映了资金随时间变化的增值率。在投资项目评估中为了将不同时间的资金流转换成同一时间点的数据,以便直接对比资金数据,就需要用到利率或盈利率,不过这种利率和盈利率的使用是从反向进行的,我们最常使用的是将未来资金转换现在资金的方法,这时使用的比率一般又称为折现率,即将未来时间的资金换算为现在时间点的数据的折算比率,这种折算过程就被称为折现。

在投资项目评估中,利息与盈利、利率与盈利率是不同的概念。通常在研究某项投资的经济效益时,使用盈利或盈利率;在计算分析资金信贷时,使用利息或利率。为了区别,在对项目进行经济评价时,往往使用折现与折现率的概念。关于资金时间价值在不同时间点的具体转换度量问题,详见本章后面几节的介绍。

第二节 投资项目的现金流量

一、现金流量的含义

现金流量是一个重要的经济概念,投资项目中使用的现金流量是借鉴财务分析中的现金流量概念。对一个经营单位的运作起重要作用的是现金流量,现金流量反映了经营单位的财务状况,也是经营单位资金风险大小的反映,所以经营单位的重要财务报告表格是现金流量表。对现金流量表而言,它是以现金为基础编制出来的经营单位的财务状况变动表。除此之外,经营单位还可以采用以营运资金为基础编制的财务状况变动表、以货币性流动资产为基础编制的财务状况变动表、以净货币性流动资产为基础编制的财务状况变动表和以全部资金为基础编制的财务状况变动表等多种反映经营单位财务变动状况的表格。但是在投资项目的经济分析中,我们是将所考察的项目作为一个独立的经济系统看待的,而且不考虑实际运行中必然会发生的欠账和坏账,所以所有的资金在进出项目系统时都被看作是现金状态,因此它与我们在财务中使用的现金流量表是有差别的。评估中的现金流量反映的是项目在建设期间和生产服务年限内流入和流出项目系统的现金(资金)活动。

现金流量是一个总的概念,我们将所有从项目系统中支出到项目之外的货币运动叫做现金流出,用"-"表示;而把所有从项目外部的进入项目的货币收入运动叫做现金流入,用"+"表示;我们所说的现金流量既可以指现金流入量,也可以指现金流出量,没有特别说明时,现金流量是不分流出与流入的。由于资金时间价值的原因,不同时间点的现金流量直接相加是没有意义的,所以我们所说的现金流量指的是具体时点(时间点)的现金流量,我们将同一时间点上的现金流入量与现金流出量之差称为净现金流量。

对组成项目现金流量的基本要素进行分析与估算,是项目经济分析的基础。现金流量预测的准确与否,直接关系到投资项目评估的可靠性。

二、投资项目评估中现金流量的基本内容①

(一)现金流入

投资项目中的现金流入主要是项目建成后,项目的收入资金,主要包括以下四项:

1. 营业收入

投资项目建设期过后,主要的现金流入就是营业收入,营业收入包括项目销售产品或提供服务所取得的收入。在实际生产销售的运行中,可能会存在赊欠等应收应付的非现金流状态,但项目评估为了简化,就不再考虑这种复杂的情况,而是简单计算为销售(服务)量与销售(服务)价格的乘积。

2. 补贴收入

补贴收入主要是指几种存在政府补贴的项目的补贴收入。对于适用增值税的经营性项目,除营业收入外,其可得到的增值税返还应该作为一项补贴计入现金流入;对于非经营性项目,现金流入的补贴项目应包括可能获得的各种补贴收入。

3. 回收固定资产余值

固定资产的余值有残值和折余价值两个概念。残值是投资形成的固定资产在寿命结束后仍然会有的一些残余的价值(譬如钢铁制品会因为其属于金属而具有价值等);余值则是未折旧完的价值。按理,这些残余价值应该是固定资产丧失使用价值时才会发生的,每一个固定资产的使用寿命都不一样,其残余价值的回收也应该是不一样的,但在投资项目评估时,如果对每个固定资产都进行这样的"精确"处理,就不是项目评估,而是项目的企业运作了。此外,项目的固定资产虽然使用寿命不同,但我们在项目的设计时一般都假设固定资产能够实现简单再生产,而对寿命进行了统一化处理,也即忽略了寿命的不同。因此,在投资项目评估时,一般都是统一在项目结束时,将所有固定资产残余价值一次性回收。不过要注意的是,这种残余价值应该是回收的净值,也即应该是扣除处理拆迁费后的净残(余)值。

4. 回收流动资金

投资项目在运行过程中需要流动资金,流动资金的特点就是在项目建成之后的项目运行过程中资金的循环往复周转,待到项目寿命期满时,流动资金就将退出项目的运行过程,全部还原成货币资金。与固定资产残(余)值一样,它也是在项目活动结束时的一笔一次性收入。要注意的是,我们在进行项目的流动资金数额估计时,是假设项目各个正常生产年份所需要的流动资金是一样的,这与实际经营单位的变化着的流动资金数额是不一致的。

(二)现金流出

1. 项目总投资

项目的总投资包括项目的建设投资、固定资产投资方向调节税、建设期投资贷款利息及流动资金投资。

---

① 详细的现金流量项目要求请参阅本书第六章。

建设投资包括固定资产投资和无形资产投资等，具体建设投资包括工程费用（建筑工程费用、设备购置费用、安装工程费用）、工程建设其他费用和预备费（基本预备费和涨价预备费）组成。

固定资产投资方向调节税是为了贯彻国家产业政策，控制投资规模，引导投资方向，调整投资结构，加强重点建设，而对部分投资项目征收的税金。

建设期利息是建设期间各类债务支出（银行贷款利息和债券利息等）。

流动资金包括：储备资金、生产资金、成品资金、结算及货币资金。

2. 经营成本

在现金流量的衡量中，有一个不同于一般成本概念的新的概念，这就是"经营成本"。所谓经营成本是指在项目建成投产后的运行过程中实际消耗的成本，它与企业一般意义上的成本的不同在于，不包括非现金流量。因此在经营成本的计算时，可以用产品成本扣除基本折旧、摊销费、流动资金借款利息等非现金流量得到。为什么在现金流出中不再考虑折旧等非现金流出呢？这是因为，我们的投资项目评估考察的范围是投资项目实施的全寿命周期，此时在考虑建设期的现金流出时，已经将投资作为现金流出计算，所以在生产经营阶段的成本支出中，就不能再一次计算投资形成的固定资产、无形资产、流动资金等产生的折旧、摊销、借款利息，它们不是经营产生的成本。

3. 销售税金及附加

我国经营单位的税金主要在两个环节征收：流通转移环节征收和所得环节征收。这里所说的销售税金属于流转环节的税金，包括增值税、营业税、资源税、城乡建设维护税等，另外还有虽不是税，但与税收类似的费用——教育费附加。需要注意的是，现行增值税为价外税，也即产品价格中并不包括增值税，所以，若产品的销售收入没有将增值税计算进去的话，在销售税金与附加中也不应计入，否则就会重复计税。

4. 技术转让费

投资项目肯定会发生技术转让的费用，但在投资过程中发生的这类费用已经作为投资计入到固定资产投资或无形资产投资中，不需再单独列出。这里所说的技术转让费是指在生产期按年支付的部分（假如有的话）。

5. 营业外净支出

每一个经营性单位都或多或少地存在一些营业外的收支，但对于投资项目评估来说，这类收入和支出通常不加考虑，主要原因是其数额一般较小，且不确定的因素较多，对有些营业外收支数额较大的项目，如矿山项目等，可估计列入。可以同时考虑营业外收入和营业外支出，若现金流入中没有计算营业外收入，则可以将营业外收入与营业外支出的差额作为营业外净支出列为现金流出。

（三）投资项目现金流量与会计核算中现金流量的区别

投资项目评估中的现金流量是以项目为独立系统（封闭系统），反映项目在建设和生产服务年限内现金流入和流出系统的活动，其计算特点是只计算现金收支，并如实记录收支发生的时间；而会计核算中的现金流量则是在开放的环境下的考量，是从产品生产、销售角度对资金收支情况进行记录与核算，现金流量中无论收与支都包括现金与非现金两种形态。

三、现金流量的计算和图表表示[①]

(一) 现金流量的计算

现金流量的重要意义在于它是与发生的时点联系在一起的,前面已经分析过资金有时间价值,因而不同时点发生的现金流所形成的实际价值是不同的。为了衡量投资项目的经济效果,在分析了投资项目现金流量基本要素的基础上,就需要分别计算项目在整个寿命期各年的现金流量,以便利用资金时间价值的计算方法,将不同时点的现金流转换为同一时点加以比较分析。

一个投资项目的现金流量实际上有多种考察形式,最常用的是从对资金考察范围的不同,将现金流量区分为考察全部投资的现金流量和考察自有资金的现金流量。无论是全部资金的现金流量,还是自有资金的现金流量,都要逐年分别计算,再利用资金时间价值的计算方法进行时间差别的处理。正确地表达项目的现金流量,是正确地衡量项目的经济效果的首要步骤。

1. 全部投资现金流量的计算

所谓全部投资的现金流量是指不考虑投资资金的来源及构成情况,将全部投资均视为自由资金,这样一来项目与外部发生的资金借贷行为产生的费用就被忽略了,我们只要考察全部投资本身在运作项目方面的效果,即仅仅将项目的投入和产出限于项目本身发生的收支上,而将外部财务条件排除在外。之所以这样处理主要是要考察项目投资本身产生的效果,更多地反映了资金的配置是否合理。全部投资各年的净现金流量一般可按下式计算:

(+)营业收入
(-)固定资产投资(当年投入的)
(-)流动资金(当年投入的)
(-)经营成本
(-)销售税金及附加
(-)技术转让费用(生产期按年支付的)
(-)营业外净支出
(+)回收固定资产余值
+(+)回收流动资金
_____
=年度净现金流量

2. 自有(国内)资金现金流量的计算

从自有资金角度考虑的现金流量,考虑了资金的来源及还款条件等外部财务因素,更多地反映了投资所有人的真实经济利益,它与全部投资现金流量的计算不同,在自有

[①] 更详细的现金流量及现金流量表,参见本书第七章。

资金现金流量中,要计算借款利息和本金偿还。

对于涉及外资的项目,为了衡量国内资金的投资效果则可以计算国内资金现金流量。从国内资金角度考虑现金流量,就需要计算从国外借款的利息和本金偿还。

自有(国内)资金的各年净现金流量可按下式计算:

   (＋)销售收入
   (－)固定资产投资中自有(国内)资金(当年投入的)
   (－)流动资金中自有(国内)资金(当年投入的)
   (－)借款本金偿还
   (－)借款利息支付
   (－)经营成本
   (－)销售税金及附加
   (－)技术转让费(生产期按年支付的)
   (－)营业外净支出
   (＋)回收固定资产余值
  ＋(＋)回收流动资金
   ＝年度净现金流量

(二)现金流量表

投资项目的经济寿命期较长,其现金流入和流出往往持续多年,且各年现金流量的内容与数量各不相同,所以实际求净现金流量时,并不是将逐年数据列式计算,而是采用现金流量表的形式。(见表2-2)

表2-2 某项目现金流量表 (单位:万元)

序号	项 目	建设期		投产期		达 产 期					
		1	2	3	4	5	6	7	8	9	10
1	现金流入 1. 销售收入 2. 回收固定资产残值 3. 回收流动资金			43	48	54	54	54	54	54	54 36 13
2	现金流出 1. 固定资产投资 2. 流动资金 3. 经营成本 4. 销售税金	41	61	10 32 4	2 35 4	37 5	37 5	37 5	37 5	37 5	37 5
3	净现金流量	－41	－61	－3	7	12	12	12	12	12	61

现金流量表的纵列是现金流量的项目,其编排顺序实现了上述公式的功能,表的横项是拟建项目经济寿命期的不同期别和相应的序号。一般将项目的全寿命期划分为建

设期、投产期、达产期三个阶段,有时会再分出衰退期或回收处理期这第四个阶段。

（三）现金流量图

为了直观地反映投资项目的现金流入和流出状况,也常常使用如图2-1所示的现金流量图。现金流量图是在时间坐标上,用带箭头的垂直线段,形象地表示现金流发生的时间及现金流的大小和流向。图中:水平线表示时间间隔,0为起点,N为终点;箭头表示现金流的方向,箭头向下,表示当年的净现金流出,箭头向上,表示当年的净现金流入;图中的现金流一般都用数字或字母标注,垂直线段的长度与现金流量的大小成比例。

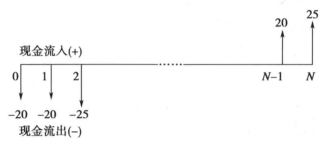

图 2-1 现金流量图

（四）累计现金流量曲线

将现金流量表中各年净现金流量的数值逐年累加,可得到各年的累计净现金流量值,它表示从项目开始到该年为止的期间内所有现金流量的代数和,从经济的角度直观地反映了项目总体的进展情况。

以时间为横轴,累计净现金流量数值为纵轴,可作为如图2-2所示的累计净现金流量曲线。图中,AB为项目开发、可行性研究及设计等准备阶段;BC为基建、购置安装设备等建设投资阶段,因开支较大,曲线较陡;CD为生产准备阶段,D为曲线最低点,TD表示项目累计最大支出;DE为试产阶段,由于销售收入大于经营成本,项目开始盈利,曲线开始上升;EF为达产阶段,每年有较稳定的利润;F为收支平衡点,累计净现金流量为0;FGH是盈利阶段,GH段接近寿命终了,盈利水平下降,曲线斜率变小;HI表示项目最后有固定资产残值及流动资金回收。

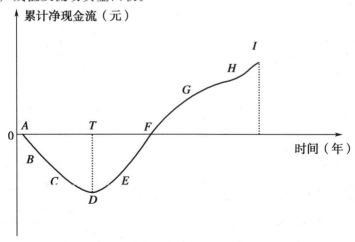

图 2-2 累计净现金流量曲线

第三节 投资项目资金时间价值的计算

一、资金时间价值的计算方法

由于利息(或利率)和盈利(或盈利率)是度量资金时间价值的尺度,所以计算资金时间价值的方法,就是计算利息的方法,只不过资金时间价值要根据需要在计算时间内的不同时间点进行相应的换算。计算利息的方法有单利法和复利法两种。

(一)单利计算法

单利计算法的特点是:各年的利息额仅按本金计算,各年的新增利息不加入本金计算其利息,就是说,不计算利息的利息。这种方法的优点是计算简便,但缺点也比较明显,就是这种计算方法属于一种静态分析方法,不太符合资金运动规律,未能反映各期利息的时间价值,因而不能完全反映资金的时间价值。其计算公式如下:

$$F = P(1+in) \qquad (2-1)$$

式中:P 为本金;n 为计息周期(通常为年);F 为本利和;i 为利率(通常为年利率)。

【例 2-4】 某人以单利方式存入银行 10 000 元钱,年利率 3.24%,存期三年,则三年后的本利和为:

$$F = 10\,000 \times (1+3.24\% \times 3) = 10\,972 \text{ 元}$$

(二)复利计算法

复利计算法的特点是:将上期末的本利和作为本期的本金,在新的本金基础上计算本期的利息,即计算利息的利息。这种方法的优点是考虑了资金的增值部分利息或盈利的时间价值,能完全反映资金的时间价值,缺点是计算相对复杂一些。其计算公式如下:

$$F = P(1+i)^n \qquad (2-2)$$

【例 2-5】 某企业向银行贷款 100 000 元,贷款期限三年,年利率 5.76%,则三年后应归还的本利和为:

$$F = 100\,000 \times (1+5.76\%)^3 = 118\,294.44 \text{ 元}$$

在投资项目评估中计算资金的时间价值都采用复利法。

二、资金时间价值的换算与复利计算公式

(一)资金时间价值的换算

由于资金时间价值的原因,相同数额的货币资金在不同的时点,其经济价值是不相等的;相反,在不同时点的不同数额的货币资金可能是经济等值的。对项目而言,投资往往在前,而收支发生在后,为比较项目收支,必须将不同时间发生的收支额,以资金时间价值换算为统一时点的相当值,才能进行比较。这一过程称为资金时间价值的换算。这是

计算项目经济效益和进行经济评价时首先考虑的问题。

资金时间价值的换算包括：(1)现值计算。将未来时点上的收支换算为某一较早时点上的相当值的方法。(2)终值计算。即把任一较早时点发生的收支换算为未来某一时点的相当值的方法。(3)年值计算。即把任一时点上的价值换算为一系列相等的年相当值。同样，也可把年值换算为某一时点的现值或终值。

为简化上述计算，人们推导了复利计算的基本公式，计算了常用复利系数的数值并编成表格以备查用。美国工程经济协会 1975 年拟定了复利系数的标准名称与符号，现已被许多国家所采用。下面根据该标准介绍几个常用的复利公式。

(二) 普通复利计算公式

在下面的复利计算公式推导中，我们统一用下面的符号表达现金流量：

P—— 现值；

i—— 实际利率，按计息期计算的利率；

r—— 名义利率，即年利率；

n—— 计算复利的期数（年、季、月、周等）；

F—— 终值或未来值，即发生在现在或未来的现金流量相当于未来时点的价值；

A—— 年值或年金，即连续发生在一定周期每期末资金的等额系列值；

G—— 等额递增（递减）的现金流。

为了更加清楚，在复利公式推导计算时，我们将借助前面提到的现金流量图。

1. 一次支付终值复利公式

已知期初投入的现值 P，利率 i，求 n 期末的终值 F。其现金流量图如图 2-3。其公式为：

$$F = P(1+i)^n \qquad (2-3)$$

式中：$(1+i)^n$ 称一次支付终值系数，记作 $(F/P, i, n)$，可直接查复利系数表得到。

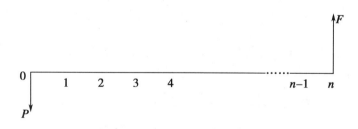

图 2-3 $P \leftrightarrow F$ 现金流量图

公式推导：本金 P 在第 1 年末的利息为 Pi，第 1 年末的本利和为

$$F_1 = P + Pi;$$

第 2 年末的本利和为

$$F_2 = P(1+i) + P(1+i)i = P(1+i)^2;$$

依此类推，第 n 年末的本利和为

$$F=F_n=P(1+i)^n$$

【例 2-6】 若现存款 1 000 元,设利率为 8%,则第 2 年末取回多少?

解:
$$F = P(F/P,i,n)$$
$$= 1\,000(F/P,8\%,2)$$
$$= 1\,000 \times 1.166 = 1\,166(元)$$

2. 一次支付现值公式

这是已知终值 F,求现值 P,可由式(2-3)导出:

$$P=F/(1+i)^n \tag{2-4}$$

式中:$1/(1+i)^n$ 称为一次支付现值系数,记作为 $(P/F,i,n)$。

【例 2-7】 为了两年后得到 1 166 元,按年利率 8% 计算,现在必须存入多少?

解:
$$P = F(P/F,i,n)$$
$$= 1\,166(P/F,8\%,2)$$
$$= 1\,166 \times 0.857\,3 = 1\,000(元)$$

要特别指出的是,在上面的两个公式中,我们始终用到的是年(期)末的数据,这是我们在复利公式推导和使用时必须注意的,后面的公式也使用的是年(期)末的数据。

3. 等额支付终值公式

若每期期末支付等额金额 A,在年利率 i 的情况下,就不需要一年一年地计算其现值或终值,可以采用等额支付终值、现值公式。先来看等额支付终值公式。

若已知年金 A,利率 i,求 n 期末的终值 F,其现金流量图如图 2-4。其公式为:

$$F = A\left[\frac{(1+i)^n-1}{i}\right] \tag{2-5}$$

式中:$[(1+i)^n-1]/i$ 称为"等额支付终值系数",记作 $(F/A,i,n)$。

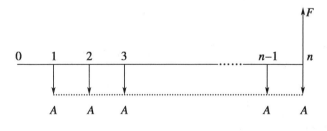

图 2-4 $A \leftrightarrow$ 现金流量图

公式推导:从图中可以看出,等额支付序列可视为 n 个一次支付的组合,F 值等于 n 个现金流中每个 A 的未来值之和,即:

$$F = A + A(1+i) + \cdots + A(1+i)^{n-1} \tag{2-6}$$

上式两边同乘 $(1+i)$ 得

$$F(1+i) = A(1+i) + A(1+i)^2 + \cdots + A(1+i)^n \tag{2-7}$$

(2-6)式减去(2-5)式得

$$F(1+i) - F = A[(1+i)^n - 1]$$

则，
$$F = A\left[\frac{(1+i)^n - 1}{i}\right]$$

【例 2-8】 每年末存入银行 100 元，假如银行按复利计息，年利率 8%，6 年后可得多少钱？

解：$F = A\left[\dfrac{(1+i)^n - 1}{i}\right] = 100 \times \dfrac{(1+0.08)^6 - 1}{0.08} = 733.59$

4. 等额支付偿债基金公式

这是已知 n 期末的终值 F，求 n 期末的等额系列金额 A，如图 2-4。可由式(2-5)导出：

$$A = F \cdot i / [(1+i)^n - 1] \tag{2-8}$$

式中：$i/[(1+i)^n - 1]$ 称为"等额支付偿债基金系数"，记作 $(A/F, i, n)$。

【例 2-9】 某公司计划 5 年后购进一台自动装置，需投资 10 000 元，为此决定从今年起每年提存等额年金，作专用基金存入银行，若利率为 10%，问需要每年储存多少？

解：$A = F(A/F, i, n)$
$= F(A/F, 10\%, 5)$
$= 10\ 000 \times 0.163\ 8$
$= 1\ 638(元)$

5. 等额支付现值公式

已知 n 期内每期等额金额 A，利率 i，求现值 P，如图 2-5。由 $F = P(1+i)^n$ 和 $F = A[(1+i)^n - 1]/i$，得：

$$P = A\left[\frac{(1+i)^n - 1}{i(1+i)^n}\right] \tag{2-9}$$

式中，$\left[\dfrac{(1+i)^n - 1}{i(1+i)^n}\right]$ 称为"等额支付现值系数"，记作 $(P/A, i, n)$。

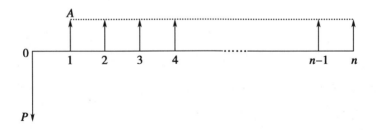

图 2-5 $P \leftarrow \rightarrow A$ 现金流量图

【例2-10】 如果想在今后8年中,每年年末得到资金200元,假设年利率5%,现在应该一次投入多少钱?

解:
$$P = A\left[\frac{(1+i)^n - 1}{i(1+i)^n}\right]$$
$$= 200 \times \frac{(1+0.05)^8 - 1}{0.05 \times (1+0.05)^8}$$
$$= 1\,292.6(元)$$

6. 等额支付系列投资回收公式

这是已知现值P,求n期内每期末的等额现金值A,如图2-5。可由式(2-9)导出:

$$A = P\left[\frac{i(1+i)^n}{(1+i)^n - 1}\right] \tag{2-10}$$

式中$\left[\frac{i(1+i)^n}{(1+i)^n - 1}\right]$称为"等额支付系列投资回收系数",记作$(A/P,i,n)$。

【例2-11】 某公司向银行借款15 000元购一台设备,年利率10%。规定10年内以等额偿还,求每年应偿还额。

解:
$$A = P(A/P,i,n)$$
$$= 15\,000(A/P,10\%,10)$$
$$= 15\,000 \times 0.162\,75$$
$$= 2\,441.25(元)$$

(三)等差支付复利计算公式

1. 等差递增(减)序列现值公式

在经济分析中,常遇到某些现金流量每年均以一定的数量增加或减少,即形成等差的数列。例如,固定资产随着使用年数的增加,维修费用则逐年增加,其产量则逐年减少。如果每年的现金流量增加额或减少额相等,则称之为等差序列递增(减)现金流量,此时,n年的收支额可依次表示为$A_1,A_1+G\cdots A_1+(n-1)G$,如图2-6所示。$G$称为递增(减)量。在计算该类支付情形的现值、终值和年值时,可将问题简化,即将图2-6所示的现金流量看成两个现金流量之和(图2-7),一个为等额支付序列现金流量,一个为递增(减)支付序列现金流量。前一种情形前面已经介绍,后一种情形是已知等额递增(减)量为G,求n期的现值P。

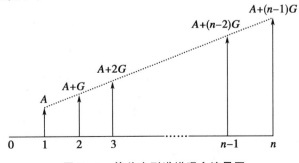

图2-6 等差序列递增现金流量图

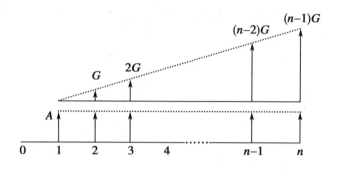

图 2-7 等差支付现金流量分解图

公式如下:

$$P = A_1\left[\frac{(1+i)^n-1}{i(1+i)^n}\right] + \frac{G}{i}\left[\frac{(1+i)^n-1}{i(1+i)^n} - \frac{n}{(1+i)^n}\right] \quad (2-11)$$

式中 $\frac{1}{i}\left[\frac{(1+i)^n-1}{i(1+i)^n} - \frac{n}{(1+i)^n}\right]$ 称为等差支付现值系数,记作 $(P/G, i, n)$。

公式推导:[只推导(2-11)式的后半部分]

$$P = G\left[\frac{1}{(1+i)^2} + \frac{2}{(1+i)^3} + \cdots + \frac{n-1}{(1+i)^{n-2}}\right] \quad (2-12)$$

等式两边同乘以 $(1+i)$ 得到

$$P(1+i) = G\left[\frac{1}{(1+i)^1} + \frac{2}{(1+i)^2} + \cdots + \frac{n-1}{(1+i)^{n-1}}\right] \quad (2-13)$$

(2-13)式减去(2-12)式,得到

$$P(1+i) - P = G\left[\frac{1}{(1+i)^1} + \frac{1}{(1+i)^2} + \cdots + \frac{1}{(1+i)^{n-1}}\right] - G\frac{n-1}{(1+i)^n}$$

合并得到

$$P = \frac{G}{i}\left[\frac{(1+i)^n-1}{i(1+i)^n} - \frac{n}{(1+i)^n}\right]$$

故而,

$$P = A_1\left[\frac{(1+i)^n-1}{i(1+i)^n}\right] + \frac{G}{i}\left[\frac{(1+i)^n-1}{i(1+i)^n} - \frac{n}{(1+i)^n}\right]$$

2. 等差递增(减)序列终值公式

已知等差递增(减)量为 G,求其终值 F。将式(2-11)代入式(2-3)可得:

$$F = A_1\left[\frac{(1+i)^n-1}{i}\right] + \frac{G}{i}\left[\frac{(1+i)^n-1}{i} - n\right] \quad (2-14)$$

式中,$\frac{1}{i}\left[\frac{(1+i)^n-1}{i} - n\right]$ 称为"等差递增(减)终值系数",记作 $(F/G, i, n)$。

【例 2-12】 某公司租赁一批设备,按合同规定,第一年支付租金 5 万元,以后每年递增 2 万元,租期 5 年,年利率 5%,若采用一次付款方式。第一年初应付款多少? 若为第 5 年末一次付款,应付多少? 如图 2-8 所示。

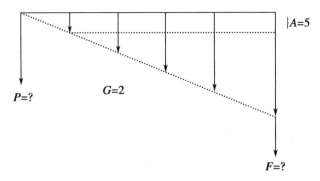

图 2-8 【例 2-12】图示

解：若年初一次付清，则

$$P = A(P/A, i, n) + G(P/G, i, n)$$
$$= 5(P/A, 5\%, 5) + 2(P/G, 5\%, 5)$$
$$= 5 \times 4.3295 + 2 \times 8.237 = 38.1215(万元)$$

若最后一年末一次付清，则

$$F = P(F/P, i, n)$$
$$= 38.1215(F/P, 5\%, 5)$$
$$= 38.1215 \times 1.276 = 48.64(万元)$$

3. 等差递增（减）序列年金公式

已知等差递增（减）量 G，求年值 A。这里只要计算递增（减）G 的年金 A_2 即可。公式如下：

$$A_2 = G\left[\frac{1}{i} - \frac{n}{(1+i)^n - 1}\right] \qquad (2-15)$$

式中，$\left[\frac{1}{i} - \frac{n}{(1+i)^n - 1}\right]$ 称为"等差递增（减）年金系数"记作 $(A/G, i, n)$。

（四）间断等额序列年金的处理

等额序列年金往往是不连续的，而是间断的，而且年金金额及符号也可能不一样，如图 2-9 所示。

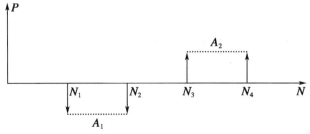

图 2-9 间断等额序列年金

间断性产生的原因是多方面的,如项目投产后,要经过一段时间才能达到全部设计生产能力,这段时间内净现金流量逐年增加,并非等额序列。达到设计能力后,经过一定时期后,又要进行技改、改扩建、大修理等措施,这些措施使资金流入量增加,流出量减少,甚至减产和停产。这些措施完成后,生产可达到新的水平。因此,时间 N_2 与 N_3 有间隔,同时资金流量 A_1 与 A_2 也不一定等额。

间断序列年金现值计算方法很重要,在时间价值计算中经常会用到。其一般的计算是采用分别计算不同的全部年限的年金,再对应相减得到要计算的年金值,具体的计算方法需要因间断的情况而定,譬如如图 2-10 所示的间断年金,就可以采用减法来计算其现值或终值。如下:

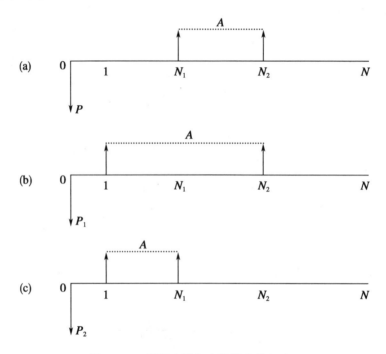

图 2-10 间断序列年金计算方法(一)

$$P = P_1 - P_2$$

$$P_1 = A(P/A, i, N_2); \qquad P_2 = A(P/A, i, N_1 - 1)$$

$$\therefore P = A[(P/A, i, N_2) - (P/A, i, N_1 - 1)]$$

注意上式中 P_2 的年限是 $(N_1 - 1)$。

上面的情形也可以采用其他的方法来解决,如图 2-11。

$$P = P_1(P/F, i, N_1 - 1)$$
$$= A(P/A, i, N_2 - N_1 + 1)(P/F, i, N_1 - 1)$$

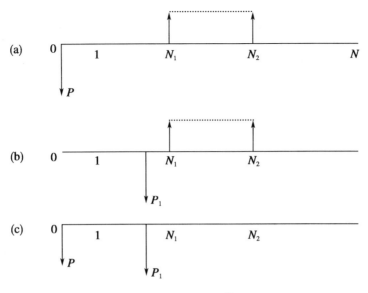

图 2-11 间断序列年金计算方法(二)

【例 2-13】 某项目投资总额(包括建设期利息)为 2 000 万元,投产后第 5 年开始还贷款,要求在 6 年内清偿,贷款年利率 10%,每年应还贷款多少?

解：现金流量图如图 2-12。

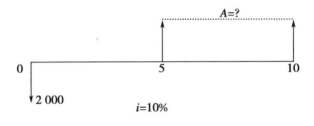

图 2-12 【例 2-13】图示

$$2\,000 = A[(P/A,10\%,10) - (P/A,10\%,5-1)]$$
$$= A(6.144 - 3.170)$$

$\therefore A = 672.5$(万元)

(五) 资金时间价值换算基本公式的假定条件

由上面的讨论可知,由于资金具有时间价值,使不同时间资金的价值不相等,所有不同时间收支的资金不宜直接进行比较,而需要把它们换算到相同的时间基础上,这就必须运用上述的换算基本公式。

这些资金时间价值计算公式的适用性是建立在如下假定条件基础上的:

1. 实施方案的初期投资假定发生在方案的寿命期初。
2. 方案实施中发生的经常性收益和费用假定发生在计息期的期末。
3. 本期的期末,即为下期的期初。
4. 现值 P 是当前期间期初时发生的。

5. 终值 F 是当前往后的第 n 期期末发生的。

6. 年值 A 是在实施期间间隔发生的。当问题包括 P 和 A 时,系列的第一个 A 是在 P 发生一个期间后的期末发生的;当问题包括 F 和 A 时,系列的最后一个 A 与 F 同时发生。

7. 第一个 G 值的发生时间是第一个 A 值之后的一期。当问题包括 P 和 G 时,P 发生在第一个 G 的前两期;当问题包括 A 和 G 时,第一个 A 发生在第一个 G 的前一期,最后一个 A 与 G 同时发生。

当需要解决的问题的现金流量不符合上述假定条件时,则需要先将它们折算成符合上述假定条件后的时间值,才可以应用上述的基本公式。

三、名义利率与实际利率

前面我们对资金时间价值的复利计算一直是假设计息期以年为单位的,但在实际项目运作中,则可能存在计息期为半年、一个季度、一个月等情况,而为了计算的方便,我们仍然需要以年作单位,这就出现了名义利率和实际利率的概念。

(一) 名义利率(r)

在以一年为计息基础时,名义利率是按每一计息周期的利率乘以每年计息期数的积,常用 r 表示。它实际上是按单利法计算的年利率。如存款的月利率为 5‰,则名义利率为 6%,即 5‰×12=6%。

名义利率的计息周期可以定为日、月、季、半年等,即一年有多个计息周期。

(二) 实际利率(i)

实际利率是实际计算利息时使用的利率,如上面的月利率 5‰ 就是实际利率,不过我们这里所说的实际利率是以年为计算利息的周期而表达的年利率,即按复利法计算换算成的年利率。前面所介绍的复利公式中所用的年利率都是实际利率,都是以一年为一个计息周期,常用 i 表示。如果计息周期为一年,则名义利率就是实际利率。但计息期不是一年时,名义利率就不是实际利率。

在经济分析中,由于项目多为长期投资,一般以年为计算复利次数,即每年计息一次,多数情况下,$i=r$。但如果 $i \neq r$,则不能用名义利率来评价,必须换算成实际利率来进行评价。

(三) 名义利率与实际利率的换算

设名义利率为 r,一年中计息 m 次,则每次计息的利率为 r/m,如本金为 P,根据一次支付复利公式,年末本利和为:

$$F = P\left(1 + \frac{r}{m}\right)^m$$

所以,一年的利息应为:$I = F - P = P(1+r/m)^m - P$

则实际利率为:

$$i = \frac{I}{P} = \left(1 + \frac{r}{m}\right)^m - 1 \tag{2-16}$$

当 $m=1$，即一年计息一次，$i=r$；当 $m>1$，即一年计息若干次，$i>r$。

【例 2-14】 某公司拟贷款建设项目,现有两个备选方案:方案甲年利率 17%,每年计算一次复利;方案乙年利率 16%,每月计算复利一次,问哪种方案较经济?

解:甲方案：$r=17\%, m=1$

$\therefore i_甲 = r = 17\%$

乙方案：$r=16\%, m=12$

$\therefore i_乙 = \left(1+\dfrac{r}{m}\right)^m - 1$

$= (1+16\%/12)^{12} - 1$

$= 17.22\%$

$i_甲 < i_乙$，显然方案甲较经济。

【例 2-15】 某企业贷款 10 000 万进行项目投资,贷款 10 年后一次偿还,年利率为 6%,每季度计息一次,10 年后应偿还多少钱?

解一：先计算实际利率，再根据一次支付终值公式计算 10 年后的终值。

$$i = \left(1+\dfrac{0.06}{4}\right)^4 - 1 = 6.136\,4\%$$

$$F = 10\,000 \times \left(\dfrac{F}{P}, 0.061\,364, 10\right)$$

$$= 10\,000 \times 1.814\,0$$

$$= 18\,140(元)$$

解二：将名义利率除以年计息期,得到计息期的实际利率,再利用一次支付终值公式计算 10 年后的终值。

$$i = 6\%/4 = 1.5\%$$

$$F = 10\,000(F/P, 0.015, 40)$$

$$= 18\,140(元)$$

(四) 连续复利的概念及其计算

1. 连续复利的概念

连续复利又称为瞬间复利,它是相对于普通复利(即间断复利)而言的。普通复利将资金运动看成跳跃式的,即对资金时间价值的计算是间断的,而连续复利则将资金运动看成是连续的,即资金的计息是没有间断的,或者说在利率计算周期内无限多次连续计算计息。这时的实际利率叫做连续复利率,用 I 表示。

2. 连续复利的计算

连续复利的复利率实际上就是对式(2-16)求极限,即：

$$I = \lim_{m \to \infty}\left[\left(1-\dfrac{r}{m}\right)^m - 1\right] = e^r - 1 \qquad (2-17)$$

式中：r 为名义利率；e 为自然对数的底($e=2.718\,3$)。

在连续复利条件下,资金的一次支付终值公式为
$$F = Pe^{in}$$

普通复利与连续复利的对比见表2-3。

表2-3 复利计算公式汇总对比表

已知	求	普通复利公式		连续复利公式	
		代数表达式	符号表达式	代数表达式	符号表达式
P	F	$F=P(1-i)^n$	$F=P\left(\dfrac{F}{P},i,n\right)$	$F=Pe^{in}$	$F=P\left[\dfrac{F}{P},i,n\right]$
F	D	$P=F(1+i)^{-n}$	$P=F\left(\dfrac{P}{F},i,n\right)$	$P=Fe^{-in}$	$P=F\left[\dfrac{P}{F},i,n\right]$
A	F	$F=A\dfrac{(1+i)^n-1}{i}$	$F=A\left(\dfrac{F}{A},i,n\right)$	$F=A\dfrac{e^{in}-1}{e^i-1}$	$F=A\left(\dfrac{F}{A},i,n\right)$
F	A	$A=F\dfrac{i}{(1+i)^n-1}$	$A=F\left(\dfrac{A}{F},i,n\right)$	$A=F\dfrac{e^i-1}{e^{in}-1}$	$A=F\left(\dfrac{A}{F},i,n\right)$
A	P	$P=A\dfrac{(1+i)^n-1}{i(1+i)^n}$	$P=A\left(\dfrac{P}{A},i,n\right)$	$P=A\dfrac{e^{in}-1}{(e^i-1)e^{in}}$	$P=A\left(\dfrac{P}{A},i,n\right)$
P	A	$A=P\dfrac{i(1+i)^n}{(1+i)^n-1}$	$A=P\left(\dfrac{A}{P},i,n\right)$	$A=P\dfrac{(e^i-1)e^{in}}{e^{in}-1}$	$A=P\left(\dfrac{A}{P},i,n\right)$

为了便于比较,现把年名义利率为15%时,按不同计息周期计算的实际利率列于表2-4中。由表中可以看出:当利率周期大于计息周期时,实际利率高于名义利率;当名义利率相同时,复利率周期内计息次数越多,计息周期越短,实际利率则越高;连续复利率为该名义利率下实际利率的极限。

【例2-16】 设年名义利率为10%,若按连续复利计算,其实际利率是多少?

解: $I = e^r - 1 = 2.7183^{0.1} - 1 = 10.517\%$

【例2-17】 设年初一次投资10 000元,年利率为10%,试按年、半年计息和连续复利计算第5年末的本利和。

解:按年计息:$i = r = 10\%$

$$F = \left(\dfrac{F}{P}, i, n\right)$$
$$= P\left(\dfrac{F}{P}, 10\%, 5\right)$$
$$= 10\ 000 \times 1.611 = 16\ 110$$

按半年计息:$m = 2$

$$F = P\left(\dfrac{F}{P}, \dfrac{r}{m}, mn\right)$$

$$= 10\,000\left(\frac{F}{P}, \frac{10\%}{2}, 2\times 5\right)$$

$$= 10\,000\left(\frac{F}{P}, 5\%, 10\right)$$

$$= 10\,000 \times 1.629$$

$$= 16\,290(元)$$

按连续复利计息:

$$F = Pe^{rn} = 10\,000 \times (2.718\,3)^{0.1\times 5}$$

$$= 1\,648.73(元)$$

表 2-4 年名义利率 15% 时的实际利率

计息周期	年计息次数(m)	计息期利率(r/m),%	年实际利率(i 或 I),%
年	1	15	15
半年	2	7.5	15.563
季	4	3.75	15.865
月	12	1.25	16.075
天	365	0.041	16.179
连续	∞	0.000	16.184

【专栏 2-1】

区分资金类型的意义

实际经济活动中资金来源和使用因资金类型而有差别,只有正确区分不同的资金类型,才能做好资金时间价值的分析。这需要做好以下几个方面的工作:

1. 把握不同资金类型的含义及特点。要想准确区分不同类型的资金关键在于把握各种资金的含义及其特点,只有熟识不同资金的含义和特点,才能帮助我们进行深入分析,才能从复杂多变的现象中发现资金的本质,准确判定资金的类型。

2. 理解不同资金类型的划分标准。在把握不同类型资金的含义和特点后,还要真正理解划分不同资金类型的标准,划分标准往往是区分不同类型资金的有效手段和现实技巧。比如先要弄清一次性款项和年金的划分标准:前者是一次性发生款项,后者则是多次等额发生款项。然后在此基础上进一步把握不同年金的划分标准是款项发生的具体时点不同。

3. 熟练不同资金类型的相互转换。不同的资金类型之间并非完全割裂、独立的,它们往往既相互联系,又相互区别,年金的两个基本类型普通年金和即付年金之间更是有着密切的关系,在实际计算即付年金的时间价值时,往往把其转换为普通年金的计算问题。因此还需要在把握其含义、特点和划分标准基础上,熟悉不同资金类型的相互转换,这是对其含义、特点和划分标准灵活运用的具体体现。

4. 学会运用资金时间价值示例图。正如在前面描述的资金时间价值示例图一样,假如学会运用资金时间价值示例图可以形象、生动、非常直观地帮助我们区分不同的资金类型。

【专栏2-2】

判断资金时间价值的最新方法——"实际折现率"

资金的时间价值是"银行利率"与"通胀率"或"通缩率"共同作用的结果,综合的结果就是"昨天的一元钱不一定比今天的一元钱价值大"。要判断一笔资金经过一段时间以后的价值的增加或减少,可以用"实际利率"来计算。即在原来的计算终值的方法上,用现值乘以终值系数。取"实际利率=银行利率-通胀率或实际利率=银行利率+通缩率"即可。

例如:某年1月1日,某人在银行中存了20 000元钱,存期三年,三年中的银行利率为5%,通胀率为1%,到第三年的12月31日取款。

20 000元钱通过银行存款,按5%利率,经过三年时间,货币数增加了3 153元钱。20 000元钱,经过三年存款,考虑利率及商品物价上涨因素,实际上只增加了2 497元的价值。这样,考虑物价上涨和不考虑物价上涨的通胀率的影响,所得出的资金的时间价值判断上就出现了误差,相差了23 153-22 497=656元钱。

假设银行利率为5%,而通胀率为8%,则实际利率为5%-8%=-3%,三年后本息和是18 254元,实际利率为-3%情况下,由于物价的上涨,20 000元存款三年,不但没有收回本金20 000元,还亏损了20 000-18 254=1 746元。

不难发现,在"实际利率"为"负利率"的年代,即当前社会的通胀率较大的长期和平年代,项目投资要求的回报终值小于实际利率为"正利率"的年代的终值的回报,这是因为正利率越大,资金时间价值自然升值越大,对项目投资所回报的金额要求也越大,投资风险也越大。反之,在一定银行利率下,通胀率越高,则"实际利率"就越小,项目投资所要求的终值的回报越小,其投资风险也越小,所以,"银行利率"和"通胀率""通缩率"的"两率"也成了政府宏观调控经济,控制投资信贷规模的一个把柄。

(摘编自周天华、周京:《判断资金时间价值的最新方法——"实际折现率"》,《时代金融》2007年第4期)

【能力训练】

1. 单项选择题

（1）投资回收系数与年金现值系数的乘积等于( )。
　　A. 年金终值系数　　　　　　　　B. 偿债基金系数
　　C. －1　　　　　　　　　　　　D. 1

（2）永续年金具有下列特点( )。
　　A. 每期期初支付　　　　　　　　B. 每期不等额支付
　　C. 没有终值　　　　　　　　　　D. 没有现值

（3）普通年金终值系数的倒数称之( )。
　　A. 偿债基金　　　　　　　　　　B. 偿债基金系数
　　C. 年回收额　　　　　　　　　　D. 投资回收系数

（4）在实务中，人们习惯用( )数字表示货币时间价值。
　　A. 绝对数　　　　　　　　　　　B. 相对数
　　C. 平均数　　　　　　　　　　　D. 指数

（5）预付年金现值系数和普通年金现值系数相比( )。
　　A. 期数加1，系数减1　　　　　　B. 期数加1，系数加1
　　C. 期数减1，系数加1　　　　　　D. 期数减1，系数减1

（6）资金的时间价值相当于没有风险和没有通货膨胀下的( )。
　　A. 社会平均资金利润率　　　　　B. 企业利润率
　　C. 复利下的利息率　　　　　　　D. 单利下的利息率

（7）在利息率和现值相同的情况下，若计息期为一期，则复利终值和单利终值( )。
　　A. 前者大于后者　　　　　　　　B. 相等
　　C. 无法确定　　　　　　　　　　D. 不相等

（8）甲乙两方案的预计投资报酬率均为25%，甲方案标准差小于乙方案标准差，则下列说法正确的是( )。
　　A. 甲方案风险大于乙方案风险　　B. 甲方案风险小于乙方案风险
　　C. 甲乙方案风险相同　　　　　　D. 甲乙方案风险不能比较

2. 多项选择题

（1）年金按付款方式不同分为( )。
　　A. 普通年金　　　B. 即付年金　　　C. 递延年金
　　D. 永续年金　　　E. 终值年金

（2）年金终值系数是指已知( )，求( )。
　　A. 现值　　　B. 终值　　　C. 年金　　　D. 基金

（3）普通年金现值系数表的用途是( )。
　　A. 已知年金求现值
　　B. 已知现值求年金

C. 已知终值求现值

D. 已知现值,年金和利率求期数

E. 已知现值,年金和期数求利率

(4) 下列各项中属于年金形式的有(　　)。

　　A. 直线法计提的折旧额　　B. 等额分期付款　　C. 优先股股利

　　D. 按月发放的养老金　　E. 等额支付的租金

(5) 就资金的时间价值而言,下列表述中正确的有(　　)。

A. 资金的时间价值不可能由"时间"创造,而只能由劳动创造

B. 只要把货币作为资金投入生产经营就能产生时间价值

C. 时间价值的相对数是指扣除风险报酬和通货膨胀补偿以后的平均资金利润率或平均报酬率

D. 时间价值的绝对数是资金在生产经营过程中带来的真实增值额

E. 随着时间的推移,货币总量在循环周转中,按几何级数增长,使得货币具有时间价值

3. 判断题

(1) 复利系数就是在资金等值换算中使用的系数。　　　　　　　　　　　　(　　)

(2) 6年分期付款购物,每年初付500元,设银行利率为10%,该项分期付款相当于现在一次现金支付的购买价是2 395.50元。　　　　　　　　　　　　　　　(　　)

(3) 年金终值系数与偿债基金系数互为倒数。　　　　　　　　　　　　　　(　　)

(4) 普通年金现值系数的倒数,它可以把现值折算成年金,称为投资回收系数。
　　　　　　　　　　　　　　　　　　　　　　　　　　　　　　　　　　(　　)

(5) 优先股的股利可视为永续年金。　　　　　　　　　　　　　　　　　　(　　)

(6) 只要是货币就具有时间价值。　　　　　　　　　　　　　　　　　　　(　　)

(7) 时间越长,时间价值越大,相同数值的金额的现值也越大。　　　　　　　(　　)

(8) 投资报酬率或资金利润率除包括时间价值以外,还包括风险报酬和通货膨胀补偿率,在计算时间价值时,后两部分是不应包括在内的。　　　　　　　　　　(　　)

4. 在运用 $P \leftrightarrow F$、$A \leftrightarrow F$、$A \leftrightarrow P$ 各计算公式时,在年限方面要注意什么?

5. 一个大学生于2009年7月1日毕业工作后的每月收入为2 500元,他可以一直工作到2048年6月30日,假定该学生的收入是稳定增长的,年增长300元(年内收入不计算时间价值),并假定年折现率为8%,问该学生一生的收入相当于2009年7月1日的价值是多少? 相当于2048年7月1日的价值又是多少?

6. 某项目投资期为4年,第五年年初投产,投产后每年的销售收入为5 000万元,项目的生产寿命期为15年,问当企业要求的最低收益率为10%时销售收入的现值是多少?

7. 某人于2002年7月1日继承一笔财产,价值为500万元,他希望将此500万元在以后的50年中逐步捐献出去,并且每年捐献的金额相等。假定财产收益率为年8%,问这笔财产可供此人在今后50年内提供的年捐献额是多少?

8. 某项借款的月利率为2%,试求每年的名义利率和实际利率,若借款10 000元,五

年后应还多少钱?

9. 设有两个投资方案,投资额相等,甲方案立时见效,获利 40 万元,乙方案 8 年后见效,获利 100 万元,问年利率为 10% 时,哪个方案更好些?

10. 某企业购置一台设备,若一次用现款付清,价格为 40 万元;若分期付款,每年年末支付 10 万元,期限为 5 年。问在年利率为 10% 的条件下,企业宜采用何种付款方式?

11. 某人采用按揭贷款购买住房一套,住房的首付款为 20 万元,余款 50 万元以房产为抵押向银行贷款,贷款的年名义利率为 5.31%,每月等额还款,每月需还款多少?

12. 某企业拟在 3 年后更新一台机器,预计将花费 750 万元,问年利率 8% 时,企业每年应提取多少资金以备将来购买机器?

13. 某企业欲置一台设备,若购买,需花费 50 万元;若租赁,年租金 12 万元,年末支付租金,5 年租期届满时,设备归企业所有。问年利率 12% 时,企业宜采用何种方式取得设备?

14. 设有两个投资方案,投资额相等,甲方案 5 年内每年末都可盈利 100 万元,乙方案 5 年后一次获利 600 万元。问在年利率为 8% 的情况下,哪个方案为优?

15. 有个 6 岁的学生于 2007 年年初投保 200 元,按照保险条例,在他 60 岁开始的时候开始得到现金收入,并连续 10 年每年可得 5 000 元(这 10 年的折现率为 10%),问在 2007 年年初投的 200 元在 54 年内的年收益率是多大?

16. 某人于 2009 年初喜得一子,他希望这个小孩在 18 周岁时能够顺利上大学。他预计那时上大学每年要花费 20 000 元(年初值),大学期间共 4 年(假设 4 年内的折现率是 10%)。为了他的孩子能够上得起大学,他要通过每年存钱的方式逐渐积攒,如果未来 18 年的年折现率为 8%,他要在 18 年内每年年底存多少?

【网络资源与阅读书目】

[1] 高峰.资金时间价值原理及实务.北京:中国财政经济出版社,2008
[2] 刘晓君,李玲燕.技术经济学.北京:科学出版社,2018
[3] 徐强.技术经济学原理与实务.北京:北京科技出版社,1993
[4] 刘秋华.技术经济学.北京:机械工业出版社,2010
[5] 李明孝.工程经济学.北京:化学工业出版社,2011
[6] 曾淑君.工程经济学.南京:东南大学出版社,2014

第三章 投资项目建设环境与条件评估

【学习要点】 投资项目建设环境与条件评估是对项目建设环境和条件所进行的审查、分析和评价工作。本章从投资项目的背景、投资项目建设的宏观环境和微观环境及市场调查与分析等方面介绍了投资项目环境评估的相关知识,并围绕项目建设的厂址选择条件评估、环境保护条件评估、项目实施条件评估和建成后生产条件评估,概括地介绍了进行项目建设条件的评估所需要了解和掌握的内容。

【学习重点与难点】 通过本章内容的学习,要求学生重点掌握投资项目的市场调查与预测、投资项目建设的实施条件和生产条件的评估及市场预测和厂址选择的判断方法。

【基本概念】 投资环境 竞争力模型 项目运营环境 竞争者的反应型态 购买力估算法 移动平均法 指数平滑法 厂址选择评估 建设实施条件评估 资源条件评估 外部协作配套条件 同步建设条件

对投资项目的评估是一项复杂且需要资金投入的工作,如果项目根本没有建设的必要性和适宜的建设环境,则没有必要进行进一步的评估,所以项目建设环境和条件评估是投资项目评估非常重要的开端。对项目建设环境评估是通过对项目投资的背景、宏观环境和微观环境的分析来评估项目建设的必要性,通过对项目形成过程和背景的分析,看项目的发起是否合法、合情又合理,是否有利于社会经济的发展和建设单位目标的实现。

如果投资项目建设不适应投资环境的方向或者不具备建设和生产的条件,那么项目根本就不能成立,对项目的各项可行性的分析和评估,当然就没有必要继续进行,一切评估也就都失去了意义,项目就此终止。

第一节 项目投资背景分析评估

项目投资的背景分析主要是要搞清楚项目的来龙去脉,以此分析项目建设的必要性。总体来说,投资建设项目兴建的合理动因无非以下几个方面:

一、符合国民经济和社会发展中长期战略规划

国民经济的发展是个长久持续的过程,投资作为发展的主要动力之一,是促进经济发展的关键因素。因此,在任何时候都需要开发出恰当的投资项目以形成发展所需的国民财富。这就要求项目的开发人员在寻找投资机会时,关注与项目有关的国家长远发展战略规划,使项目的发展融入整个国家的经济发展之中。

国民经济发展战略规划是国家在一定时期内所要达到的主要目标,以及为实现这些

目标所应采取的方针、政策和措施的概括,是经济发展目标、发展方式和发展途径的总和。国民经济发展战略具有全局性和综合性的特点,在较长时期内指导着国民经济的发展。项目投资作为社会生产力的再生产活动,应与国民经济发展战略、长远规划和中期计划(一般指五年计划)相一致,项目产品的选择必须符合相关规划、计划的要求。

在对投资项目进行评估时,应重点分析以下内容:项目的建设是否符合本计划期经济建设的目标和要求;项目的产品是否与本计划期国家鼓励生产的产品相一致;项目需引进的技术是否是本计划期内允许引进的;项目的总投资是否与国家在本期计划控制或发展规模相一致;重大的基建、技改项目是否列入国家的本期计划。

二、经济结构调整的需要

经济发展的历史表明,经济结构是不断变化的。首先,经济发展与人均收入水平的提高会引起经济结构的变化。经济发展和人均收入水平的提高,刺激了人的需求欲望,对经济产出品种、品质和数量的要求增加了,必然要求经济结构作相应的调整。其次,科学技术的发展是经济结构变化的关键因素。比如 20 世纪 70 年代以来出现一系列高新科学技术,如大型集成电路技术、微电子技术、宇宙航空技术、遗传工程技术和微生物技术等,从而导致 80 年代以来出现了一系列新兴高技术产业:宇宙航天产业、海洋生物产业、电子计算机产业、新材料产业等。新产业的产生,使经济结构不断地发生着重大变化,促成了经济结构的调整。第三,国外市场的变化和国外市场因素对经济结构变化的要求,促使后来发展的国家和地区就存在着不断进行经济结构调整,以适应发展和竞争需要的要求。第四,国家的经济政策对经济结构变化的作用。国家的经济政策是为国民经济平稳健康发展服务的,随着全社会经济的发展,原有的经济结构就会变得陈旧,成为阻碍经济持续增长的障碍,国家必会出台一些政策,引导和鼓励投资向新的有前景的领域和项目倾斜,从而带动整个社会的经济结构调整。

在经济结构调整的大背景下,每一个符合经济结构调整的投资项目都可能是必要的,所有不利于经济结构调整的项目则可能是没有市场的,所以,新的投资项目与经济结构调整之间是相辅相成的。经济结构调整要求出现一些新的投资项目,经济结构的调整一般也只能通过新项目的投资来拉动和改变。

三、符合国家的产业政策和行业发展战略

当商品经济发展到一定程度,国民经济有一定的基础后,每个国家都会制定相应的产业政策和行业发展战略。事实上,国家产业政策不仅仅是经济结构调整的需要,它是国家运用经济手段和行政干预办法,实现社会经济资源在各个产业部门的最佳配置,并促进产业结构高级化的必要措施。产业政策确定了整个国民经济优先发展的产业和需要抑制发展的产业。具体讲,如果投资项目属于产业政策中政府鼓励发展的产业,那么它在整个国民经济中所占比例将会增加,反之,则会减少。因此,产业政策和行业发展战略对投资项目建设具有一种指导作用,引导投资者把资金投向鼓励发展的产业。从这个意义上讲,投资项目是实现国家产业政策的一个重要手段。

政府的产业政策决定了不同时期政府鼓励什么和不鼓励什么的基本态度。对不同产业的支持或约束政策,会表现为财政税收、金融利率、价格体系等具体政策,它们直接影响到项目的投资成本。产业准入的政策条件又限定了投资的范围,对不能进入的投资者起到阻碍的作用,对允许进入的投资者,则起到保护投资的作用。所以政府的产业政策往往能形成对投资效果的直接影响。显而易见,考察项目是否有必要进行,就应该深入研究国家同期的产业政策和行业发展战略,并把项目建设与产业政策和行业发展战略的要求进行对比分析,只有符合国家产业政策和行业发展战略要求的项目,才能认为是有必要的。

四、地区经济发展的需要

地区经济发展战略是在国民经济发展战略与长远规划的指导下,结合本地区的实际情况而制订的有利于发挥本地区各方面的优势的推动本地区经济发展的目标和计划。由于每一个地区的经济发展水平和经济结构各不相同,为了满足当地的需要,每一投资项目的建设必须符合所在地区的经济发展战略,应开发具有地方特色的投资项目。

项目的建设应有利于发挥所在地区的资源优势。每个地区的优势是不同的,例如自然资源、技术、人才等各方面的优势。要想把这些潜在的地区优势转化为经济优势,需投资建设项目来创造条件,这样才能增强地区的经济实力,促进区域经济的发展,这也正是地区经济发展战略的目标和要求。从地区经济发展的角度来评估项目建设的必要性时应着重分析项目是否在服从地区长远规划的前提下,能合理利用地区资源,发挥地区优势,增强地区的经济实力。

五、企业自身发展的需要

企业的发展是社会发展的基础,不过企业本身的发展并不是为了社会的发展,而是企业追求剩余产品,追求利润的结果,这个过程是通过满足市场需要来实现的。为了满足市场的需求,企业就有了发展的物质动力,这就是要生产更多的适合市场需求的产品,来满足企业发展和人们的物质生活需要。生产产品是需要投资建设的,围绕企业自己的发展目标,需要由企业自己开发相关的项目,通过项目的投资建设来实现企业的目标。为顺应自身发展的需要,企业一般会在下面的几种情况下开展投资建设:(1)企业为了实现规模经济效益,降低生产成本,提高竞争的优势地位,需要扩大产品的生产规模,需要投资项目。(2)企业为了提高市场占有率,获得市场的竞争优势,也需要扩大建设规模,或者提高产品品质,需要投资项目。(3)企业为了提高自己的盈利能力,实现企业的销售收入,也需要投资项目。(4)企业根据战略管理的需要,可能实行战略性转型和转产,这也需要投资项目。

第二节 项目投资环境评估

投资环境是指影响和制约项目投资活动全过程的各种外部环境和条件的总和,它是决定和影响项目投资资金增值的各种政策、自然、经济和社会因素相互作用而形成的矛盾统一体。

一、投资环境的分类

投资环境是指影响项目投资行为的各种外部因素的总称。投资环境可按以下几个方面分类。

(一) 按其与投资的关系,可分为狭义和广义投资环境

(1) 狭义投资环境。一般是指经济环境,它是由与项目投资直接相关的各个环境因素构成的,如投资项目建设环境、经营环境、社会基础设施环境(如交通运输、通讯、生产和生活设施)等。

(2) 广义投资环境。一般是指自然环境、社会环境、政治环境等,它是由与项目投资直接和间接相关的诸环境因素构成的。自然环境包括地理位置、自然条件和自然资源等。社会环境主要指文化教育水平、传统风俗习惯等。政治环境评价主要包括政局是否稳定、政策是否具有连续性、涉外经济法规是否齐备与公允。进行项目评估所涉及的投资环境,比狭义的投资环境范围要大,比广义的投资环境所包括的范围要小。

(二) 按投资地域,可分为国内与国际投资环境

(1) 国内投资环境。一般是指投资者在本国境内投资,由影响其投资决策的各因素所构成的环境。

(2) 国际投资环境。一般是指投资者跨国投资,由影响其投资决策的各因素所构成的环境。

(三) 按投资环境的表现形态,可分为"软环境"和"硬环境"

(1) 软环境。是指不具有物质形态的影响投资项目的各种人际环境因素,一般是指吸引投资的政策、措施,政府对投资的态度、办事效率、科学文化发展程度,以及法律制度、经济结构等社会、经济、政治环境。

(2) 硬环境。是指具有物质形态的影响投资项目的各种物质环境因素,一般是指与项目相关的交通运输、通讯设施等条件,为生产、生活服务的第三产业发展状况,工程、水文地质条件,原材料供应条件,自然资源、资金、技术条件等项目的建设生产条件。进行项目评估既要评估项目的"软环境",又要评估项目的"硬环境"。

二、项目投资宏观环境评估

宏观环境是指在国内国际大环境中具有全社会性的、对所有产业部门和企业都将产生影响的各种因素和力量的总和。对项目来说,宏观环境是只能对其产生一定影响而不可控制的外部环境。国外有学者认为项目的宏观投资环境主要是分析项目的政治法律环境、经济环境、社会文化环境、技术环境、自然环境等方面,称为PEST分析。针对我国的具体情况,我们再增加自然环境作为投资宏观环境分析的基本内容。

(一) 政治法律环境

1. 政治形势和制度

政治稳定性、战争风险、政策连续性和对外政策是政治形势和制度分析的几个重要

方面,其中政治稳定性和对外政策分析更加重要。政治稳定性首先要看一个国家的政权是否稳定,政权的非正常更迭可能导致经济政策发生变化并给投资者带来极大的损害;其次应看社会治安状况,良好的治安环境会对投资企业的正常经营带来方便。对外政策主要看是积极有效地吸引外资,还是有所限制或完全拒绝。

2. 法律制度

法律制度主要表现在立法和执法。立法系统能否正常运行是关系到法律是否完整的关键,法律的完整性主要看与投资相关的法律是否健全、配套。在立法系统完善的地区,项目可以明确自己的合法权益,可以指望通过各种法律和法规来保护自己的合法利益,项目活动及组织者之间的大部分关系都可以受到有关法律和法规的制约。执法则是保证法律稳定的一个重要环节,公正的执法会使投资者产生安全感,增强其投资的信心。如果法律得不到应有的支持,投资的风险就会很大。完善的执法系统将起到保护正当竞争的作用。

(二) 经济环境

1. GDP 的分析

GDP 是反映经济发展状态的重要数值,项目宏观经济环境必须对此作出分析。GDP的总量反映了经济整体发展力,GDP 的人均量反映了经济增长的效果,GDP 的增长率则反映了经济整体的发展速度,所以对区域 GDP 的分析是必要的。有些地区每月公布工业增加值的同比和环比增长率,对于项目投资必要性的评估具有一定的参考作用。

2. 可支配收入分析

项目的经济效益最终取决于市场需求,市场需求受到市场实际购买力和购买意愿的影响。购买力受到现行收入水平、价格水平、储蓄率、负债及信贷状态等的影响,其中可支配收入决定了社会和个人的实际购买力,由此决定了潜在市场力量。因而,可支配收入与 GDP 一起可以起到影响项目发展空间的作用。除了可支配收入的总量之外,可支配收入的分配结构将决定具体产业所面临的市场容量和市场分布结构,影响着产业结构和产业布局,进而影响具体产业的发展空间。此外,项目环境分析还要研究居民的消费倾向,同样的收入,不同的人消费倾向可能大不相同。了解居民的消费倾向对于项目的市场选择是必不可少的。

3. 金融与财政形势

银行利率、信贷规模、政府投资、税收政策、外汇变化、股票行情、国际金融形势等,是构成项目财务环境的重要宏观因素,它们都会对项目和投资者造成重大的影响,所以在项目宏观环境分析时必须逐一进行分析评估。具体地说,银行利率直接决定项目的财务费用,所以要分析银行利率的变化趋势;信贷规模是项目资金及其流动性的保证;政府投资的力度是项目投资人需要权衡的;税收政策和税率的变化直接引起项目运行成本的变化,涉及进出口的项目会受到外汇汇率变化的较大影响;股票市场和行情则是资本市场资金宽松程度的重要标志;国际金融环境会对国内的金融环境造成影响;等等。

(三) 社会文化环境

社会文化环境通过两个方面影响项目:一是影响人口总量和人口分布、居民的价值观和生活方式,从而影响他们对产业和对项目的态度。二是影响企业内部人员的价值观和工作态度,从而影响企业的士气。

1. 文化环境

文化环境是指项目所在地居民的宗教信仰、生活方式、人际交往、对事物的看法、对储蓄和投资的态度、对环境保护的态度、职业偏好和选择性的大小等。这些当地居民的风俗习惯与价值观念能否与投资者的习惯与观念相融合也决定了项目的成败,即投资者与项目所在地居民的文化习惯上的不一致也间接影响到投资项目的经济效益。

2. 社会服务环境

项目的正常运行和有效运行离不开项目所在地的社会服务。社会服务环境主要指项目所在地政府机构的办事效率、金融系统的服务质量、投资项目所在地的生活条件和医疗卫生条件等方面的条件。这些条件的改善和提高对投资者无疑具有很强的吸引力。

3. 社会统计数据

像家庭的大小、出生和死亡率、人均寿命、人口地区分布、教育水平、人口在民族和性别上的比例等社会统计数据,都构成对项目的影响。对此,项目的宏观环境评估都应作出分析。

(四) 技术环境

1. 基础设施

投资项目的基础设施环境是项目发展的重要技术因素,它包括区域的能源、交通、邮电通讯等几个方面的发展情况。区域能源(包括煤、电、水、气、燃料等)的供应设施条件和进一步发展的规划,区域交通设施(包括铁路运输、公路运输、水上运输和航空运输等)的现有状态和未来的发展趋势,邮电通讯(包括邮政、电报、电话、电传和卫星等方面)的服务设施和条件等,都对项目的运行形成较大的影响。只有区域具有良好的基础设施,才有利于项目提高工作效率、降低产品成本、提高盈利水平,所以在项目宏观环境分析中必须作出评估。

2. 技术进步的速度和趋势

技术是项目存在和发展的根本,一个项目的外部技术环境会对项目产生重大影响。譬如随着电脑信息技术的应用,机器人、卫星通讯网络、光导纤维、计算机辅助设计和制造生产中心(CAD/CAM)、企业信息化技术等都得到了快速发展,这些都对项目所用具体技术产生很大的影响。如果项目的工艺技术和设备不能适应这种飞速发展的技术进步,则项目将面临较大的技术风险,所以项目的宏观环境分析必须对此作出评估。当前技术进步的速度随着生物工程技术、纳米技术、航空航天技术、海洋技术等的快速突破,已经是日新月异了,每一个项目的评估都不能忽视这种宏观的技术评估。

(五) 自然环境

1. 自然地理环境

自然地理环境的优劣,关系到投资项目所在地与原材料供应地点、产品销售市场的远近,而这对于节约运输费用、降低经营成本有着重要影响。另外,良好的气候条件也会促进投资项目建设和生产的顺利进行。

2. 自然资源环境

自然资源是项目存在和发展的基础。一个区域的自然资源条件表现在资源的储量、品位、开采量、流通量等很多方面,它们对项目的建设成本和经营成本都会产生一定的影响。

三、项目投资微观环境评估

（一）项目行业背景评估

尽管我们已经进行了项目的宏观环境分析和评估，但项目的行业背景分析仍然是重要的。在同样的宏观环境背景下，由于不同行业之间在经济特点、竞争环境、未来的利润前景以及受到的政策性限制等方面存在着很大的区别，所以还必须了解项目所进入的行业的背景情况。

一般地说，行业是指这样的一些企业所构成的群体，这些企业的产品有着众多相同的属性，以至它们为了争取同样的一个买方群体而展开激烈的竞争。一个新的投资项目就是要加入到这样的行业中去，所以，必须要了解这个行业的情况，包括竞争对手、产品需求量、产品发展前途、产品应用范围、本项目的竞争地位等，通过这样的背景资料分析，了解项目所处的微观环境。

1. 行业基础评估

行业基础是包括行业发展现状和未来发展前景在内的行业基本特性，行业基本状况是项目最直接、最重要的微观环境。对一个新的项目而言，首先要判断自己将进入的行业是否存在发展的机会，要根据行业的寿命周期来判断行业所处的发展阶段。一个没有前途的行业，项目的建设是没有必要的。

2. 行业能力评估

行业内部既存在着竞争，又需要协作，行业的做大需要这个行业的一定的规模，如果行业规模很小，行业的技术就不能得到较快的发展，行业的能力就比较弱，在这样的行业中发展新的投资项目就比较困难。

3. 行业竞争评估

行业竞争是不可避免的，一个投资项目必须充分评估本项目加入的行业的竞争情况。波特认为：行业的竞争强度是由五种基本竞争力所决定的。这五种竞争力是：① 现有公司的竞争；② 新加入者的威胁；③ 替代产品的威胁；④ 购买者讨价还价的力量；⑤ 供应者讨价还价的力量。（见图 3-1）

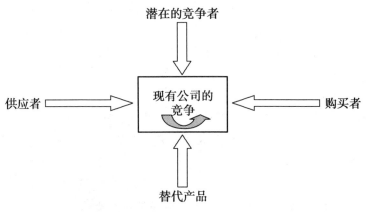

图 3-1　波特的竞争力模型

波特认为:上述竞争力的合力决定了一个行业的基本竞争潜力,这种潜力可用长期利润率来测定。

4. 行业的吸引力评估

行业的吸引力是项目发展的重要因素,一般地说,一个行业的吸引力受到很多因素的影响,以下三个因素通常被认为是最重要的:① 市场规模;② 市场增长率;③ 行业盈利率。市场规模使项目有进一步扩大发展的可能;市场不断增长的需求,可以保持行业的生命力,给行业内的企业更多生存和发展的机会;行业的盈利比率是行业最吸引人的地方,也是行业内部竞争最激烈的原因。项目投资的必要性评估应该在这方面作出分析。

(二) 项目运营环境评估

项目运营环境的评估主要包括竞争者的分析和市场分析。关于项目的市场分析下节将作专门介绍,这里仅讨论竞争者的问题。

对项目竞争者的评估应该主要集中在对主要竞争者的分析。所谓主要竞争者是指那些对项目未来市场地位构成直接威胁或对项目未来目标市场地位构成主要挑战的竞争者。主要竞争者的评估包括主要竞争者目标分析、主要竞争者强势与弱点分析、主要竞争者反应型态分析及主要竞争者目前战略和潜在能力分析等方面的内容。

1. 竞争者目标分析

竞争者似乎都在追求利润最大化、市场占有率和销售增长等目标,实际上,大多数竞争者都不是单一的目标,而是在追求一组目标的实现,各目标之间有轻重缓急和侧重点的不同,每一个竞争对手在不同的时期都会为自己规定合理且可行的期望值。影响竞争者目标的因素包括该企业的规模、企业历史沿革、目前的管理方式,以及经济状况等,所以,对竞争者的目标分析也包括对上述内容的分析。对竞争者的目标进行分析有利于本项目投资必要性的判断。

2. 评估竞争者之强势与弱点

评估竞争者的强势与弱点很重要,它有利于我们判断项目存在的价值。竞争者强弱的判断可以从很多方面展开,譬如可以从财务强弱展开。竞争者的财务状况一般可用下列五种重要的比率来衡量:流动比率、杠杆资本结构比率、获利率比率、周转率、普通股安全性比率。

3. 评估竞争者的反应型态

竞争者的反应型态也会对项目产生影响,一般地说,竞争者的反应型态无非下面四种类型:

(1) 沉默型竞争者:即竞争者对项目的加入没有反应或反应不强烈。此时要搞清楚它们反应不强烈的原因:是因为没有作出强烈反应所需的资源实力呢,还是因为企业信念,而对自己经营前景和顾客的忠实性充满信心;或仅仅因为反应迟钝。

(2) 选择型竞争者:即竞争者可能仅对某些方面的攻击行为作出反应,而对其他方面的攻击不予理会。

(3) 勇猛型竞争者:也有个别竞争者对任何有碍于它的进攻都会作出迅速而强烈的

反应,且对抗到底。这类公司当然一般都具有相当实力,其激烈的反应也是为向竞争者表明它坚定的态度,以使其他公司轻易不敢发动攻击。

(4)随机型竞争者:属于难以确定的一类。

4. 竞争者战略能力分析

竞争者的战略和本项目准备采取的战略的比较是判断项目必要性的一个方面。常见的竞争战略主要有:低成本战略、差别化战略、重点集中战略。避开竞争者已经采用的战略似乎是有效的,但必须要分析竞争者为什么要采用这样的竞争战略,如果是竞争不得不采用的,而在与竞争者采用同样战略的情况下,如果本项目处于劣势,则项目的必要性就存在问题了。

5. 项目产品竞争力分析

投资项目产品要在本行业中具有生存地位,和同类产品相比,必须具有一定的竞争力。因而投资前要做好以下几个方面的分析:首先,应该分析投资项目建成后生产的产品是否是本行业发展的重点产品。由于重点产品的生产可以调整行业内部不合理的产品结构,对行业的发展起着主导作用。其次,应分析投资项目生产产品质量在行业内是否领先。由于项目建成以后面临着巨大的市场竞争压力,为使项目立于不败之地,就要求项目产品在质量方面有可靠的保证,经得起市场考验,有较强的竞争能力。第三,应分析项目产品是否具有较低的成本。项目产品成本应低于现有同类产品的最低水平,保证项目产品在有较强竞争能力的前提下,给项目带来较好的经济效益。第四,应分析项目建设是否运用了新技术或填补了行业产品空白。如果投资项目运用了新的生产技术,有可能生产出质量更高、性能更好、功能更全的新产品,这样不仅满足了消费者的需求,填补了行业新产品的空白,而且也起着推动行业技术进步的作用。

(三)项目实施环境评估

1. 财务环境

财务环境是指项目实施过程中及建成以后的经营过程中所遇到的有关资金、成本、税收、利润分配等方面的规定。资金的筹措成本和经营成本直接影响到项目建成后的财务状况,如项目所在地的政府或社会能提供各种优惠和服务,可以降低成本,提高投资项目的盈利水平;税收和利润的分配政策,关系到投资者能否自由转移到资本及所获得利润的问题。为吸引更多的投资者,受资方所在地税收部门都制定了一定的优惠政策,这就引起了各地优惠政策的竞争。

2. 经营管理水平

经营管理水平是构成经济环境的重要组成部分,它标志着项目所在地生产质量的高低,对项目建成后产品产出质量有重要影响。它包括当地管理人员的经营管理水平和项目所在地的协作配套能力。这些条件越好,越有利于吸引外来投资,特别是一些高新技术投资项目更把经营管理水平看作重要的投资环境因素。

第三节 投资项目建设的市场分析

一、项目市场分析内容

项目市场分析主要是分析产品未来需求量与产品的总供应量及其他相关问题,并通过它们之间的数量关系的分析对比,作出项目有无建设的可能性的结论。市场分析的重要内容是市场预测分析。市场预测是根据市场调查得到的资料,对未来某一时期内市场需求和供给状况,运用科学方法,所进行的推测。市场预测和供求分析以及在此基础上的综合分析是投资项目评估的前提与先决条件。项目市场分析的具体内容包括市场商品需求分析、市场资源供给分析、市场价格分析、市场产品特性分析和市场综合分析等。

(一)市场商品需求分析

建立投资项目(这里主要指生产建设项目)市场效益评估的前提是项目的产品具有市场的需求。项目投产后生产的商品,要通过市场销售来满足生产和生活消费的需要,因此,要根据市场的需求确定项目的生产品种和生产量(即所谓"以销定产")。为了使项目未来生产的商品能够适销对路,首先要进行市场的商品需求预测。

我们所说市场商品需求是指在一定时期和一定条件下,消费者能够购买某种商品(或劳务)的数量,是市场对商品(劳务)的一种需要、需求。这里"一定时期"指的是项目整个经济寿命期,这里"一定条件"指的是在项目能够实现的,而市场经常出现的各种价格水平、销售方式和销售渠道。我们所评估的项目是在未来某一时点开始运行的持续很长一段时间的经济活动。在这样的时间段里,项目能够实现应有的经济效益,需要市场对本项目产品有持续的需求,所以对项目涉及的市场商品需求评估是一种长期的预测,这取决于项目在给定的条件下的市场需求量。这种商品需求量的大小主要取决于人们的货币购买能力。

市场商品需求,既包括生活资料(由消费者对生活资料的需求总量和构成),又包括生产资料(由消费者对生产资料的需求总量和构成);既包括显在需求,又包括潜在需求。影响生活资料和生产资料的市场需求因素是不同的,一般地说,生活资料市场需求的研究对象更主要是消费者,而生产资料市场需求的研究对象更多的是生产单位。不过两类需求的最根本影响因素是最终消费需求,可以直接体现市场商品需求的指标是社会商品购买力。在一定时期内形成的有支付能力的社会商品购买力是潜在的市场商品需求;显在需求是指预测时市场上的实际需求量,二者之和形成市场上最大需求量。作为投资者既要重视显在需求,又要尽量开发潜在需求,使其转变为实际需求量,从而扩大市场的需求。

具体地说,项目的市场商品需求预测主要包括以下内容:预测社会商品购买力总额未来的增长趋势和投向变化;预测销售额未来的增长幅度和构成的变化,调查研究消费者对生活消费品的具体要求,新产品上市对同类商品销售的影响,预测不同季节、不同地区、不同消费者的商品需求变化趋势,掌握生活消费品销售的变化规律性;调查研究消费者的消费心理和消费倾向的变化,预测消费者对商品的质量、花色品种、装饰服务等方面由低级到高级的发展变化趋势;预测物质生产部门对生产设备、原材料和燃料等生产资料的需求额和构成的变化趋势。除对有形的物质产品市场商品需求进行预测外,为了有利于各生产要素市场的协调发展,还要对无形的非物质产品的市场需求进行预测。

此外,进行市场需求分析,还要从国内需求和国外需求两个层次进行分析,即进行市场需求分析时,一般先分析项目产品国内市场需求情况,然后再分析国外市场的需求情况,进行综合平衡。

(二)市场资源供给分析

项目的正常运行需要市场资源的保证。所谓市场资源供给是指一定时期和一定条件下,项目生产者能够从市场获得的某种资源和产品(包括劳务)的数量,即供应者对生产资料商品(或劳务)市场需求的一种供给。同样,这里"一定时期"是指项目的整个有效寿命期,"一定条件"是指项目需要的条件。

市场资源主要是由国内工农业生产和进口形成的。用于国内市场的商品资源就是市场商品可供量。因此商品资源预测主要是进行工农业生产和进口商品总值、分类值及主要商品量预测。市场资源供给分析既包括实际供给量,也包括潜在供给量。实际供给量主要取决于现有的产量或货源;潜在的供给量是指现有企业挖掘现有生产能力的潜力,通过更新改造挖潜后所能增加的产销量,即在项目有效期内可能增加的供给能力,两者之和形成最大市场供给量。当然,市场资源供给量既包括国内供给量,又包括国外供给量,即某种产品可能需要进口的数量,这需向外贸部门了解,因为进口必然会影响国内产品的生产。

除对有形的物质产品的市场商品资源进行预测外,还要对无形的非物质产品的市场商品资源进行预测,这样才能对项目的建设的必要性有正确而全面的认识。

(三)市场价格分析

市场价格的变动,主要是由于生产的发展、商品价值量变化和商品供求竞争变化引起的。市场价格总水平和具体商品价格的变化,又会影响到社会商品购买力投向和商品需求构成的变化。因此,市场价格分析也是市场分析的重要方面。

市场价格分析包括现行的价格水平和未来的发展趋势、市场对价格变动的反应、项目产品价格的研究等内容,价格分析应该与市场供需分析结合起来。市场供需的变化往往会影响产品价格,产品价格的升降也会影响到市场供需状况。此外,价格分析要注意生产技术发展的影响,技术的发展会带来生产成本的下降,从而带来价格的下降。在我国进行价格分析还要注意国家价格政策的变化,要了解国家价格政策的变化。未来价格预测包括市场物价总水平、分类商品价格水平和重要商品价格水平变动趋势预测,商品成本和经济效益变化对市场价格水平升降的影响预测,市场价格水平变化与商品供需关系变化的相互影响,以及由此而引起的商品购买力的转移、商品需求构成变化预测等。

(四)市场产品特性分析

市场产品特性分析是市场供需分析的进一步深化,产品分析包括两个层次:一是项目产品生命周期分析;二是项目产品的功能与特性分析和评价。产品生命周期是指该种产品从发明研制、进入市场试销(从投入期)开始,经历成长、成熟、饱和、衰退等不同阶段,最后从市场上消失所经历的周期。产品的投入期,生产批量小,生产厂家少,成本高,消费者对产品还不熟悉,销售渠道还不够完善,也不够畅通,销售量增长缓慢。产品成长期的特点是已具备了大批量生产的条件,生产厂家增多,产品设计、制造工艺已基本定型,消费者对该种产品已基本熟悉,销售渠道基本畅通,销售量增长较快,生产期的利润有了迅速的增长,企业之间的竞争已经开始。产品成熟期的特点是产品已有大批量的生产,生产厂家之间竞争加强,消费者已适应该种产品,销售量增长缓慢,价格有所下降。产品饱和期的特点是生产厂家之间竞争更为激烈,市场供给已经超过市场需求,销售量趋于下降或呈下降趋势,产品价格有较大幅度的下降,许多生产企业已力求对产品进行改进,以吸引消费者。产品衰退期的特点是销售量和价格大幅度下降,企业利润大幅度降低,有不少企业产品退出市场。对产品生命周期的研究,目的是搞清楚拟建项目投产时项目产品所处的阶段,判断项目产品进入市场的时机是否最佳,这对于项目的决策至关重要。项目产品处于试销、成长阶段是比较好的时机,若处于成熟期或饱和期,就要研究项目建设是否有必要。

产品功能与特性分析和评价的对象主要是项目产品。由于社会对产品功能的要求是不断变化的,因此对产品功能与特性的分析和评价,是对项目产品能否顺利进入市场,以及掌握项目产品在市场上的竞争能力是非常重要的,这也是最后判断项目产品是否有市场的主要依据。研究和评价产品功能和特性的任务是:分析和评价该种产品的一般功能和特性,考察项目投产后所生产的产品应具备的功能和特性,考察项目投产后所生产的产品与市场已有产品功能和特性的区别,项目产品是否具有一定的竞争能力,预计可有多大的市场占有率。

(五)市场综合分析

产品市场分析的关键是产品的市场综合分析,通过综合分析,结合项目产品特点及行业状况,判断项目产品是否有竞争力,是否有市场。

为了正确预测拟建项目产品的市场情况,应将按前面各段收集到的有关需求和供应及其他方面的资料汇总列表,进行综合分析。一般市场供求关系不外乎三种情况,即供不应求、供求平衡和供过于求。供不应求,即如果不同时期总的预测需求量超过预测供应量,说明产品有比较可靠的市场。但应同时了解是否有生产同类产品同样规模的项目准备投资建设。供求平衡或供过于求,则应对市场进一步分析,即要进一步调查分析项目的产品是否在竞争中处于有利地位,是否有可能替代进口产品,能否淘汰一部分同类产品而挤入市场等,以判断项目的产品是否确有市场。进行供求综合平衡分析时,各种假定因素必须弄清楚。

二、市场需求的预测方法

市场需求的预测方法很多,常用的方法有抽样调查法、购买力估算法、时间序列预测法、回归预测法和相关产品预测法等,我们选择介绍如下。

(一)购买力估算法

购买力估算法常用于预测对生活资料的需求。具体方法如下:首先,预测居民的预期购买力(居民的预期购买力＝居民的预期货币收入－税收支付－存款净增额－其他非商品支出);其次,分析预测居民对某类商品的购买支出在总商品的支出中所占的比例;最后,分析预测居民对某商品的购买支出在某类商品支出中所占的比例,即预测期对某种商品的需求量。计算公式为:

$$预测期某种商品的需求量 = 预期居民商品购买力 \times \frac{用于购买某类商品的支出}{购买商品的总支出}$$
$$\times \frac{用于购买某种商品的支出}{购买某类商品的支出}$$

(二) 时间序列预测法

时间序列预测法用于市场预测时,有多种方法,如简单平均数法、移动平均法、加权移动平均法、趋势预测法、指数平滑法等。下面介绍几种常用的预测方法。

(1) 移动平均法。该方法的基本特点是在确定预测的滚动时期数后,采取滚动引进数据而不断地改变平均值,并据此进行预测的一种方法。根据是否考虑不同时间数据权重,又可以区分为简单移动平均法和加权移动平均法两种。

【例 3-1】 某项目甲产品的未来销售量可以根据甲产品的历史销售量进行预测,历史销售量见表 3-1。预测下年甲产品的销售量。

表 3-1 移动平均法预测表

	1	2	3	4	5	6	7	8	预测值
历史数据	46	50	59	57	55	64	55	61	
简单移动平均 ($n=3$)			51.7	55.3	57	58.7	58	60	60
加权移动平均 ($n=3, f=1,2,3$)			53.8	56.5	56.3	59.8	58	59.5	59.5

注:表中 n 为时期数,f 为时期中各年的权重。

移动平均法还可以根据情况作出预测方法的调整,以便使预测结果具有更强的可信性。如上例中,简单移动平均法又可根据平均值的增加来对预测值进行调整,见表 3-2。

表 3-2 移动平均法预测表

	1	2	3	4	5	6	7	8	预测值
历史数据	46	50	59	57	55	64	55	61	
简单移动平均 ($n=3$)			51.7	55.3	57	58.7	58	60	60+2=62
变动趋势值				+3.6	+1.7	+1.7	-0.7	+2.0	

注:表中 n 为时期数。

加权移动平均法则可以通过调整权重值反映数据变动的趋势。上例可以作如下调整,见表 3-3。

表 3-3　移动平均法预测表

	1	2	3	4	5	6	7	8	预测值
历史数据	46	50	59	57	55	64	55	61	
加权移动平均 ($n=3, f=1,10,100$)			58.1	57.1	55.2	63.1	55.8	60.5	60.5

注：表中 n 为时期数，f 为时期中各年的权重。

（2）指数平滑法。该方法是利用历史资料进行预测的应用最普遍的方法，它能消除利用加权移动平均法计算的缺点。其预测的公式为：

$$Y_{t+1} = M_t \alpha + Y_t(1-\alpha)$$

式中：Y_{t+1} 代表下期预测数；M 代表本期实际数；Y_t 代表本期预测数；α 代表平滑系数。

指数平滑法具有递推的性质，当历史数据较多时（即 t 较大），可以忽略最后的 $Y_0(1-\alpha)^t$ 得到递推计算公式如下：

$$Y_t = M_t\alpha + M_{t-1}(1-\alpha)\alpha + M_{t-2}(1-\alpha)^2\alpha + \cdots + M_1(1-\alpha)^{t-1}\alpha$$

使用指数平滑法要解决平滑系数 α 的取值问题，一般地说，如果时间数列变动较平缓，则 α 取值宜小，如 0.1—0.3；如果时间数列波动较大，α 值可取较大值，如 0.6—0.8。

【例 3-2】 某企业近五年的实际销售额分别为：100 万元、100 万元、110 万元、125 万元、140 万元，取 $\alpha=0.6$，则今年的预测销售量为：

$$Y = 0.6 \times 140 + 0.6(1-0.6) \times 125 + 0.6(1-0.6)^2 \times 110 + \cdots + 0.6(1-0.6)^4 \times 100$$
$$= 129.74（万元）$$

在运用指数平滑法时，有时候需要对结果再次进行平滑处理，从而形成二次指数平滑、三次指数平滑等方法。

（三）回归预测法

回归预测法是处理变量之间相互关系的一种统计方法。这种方法先是从变量统计资料中找出其内在联系，建立变量间的回归方程，再用自变量的变化去预测因变量的值。运用回归预测技术是有一定条件的。首先，预测对象与影响因素之间必须存在因果关系；其次，预测对象过去和现在的数据规律，能反映预测对象未来的发展总趋势。下面的计算是一元回归分析方法。

一元线性回归方程为：

$$y = a + bx$$

式中：y 为因变量；x 为自变量；a、b 为回归系数。

根据最小平方法及微分求极限值的原理，分别对 a 和 b 求偏导数，然后令其为零，化简可知参数 a、b 值分别为：

$$a = \bar{y} - b\bar{x}$$

$$b = \frac{n\sum xy - \sum x \sum y}{n\sum x^2 - (\sum x)^2}$$

建立的一元线性回归模型,是否符合变量之间的客观规律性,两变量之间是否具有显著的线性相关关系,还需要对回归模型进行显著性检验。这是因为对于任何观测值 $(x_i, y_i)(i=1,2,\cdots,n)$,只要 n 满足估计的基本要求,均可估计出回归系数 a、b 的值,配出一条回归直线,但是这条回归直线是否有意义,可否用于预测或控制,只有通过显著性检验才能下结论。在一元线性回归模型中最常用的显著性检验方法有:相关系数检验法、F 检验法和 t 检验法。

【例 3-3】 某省 1986—2003 年国内生产总值和固定资产投资完成额数据如表 3-4。

表 3-4 一元线性回归模型计算表　　　　　　　　　单位:亿元

年　份	固定资产投资完成额 x	国内生产总值 y	x^2	y^2	xy
1986	241.23	744.94	58 192	554 936	179 702
1987	317.12	924.33	100 565	854 386	293 124
1988	371.87	1 208.85	138 287	1 461 318	449 535
1989	320.23	1 321.85	102 547	1 747 287	423 296
1990	356.3	1 416.5	126 950	2 006 472	504 699
1991	439.98	1 601.38	193 582	2 564 418	704 575
1992	711.7	2 136.02	506 517	4 562 581	1 520 205
1993	1 144.2	2 998.16	1 309 194	8 988 963	3 430 495
1994	1 331.13	4 057.39	1 771 907	16 462 414	5 400 914
1995	1 680.17	5 155.25	2 822 971	26 576 603	8 661 696
1996	1 949.53	6 004.21	3 800 667	36 050 538	11 705 388
1997	2 203.09	6 680.34	4 853 606	44 626 943	14 717 390
1998	2 535.5	7 199.95	6 428 760	51 839 280	18 255 473
1999	2 744.65	7 697.82	7 533 104	59 256 433	21 127 821
2000	2 995.43	8 584.73	8 972 601	73 697 589	25 714 958
2001	3 304.96	9 511.91	10 922 760	90 476 432	31 436 482
2002	3 849.24	10 631.75	14 816 649	113 034 108	40 924 157
2003	5 335.8	12 451.8	28 470 762	155 047 323	66 440 314
合计	31 832.13	90 327.18	92 929 621	689 808 024	251 890 224

数据来源:某省统计年鉴。

试配合适当的回归模型并进行显著性检验,若 2004 年该省固定资产投资完成额为

5 922亿元,当显著性水平 $\alpha=0.05$ 时,试估计2004年其国内生产总值的预测区间。

解:1. 绘制散点图

设国内生产总值为 y,固定资产投资完成额为 x,绘制散点图(图略),由散点图可以看出两者呈线性关系,可以建立一元线性回归模型。

2. 设一元线性回归方程为

$$\hat{y} = a + bx$$

3. 计算回归系数

列表计算有关数据(见表3-4),并计算出回归系数估计值:

$$\hat{b} = \frac{n\sum xy - \sum x \sum y}{n\sum x^2 - (\sum x)^2} = \frac{18 \times 251\,890\,224 - 31\,832 \times 90\,327}{18 \times 92\,929\,621 - 31\,832^2} = 2.515\,3$$

$$\hat{a} = \frac{\sum y}{n} - \hat{b}\frac{\sum x}{n} = \frac{90\,327}{18} - 2.515\,3 \times \frac{31\,832}{18} = 569.999$$

所求回归预测方程为: $\hat{y} = 569.999 + 2.515\,3x$

4. 检验线性关系的显著性

由于在一元线性回归情形,相关系数检验、F 检验、t 检验的结果一致,此处仅给出相关系数检验。

$$R = \frac{n\sum xy - \sum x \sum y}{\sqrt{n\sum x^2 - (\sum x)^2}\sqrt{n\sum y^2 - (\sum y)^2}}$$

$$= \frac{18 \times 251\,890\,224 - 31\,832 \times 90\,327}{\sqrt{18 \times 92\,929\,621 - 31\,832^2} \cdot \sqrt{18 \times 689\,808\,024 - 90\,327^2}} = 0.989\,9$$

当显著性水平 $\alpha=0.05$,自由度 $=n-m=18-2=16$ 时,查相关系数临界值表,得 $R_{0.05}(16)=0.468\,3$,因

$$R = 0.989\,9 > 0.468\,3 = R_{0.05}(16)$$

故在 $\alpha=0.05$ 的显著性水平上,检验通过,说明两变量之间线性相关关系显著。

5. 预测

(1) 计算估计值的标准误差

$$S_y = \sqrt{\frac{\sum y^2 - \hat{a}\sum y - \hat{b}\sum xy}{n-2}}$$

$$= \sqrt{\frac{689\,808\,024 - 569.999 \times 90\,327 - 2.515\,3 \times 251\,890\,224}{18-2}} = 544.4$$

(2) 当显著性水平 $\alpha=0.05$,自由度 $=n-2=18-2=16$ 时,查 t 分布表得:

$$t_{0.025}(16) = 2.119\,9$$

(3) 当 $x_0 = 5\,922$ 亿元时,代入回归方程得 y 的点估计值为:

$$\hat{y}_0 = 569.999 + 2.515\,3x = 569.999 + 2.515\,3 \times 5\,922 = 15\,465.606（亿元）$$

预测区间为:

$$\hat{y}_0 \mp t_{\alpha/2}(n-2) \cdot S_y \sqrt{1 + \frac{1}{n} + \frac{n(x_0 - \bar{x})^2}{n\sum x^2 - (\sum x)^2}}$$

$$= 15\,465.6 \mp 2.119\,9 \times 544.4 \times \sqrt{1 + \frac{1}{18} + \frac{18 \times 4\,154^2}{18 \times 92\,929\,621 - 31\,832^2}}$$

$$= 15\,465.6 \mp 2.119\,9 \times 544.4 \times 1.235\,54$$

$$= 15\,465.6 \mp 1\,425.9$$

即:当2004年全省固定资产投资完成额为5 922亿元时,在 $\alpha = 0.05$ 的显著性水平上,国内生产总值的预测区间为:14 039.7亿~16 891.5亿元。

第四节 投资项目建设条件评估

项目建设条件评估,是审查、分析和评价拟建项目是否具备建设施工条件和生产经营条件,即对项目实施的可能性和投产后能否顺利地生产经营的可能性进行的分析评价工作。对于投资项目来说,具备一定的建设和生产条件是投资项目实现预期目标、取得预计经济效益的保证,也是决定项目取舍的重要因素。因此,对项目的建设和生产条件必须进行全面的分析与评估。

一、项目厂址选择评估

一般情况下,确定某个建设项目的具体厂址,需要经过建设地区、地点和厂址的选择这样三个不同层次的、相互联系又有区别的工作阶段。项目厂址选择评估就是在国家经济布局和区域发展计划的范围内选择项目的建厂位置,而这一建厂位置的自然和地理属性、运输条件、供电给水条件等,都能最大限度地满足建设与经营各方面的要求,使项目的建设达到技术上可行,经济上合理。项目的厂址选择不仅关系到工业布局的落实、投资的地区分配、经济结构、生态平衡等具有全局性、长远性的重要问题,还将直接或间接地决定着项目投产后的经济效益。因此,厂址选择是项目建设与生产条件分析的核心内容之一。

确定建设项目的具体地址,需要经过建设地区选择和建设地址选择两个相互联系又相互区别的工作阶段。地区选择是在几个不同地区之间对拟建项目适宜配置在哪个区域范围的选择,称为选点评估,是在较大范围内研究与选择项目的建设地理区域,要结合国家的宏观计划和生产力布局的要求;地址选择则是对拟建项目的具体施工建设地点的选择,称为定址评估。一般来说,项目厂址选择应首先进行建设地区条件分析,然后再进行建设地址条件分析。

(一)厂址选择的原则

(1) 厂址的地区布局应符合国家经济布局、区域经济发展规划、国土开发及管理的有关规定;

(2) 厂址选择应执行"控制大城市规模、合理发展中等城市、积极发展小城市"的方针;

(3) 厂址选择应按照指向原理,根据原材料、市场、能源、技术、劳动力等生产要素的相对区位来综合分析确定;

(4) 厂址选择要考虑交通运输和通讯设施等条件;

(5) 厂址选择要有利于专业化协作,专业化协作生产可以大大节约用地和建设投资,便于采用先进的工艺技术和设备,提高生产率;

(6) 厂址选择要注意环境保护和生态平衡,注意保护自然风景区、名胜古迹和历史文物;

(7) 厂址选择要既考虑生产又方便生活,在选择厂址时,不仅要考虑保证生产的需要,还要考虑职工生活条件,尽可能处理好生产与生活的关系。

(二)建设地区的选择

1. 建设地区条件分析

一个项目很可能在数个不同地区内选择建设,在项目评估报告中应说明选择某些建厂地区的理由。选择建厂地区要考虑的因素既有政治方面的,也有经济方面的;既有自然方面的,也有社会方面的。具体来说,有以下几个方面:

(1) 建厂的自然条件分析。在地理、地形、地貌方面,分析该地理位置对拟建项目的投入产出、劳动力来源、经营管理、交通运输、协作化等各种条件的利弊,研究当地各种地理条件和自然灾害的历史资料能否符合建厂条件;对区域地质、地震、防洪等资料进行分析,选择防震、防洪、基础工程属于常规设施的地区;对水源、水文地质条件进行分析,选择在项目有效期内有充分取水保证的地段;对气象条件进行分析,选择气象条件对建厂投资和生产成本无过大影响的地区;有些项目对环境保护要求很高,如农产品加工项目明显依赖使用的原材料,如果原材料被污染则会对项目效益带来很大影响,因此对于这类项目还要进行环境分析,选择环境对项目没有影响的地区。

(2) 建厂的经济条件分析。这包括:工农业生产水平与生产协作条件,经济发展规划,当地人口状况及劳动力资源、交通运输条件、基础设施条件。根据拟建项目的特征和需要,分析生产的协作性、区域经济发展规划、劳动力资源状况等条件能否满足建厂要求;分析建设地区靠近原料、燃料产地或靠近销售市场的利弊,说明拟建地点与原料、燃料供应点和产品销售点的运输距离;分析现有交通运输能力及发展规划,弄清需由拟建项目自建的运输线、桥梁等工程规模,分析项目的承受能力;分析拟建地点现有的公用事业及基础设施情况,可供利用的条件,如供电、供水、供热、电讯以及生活设施等利用的可能性,说明今后发展和建设规划。

(3) 建厂的政治因素分析。政治因素包括政治局面是否稳定、法制是否健全、税负是否公平等。建厂尤其是在国外建厂必须要考虑政治因素,政治局面稳定是发展经济的前提条件。根据具体项目的需要，还要分析公共政策方面的各种优惠政策、鼓励或限制政策以及土地管理和使用的有关规定。

(4) 建厂的社会因素分析。社会因素包括社会文化水平、环境保护问题等因素。跨国投资建厂，需要考虑文化对企业管理的影响。在国外投资设厂，不同的职工文化背景影响管理者与职工的沟通与交流。即使是同一国家，文化发达的地区职工素质较高，有利于企业的发展；反之，文化落后的地区，职工文化素质低，不利于企业的发展。选址还应考虑环境保护问题，而且这个问题越来越重要，有"三废"污染和噪声、辐射等污染性的建设项目，不能选择在人口密集的地方。

此外，在选点时必须避开以下地段：风景区、名胜古迹和自然保护区；水土保持禁垦区；矿山作业等爆破危险区；有放射性污染或有害气体污染严重的地区；传染病、地方病流行或多发区；军事设防区；生活饮用水源的卫生防护地带以及与科研、文教和民族风俗有悖的地区。

2. 选择建设地区的方式

选择项目的建设地区应以经济因素为主，综合地分析其他影响因素。最简单的选择建厂地区的方式是：根据原材料来源地及主要市场的交通情况，提出几个可供选择的厂区方案，并计算其运输费用、生产成本。以资源为基础的项目，由于运输费用较高，应选择建设在基本原材料场地附近；对于面向市场的项目，如易变质的产品和农产品加工项目，应建在主要消费中心附近；对于不过分面向资源或市场的项目，最好的建厂地区是能够将下列因素很好地结合起来：距原材料和市场的距离合理，有良好的环境条件，劳动力储备丰富，能以合理的价格取得充足的动力和燃料，运输条件良好以及具有废物处理设施。

(三) 建设厂址的选择

在选定的区域内确定厂址，应当考虑以下条件：

(1) 厂址要求。一个项目可能服从于特定的厂址条件，在项目评估报告中应有详细的说明。重型机器和基础工程、运输和技术安装可能需要特殊的土地条件，应当对不同厂址的各种土壤条件包括承载能力和地下水位情况进行勘测。地形、海拔高度和气候对于一个项目来说，可能跟水、电力、公路运输一样重要。这项分析应当既联系到投入物，又要联系到技术方面和基础设施。另外，与城市中心的距离以及对人力资源的取得也是重要的因素。

(2) 土地费用。土地费用是厂址决定因素中的一个重要因素，这方面的资料通常可以通过项目所在地的政府土地规划管理部门和房地产市场取得。场地的平整费用，在比较可供选择的厂址时应当进行考虑。

(3) 建筑要求。在项目建设期间所进行的建筑和安装工程，对建设地区和厂址选择的影响也是很大的。如在当地能否取得建筑材料、是否具有运送大型设备的运输工具、已开发的社会基础设施情况如何等。另外，利用现有的不同类型的设施，可以降低建筑成本，从而降低投资费用。

(4) 项目所在地的基础设施。对现有的工业基础设施、经济和社会基础设施、关键性的项目投入物(如劳动力和燃料动力)等的来源情况都应作详细的分析。

(5)排污物及废物处理。对于许多工业项目而言,排污物的处理可能会成为一个棘手的问题。在不同的厂址上,处理排污物应当考虑其可以排污的不同类型。如水泥厂的厂址不应选择在人口稠密地区的上风向,而炼油厂的污水不应排放到饮用水源的上游。

(6)人力资源。招聘项目所需的管理人员和技术工人,也是使项目成功的关键因素之一。高标准的技术工人和管理人员有可能供不应求,因此,必须分析和评价劳动力来源、招聘条件和培训设施等因素。

厂址选择要依据上述条件,在综合分析的基础上,进行多方案的比选,以选择出一个合理的方案。

(四)厂址选择的方法

厂址选择可采用的方法很多,在此仅介绍几种常用的方法:

1. 方案比较法

厂址选择的方案比较法是指通过对项目不同选址方案的投资费用和经营费用的对比,作出选址决定的一种方法。它是一种偏重于经济效益方面的厂址优选方法,又叫最小费用法。

其基本步骤是先在建厂地区内选择几个厂址,列出可比较因素,进行初步分析比较后,从中选出两三个较为合适的厂址方案,再进行详细的调查、勘察,并分别计算出各方案的建设投资和经营费用。其中,建设投资和经营费用均最低的方案,为可取方案。如果两个方案的建设投资和经营费用都不一致,需要利用追加投资回收期法来作出选择。追加投资回收期的计算公式为:

$$T = \frac{K_2 - K_1}{C_1 - C_2}$$

式中:T——追加投资回收期;

K_1、K_2——甲、乙两方案的投资额(假定 $K_2 > K_1$);

C_1、C_2——甲、乙两方案的经营费用(假定 $C_1 > C_2$)。

这个公式的实质是用节省的经营费用($C_1 - C_2$)补偿多花费的投资费用($K_2 - K_1$),即增加的投资要多少年才能通过经营费用的节约收回来。

计算出追加投资回收期后,应与行业的标准投资回收期相比,如果小于标准投资回收期,说明增加投资的方案可取,否则不可取。如果备选方案超过两个,且均符合应用追加投资回收期法的条件,就需要进行两两方案比较,进行筛选。

2. 综合评分法

方案比较法只是从经济的角度进行选址的评价。实际上,影响选址的因素是多方面的,同时各种因素也不一定完全能用经济利益来衡量,因此采用多因素的综合评价方法是选址评价中一个常用的方法。特别是大型工程项目的评估,通常都需要采用多因素的评估方法。多因素的评价,是一个多目标的综合评价问题。厂址选择的综合评分法是指通过计算影响厂址选择的有关因素的评价分值,并据以作出相应厂址选择的方法。

该法的步骤如下:首先,在厂址方案比较表中列出各种判断因素;其次,将各判断因素按其重要程度给予一定的比重因子和评价值;再次,将各方案所有比重因子与对应的评价值相乘,求出指标评价分;最后,从中选出评价分最高的方案作为最佳方案。

采用这种方法的关键是确定比重因子和评价值,应根据实际条件和经验用统计方法求得。

【例 3-4】 某汽车制造公司决定在南方建一新厂,先在南方三个省初步确定了 3 个备选厂址 A、B 和 C,经过专家调查和判断,对这 3 个厂址按 5 个因素进行评分。结果见表 3-5。

表 3-5 指标评价值表

选址因素	权重	备选厂址		
		A	B	C
交通运输	0.35	90	95	80
土地费用	0.10	80	85	75
能源供应	0.20	90	85	80
劳动力来源、素质与科技文化条件	0.25	90	80	80
环境污染等其他因素	0.10	90	80	80

对于有多个备选方案(厂址)选择问题,可以采取以下办法进行决策。

(1) 淘汰法。如果多个备选方案中有一些方案的每项指标分值都不优于某一方案对应的指标值,则这些备选方案都可以淘汰,如表 3-5 中的厂址 C。

(2) 设置最低指标值。对某些评价指标设置最低值,任何方案的相应指标若低于这个最低值,则被淘汰。在厂址选择中,有些因素是不能太差的。比如水源,达不到项目要求的最低标准,则不能建厂。

(3) 加权和法。将每个方案的各项指标分值乘以各项指标的权重之后求和,取加权和最大者。在表 3-5 所示的例子中,比较厂址 A 和厂址 B 就是采用这种方法。该例中,厂址 A 的评价总分数为 89 分,厂址 B 的评价总分数为 86.75 分,故应选择厂址 A。

3. 最小运输费用法(重心法)

如果项目几个选址方案中的其他因素都基本相同,只有运输费用是不同的,则可用最小运输费用法来确定厂址。

厂址选择的最小运输费用法是指在分别计算不同选址方案的运输费用(包括原材料、燃料的运进费用和产品销售的运出费用)的基础上,通过选择运输费用最小的方案作为选址方案的方法。在计算运输费用时,要全面考虑运输距离、运输方式、运输价格等因素。

假设各种原材料或产成品的运输量为 $Q_i (i=1,2,3,\cdots,n)$,各原材料基地或产成品销售地区已知,并把基地或地区的位置分别标在直角坐标系上设为 (x_i, y_i),求出其重心 P 点的坐标 (x_0, y_0),厂址选择在 P 点运输费用最少。

计算公式：
$$x_0 = \frac{\sum_{i=1}^{n} x_i Q_i}{\sum_{i=1}^{n} Q_i}, \quad y_0 = \frac{\sum_{i=1}^{n} y_i Q_i}{\sum_{i=1}^{n} Q_i}$$

根据公式求得厂址选择位置。

以上简要地介绍了厂址选择的技术经济分析比选的三种基本方法。事实上，建设项目的厂址选择需要考虑多种因素，进行综合评价，最终方能确定最理想的建设场地。

二、项目建设实施条件评估

项目建设条件的分析评估，主要是根据不同行业项目建设的特点，有重点地分析评估项目建设前的各项建设条件和外界供应厂生产条件是否具备和落实，以便确定项目实施的可行性程度。对项目建设实施条件的分析主要分析建设资金、建设场地、设计力量、设备制造和供应、施工力量等方面条件的可行性情况。主要分析评估内容是：

（一）建设资金条件评估

按期足额投入项目所需的建设资金并保证资金来源符合国家有关政策规定是建设项目得以顺利实施和取得预定的投资效果的重要前提条件。因此，在项目建设前必须对建设项目的资金条件进行认真分析。其主要内容有：

（1）项目的资金需求预测。要认真核算项目建设总投资，按国家有关规定测算，不留缺口，并按照合理建设进度和资金来源分配年度投资使用计划。项目资金需求的预算要从筹措资金和合理安排调度资金角度来考虑，而且一定要反映出资金的支出时间。当企业涉及的投资项目不止一个时，也可用资金支出曲线来对资金流量进行预测。

（2）资金来源正当性和可靠性分析。根据不同资金的筹集方式，分析筹资条件和筹资成本，资金的来源要符合国家政策规定，资金数量要满足建设项目需要。对各种方式筹集的资金都要加以分析，以保证资金能及时足额投入到项目建设中。

（3）各项资金来源的使用条件及使用可能性分析。如果该项目使用外汇或是国际融资，尤其要注意其使用条件和使用可能性，并符合国家有关政策，注意分析国际市场上物资价格和外汇汇率的变化，以防范筹集外资的风险和保证外汇物资的顺利采购。

（二）建设场地条件评估

建设场地条件主要是指项目建设场地的自然条件、建设用地条件和建设场地的供水、供电等条件。项目评价中，需要通过对这些条件的分析，来评价判断项目建设的可行性。

（1）项目所在地（建设地址）的地形、地貌、工程地质和水文地质等自然条件的分析。分析其在项目实施过程中可能给施工总平面布置、建筑材料、施工机械和施工技术等方面带来的影响，尤其是对地下水位和土壤耐压力可能给基础工程和地下深部施工带来的不利影响。工业建设项目要求地质条件良好，土壤有较高的承载能力和较低而均匀的沉降量。一般建筑要求承载能力为 $1.5 \text{ kg/cm}^2 \sim 2.0 \text{ kg/cm}^2$，而锻压车间要求 $3 \text{ kg/cm}^2 \sim 4 \text{ kg/cm}^2$。地下水位应低于地面以下的建筑物。在地形方面，尽可能要求项目建设所在场地比较平坦开阔,并有适宜的地形坡度,以便排除雨水,平整场地时无需填挖大量的土方。如项目建设有铁路运输时,场地坡度不宜大于3%;为保证地面水的及时排除,地形坡度不宜小于4%。

(2) 建设用地的可行性分析。对于需要大量占用施工用地的项目,应作出建设用地的估算,分析施工占用土地的可能性和经济合理性。一般要求扩建地尽量预留在场地外,避免早征迟用。场地内不应受铁路干线或一些自然屏障的切割。场地应比较方正集中,以便于各种设施的布置和场地利用,避免不规则形状造成的面积损失。总之,要在节约使用土地资源的前提下,采取合理措施,有计划分阶段地征用施工占地。

(3) 对施工阶段供水、供电、交通运输等方面可靠性的分析。对于水和电,不仅要求从数量和质量上保证供应,而且要求时间上能保证供应,防止因供应中断而影响施工质量和施工进度所造成的严重损失。项目建设场地应能满足生产和生活,并注意工业与农业用水协调。耗水量大的项目(如制药、合成纤维、钢铁工业等),应注意其取水高度不能相差太大。耗电较大的项目,如电镀厂、电炉、炼钢厂等,场地应选在电站附近,以减少送电工程的投资。年运输量较大的企业应选择在靠近车站或铁路、公路、河流交通干线或有管道运输的地方,以便于企业所需物资的运输和产品的运出,减少各种运输费用,降低产品成本。

(三) 设计力量条件评估

工程项目设计质量是保证项目顺利建设和生产的重要条件。应根据项目的性质、特征、建设规模和技术设计的难易程度,来分析承担项目设计单位的技术方案和技术装备等状况,以达到项目总体设计方案合理、初步设计和施工图设计满足施工的要求等目的,最终使项目总体设计符合质量安全可靠、技术先进适用和经济合理的要求。

(四) 设备制造和供应条件评估

工艺设备制造技术(尤其是大型特殊设备制造技术)质量是直接影响企业产品质量和生产经营效益的关键。因此,在项目评估阶段,要对这类设备的制造技术进行可行性分析评估,以保证设备质量,并在项目实施阶段能按时进行设备安装和顺利进行设备的联动负荷试车,这样才可能达到项目投产后的产品生产安全可靠、产品质量和成本符合设计要求。必要时可对设备制造承包单位的制造力量、技术水平和供应条件进行可行性评估。

(五) 施工力量评估

项目的建设主要由施工队伍完成,施工队伍的素质高低,对项目建设质量、建设进度和工程成本有着重要影响。在项目实施前必须对施工队伍的技术力量、管理水平、专业文化程度、人员素质和施工技术装备水平进行调查和分析,并对某些特大型或技术难度大的工程施工技术方案进行必要的可行性分析,组织力量攻关,防止产生不必要的损失和浪费。招聘高标准的工程施工技术工人和项目管理人员是使项目成功的关键因素之一,故还需分析和评价劳动力来源、招聘条件和培训设施等因素。

三、项目建设环境保护条件评估

投资项目环境保护条件评估是审查分析项目在生产建设过程中是否会排放污染物

或造成新的污染源,对环境造成什么影响,采取了哪些相应措施,这些措施符合哪些环境保护标准,是否达到《中华人民共和国环境保护法》的要求。

(一) 投资项目可能造成的环境污染

投资项目特别是工业投资项目,在给社会带来效益的同时也给环境带来了污染。环境污染包括自然环境污染和社会环境污染两个方面。自然环境污染主要是指社会生产活动对空气、土壤、河流和森林等的破坏。社会环境污染主要是指城市膨胀、交通拥挤、垃圾堆积等。投资项目环境保护条件评估主要是指对自然环境污染治理措施的审查分析。

投资项目可能造成环境污染的因素主要包括以下两个方面:

(1) 项目投产后,其污染因素主要有废水、废气、废渣、粉尘、噪声、振动、辐射等。其中又以废水、废气、废渣这三种污染物最为常见和污染最大。废水是工业生产过程中的液态排放物,如造纸厂、化工厂、电子工业等所排放的废水,都含有一种或多种对人体或其他生物有害的物质。有些工业企业排放的废水,即使是无毒的,也会影响到环境卫生。废气是工业生产过程中的气态排放物,对大气造成污染,从而影响人类活动和动植物正常成长。尽管大气环境本身有净化能力,但当排放的气体污染物的数量和浓度超过了大气的净化能力时,就会对人类和生物构成危害。生产建设中随废气排放到空气中的主要污染物是硫的氧化物、氮的氧化物、烃类、一氧化碳和颗粒粉尘等五类。废渣包括矿山的废弃开采物、冶炼厂的炉渣、火电厂的粉煤灰、核工业的放射性废料以及各种工业生产的垃圾废料等。废渣的大量排放除了直接影响到本地区人们的生活环境外,有些废渣污染物随河流、雨水冲刷渗入土壤,还会造成更大范围的污染。

(2) 项目投产后所用能源导致的污染。如煤、石油、天然气等燃烧产生的硫的氧化物、氮的氧化物、一氧化碳和颗粒粉尘等。这些污染物除了危害人类呼吸系统外,还以酸雨形式返回地面,影响生物生长和污染江河水体与土壤。

(二) 项目环境保护评估

我国环境保护法规定:"一切企业、事业单位的选址、设计、建设和生产都必须充分注意防止对环境的污染和破坏。在进行新建、改建和扩建工程时,必须提出对环境影响的报告书,经环境保护部门及其他有关部门审查批准后才能进行设计。"根据这一规定,所有会造成环境污染的项目都必须制定相应的环境保护措施。

1. 审查环境影响报告书

对环境影响报告书的审查,可以从三个方面着手:一是审查可行性研究阶段是否全面分析了项目建设对周围环境产生的影响,提出环境报告书;二是审查环境影响报告书是否经过环保部门批准;三是审查环境影响报告书中是否提出了具体的治理对策,特别是对生产过程中产生的污染源是否提出了科学可靠的控制方案。

2. 审查治理方案

对治理方案的审查,一是分析投资项目污染治理技术是否科学可靠。污染物的治理对技术的依赖性很强,应对治理技术的可靠性进行分析,对技术上没能解决污染问题的项目,则应建议采用其他生产工艺以避免污染环境。二是审查设计任务书中的治理措施是否合理可靠。以国家颁布的有关标准为依据,检查项目造成的环境污染经治理后能否达到标准要求,能否保证环境的质量。

3. 审查总投资与总设计

对总投资和总设计的审查,看是否包括了环保工程的相关投资列项,来源有无保证。分析环保资金使用安排是否合理,是否做到保证污染治理工程与项目主体工程同时进行,并确保同时建成,同时投入使用。

4. 分析环境保护的经济性

环境保护的经济性是指治理环境与不治理环境而造成的损失之间的一种对照关系。通常用治理环境所获得的成效与所付出的代价,分析环保资金使用的经济性。

(三) 安全防护条件评估

安全防护的目的是控制项目的内部环境污染。因此,应遵照劳动部门和消防部门的有关法规及规范,如投资项目的劳动安全和生产安全,制订必要的安全防护方案。审查分析投资项目在生产建设过程中有关防爆、防火、防腐、防震和防放射性污染的措施是否得到落实和保证。

(1) 防爆。审查分析是否安装预报警控制系统。对项目生产建设中容易产生可燃性气体或液体的工序应设置仪器仪表控制系统,以便在爆炸极限前及时报警,消除爆炸危险。要审查分析项目是否采取安全措施。如对易爆工段进行隔绝或保持一定的安全距离等。

(2) 防火。应按照安全防火的规定或规范,分析项目的耐火等级、防火间距和防火距离是否达到有关要求。

(3) 防腐。审查分析项目的有关防腐部分是否按有关规定要求采取措施进行防腐,以提高项目的使用寿命。

(4) 防震。投资项目一般不应在9级以上地震强度区建设,对在地震区建设的项目,应采取抗震措施,保证建筑物在7—9级地震时不发生倒塌。

(5) 防放射性污染。对有放射性污染的项目应审查分析项目是否采取防护设施,如设置防护门、防护屏等,以避免或减少放射性污染对人体和环境的危害。

第五节 项目生产条件评估

项目生产条件评估是要分析项目建成或交付使用后的生产条件是否具备,即项目所需要的资源、原材料及燃料动力的保证程度,交通运输和通信条件是否完善,外部协作配套条件特别是基础设施条件是否能满足项目的需要,以及劳动力资源的保证程度和经济性。

一、资源条件评估

(一) 自然资源条件评估

自然资源是项目存在的物质基础。资源的内容非常广泛,项目资源条件评估中的资源是指狭义的资源,即项目所需要的能够为工业生产提供原材料和能量的自然资源,如各种矿产资源、土地资源、水资源及各种能源等。无论何种资源都具有在数量上的有限性和相对稀缺性及在分布上的不均衡性两大特点。所谓项目资源条件评估,就是为了使项目能最大限度地利用资源,结合本地区的资源特点,通过对资源的分布、储量、品位、开采利用的可能性和经济性等所进行的实事求是的分析评价。资源条件评估主要包括下列内容:

(1) 分析为项目提供的资源报告是否落实可靠。矿产资源要有国家矿产储备委员会批准的关于该资源储量、品位、开采价值以及运输条件的报告。各种矿产品的物理和化学组成是大不相同的,而且每种类型矿石的处理都要采用不同的方法和设备。在项目评估报告中应提供对矿产品的物理、化学和其他性质的详细分析。

(2) 分析和评价项目所需资源的种类、性质。如是矿产资源,还是农产品资源;是可再生资源,还是不可再生资源。如果是矿产资源,则要分析和评价其矿床规模、类型特征、矿体形态及其大小、矿体埋藏条件、矿石质量、矿石含有其他元素成分及选矿需要的详细情况。农产品资源应依据过去农产品资源供应产量及其部门分布数据,估算有关农产品的目前供应与今后可能获得的品种和数量,对农产品资源,还要注意农村经济发展及世界农产品市场的变化。

(3) 分析和评价项目所需资源的供应数量、质量、服务年限,开采方式和供应方式,成本高低及运输难易等。

(4) 分析和评价技术进步对资源优势利用的影响。如石油的加工深度对石油资源经济效益的发挥有很大影响。

(5) 分析和评价稀缺资源的供需情况,注意开发新资源的前景和寻找替代途径。

(6) 农产品资源要分析其质量、供应数量和来源,同时要注意观察农村经济的发展及世界农产品市场的变化。

(二) 劳动力资源条件评估

劳动力资源是指能从事各类工作的劳动力人口,包括项目所需的工人、技术人员和管理人员。劳动力资源的数量和质量对知识密集型项目和劳动力密集型项目形成制约。一个项目所拥有的工程技术人员、经营管理人员的数量、素质、经验构成一个企业技术能力的重要因素。劳动力资源条件的评估要注意以下几点:

(1) 分析项目投产后需要新增人员的数量、技术水平、来源、成本及培训规划,分析劳动力的保证程度。在可行性研究中应提出企业主要工种的技术水平要求,结合人员来源和素质制订培训计划,需送国外培训人员要单独列计划,说明培训国别、人数、培训方式、时间及出国培训的必要性。遵照国家或行业现行规定的职工培训费定额进行培训费用估算,并将估算总额列入固定资产投资。

(2) 分析新增技术人员的来源、数量、技能要求、质量和落实情况,以便分析项目投产后劳动力和技术力量的保证程度。

(3) 重点分析主要经营管理人员的经营业绩、素质、薪酬水平及服务本项目的可能性。

（4）对于小型更新改造项目,所需人员一般可由原企业调配,需要新增的人员不多,因此,首先要了解这类项目现有劳动力能否合理调配、技术水平能否适应。

二、原材料供应条件评估

原材料供应条件是指项目在建成投产后生产经营过程中所需各种主要原材料、辅助材料及半成品等的供应数量、质量、价格、供应来源、运输距离及仓储设施等方面的条件,它是工业生产所必备的基本条件。每个项目所需的原材料是多种多样的,在项目评估阶段,没有必要对项目所需的全部原材料进行分析评价,应着重对几种主要的或关键性的原材料的供应条件进行分析评价。

原材料供应条件评估主要包括下列内容：

1. 原材料的供应数量分析

即分析和评估原材料的供应数量能否满足项目的要求。对于工业项目来说,如果所需原材料没有稳定的来源和长期的供应保证,其生产将会受到极大影响。在评估时,应根据项目的设计生产能力、选用的工艺技术和使用的设备来估算所需原材料的数量,并分析预测其供应的稳定性和保证程度。

2. 原材料的质量分析

一般来说,投入物的质量性能特征对特定项目的生产工艺、产品质量和资源利用程度影响极大,因此,必须分析其是否符合特定项目对这些投入物在质量和性能上的要求。

3. 原材料的价格分析

项目主要投入物的价格是影响项目经济效益的关键因素之一,所以,不但要观察主要投入物价格目前的变化动向,还要预测其未来的变化趋势。要充分估计到原材料供应的弹性和互补性,以保证原材料的合理替换和选择,这实质上是体现了资源优势利用和加工工艺的经济合理性。

4. 原材料运输方式分析

项目所需主要原材料运输距离的远近及运输方式的选择等对项目生产的连续性和产品成本的高低都有很大的影响。由国内供应的原材料要注意就近取材,选择合理经济的供应距离和运输方式,以保证项目生产的连续性和产品成本的降低。在分析评估原材料供应条件时,应对运输能力和运输费用进行计算。对于季节性生产的原料,如农、林、水产品等,须说明短期进货数量。

5. 原材料的存储设施条件分析

为保证项目产品的连续生产,应重视原材料存储设施的建设。原材料供应条件包括合理的储备量,在评估时,应分析拟建项目存储设施规模是否适应生产的连续性,其原材料的储备量是否合理。

6. 原材料国产化可能性分析

原材料的供应,首先要立足于国内。如果必须从国外进口,则应对为何需要进口原材料和其他投入物说明理由。进口原材料一定要注意供应的稳定性和运输环节,一旦国外供应来源有变化时需采取应变措施。同时还要预测用国产原材料替代的前景。

总之,评价原材料的供应条件的目的是选择适合项目要求的、来源稳定可靠的、价格经济合理的原材料,作为项目的主要投入物,这样可以保证项目生产的连续性和稳定性。

三、燃料及动力供应条件评估

燃料、动力是项目建设和生产过程中的基本要素和重要的物质保证。建设和生产中所需的燃料通常有煤炭、石油和天然气等,所需动力主要有电力、蒸汽和水等。

燃料及动力供应条件评估主要包括以下内容:

1. 分析和评价燃料供应条件

项目所需燃料的需求量能否得到满足,首先要依据产品生产过程、成本、质量、区域环境对所用燃料的要求,来选择燃料种类。其次要分析燃料供应政策、供应数量、质量、来源及供应方式。如果是消耗大宗燃料的项目,还要落实燃料的运输及储存设施。

2. 分析和评价供水条件

要计算项目生产和建设所需用水量、供水价格对成本的影响,分析项目对水源和水质的要求;分析是否有节水的循环设施、污水净化设施,并估算水源、供水泵站及管网等供水设施的费用。

3. 分析和评价供电条件

电力是工业生产的主要动力。对耗电量大而又要求连续生产的工业项目(如轧钢项目),需要分析估算项目最大用电量、高峰负荷、备用量、供电来源,要按生产工艺要求计算日耗电量、年耗电量以及对产品成本的影响,还需计算变电所、输电线路及自备电厂的功率及其投资,要尽可能保证动力供应的稳定性。

4. 分析和评价其他动力供应条件

在评估时,还要对产品生产中所需的其他动力(如蒸汽、煤气等)的总需要量进行测算,并分析其对产品成本的影响,分析自备设施投资、规模及设备选型、管网布置的合理性。

四、交通运输和通信条件评估

交通运输条件直接关系到项目建设、生产和销售各个环节,从而也直接影响着生产过程的连续性和经济的合理性。因此,交通运输条件是项目生产建设的重要条件和关键环节。对交通运输条件的分析和评价,重点应注意运输成本、运输方式的经济合理性、运输中各个环节(即装、运、卸、储等)的衔接性及运输能力等方面。

项目的运输条件分为厂外运输条件和厂内运输条件两个方面。厂外运输涉及的因素包括地理环境、物资类型、运输量大小及运输距离等。根据这些因素合理地选择运输方式及运输设备,对铁路、公路和水运作多方案比较;厂内运输主要涉及厂区布局、道路设计、载体类型、工艺要求等因素。厂内运输安排的合理适当,可使货物进出通畅,生产流转合理。

通信是指电话和网络系统,它们是现代生产系统顺利运转的保证条件之一。应重视有关通讯项目的同步建设问题。主要分析当地是否具备便捷发达的通讯设施和项目对通讯条件的要求。

五、外部协作配套条件和同步建设条件评估

外部协作配套条件是指与项目的建设和生产具有密切联系、互相制约的协作企业的条件,协作企业可能是为项目生产提供半成品、零部件和包装物的上游企业或项目为其提供产品的下游企业等。

对于上游协作企业,主要应调查协作企业对项目所需零部件、半成品、包装品的供应能力、规格型号、交货期和运输条件,以及协作厂的地址及技术力量,从而分析协作企业的保证程度。此外,还要分析协作企业提供的货物的质量、价格、运输费用对项目产品质量和成本的影响。对于下游协作企业,应在分析产品需求时考虑本项目与下游企业的配套问题,最好与其签订购销合同,把供需关系固定下来,使产品能顺利售出。

同步建设是指项目建设、生产需要、交通运输等方面的配套建设,特别是大型项目,应考虑配套项目的同步建设和所需要的相关投资。应当认真分析评价项目的上、下游企业内部配套项目及在建设进度上、生产技术上和生产能力上的同步建设问题。在时间上同步,就是相关项目的建设在时间安排上衔接,同时建成投产,同时发挥作用;在技术上同步,就是项目的投入和产出与上下游企业技术水平相适应,能充分发挥作用,产生综合经济效益;在生产能力上同步,主要是指分析研究相关项目之间的生产能力的相互适应问题。

【能力训练】

1. 投资项目建设环境的分析主要从哪几个方面展开?
2. 项目投资宏观环境分析的主要内容有哪些?
3. 项目的投资背景分析,对建设项目评估有哪些意义?
4. 试谈竞争者对新的加入者的反应型态类型?
5. 项目市场分析的具体内容包括哪些?
6. 什么是时间序列预测法?它和回归分析法的区别是什么?
7. 项目选址应遵循哪些原则?
8. 建设地区的选择应考虑哪些因素?
9. 厂址选择需要考虑哪些条件?
10. 项目建成投产后生产条件评估包括哪些内容?
11. 某种产品的销售量和盈利额统计资料如下表,用一元线性回归分析方法计算当销售量为150万件时的盈利额。

销售量(万件)x	8	16	22	30	40	52	66	78	98	116	130
赢利额(万元)y	8	14	19	23	31	40	52	64	80	95	108

12. 某项目产品近五年的市场销售量分别为 48 万、55 万、68 万、60 万、79 万,用指数平滑法预测下一年的销售量。平滑系数 $\alpha=0.6$。

13. 有一家汽车制造企业,为了扩大生产规模,需要选择一个新的生产基地生产轿车。目前有三个可供选择的地区:甲、乙、丙,选择该厂址需考虑的因素有 10 个。三个备选方案经过专家的评分,各因素的权重选择及各项评分值如下表所示:

因 素	权 重	方 案		
		甲	乙	丙
出口外运的条件	0.155	10	8	9.5
水、电、汽的供应	0.077	7	8.5	9
加工协作水平	0.085	10	9	8
交通、通讯	0.092	8.5	9	10
技术协作水平	0.092	8	8.5	9
相关产业水平	0.092	9.5	9	8.5
国内市场	0.107	9	9	9
厂址的条件	0.123	10	9	9.5
离总部的距离	0.085	8.5	9	9.5
融资渠道	0.092	8.5	9	8

试进行厂址选择分析。

14. 某一个工程项目预计年消耗原料 400 万吨、煤 80 万吨、水 2 000 万吨、产品总量 180 万吨。初步估计以上四种物料的单位运输费用分别为 0.8 元/吨·公里、0.6 元/吨·公里、0.2 元/吨·公里、0.07 元/吨·公里,现已知原料的产地 A、煤的产地 B、水源所在地 C 和产品市场 D 的地理位置如下图所示,试按最小运输费用法确定最佳厂址位置。

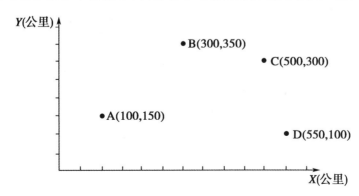

【网络资源与阅读书目】

[1] 张青.项目投资与融资分析.北京：清华大学出版社,2012

[2] 谷孟宾.区域投资环境评价.北京：社会科学文献出版社,2012

[3] 邓宏兵.投资环境评价原理与方法.武汉：中国地质大学出版社,2000

[4] 张敦富.投资环境评价与投资决策.北京：中国人民大学出版社,1999

[5] 徐大图,黄东兵,等.投资环境的评价与改善.天津：天津科学技术出版社,1993

[6] 郭信昌,等.投资环境分析、评价、优化.北京：中国物价出版社,1993

[7] 李丽.我国区域产业结构调整的投融资环境评价.统计与决策,2009(10)

[8] 劳承玉.区域投资环境评估的理论与实践：四川个案.西南金融,2005(3)

[9] 张长春.影响 FDI 的投资环境因子分析.管理世界,2002(11)

[10] 窦如婷,等.动态视角下国际投资的宏观环境综合评价——基于改进的 CRITIC 赋权和 TOPSIS 法.工业技术经济,2018(7)

[11] 何沐文,等.不确定环境下自然资源开发项目投资评价模型.管理科学学报,2013(6)

第四章　投资项目环境影响评估

【学习要点】 2018年12月29日第十三届全国人民代表大会常务委员会第七次会议对《中华人民共和国环境影响评价法》作出修改，这说明投资项目的环境影响评估已经被列入国家战略体系，可见其重要性。在投资项目可行性研究中，由于研究者所在角度的原因，对环境影响评价经常不给予足够的重视，所以从评估者的角度更应该强化这种评估。本章分析了投资项目环境影响评估的意义，对不同投资项目所要求的环境影响评估进行了一般区分，指出了项目可能造成环境污染的因素及其后果，对项目环境影响的具体内容和报告内容进行了介绍，并从经济损益方面对环境影响进行了分析。本章最后还对环境保护措施的评估进行了简单介绍。

【学习重点与难点】 本章学习的重点是全面掌握独立的投资项目环境影响评估的基本内容和方法，了解环境影响评估对投资项目评估的意义。环境影响是复杂的外部性影响，本章学习的难点是对如何将其评价的基点纳入内部化的方法和思路的掌握。

【基本概念】 环境影响评估　环境"三废"　环境影响报告书　环境影响报告表　环境影响登记表　环境影响经济损益分析　调查评价法　旅行费用法　市场价值法　环境保护　环境保护措施评价　ISO14000环境管理体系系列标准　环境影响的费用——效益分析

投资建设项目对其所在地区的自然环境、社会环境和生态环境的状况和质量都必然会产生不同程度的影响，因此在投资项目评估中，项目的环境影响评估是非常重要的一个环节。环境影响评估，是指对规划和建设项目实施后可能造成的环境影响进行分析、预测和评估，提出预防或者减轻不良环境影响的对策和措施，进行跟踪监测的方法与制度。由于环境问题已经成为当代人类社会面临的最严重问题之一，环境关系到发展的成效，环境影响评估已经成为对投资项目具有一票否决决定性的一项重要工作，所以，有必要将其作为投资项目评估的独立章节进行专门的研究。评估时要按照社会发展与环境保护相协调的原则进行经济损益分析，并在实施之前制订出消除或减轻负面影响的措施。

第一节　项目环境影响评估的意义

一、项目环境影响评估的缘由

人类社会越来越感觉到环境污染的严重性，环境污染已经成为21世纪影响社会发展的主要障碍之一。我们平时所说的环境污染是指由于人类的社会经济活动对自然界造成破坏、恶化人类生活环境的现象。环境污染包括自然环境污染和社会环境污染。危害自然环境的主要因素有废水、废气、废渣、粉尘、垃圾、放射性物质以及噪音等,但对环境危害最大的是废水、废气和废渣,简称"三废污染"。显然,这些污染主要是由于安排的投资项目没有达到环境承载力所要求的最低排放,从而越积越多,改变了良好的自然环境。

许多工业发达国家已经明确提出了以预防为主的环保对策,变事后处理为事先排除,以达到从根本上保护自然环境和生态平衡的目的。这为我国环境保护提供了可供借鉴的经验。

环境是影响人类生存和发展的各种天然的和经过人工改造的自然因素的总和,包括天气、水、海洋、土地、矿藏、森林、草地、野生生物、自然遗迹、人文遗迹、自然保护区、风景名胜区、城市和乡村等。简单地说,环境是指为人类提供生存、发展的空间和各种资源的自然环境和社会环境。遗憾的是,长期以来,人们没有很好地珍惜与爱护自己的生命摇篮,特别是人类进入工业社会以后,对自然界的影响力日益增大,所造成的环境问题越来越严重,一方面是现代工农业发展和人类生活消费排放的废物超过环境自身净化能力,造成环境污染,如工业废水排入河流,超过了河流的自净化能力,造成水体的污染;另一方面是对自然资源开发利用不当,造成资源的枯竭和环境的破坏,如长江上游肆意砍伐林木,造成水土流失,下游泥沙淤积严重。目前,环境问题已成为世界社会经济发展的重大战略问题,人类面临的诸如臭氧层被破坏、酸雨现象增加、"温室效应"、沙尘暴等种种问题如果不能及时地扼制和彻底地解决,将不仅会影响社会经济的稳定发展,而且还会给人类的生存带来巨大的威胁。因此,为实现经济的健康和可持续发展,以及保护劳动者健康,在进行新的投资项目决策前,要考虑环境的保护和劳动安全问题,对项目的建设及生产过程中可能会污染环境、危害人类及其他生物的主要污染物、污染源进行客观、细致的分析,并提出相应的治理和保护防范措施。

二、项目环境影响评估的意义

环境影响评估(EIA)指对拟议中的政策、规划、计划、发展战略、开发建设项目(活动)等实施后,可能对环境产生的物理性、化学性、生物性的作用及其造成的环境变化和对人类健康和福利的可能影响进行系统的分析、预测和评估,并从经济、技术、管理、社会等各方面提出预防、减缓或者避免这些不良影响的对策、措施和方法,以及一些进行跟踪监测的方法与制度。环境影响评价是一项技术,是强化环境管理的有效手段,对确定经济发展方向和保护环境等一系列重大决策都有重要作用。

项目的环境影响评价并不仅仅是确定项目的可行与否,其根本的目的是要鼓励在投资规划和决策中考虑环境因素,使人类活动最终达到更具环境相容性。具体表现在以下几个方面:

1. 项目环境影响评估有助于投资建设项目选址和布局的合理性

项目的合理布局是保证环境和经济持续发展的前提条件,项目布局不合理是造成环境影响的重要原因之一。项目环境影响评估就是要从建设项目所在国家或区域的整体出发,考察建设项目的不同选址和布局对国家和区域整体的不同影响,并进行多方案的比较和取舍,然后选择最有利的方案,以保证建设项目选址和布局的合理性。

2. 指导环境保护措施的设计,强化环境管理

一般来说,开发建设活动和生产活动,都要消耗一定的资源,给环境带来一定的污染与破坏,因此必须采取相应的环境保护措施。环境影响评价是针对具体的开发建设活动或生产活动,综合考虑开发活动特征和环境特征,通过对污染治理设施的技术、经济和环境论证,可以得到相对合理的环境保护对策和措施,把因人类活动而产生的环境污染或生态破坏限制在最小范围。

3. 项目环境影响评估为区域的社会经济发展提供必要的导向

项目环境影响评估可以通过对区域的自然条件、资源条件、社会条件和经济发展状况等进行综合分析,掌握该地区的资源、环境和社会承受能力等状况,从而对该地区发展方向、发展规模、产业结构和产业布局等作出科学的决策和规划,以指导该地区的区域经济活动,最终实现国家或区域的可持续发展。

4. 项目环境评估还可以促进与项目相关的环境科学技术的发展

项目环境影响评估涉及自然和社会科学的广泛领域,需要化学、物理、数学、生物工程、经济学等各种专业技术人员的相互配合,不仅需要基础理论研究而且涉及应用技术开发。项目环境影响评估工作中遇到的问题必然会对相关环境科学技术提出挑战,进而推动相关环境科学技术的发展。项目环境影响评估就是根据环境标准的要求来控制项目的污染、改善环境,并将环境保护工作纳入整个项目的发展与运行计划中去。

第二节 建设项目环境影响评估发展过程及其法律制度的历史回顾

一、我国环境影响评价的发展过程

我国政府于1972年组团参加了斯德哥尔摩人类环境会议,在该会议上,我们接受了一次意义深远的环境保护启蒙教育,它让我们较清晰地认识到我国严峻的环境状况,我国作为社会主义国家,也可能存在着环境问题,并且我国作为一个发展中的人口大国,环境问题可能会更为严重。

1973年8月,我国在北京召开了第一次全国环境保护会议,拉开了我国环境保护事业的序幕。中共中央于1978年在转批国务院关于《环境保护工作汇报要点》的报告中第一次提到了进行环境影响评价的意向。报告提出:选择厂址要注意到保护环境,要合理布局;工程项目的设计文件要包含环境保护篇章,阐明企业建设前的环境状况,设计中所采用的主要环境保护措施,以及工程建成后环境质量状况的监测和企业环境保护管理机构的设置等内容。1979年9月,我国颁布了《中华人民共和国环境保护法(试行)》,其中规定在进行新建、改建和扩建工程时,必须提出对环境影响的报告书,经环境保护部门和

其他部门审查批准后才能进行设计,并正式确立了环境影响评价制度的法律地位。1986年3月,我国颁布了《建设项目环境保护管理办法》,同年6月颁布了《建设项目环境影响评价证书管理办法(试行)》,前者对环境影响评价的程序、内容、审批等都进行了详细规范。至此,环境影响评价审批制度逐步规范,确立了审批的一些基本原则,如建设项目必须符合国家和行业的产业政策,符合地区总体规划布局和环境区划,符合国家或地方的排放标准,符合政府下达的污染物排放总量控制标准。环境影响评价的实际应用范围稳步扩大,从基本建设项目扩大到技术改造项目和区域开发建设项目,从传统的国有企业建设项目扩大到外资企业和乡镇企业建设项目,建设项目环境影响评价的技术规范和标准体系也在不断发展中完备起来。随着中国经济改革的不断深化,对外开放的不断扩大,建设项目的投资渠道和立项管理程序发生了较大的变化,有关法律、行政法规都没有明确提出对建设项目必须实行环境影响评价制度的要求,在实行环境影响评价制度的过程中也出现了一些新问题,致使一些本应进行环境影响评价的建设项目并没有进行环境影响评价,产生了一些本不该发生的环境污染和生态破坏问题。针对现实中存在的问题,1996年国务院在《国务院关于环境保护若干问题的决定》(国发〔1996〕31号)中明确规定:"建设对环境有影响的项目必须依法严格执行环境影响评价制度和环境保护设施主体工程同时设计、同时施工、同时投产的'三同时'制度。"1998年国务院颁布了《建设项目环境保护管理条例》(国务院253号令),该条例对环境影响评价的分类、适用范围、程序、环境影响报告书的内容以及相应的法律责任等都作了明确的规定。2002年10月,我国正式颁布了《中华人民共和国环境影响评价法》,该法在总结近30年环境保护工作经验的基础上,对环境影响评价的定义、评价范围、评价层次、分类、评价原则和内容、评价程序及各部门的相关法律责任作出了全面规范,初步形成了较完善的环境影响评价制度。2016年7月和2018年12月全国人大常委会两次进行了修订。经过40多年的实践,有关建设项目的环境影响评价法规逐步配套,建立了由法律、行政法规和部门法律规章所组成的建设项目环境影响评价法律体系。

二、我国建设项目环境影响评估的法律制度

我国是世界上第一个形成比较完整的评估建设项目环境影响法律法规体系的国家。我国有关建设项目环境影响评价的主要法律法规有:1979年颁布的《中华人民共和国环境保护法(试行)》,1989年12月26日正式颁布并于2014年4月24日进行了修订的《中华人民共和国环境保护法》;1998年11月29日国务院颁布并于2017年6月21日修订的《建设项目环境保护管理条例》;2001年12月31日国家环保总局颁布的《建设项目竣工环境保护验收管理办法》;2003年9月1日正式实施并于2016年7月2日和2018年12月29日两次修订的《中华人民共和国环境影响评价法》;1982年8月23日第五届全国人民代表大会常务委员会第二十四次会议通过,1999年12月25日、2013年12月28日、2016年11月7日、2017年11月4日先后四次修订的《中华人民共和国海洋环境保护法》;2000年4月29日第九届全国人民代表大会常务委员会第十五次会议通过,2000年4月29日中华人民共和国主席令第32号公布,自2000年9月1日起施行并于2014年

11月26日修订的《中华人民共和国大气污染防治法》;1984年5月11日第六届全国人民代表大会常务委员会第五次会议通过,1996年5月15日、2008年2月28日和2017年6月27日先后三次修订的《中华人民共和国水污染防治法》;1995年10月30日第八届全国人民代表大会常务委员会第十六次会议通过,2004年12月29日、2013年6月29日、2015年4月24日和2016年11月7日先后四次修订的《中华人民共和国固体废物污染环境防治法》;1996年10月29日第八届全国人民代表大会常务委员会第二十二次会议通过,1996年10月29日中华人民共和国主席令第77号公布并于2018年12月29日修订的《中华人民共和国环境噪声污染防治法》;1997年11月1日第八届全国人民代表大会常务委员会第二十八次会议通过,2007年10月28日和2016年7月2日先后两次修订的《中华人民共和国节约能源法》;2006年1月1日起施行的《建设项目环境影响评价行为准则与廉政规定》和《建设项目环境影响评价资质管理办法》;2019年1月1日起施行的《环境影响评价公众参与办法》等。

《中华人民共和国环境保护法》是环境保护的基本法。该法的第19条规定:"未依法进行环境影响评价的开发利用规划,不得组织实施;未依法进行环境影响评价的建设项目,不得开工建设。"

《中华人民共和国环境影响评价法》对规划的环境影响评价、建设项目的环境影响评价、法律责任等作了更明确、更详尽的规定。该法对环境影响评价的目的、对象等作了明确的界定,并对规划和专项规划的内容、审批的法律程序、跟踪评价等作出了详细的规定,明确了参与环境影响评价的技术服务机构、环境保护行政主管部门、建设单位和规划审批机关的法律责任,并首次提出由上级机关和监察机关对违法的直接负责主管人员和其他责任人员给予行政处分,弥补了过去环境保护法规中行政处分不明确的缺陷。

《中华人民共和国海洋环境保护法》第43条规定:"海岸工程建设项目单位,必须对海洋环境进行科学调查,根据自然条件和社会条件,合理选址,编制环境影响报告书(表)。"第47条规定:"海洋工程建设项目必须符合全国海洋主体功能区规划、海洋功能区划、海洋环境保护规划和国家有关环境保护标准。

《中华人民共和国水污染防治法》第19条规定:"新建、扩建、改建直接或者间接向水体排放污染物的建设项目和其他水上设施,应当依法进行环境影响评价。"

《中华人民共和国固体废物污染环境防治法》第13条规定:"建设产生固体废物的项目以及建设贮存、利用、处置固体废物的项目,必须依法进行环境影响评价,并遵守国家有关建设项目环境保护管理的规定。"第14条规定:"固体废物污染环境防治设施必须经原审批环境影响评价文件的环境保护行政主管部门验收合格后,该建设项目方可投入生产或者使用。"

《中华人民共和国环境噪声污染防治法》第13条规定:"新建、改建、扩建的建设项目,必须遵守国家有关建设项目环境保护管理的规定。""建设项目可能产生环境噪声污染的,建设单位必须提出环境影响报告书,规定环境噪声污染的防治措施,并按照国家规定的程序报生态环境主管部门批准。"

此外,在其他一些自然资源保护法律、规划建设相关法律中,也有要求实行环境影响评价制度的规定。如《中华人民共和国野生动物保护法》第13条规定："建设项目可能对相关自然保护区域、野生动物迁徙洄游通道产生影响的,环境影响评价文件的审批部门在审批环境影响评价文件时,涉及国家重点保护野生动物的,应当征求国务院野生动物保护主管部门意见。"《中华人民共和国乡镇企业法》第36条规定："乡镇企业建设对环境有影响的项目,必须严格执行环境影响评价制度。"

三、ISO14000环境管理体系系列标准

ISO14000环境管理体系系列标准是世界上最大的非政府型国际标准化机构——国际标准化组织(International Organization for Standardization,英文缩写为ISO)制定的第一套组织内部环境管理体系的建立、实施与审核的通用标准。这里的组织是指具有自身职能和行政管理的公司、集团、商业、企事业单位、政府机构或社团,或是上述单位的部门或结合体,无论它是法人团体、国营单位还是私营单位。

ISO14000环境管理体系系列标准的具体定义是："一项关于某个组织与实施、维持或完成其涉及大气、水质、土壤、天然资源、生态等环境保护方针有关的包括计划、运营、组织、资源等整个管理体系标准。"在该标准的规范下,组织通过经常和规范化的管理活动,以实现减少环境污染和环境保护的承诺及应尽的义务。这一标准的目的在于指导组织建立和保持一个符合要求的环境管理体系,再通过不断的环境评价、管理评审和体系审核活动,推动这个体系的有效运行,达到环境保护质量不断改进的目的。

ISO14000系列标准的适用范围是全球商业、工业、政府、非盈利组织和其他用户。它对改善环境管理体系的有效性和每个组织的环境行为具有潜在的推动作用。只是ISO14000环境管理系列标准是可持续发展在环境保护方面的重要措施,组织通过建立和有效地实施环境管理体系,加强环境管理,持续改善环境行为,促进经济和环境的协调发展,取得良好的经济效益和环境效益。

第三节 项目可能造成环境污染的因素与后果

环境污染包括自然环境污染和社会环境污染两个方面。自然环境污染主要是指人类社会生活对空气、土壤、河流和森林等自然资源形成的不可改变或有害的破坏,自然环境的污染是可能造成人类社会发展和生存障碍的根本性问题;而社会环境污染则主要是指人类社会活动形成的城市膨胀、交通拥挤、垃圾堆积等影响人类健康发展的问题。投资项目环境影响评估主要是对自然环境污染治理措施的审查分析,有时也需要审查分析社会环境污染问题。

一、投资项目可能造成环境污染的因素

投资项目的整个寿命周期都可能造成环境污染,这些污染从阶段上看主要是三个方面的污染:一是投资项目建设过程中形成的污染。如建设对环境的破坏、对资源的破坏等。二是投资项目生产过程中产生的污染。如生产过程中产生的"三废"或噪音直接对

空气、土壤和水质等自然环境产生污染或加大噪音强度等。三是投资项目终结后产生的污染。如矿山项目结束后仍然对周围环境造成损害等。不过,投资项目评估中对项目的环境影响评估主要是对项目建成后的环境状况进行分析,这是因为项目的生产期在整个项目寿命期是最长的,项目的效益期主要是生产期,所以最容易因效益而忽视对环境的破坏。从项目的生产期看,项目对环境造成污染的因素主要是以下几个方面:

1. 投资项目建成以后在生产过程中投入物带来的环境污染

投资项目建成投产后,只有投入物料才能进行生产,而投入的物料可能因很多原因对周围环境产生污染和影响。譬如有毒或易爆的投入物,在没有密封和安全设施的情况下,投料过程可能会污染自然环境;再譬如一些危险投入物在存放过程中可能存在不安全的隐患,导致环境污染;等等。

2. 投资项目建成以后生产期间所用能源导致的污染

一般工业项目的生产都会使用矿物能源,如煤、石油、天然气等,这些能源在燃烧过程中会产生大量硫的氧化物、氮的氧化物、烃类、一氧化碳和颗粒粉尘等污染物,它们除危害人类呼吸系统外,还以酸雨形式返回地面,影响生物生长。

3. 投资项目建成以后在生产过程中直接排放"三废"(即废水、废气、废渣)造成的污染

废水是工业生产过程中的液态排放物,例如造纸工业、化学工业、电子工业等所排放的废水,都含有一种或多种对人体和其他生物有害的物质。废气是工业生产过程中的气态排放物。废气污染主要指大气环境受到有害气体破坏,从而影响到人类活动。尽管大气环境本身有一定的净化能力,但是当排放的气体污染物的数量和浓度超过了大气的净化能力时,就会对人类活动和生物生存带来不利影响。废渣包括矿山的废弃开采物、炉渣、粉煤灰等。废渣的大量排放除直接影响到排放地区人们的生活环境外,有些废渣污染物随河流、雨水冲刷渗入土壤,会造成更大范围的污染。

4. 投资项目建成以后生产期间产生的噪声污染和光污染

投资项目的生产过程常常伴随着噪音和光电污染,譬如重型机器所产生的瞬间或者连续的机器轰鸣声,发光物对环境的光刺激等。噪声和光污染现在已越来越引起人们的重视,其对人类的危害也是不容忽视的。

5. 投资项目建成以后其产出物对环境的污染

一些工业产品在使用过程中或使用之后会对环境产生不利的影响或污染。譬如某些化肥和农药,在使用时若不遵守使用规则,将会对环境产生不良影响。再譬如电器产品在其使用价值丧失之后,都会对环境造成一定的污染。

6. 投资项目建成以后生产、管理人员生活对环境造成的生活污染

项目建成投产必然要提供生产、管理人员的生活场所,而生活垃圾则可能成为环境污染的重要污染源。

二、投资项目可能造成环境污染的后果

投资项目可能造成环境污染的后果主要包括以下几个方面:

（1）项目建设和生产活动会对地形、地貌和已有设施造成破坏。例如：腐蚀性的"三废"即废水、废气、废渣等会对地形、地貌及一些设施造成腐蚀和破坏，严重时会使设施报废无法使用。

（2）项目建设和生产活动会使土壤遭到破坏。土壤遭到破坏除了影响农作物产量和质量外，如果有害物质向果实等农作物渗透，人吃了可能因此形成急性或慢性中毒，影响身体健康。

（3）项目建设和生产活动会造成水质下降。假如地面和水系长期被排放污染物，将造成水质下降；河流中被排放了污染物，可导致河流中生物的死亡以及水产品的不能食用；河流的流动又可能使污染扩散到更远的地方，扩大污染的危害。

（4）项目建设和生产活动会造成空气质量的下降。项目产生的气态污染物会对空气环境质量产生不利影响，而质量较差的空气将直接危害人类健康。

（5）项目建设和生产活动会造成森林草原植被的破坏。被破坏的森林草原植被会引起土壤退化、水土流失、空气污染等。

（6）项目建设和生产活动会对社会环境、文物古迹、风景名胜区、水源保护区造成破坏。

第四节　项目环境影响评估的内容和一般程序

一般来说，环境影响评价工作要生成环境影响报告书。《中华人民共和国环境影响评价法》第16条规定："建设单位应当按照下列规定组织编制环境影响报告书、环境影响报告表或者填报环境影响登记表：① 可能造成重大环境影响的，应当编制环境影响报告书，对产生的环境影响进行全面评价；② 可能造成轻度环境影响的，应当编制环境影响报告表，对产生的环境影响进行分析或者专项评价；③ 对环境影响很小、不需要进行环境影响评价的，应当填报环境影响登记表。"

一、项目环境影响评估的内容

项目环境影响评估的内容可能会十分广泛，也可能会因评估对象的不同包含不同的评估内容，或者因为评估深度要求不同而有不同的侧重。根据《中华人民共和国环境影响评价法》的规定，环境影响评价报告书的内容主要包括以下几个方面：

① 建设项目概况；
② 建设项目周围环境现状；
③ 建设项目对环境可能造成影响的分析、预测和评估；
④ 建设项目环境保护措施及其技术、经济论证；
⑤ 建设项目对环境影响的经济损益分析；
⑥ 对建设项目实施环境监测的建议；
⑦ 环境影响评价的结论。

可见，投资项目环境影响评估实际上要对项目在环境各个方面的影响作出全面的分

析和评估。总体而言,我国项目环境影响评估的内容主要包括以下几个方面:

1. 对项目的地理位置和项目规模的评估

项目的地理位置不同和项目的规模不同对环境的影响也是不同的,所以对项目的环境影响评估首先要了解这方面的情况。这部分的内容包括对项目可能影响到的地质、地貌、大气、地表水、地下水、土壤、植物、动物等要素的识别和影响规模的分析,包括不同地理位置和不同项目规模下环境的敏感程度的分析,这是全部环境影响评估工作的基础。

2. 项目对自然环境影响的技术评估

这是指项目本身的运行对包括地质、地貌、大气、地表水、地下水、土壤、植物、动物等各种自然环境要素在内的各种自然环境可能产生的影响的评估和分析,是从项目可能对自然环境产生影响的整体状况进行的总体评估。显然,这时的评估主要是从项目与周围环境的协调和环境吸纳项目环境污染能力方面所进行的分析。

3. 项目对自然环境影响的经济评估

从经济的角度对项目的环境影响进行分析也是项目环境影响评估的重要方面,包括项目的运行对各种自然环境的有利和不利影响及其结果的经济评价,可以从项目运行对环境影响的近期经济损益和长期影响产生的经济损益两个方面进行分析,在方法上可以进行定性分析,也可以进行定量分析。

4. 项目环境影响的综合评估

在前面各个单项的分析和评估之后,还要对项目进行综合环境影响评估,以判断项目在环境影响方面的可行性,若不能通过项目的环境影响评估,项目可能就此寿终正寝。综合评估主要是采取一定的综合评估模型,对未来项目环境影响的经济、技术、可持续发展等方面进行定性的、半定量的或定量的评估。

5. 提出消除项目环境不利影响的替代方案或补救措施

在对项目进行了环境影响的综合评估之后,项目也许会终止运作,即使项目没有终止运作,也可能存在许多不利于环境的一些影响被发现,所以尽可能地消除这些不利影响才是评估的真正目的。项目的环境影响评估要为此提出替代方案或补救措施。对项目进行环境影响评估时,应在多种建设方案中选择对环境影响最小的一个,并对多种方案进行排序,以便进行最后的决策。

二、项目环境影响评估的关键内容

项目环境影响评估的关键内容主要包括以下几个方面:

(1)搞清楚拟建工程的全部工艺过程、生产原理、原辅材料成分、能源消耗、物料转化及运动途径、生产排污及综合利用、主体生产设施和污染净化手段等。

(2)查清拟建工程项目建设厂区周围的污染源情况和环境质量状况,以及社会、自然等概况。

(3)根据建设项目的特点及周围环境要素,利用评价技术预测工程排污对环境的影响。

(4)根据工程特征和预测结果进行污染防治措施的可行性分析,为设计部门提供最优化设计方案。

(5) 对工程进行三个效益的综合性分析,提出切合实际的结论性意见,为决策部门提供科学参考依据。

三、项目环境影响评估的详细内容

项目环境影响评估主要包括以下三个方面的详细内容:

(1) 建设项目的一般情况。说明建设项目名称、建设性质;建设项目地点;建设项目规模(扩建项目应说明原有规模);产品方案和主要工艺方法;主要原料、燃料、水的用量和来源;废水、废气、废渣、粉尘、放射性废物等的种类、排放量和排放方式;废弃物回收利用、综合利用以及污染物处理方案、设施和主要工艺原则等;职工人数和生活区布局;占地面积和土地利用状况;发展规划。

(2) 建设项目周围地区环境状况。分析建设项目的地理位置;周边区域地形地貌和地质情况,江河湖泊和水文情况,气象情况;周边区域矿藏、森林、草原、水产和野生植物等自然资源情况;周边区域的自然保护区、风景游览区、名胜古迹、温泉、疗养区以及重要的政治文化设施情况;周边区域现有工矿企业分布情况;周边区域的生活居住分布情况和人口密度、地方病等情况;周边区域大气、水的环境质量状况。

(3) 建设项目对周围地区的影响分析与预测。对周边区域的地质、水文、气象可能产生的影响,防范和减少这种影响的措施,最终不可避免的影响进行分析预测;对周边区域自然资源可能产生的影响,防范和减少这种影响的措施,最终不可避免的影响进行分析预测;对周边区域自然保护区等可能产生的影响,防范和减少这种影响的措施,最终不可避免的影响进行分析预测;各种污染物最终排放量,对周围大气、水、土壤的环境质量的影响范围和程度的分析预测;噪声、震动等对周围生活居住区的影响范围和程度的分析预测;绿化措施,包括防护地带的防护林和建设区域的绿化;专项环境保护措施的净投资估算。

【专栏4-1】

环境影响评价工作中存在的问题

环境影响评价制度的主体原则是客观性和前瞻性,改革了传统的决策发展模式,保证了社会的可持续发展,健全了环保管理体系。环境影响评价作为新环境法的主体内容之一,在控制污染源新增方面起到了极为积极的作用,但是随着环评工作的普遍开展,在实践中也暴露出一些不足亟待完善,具体体现在几个方面。

1. 环境现状调查方面

环评现状调查可分为两部分内容。一部分是查看现有资料,通过收集到的资料进行统计估算来了解评价区域的环境现状;另一部分是实施环境质量现状监测,通过规范的检测方法分析得到数据来直观地体现环境现状。以上两部分相互结合相互论证可最大限度地调查清楚评价区域内的环境现状情况。

但实际工作中,首先因为评价区域往往随着社会的经济活动进行了较大程度的开发,原始的环境质量数据已经发生极大的变化,越是高速发展的地区,数据的偏离程度越大;而在已经开发至一定规模相对成型的成熟地区,虽然环境现状情况也基本稳定下来了,但更密集的生产行为不可避免地会带来一些突发环境事件的发生,例如工业废气废水的超标排放、固体废物的非法处置、生产物料的泄漏、安全生产事故带来的环境污染等等,这些事件均会在短时间内改变一个区域的环境质量现状,而且变化的程度很难具体体现出来。对于以上变数,在进行环境现状调查时很难全面考虑到,调查人员经常是随意地套用收集到的现成资料而忽略了评价区域的发展强度,得出的环境现状调查结论可信度不高。

其次,在实施环境质量现状监测工作时,受限于当前的监测技术规范和采样流程,往往无法全面充分地考察评价区域的所有环境指标,尤其是建设项目所涉及的一些特征因子,若是国标方法及国外标准方法中均无对应的检测采样流程,则根本无法在现状监测中考察该指标在评价区域的现状情况;在设置监测点位时,若因为场地勘探的限制无法全面了解评价区域周边情况的话,则常常会忽略设置环境敏感目标的监测点位,监测数据也体现不了环境敏感点的现状情况。在以上情况下开展的环境质量现状监测因为监测方案的问题最终分析出的监测结果是偏离现实、极为片面的。

2. 环境评价方法方面

首先,中国现行的环境质量标准中涵盖了地表水环境、环境空气、环境噪声、地下水环境、土壤环境等多个方面,但各标准体系中仅仅涉及了较为常规的一些污染指标,特征因子的判定标准较少。而针对污染物排放的限值标准也多为常规指标,且一部分污染物的排放限值多年未更新,已不符合当前的环境容量。参照以上标准进行评价时,即使已经调查清楚了相关指标的现状值,也无法直观地进行等级划分,只能进行一些简单的论述,对建设项目产生的环境污染程度也判定不准确,更无法划分污染源的强度等级。

此外,环评专业是一门综合学科,需要了解各行各业的理论知识,而整个生态环境是随着行业的发展而不断变化的,受制于现有的技术水平和研究背景,环境相关的各标准各规范的制定均是举步维艰。因此,环评的总体框架和技术导则只有根据工作实践中所得到的反馈情况不断地进行自我更新自我升级,而这需要各方面大量的时间成本和人力投入。

3. 公众调查方面

在现行的环境影响评价工作程序中,虽然将公众参与和环境影响评价文本编制工作分离,由规划、建设项目的负责单位自行开展,但公众参与依然是评价体系中不可分离的重要一环。

但是在实际工作中,公众参与环节常常出现假问卷、"被参与"等问题,这些问题存续多年,备受诟病,然而却一直难有改观;即使真正开展公众参与的建设项目,其调查的深度、广度也多数不到位,无法体现评价区域内公众确切的环境诉求,而作为建设项目的直接利益相关者,公众对待建设项目的看法是环境影响评价需要体现的重中之重;且根据环境影响评价法,公众参与的方式应该是多种多样的,绝不只是调查问卷或口头询问那么简单,主要方式应该是"论证会、听证会,或者其他形式"。但遗憾的是,听证会等形式的公众参与方式即使是在政府审批决策时也很少开展。

4. 监管体系方面

针对环境影响评价工作进程的监管,各级环保管理部门根据党中央、国务院简政放权、转变政府职能改革的有关要求,一直在持续推进环境影响评价制度的改革,在简化、下放、取消环境影响评价相关行政许可事项的同时,强化环评事中事后监管,各项工作均取得积极进展。但是,一些地方的环保管理者观念转变不到位,仍然存在"重审批、轻监管"、"重事前、轻事中事后"的现象,一些编造数据、弄虚作假的环评报告时常出现在公众视野中,在少数地区的环保管理中,还存在环评事中事后监管机制不落地,环评"刚性"约束无力的现象。

(摘自陈卫华:《国内环境影响评价工作中存在的问题探讨》,《污染防治技术》2018年第5期)

四、项目环境影响评估的一般程序

对项目进行环境影响评估可按以下程序进行:

1. 进行环境条件调查,掌握拟建项目场(厂)址环境现状

此项调查要提供拟建项目所在地区有关环境物理、化学、生物和人居特性等基本资料,包括自然环境、生态环境、社会环境、环境保护区等内容。

2. 根据投资项目的开发计划和环境调查所得资料,进行环境影响预测

预测中根据项目对环境的影响形式对其影响程度进行测定以预测出项目整体开发活动对环境的影响。

3. 对项目环境影响进行综合评估

主要从两方面进行,首先评定开发计划造成的环境变化是否符合环保标准,然后再对项目的环境影响的经济损益进行分析。

4. 对通过综合评价的方案进行比较,选出最佳方案

根据项目环境影响的评估,对可以采取的各种方案所需要的社会总费用和总效益进行比较,选择最优方案。

5. 编写环境影响评价报告书

项目环境影响评估一般分为三个阶段,如图4-1所示。

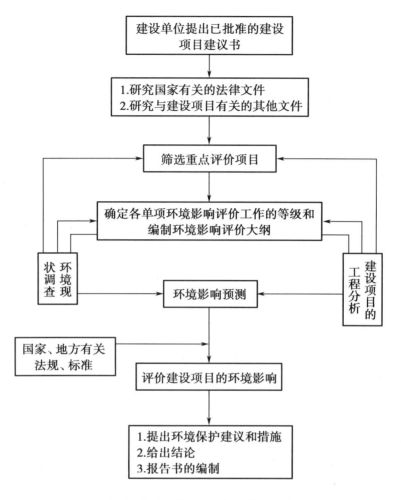

图 4-1 环境影响评价工作程序图

(本图取自沈珍瑶.环境影响评价实用教程.北京:北京师范大学出版社,2007)

第一阶段为准备阶段,主要工作包括研究国家有关法律文件和与建设项目有关的其他文件,进行初步的工程分析和环境现状调查,筛选出重点评价项目,确定各单项环境影响评估工作的等级,编制项目环境影响评级大纲。

第二阶段为正式工作阶段,主要工作包括进一步进行工程分析和环境现状调查,进行环境影响预测,并根据预测结果结合国家、地方的有关法规、标准,评价环境影响。

第三阶段为报告书编制阶段,主要工作为汇总、分析所得资料和数据,得出项目环境影响评估结论,完成环境影响报告书的编制。

【专栏 4-2】

环境影响补充评价的技术要点

环境影响补充评价的核心是对发生变动的工程内容进行综合评估环境可行性。

1. 工程内容变动情况及工程分析

对照原环评文件及发生变动后的工程内容,采用"列表+文字描述"的方式详细说明工程内容变动情况,包括占地面积、规模、生产工艺、生产设备、原辅材料、总平面布置、污染防治措施等变更情况,给出主要工程内容变更情况一览表、平面布局变更情况表(附变更前后总平面布置图)等图表。

重点针对变动内容开展工程分析,明确生产工艺、产污环节、污染物种类及产生量、污染防治工艺及效率、污染物排放量及排放方式、排放规律、排放去向以及环境风险源、风险剂量等的变更情况,给出变动前后污染物产排量及增减情况一览表。

对于未发生的工程内容,根据补充评价需要可直接引用已批复环评文件结论,如污染物产排量及处置去向等。

2. 环境特征变动情况

采用资料调用、现场调查及必要的实际监测,阐明环境特征变动情况,主要包括:

(1) 保护目标变动情况:给出保护目标一览表,说明保护目标是否存在"保留""已拆除""新增""相对距离变化"等情形。

(2) 调查评价区域污染源变动情况:明确评价区域内是否新增或减少重大污染源(包括已建、在建、拟建重大污染源),或重大污染源污染物产排量及处置去向是否出现明显变化;调查评价区域环境功能区划(大气、地表水、声环境、生态功能等)是否发生变更。

(3) 若环境特征变化较大且工程内容变动导致污染物排放量发生明显变化的,应根据环境影响评价技术导则要求,采用实际检测或资料收集方法,明确环境质量现状评价结论;若未发生明显变化,可直接延用已批复的环评文件结论。

3. 环境管理要求变动情况

深入调查补充评价时段环境管理要求变动情况,并将变动情况在环境影响补充评价的"总则"中予以反映,至少包括:

(1) 技术导则、环境质量标准、污染物排放标准等变动情况;

(2) 产业政策、技术政策、准入条件、卫生防护距离等变动情况;

(3) 评价区域环境管理要求变动情况,如是否新设立自然保护区、饮用水源保护区、生态防护林、石漠化等生态敏感区等。

4. 有针对性地进行环境影响预测评价

根据工程内容及污染物产排变动情况,结合环境特征变动特点,参照变动后环境管理要求,进行有针对性的环境影响预测评价。

(1)根据工程内容及污染物产排变动识别结果,建立产生变动的污染源(包括污染物排放量、排放方式、排放去向等变动)与受影响的环境要素之间的联系。

(2)根据各环境要素及有关专项环境影响评价技术导则要求,选用适当的评价方法,重点从污染物种类、排放量、排污位置、排污方式及去向、外环境等方面的变化进行环境影响及风险分析评价,明确污染源变动对环境要素的影响程度和范围。

(3)明确建设项目产生变动后环境影响程度和范围较已批复环评文件的变化情况及变动后环境是否可行的评价结论。

5. 环保对策措施、环保投资、竣工验收内容变动情况

根据建设项目产生变动后环境影响预测评价结论,明确环保对策措施、环保投资、竣工环境保护验收变动情况。主要包括:

(1)列表说明环保对策措施、环保投资、竣工验收内容变更情况,包括已批复环评文件涉及变化的相关内容、变更后内容、变更情况。

(2)若环保措施较已批复环评文件发生变化,应进行技术论证,分析变化后的环保措施是否能满足需求。

(3)给出变动后整体项目的竣工环境保护验收一览表、监测计划表,以便于项目环保竣工验收工作的开展。若以上内容未发生变动,可直接引用已批复环评文件结论。

6. 总量控制指标变更情况

列表说明已批复总量指标及变动后总量指标及其变化情况。总量指标发生变化的,说明变化部分总量指标来源并附主管部门总量来源说明文件。

7. 公众参与

出现以下情形之一的,应按国家有关规定有针对性地开展公众参与调查,编制公众参与专章:

(1)影响范围或影响程度较原环评文件有所增加的;

(2)污染物种类增加的;

(3)原环评文件中废水不外排,变动后废水需外排的;

(4)具有审批权的环保部门要求开展公众参与调查的其他情形。

8. 建设项目其他变动分析

结合建设项目具体特征和环境管理要求,必要时应进行其他变更内容分析。如建设项目总平面布局变更环境合理性分析,清洁生产水平分析,经济损益分析等。

(摘自何玉荟等:《建设项目环境影响补充评价的技术要点》,《环境科学导刊》2016年第2期)

第五节 项目环境影响的经济损益分析

一、项目环境影响经济损益分析的必要性

项目环境影响的经济损益分析是从社会效益、经济效益、环境效益相统一的角度论述投资项目的可行性,即分析、研究建设项目可能给环境造成的影响,对项目本身的经济效益将会产生何种影响。为了利用有限的资金获得最大效益,就必须对项目进行环境影响方面的经济损益分析,以期花费尽可能少的社会费用取得尽可能多的效益。

二、项目环境影响经济损益分析的内容

由于上述三个效益的估算难度很大,特别是环境效益中的环境代价估算难度更大,因此环境影响经济损益分析还处于探索阶段,有待于今后作进一步的研究和开发。目前,环境影响的经济损益分析主要包括以下内容:

1. 环境污染经济损失的估算

环境污染造成的损失包括直接损失和间接损失、近期损失和远期损失、微观损失和宏观损失等,因此是一个复杂的系统问题。估算经济损失首先应该从环境污染所造成的实际损失入手,在此基础上再进行进一步的经济评价。

2. 防治环境污染途径的选择及其经济效果的分析比较

根据不同投资项目可能造成的不同类别污染,在各种防治途径中根据社会效益、经济效益、环境效益相统一的原则,作出最优治理方案和利用途径的经济选择,包括各种污染物最优治理与利用途径、区域环境污染综合防治优化方案等。

3. 分析环境标准中的经济问题

制订污染物排放标准,虽然要依据环境质量标准,但也要进行经济损益分析,做到技术上的先进性与经济上的合理性相统一。如果标准过低,则达不到防止污染的目的,满足不了环境质量标准的要求;如果标准过高,则现有物力、财力无法满足。因此,必须分析环境投资与环境质量的经济损益,合理确定各种环境标准。

三、项目环境影响经济损益分析的方法

鉴于将项目环境影响的社会效益、经济效益、环境效益相统一的综合估算存在着很大的难度,因此,对于项目环境影响的经济损益的定量分析还处于研究阶段。现阶段,对项目环境影响的经济损益分析方法主要采用费用—效益分析法。费用—效益分析(Cost-benefit Analysis)又称为成本效益分析、效益费用分析、经济分析、国民分析或国民经济评价等。它是按资源合理配置的原则,从整个社会的角度出发,分析某一项目对整个国民经济的净贡献的大小,包括对就业、收入分配、外汇及环境等方面的影响。

(一)费用—效益分析法的基本原则

用费用—效益分析法进行经济损益分析的基本原则是收到的效益必须大于支出的

费用。在应用费用—效益分析法进行项目环境影响的经济损益分析时,项目的总费用是建设和生产成本加上环境保护费用以及剩余的不利影响所造成的损害费用;项目的总效益则包括项目产出物的效益加上使项目周围环境改善的效益。

(二) 费用—效益分析法的具体应用

项目对环境的污染会给社会造成损害,但控制或减少污染也需要使用稀缺资源,形成社会费用,因此项目对环境的污染有个最适宜的度,在这个度时社会总费用(社会总损失费用和治理控制总费用之和)最低,如图4-2为项目环境影响的费用—效益分析图,其中总损失费用随污染程度增加而增加,总治理费用随所治理的污染程度减少而增加,两条费用曲线垂直相加得到一条U型的项目环境影响的社会总费用线,在U型线的最

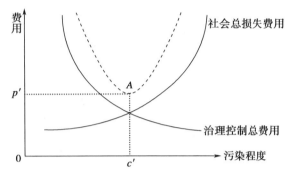

图4-2 项目环境影响的费用—效益分析图

低点 A 所对应的社会总费用最低,其横坐标 c' 所对应的污染程度为可接受的程度,纵坐标 p' 所对应的费用为最合理的费用,因此,在 A 点上项目环境影响的经济效益最高。

(三) 费用—效益分析法的定量计算方法

环境影响经济损益分析的定量化方法可以分为两种:第一种是根据人们对环境变化的支付意愿来计算环境影响的费用和效益;另一种是测算环境引起的商品和劳务以及它们的市场价值的变化以得出环境影响的费用和效益值。调查评价法和旅行费用法属于第一种,而市场价值法属于第二种。

1. 调查评价法

调查评价法一般用来估算共有资源,最具代表性的是条件定价法即向被调查者提供一个与所研究污染相关的假设场景,让被调查者说出愿意为这些货物和服务承担的支出,即所谓支付意愿;或者让被调查者说出给予多少补偿他们才愿意失去这些货物和服务,即所谓接受补偿意愿。支付意愿和接受补偿意愿即为那些环境要素也即是环境影响的最低价值。

2. 旅行费用法

旅行费用法主要适用于估计自然风景等受到的环境影响的评估,通过对旅客为了去风景点所付出的实际支出(现金和时间)以及其他社会经济资料来估算自然风景的货币价值,比较污染前后所估价值的差异就是环境影响的经济损益。

3. 市场价值法

市场价值法是通过受环境变化影响的商品和劳务的市场价值来估算环境变化造成的社会成本和效益。环境变化会对自然系统和人工系统造成影响,引起商品产量、质量的变化以及劳务数量、质量的变化,通过计量这些变化,并利用商品和劳务的市场价格就可以得到环境变化的费用和效益。

4. 净现值法(NPV)

一项环境对策的实施需要费用,实施后带来效益。用净效益的现值来评价该项环境对策的经济效益和环保设施净效益的现值计算公式如下:

$$PVNB = PVDB + PVEB - PVC - PVEC$$

式中:PVNB——环境保护设施净效益的现值;
   PVDB——环境保护设施直接经济效益的现值;
   PVEB——环境保护设施使环境改善效益的现值;
   PVC——环境保护设施费用的现值;
   PVEC——环境保护设施带来新的污染损失的现值。

比较各方案的净效益现值,以其中净效益现值最大者为最优方案。

5. 效益与费用比较(BCR)

这种方法是求出各种方案的效益现值与费用现值比,其比值 & 最大者为最优方案。计算公式如下:

$$\& = \frac{PVDB + PVEB}{PVC + PVEC}$$

净现值法描述的是该方案可以获得的净效益现值的大小,而"效费比"法描述的是获得效益现值为花费费用现值的倍数,当 PVNB>0 时,&>1;PVNB=0 时,&=1;PVNB<1 时,&<1。

第六节　环境保护措施的评估

环境保护是指采取行政的、法律的、经济的、科学技术等多方面措施,合理利用自然资源,防止环境污染和破坏,以求保持和发展生态平衡,扩大有用自然资源的再生产,保障人类社会的发展。在实施投资项目时,充分考虑项目所产生的污染及采取相应的环保措施是实行环境保护的有效方法。

环境保护措施评价应首先从拟建项目的实际情况出发,收集项目所在地有关地形、水系、风速、风向、农业生产和城市规划等基础资料,根据项目涉及污染物的实际排放情况,分析项目对空气、水质、土壤和动植物等自然环境的影响,了解可能产生的环境污染程度。然后对为消除和减轻这些影响,使其达到国家环境质量标准要求而采取的环境保护措施进行分析评估。

在评估时,应着重分析评价这些环保措施是否能达到环境保护的目的。具体内容如下:

(1)审查分析可行性研究报告的附件中是否有环境影响评价报告书和各级环保部门的审查意见。

(2)全面分析项目对环境的影响,并提出治理对策。在分析产生污染的种类、可能污染的范围及程度的基础上,对治理对策进行评估。尤其要注意为防止生产过程污染而进行的治理项目与建设的配套设施,是否做到了与主体工程同时设计、同时施工和同时投产。

(3)分析评价投入环保工程的资金有无保证、是否落实。应贯彻环保工程与主体工程同时设计、同时施工、同时投产使用的方针,以达到控制环境污染和恶化的目的。

(4)分析"三废"治理措施在技术上是否可靠合理,对治理技术的可靠性进行分析,分析项目是否能够在治理技术不可靠的情况下,及时采取能替代的生产工艺来解决污染问题。

(5)分析评价治理后能否达到有关标准要求。项目在规划治理措施时,必须保证各种污染物的排放低于国家环保部门规定允许的最大排放量。在评估时,以国家颁发的有关标准作为依据,检测项目的治理是否达到这些标准要求的限度。对于国家尚未颁发标准的一些行业,则应根据项目的具体情况,分析其对环境造成的污染程度,并结合国家关于环境质量的一些标准,如大气环境质量标准、城市噪音标准等,来判断该项目的污染治理措施是否符合环境保护的要求。只有符合环保要求的项目,才能进行建设。

(6)分析"三废"治理的经济性问题,就是分析治理"三废"所需的投资与不治理"三废"所造成的经济损失之间的比例关系。如果治理费用大于污染损失时,就应将费用减少,以达到符合治理标准为宜。因此,治理标准既要符合排放物不危害环境的要求,同时又要考虑治理投资的效益问题。对于不能定量化的污染损失,要作出比较符合实际的定性分析与评估,以便确定污染治理的必要性及需要治理的程度。

(7)采取的措施是否能够拉动内需。自中央出台关于扩大内需、促进增长的政策以来,截至2009年2月底,国家环境保护部门共受理了环评申请195个,同期批复了246个,涉及的项目总投资是9 700多亿元,其中涉及交通、水利等基础设施的项目53个,总投资2 800多亿元。针对铁路建设投资加快的新情况,主动与铁道部进行沟通,探索建立现场评估联合审查机制,加快项目的审批速度。在提高审批效率的同时,对高耗能、高污染项目从严把关,对存在环境隐患的14个化工、石化、钢铁、火电、造纸等项目实行了暂缓审批或者是不予批复。通过这些措施,有力地促进了产业结构的调整。妥善地处理好了把关和服务、当前和长远、效益和质量、宏观和微观的关系,以此拉动内需。

【案例实证】

上海化学工业区发展规划环境影响评价

一、上海化学工业区规划概况

上海化学工业区位于杭州湾北岸,规划面积为29.4 km²,是"十五"期间中国投资规模最大的工业项目之一,第一期项目总投资将达1 500亿元,是中国改革开放以来第一个以石油和精细化工为主的专业开发区,同时也是上海四大产业基地的商业中心。化工区建成年均工业产值可达1 000亿元,化工区的建设目标是成为亚洲最大、最集中、水平最高的世界一流石化基地之一。根据规划,上海化学工业区将以发展石油化工、石油化工深加工和精细化工产品为重点。上海化学工业区的开发建设引入了世界级大型化工区的"一体化"先进概念,通过对区内产品项目、公用辅助、物流传输、环境保护和管理服务的综合,为进区投资者提供最佳的投资环境。

二、规划环评基本内容

1. 环境影响识别和规划方案排污分析

在分析化工规划方案的基础上,采用矩阵法,结合同类规划方案排污分析和典型项目工程分项结果,识别化工区规划方案实施可能对自然环境和社会环境产生影响的因子、性质和范围,得出化工区规划方案排污特点。

2. 环境现状调查与分析

调查化工区所在地区空气、水、声、土壤和生态在内的主要环境要素的污染状况,确认该地区的环境问题是水环境中比较明显的氮、磷污染,从而根据化工区规划方案,识别出化工区所在地区排水条件是化工区发展的重要制约因素。

3. 环境影响分析及评价

根据化工区所在地区的环境资料和规划方案的污染源预测资料,利用环境数学的相关模型,借助GIS技术和相关软件,预测规划方案的直接影响环境和累积环境影响。

4. 规划和理性分析

在分析化工区规划方案的基础上,综合环境现状调查与分析以及环境影响分析与评价的结果,评价化工区规划方案总体布局合理性、规划的环境适宜性、规划的相容性、规划目标可达性和规划选址合理性。

5. 公众意见调查

采取座谈会及填写咨询表的形式,通过向项目地区受影响公众和有关领导介绍化工区规划方案,可能出现的环境影响及计划采取的污染减缓措施,广泛收集和听取公众对化工区规划方案的意义和建议,并认真分析、归纳后提交主管部门作为决策依据。

6. 环境污染防治对策论证

在化工区规划方案、环境现状和影响分析的基础上,确认化工区功能规划的环境保护目标、环境功能区别,制订总量控制计划,提出化工区污染的集中控制措施。

三、重点专题

(一) 环境影响分析及评价

1. 废水排海环境影响分析与评价

(1) 排放口位置选择

化工区南濒杭州湾,生产废水处理后,尾水直接排入杭州湾。若排放口位置选择不当,尾水会随着潮流场的变化在杭州湾中回荡,长期滞留一湾内,从而加重杭州湾水体水质的污染。评价过程中在化工区前沿海域提出了九个排放口设置方案进行比选。

评价采用二维水动力学模型和杭州湾水域的实测水文资料,模拟并验证了杭州湾流场。在此基础上,应用Lagrange漂移模型,确定了污水质点从九个不同排放口落潮外排的漂移轨迹。

比较各条轨迹,有三个排放口落潮外排的污水质点能随着潮流场的变化迅速地移至海外。结合技术经济分析,环评报告最终向建设单位和设计部门提交最佳排放口方案。

(2) 废水排海浓度场计算

基于杭州湾流场模拟,根据化工区规划方案确定的化工区尾水排海的总量和浓度,结合上述最终选定排放口方案,通过求解水质方程,确定了化工区尾水排海的近、远场浓度分布。

(3) 混合区和稀释度计算

我国对废水排海工程的混合区和稀释度有明确的要求。评价结合最终选定的排放口方案,采用美国国家环保局推荐的 Plume 模型,建立了化工区尾水排放量、水下扩散技术参数(扩散器长度、上升管总数、上升管间距等)和混合区及稀释度之间的响应关系,进而按照尾水排海控制标准、杭州湾水质标准和环境敏感因子的水质标准,一方面确定了符合我国废水排海混合区和稀释度要求的化工区尾水允许排放量,另一方面为化工区规划方案提供了能够保证达到上述要求的、优化的水下扩散器技术参数。

2. **废气排放环境影响分析与评价**

化工区废气外排的环境影响分析与评价采用了为规划化工区评价专门设置的空气环境影响动态预测系统。该系统按照《环境影响评价技术导则:大气污染》的要求选择烟气抬升和废气传输扩散的计算模式,收集并整理项目地区近五年的气象资料作为预测系统计算使用的气象参数,借助上海市的 GIS 系统和 Matlab 软件作为支持,将化工区不同规划方案外排的废气数量、组分、浓度、排气筒位置和排放方式作为源参数输入预测系统。系统综合各种信息,经过运算确定单个排气筒排放不同空气污染物的环境影响及化工区不同方案排放特定空气污染物的累积影响的浓度空间分布(一次浓度分布、日平均浓度分布、年日平均浓度分布)。根据预测系统提供的计算结果,决策部门和建设单位确证了化工区不同规划方案外排废气的影响范围和影响程度,从而从空气环境影响角度,筛选、优化了各种规划方案,提出最佳规划方案。

(二) 规划合理性分析

在充分认识化工区规划方案的基础上,综合环境现状调查与分析以及环境影响分析与评价的结果,分析了化工区规划的合理性。其内容包括分析化工区规划的总体布局合理性、环境适宜性、相容性、环境目标可达性和选址合理性。

1. **总体布局合理性分析**

化工区总体布局以"三条线分布"为特点,即沿海布局重化工生产装置,近公路和居民点布置管理和科研等设施,中间地带规划精细化工及石油化工产品深加工生产。评价过程中,一方面根据当时的环境条件(特别是气象条件)分析了总体布局的合理性;另一方面利用建立的空气环境影响动态预测系统,模拟化工区外排废气的浓度分布,从而确证了化工区规划总体布局的合理性。

2. 环境适宜性分析

化工区规划的环境适宜性分析分别根据规划地区自然环境和社会环境的特征进行论述,说明规划地区各种环境要素对化工区的开发虽然存在制约因素,但是对化工区开发的支持因素却是主要的,局部制度因素是可以采取措施改变或协调的。分析结果表明,化工区规划的环境适宜性是明显的。

3. 相容性分析

由化工区规划选址可以看到,化工区开发建设完全符合《上海市城市发展总体规划》关于建设杭州湾组团式海滨城市带的要求,化工区在杭州湾畔开发建设是发展上海沿海城市发展轴的重要组成部分;由化工区的产业导向也可以看到,化工区开发建设完全符合《上海市城市发展总体规划》关于在上海南面发展石油化工及其后加工的要求,因此,完全可以认为规划建设上海化学工业区是上海市城市发展的重大战略决策。另外,化工区规划建设将在与周边地区保持一致的同时,促进、支持周边地区的社会经济发展。

4. 环境目标可达性分析

一个工业区环境目标的可达性与当地环境质量现状、环境承载能力、工业区产业导向、工业区污染防治措施及周边地区社会经济发展都密切相关。评价中,综合了化工区所在地区环境质量现状分析和评价、化工区所在地区目标容量分析、化工区环境影响分析与评价以及周边地区社会经济发展规划的调查等各项专题研究的结果,阐明了化工区规划功能环境目标能够达到的可能性。

5. 选址合理性分析

化工区规划选址不仅与城市发展总体规划有关,而且还受制于选址地区的环境条件和化工区的环境影响范围及程度。鉴于化工区规划与《上海市城市发展总体规划》的相容性和环境适宜性,又鉴于化工区规划项目工艺、设备、管理的先进性和污染控制措施的可靠性以及化工区规划项目环境影响能够减缓的特点,评价对化工区选址合理作出明确的结论。

(三) 环境污染防治对策论证

1. 环境功能区划分

环境功能区划分主要依据环境现状、规划方案及环境影响分析。通过分析,可以识别规划方案的目标、指标及其环境问题和环境影响;可以确定规划土地使用功能的合理性;可以按照有关的环境保护政策、法规和标准,确定为保证规划土地达到使用功能而应该确认的环境保护目标,或者对规划土地使用功能不合理的划分提出必要的调整。

2. 污染物排放总量控制

(1) 空气污染物排放总量控制

化工区空气污染物排放总量控制选择 SO_2 和烟尘作为总量控制因子。空气污染物排放总量指标的确定与当地目标容量的计算及环境污染源排放现状密切相关,化工

区 SO_2 和烟尘目标容量参照《制定地方大气污染物排放标准的技术方法》(GB/T3201—91)进行计算,计算中以当地的气象资料和环境质量现状调查结果作为基础数据,并根据化工区的环境功能选定环境质量控制标准。在计算得到的目标容量基础上,扣除当地现有环境污染源排放总量,并进一步考虑化工和周边地区将来的发展,提出化工区 SO_2 和烟尘排放总量控制指标。

(2) 水污染物排放总量控制

化工区水污染物排放总量控制选择 $CODCr$ 作为总量控制因子。化工区水污染物排放总量控制指标确定,主要根据"混合区和稀释度计算"——在排放口和排放条件选定的条件下,确定符合我国废水排海混合区和稀释度要求的化工区尾水允许排放量。按照此尾水允许排放量和尾水排入杭州湾水域的 $CODCr$ 总量后,进一步考虑化工区和周边地区将来的发展,提出化工区 $CODCr$ 排放总量指标。

3. 建立化工区污水处理厂

评价不仅对上海化工区提出了建设集中污水处理厂的建议,而且在充分分析化工区污水特征的基础上,对污水处理厂的选址、规模、工艺、进出水标准和建设周期都提出了明确的要求。化工区污水处理厂的建设将有效地减缓规划化工区的水环境污染。

(摘自沈珍瑶. 环境影响评价实用教程. 北京:北京师范大学出版社,2007)

【本章附录1】

建设项目环境影响报告表

(一) 建设项目基本情况

(二) 建设项目所在地自然环境和社会环境简况

自然环境简况(地形、地貌、地质、气候、气象、水文、植被、生物多样性等):

社会环境简况(社会经济结构、教育、文化、文物保护等):

（三）环境质量状况

建设项目所在地区域环境质量现状及主要环境问题（环境空气、地面水、地下水、声环境、生态环境等）：
主要环境保护目标(列出名单及保护级别)：

（四）评价适用标准

环境质量标准	
污染物排放标准	
总量控制指标	

（五）建设项目工程分析

工艺流程简述(图示)：
主要污染工序：

（六）项目主要污染物产生及预计排放情况

类型\内容	排放源（编号）	污染物名称	处理前产生浓度及产生量（单位）	排放浓度及排放量（单位）
大气污染物				
水污染物				
固体废物				
噪声				
其他				
主要生态影响(不够时可附另页)				

（七）环境影响分析

施工期环境影响简要分析：
营运期环境影响分析：

（八）建设项目拟采取的防治措施及预期治理效果

类型 内容	排放源（编号）	污染物名称	防治措施	预期治理效果
大气污染物				
水污染物				
固体废物				
噪声				
其他				
生态保护措施及预期效果				

（九）结论与建议

【本章附录2】

建设项目环境影响登记表

项目名称		总投资		
建设单位		建设地点		
行业代码		建设性质	新、改、扩	
建设依据		主管部门		
工程规模		占地面积		
排水去向		环保投资		
法人代表		电话、邮编		
主要产品名称	产量、规模	主要原辅材料用量		
		名称	现状用量	新增用量	总用量

水资源及主要能源消耗			
名称	现状年用量	年增用量	年总用量
水			
电			
燃煤			
燃油			
燃气			
其他			

项目地理位置示意图：

续表

项目平面布置示意图：	
周围环境概况	
工艺流程及污染流程	

项目排污情况及环境措施简述：

审批意见：

年　月　日

【能力训练】

1. 单项选择题

(1) 报告书编制阶段是环境影响评价工作中的(　　)。
　　A. 第一阶段　　B. 第二阶段　　C. 第三阶段　　D. 第四阶段

(2) 国家对从事建设项目环境影响评价工作的单位实行资格审查制度,从事项目环境影响评价工作的单位,必须取得(　　)颁发的资格证书。
　　A. 国务院建设行政主管部门　　B. 地方建设行政主管部门
　　C. 国务院环境保护行政主管部门　　D. 地方环境保护行政主管部门

(3) 环境影响报告表的主要内容不包括(　　)。
　　A. 建设项目基本情况　　B. 工程内容及规模
　　C. 主要环境保护目标　　D. 地理位置示意图

(4) 建设项目的环境影响评价工作必须在(　　)开始进行。
　　A. 项目建设前期　　B. 项目建设中期
　　C. 项目建设后期　　D. 项目建设评估阶段

2. 多项选择题

(1) 环境影响评价的基本功能有(　　)。
　　A. 判断功能　　B. 预测功能　　C. 选择功能
　　D. 导向功能　　E. 完善功能

(2) 无组织排放源的确定方法有(　　)。
　　A. 物料衡算法　　B. 类比法　　C. 反推法
　　D. 示踪法　　E. 遥感法

(3) 生态影响型项目工程分析的基本内容有(　　)。
　　A. 工程概况　　B. 施工规范　　C. 生态环境影响源分析
　　D. 主要污染物排放量　　E. 替代方案

(4) 生态影响评价工程分析技术特点有(　　)。
　　A. 工程组成完全　　B. 重点工程明确
　　C. 全过程分析　　D. 污染源分析
　　E. 其他分析

(5) 大气污染源调查方法有(　　)。
　　A. 现场实测法　　B. 物料衡算法
　　C. 经验估算法　　D. 收集资料法
　　E. 遥感方法

(6) 下面关于环境影响评价进展程序论述正确的是(　　)。
　　A. 环境影响评价的技术依据是已被有关部门批准的项目建议书
　　B. 环境影响评价与可行性研究分别进行,同时完成
　　C. 环境影响评价强调对项目产生的污染物提出治理措施
　　D. 环境影响评价的工程分析基于项目的方案设计

E. 环境影响评价与方案设计中的环境保护部分没有联系

(7) 环境影响评价中提出的项目污染物总量控制建议指标必须要满足的要求有（　　）。

A. 符合达标排放的要求

B. 符合相关环保要求

C. 技术上可行，通过技术改造可以实现达标排放

D. 方便环境监督管理

E. 节约环保设施运转开支

(8) 环境影响识别的一般技术考虑方面有（　　）。

A. 项目的特性

B. 项目涉及的当地环境特性及环境保护要求

C. 识别主要的环境敏感区和环境敏感目标

D. 从自然环境和社会环境两方面识别环境影响

E. 突出对重要的或社会关注的环境要素的识别

3. 简答题

(1) 简述投资项目环境影响评估的意义。

(2) 投资项目对环境的影响主要表现为哪些方面？

(3) 为什么《中华人民共和国环境影响评价法》要规定三种不同的评价报告形式（环境影响报告书、环境影响报告表、环境影响登记表）？

(4) 环境影响评价报告书的主要内容有哪些？

(5) 项目环境影响的经济损益分析与项目的经济损益分析有什么不同？

(6) 投资项目环境影响评估的一般程序是怎样的？

(7) 环境影响评估是不是就是环境质量评估？

(8) 为什么要进行环境保护措施的评估？它的主要内容是什么？

【网络资源与阅读书目】

[1] 中华人民共和国环境保护法. 北京：法律出版社，2014

[2] 全国人大常委会法制工作委员会. 中华人民共和国环境保护法释义. 北京：法律出版社，2014

[3] 中华人民共和国环境影响评价法. 北京：法律出版社，2018

[4] 全国人民代表大会环境资源委员会法案室. 中华人民共和国环境影响评价法释义. 北京：中国法制出版社，2003

[5] 刘左军. 中华人民共和国环境影响评价法释义及实用指南. 北京：中国民主法制出版社，2002

[6] 中华人民共和国大气污染防治法. 北京：法律出版社，2014

[7] 全国人大常委会法制工作委员会. 中华人民共和国大气污染防治法释义. 北京：法律出版社，2015

[8] 童卫东.《中华人民共和国大气污染防治法》释义及实用指南.北京：中国民主法制出版社,2015

[9] 中华人民共和国海洋环境保护法.北京：法律出版社,2017

[10] 张皓若,卞耀武.中华人民共和国海洋环境保护法释义.北京：法律出版社,2000

[11] 中华人民共和国水污染防治法.北京：法律出版社,2017

[12] 安建,黄建初.中华人民共和国水污染防治法释义.北京：法律出版社,2008

[13] 中华人民共和国固体废物污染环境防治法.北京：法律出版社,2016

[14] 黄建初.中华人民共和固体废物污染环境防治法释义.北京：法律出版社,2005

[15] 中华人民共和国环境噪声污染防治法.北京：法律出版社,2018

[16] 中华人民共和国节约能源法.北京：法律出版社,2018

[17]《节约能源法》修订起草组.中华人民共和国节约能源法释义.北京：北京大学出版社,2008

[18] 全国人大常委会法制工作委员会.中华人民共和国节约能源法释义.北京：法律出版社,2008

[19] 兰柏超,卜令军.投资项目环境影响评估问题研究.会计之友,2012(12)

[20] 狄雅肖,等.国内外环境影响后评价发展研究与探讨.环境经济,2018(4)

[21] 缪寅宵,等.建设项目环境影响评价工作流程管理优化.航天工业管理,2013(11)

[22] 应试指导专家组.环境影响评价技术方法.北京：化学工业出版社,2010

[23] 邢文利.环境影响评价方法与标准及500典型案例分析.北京：中国环境科学出版社,2006

第五章 项目总体方案、技术与规模评估

【学习要点】技术是投资项目质的体现,规模是投资项目量的衡量。技术评估是对投资项目的总体方案、总平面布置方案、工艺设备方案等诸方面进行的技术经济论证,以判断项目在技术上是否可行,规模评估用以确定投资项目在经济上是否可行,两者缺一不可。通过本章的学习,掌握项目技术评估和规模评估的内容、原则,并灵活运用。

【学习重点与难点】灵活掌握技术评估的内容和原则,能运用基本原理进行案例分析。理解规模经济的实质,灵活掌握确定项目生产规模的定量方法和定性方法。

【基本概念】总体方案 总平面布置 生产工艺技术 设备 生产规模 生产能力 规模经济 起始经济规模 最佳经济规模 合理经济规模 内部规模经济 外部规模经济 生产上规模经济 经营上规模经济

第一节 总体方案和总平面布置方案评估

在对项目的各种外部条件评估之后,就要对项目方案本身进行评估。项目方案评估是投资项目评估中最重要的内容之一。它侧重于项目从工程技术可行性和经济合理性角度,对拟建项目的项目组成、总体布局、工艺技术、建筑安装工程、生产规模等作出评估。

一、总体方案评估

(一)总体方案评估的内容

一个投资项目按照实施程序会有很多方案,包括总平面布置方案、工艺技术方案、设备方案等技术方案,也包括生产规模等规模方案。总体方案评估是从全局的角度对各种方案的综合评价,侧重于具体方案的整体协调性,而非具体方案的优劣程度。

(二)总体方案评估的原则

1. 总体方案的协调性

总体方案要具备系统性,各个程序相互配合、协调一致才能使整个项目运转有序。总平面布置方案要结合工艺流程合理规划,以提高生产效率;工艺流程方案和设备方案要相互适应,以使工艺和设备水平都发挥到最优。统一、协调的总体方案有助于管理层统筹管理,有利于提高生产效率。

2. 总体方案的先进性

总体方案的先进性主要是指技术方案的先进性。技术的先进性表现为所采用的技术对当代生产的发展起主要作用,并在技术领域中居于前列的技术。技术的先进性在工

艺方案的选择上要有利于专业化、流水线生产或实现生产自动化并且能够做到尽量降低材料和工时消耗,充分利用国内资源丰富的材料、少用进口材料;从设备的选型来看,应该做到主机、辅机及备品备件的同步先进。当然,先进的技术是相比较而言的,这个比较可以是空间上的比较,如国际的,也可以是国内部门间或企业间的;比较也可以是时间纵向上的比较,如填补了国内某一技术领域的空白。对于投资拟建项目来说,若采用的是引进技术,在项目可以配套消化的基础上,应该比国内现有的技术先进;如果投资项目采用的是国内技术,就应当是国内已经成熟的先进技术。

采用先进的技术可以促进经济发展,加快技术进步,缩短与发达国家的差距,使我国在国际经济技术竞争中占据有利位置,在对投资项目进行技术评估时,应尽量选用先进技术,避免使用落后或淘汰的技术。

3. 总体方案的适用性

总体方案的适用性包括技术的适用性和规模的适用性两个方面。技术的适用性是指能够适应特定时空条件下的具体情况,可以很快转化为生产力并带来明显效益的技术。从这一原则出发,评估项目技术时,应充分考虑技术协作能力、维修保障能力和原材料供应能力,即所采用的工艺和设备必须能够适应生产要素的现有条件、符合国情和科学技术发展政策的基本要求。规模的适用性是指生产规模充分利用现有资源,达到最佳经济规模。采用适用的技术和规模可以增强国力,在国民经济的总体上取得较好的经济效益。

在我国现有条件下,考虑和判断技术适用性的主要标准有:① 符合国家和行业的技术发展政策;② 在节约资金、能源和原材料的前提下,能够最大限度地提供就业机会;③ 在适应现有技术水平和管理水平的情况下,能够充分而有效地利用各种资源。不同的工业部门和投资项目在国民经济中的地位和作用不同,技术适应的强调方面也不一样,对国家重点发展的支柱产业,应重点选择一些具有世界先进水平的技术,而在一些基础薄弱的行业,可采用中等而适用的技术,这就要求我们处理好技术的先进性与适用性的关系。

4. 总体方案的可靠性

确保总体方案可以实施是十分必要的,否则会耗费大量的人力物力,造成不必要的损失。首先,总体方案在技术上需具备可靠性。技术的可靠性是指技术经过实践检验可以信赖的技术。引进国外工艺技术和设备时,必须符合我国国情,能够做到配套消化和吸收的技术,对于不成熟和有待于进一步研究的技术则不能采用。而对于采用的科研成果,必须经过工业实验和一定级别的技术鉴定方可使用。其次,总体方案在规模上也需具备可靠性。在确定生产规模时,要综合考虑国家宏观调控、行业技术特点、市场需求等多方面因素,使用科学的计算方法,力求确定的生产规模经济可行。

5. 总体方案的经济性

总体方案的经济性指项目所采用的方案各项投资小、生产成本低、投入产出关系合理、能获得较好的经济效益。方案的经济性离不开方案的合理性,包括工艺流程的合理性、设备选型和协作配套的合理性、生产规模的合理性等,不讲经济性的先进性是盲目的和靠不住的,而研究方案适用性的目的就是做到经济性。在评估方案的经济性时应处理好局部经济效益与整体经济效益、直接经济效益与间接经济效益、当前效益与长远效益的关系。

二、总平面布置方案评估

（一）总平面布置的概念

所谓总平面布置，就是在总体方案的基础上，综合考虑生产工艺流程、运输条件及安全、施工与管理等因素，结合场地自然条件经多方案比较后，合理规划和安排建设场地内各功能区之间、各建筑物之间和各种通道之间的平面位置关系。

（二）总平面布置方案的评估原则

1. 尽量节约用地，不占或少占耕地。在评估项目时，要考核其总平面布置方案是否紧凑、合理，在满足生产、安全、环保、卫生要求的前提下，尽量考虑多层厂房和联合厂房等合并建筑，在考虑项目后期发展余地时，要避免过早占用大片土地。

2. 有利于生产，方便交通运输，节约投资，降低产品成本。工艺流程走向是项目生产的主动脉，因此，总平面布置要结合工艺流程，以降低生产成本。评估总平面布置方案时还要看运输路线的走向是否符合最短距离原则、遵循最短距离原则，不仅可以少占土地，也可以减少运输时间，提高整个项目的运转速度。

3. 有利于环境保护。在评估项目的总平面布置时，应充分考虑其对环境的影响，如散发粉尘、水雾、酸雾、有害气体的厂房、仓库、储罐或堆场，应布置在常年最小频率风向的上风侧。

（三）总平面布置方案评估的内容

1. 审查分析各工程项目的具体构成内容及各系统之间的关系是否科学合理。在进行总平面布置时，通常会根据工程项目的具体构成和各系统之间的关系划分为不同的功能区，具体评估时要判断功能区的划分是否符合工艺流程、有无破坏生产系统的完整性。

2. 审查分析各种建筑物、构筑物的大小和位置是否合适。在不影响生产能力的前提下，尽量减少建筑物、构筑物的体积和面积，可降低造价。结合建设场地的地形、主导风向、地耐力与地下水位等自然条件，选择合理的总平面布置形式，使建筑物、构筑物与自然条件相适应，为生产、运输和生活创造有利条件和良好环境。另外，建筑物、构筑物应符合城市规划要求，与周围建筑群体配合，做到统一协调。

3. 审查分析厂内运输之间及厂内运输与厂外运输是否协调。根据工厂的投入物、产出物与废弃物的总量，按其不同种类、不同运输方式与运输工具的要求，合理组织厂内外运输，并从运量、运距、运输成本、运输负荷变化及投资与经费等方面，对不同的运输方案进行多方案比较分析，从中选择方便、经济的运输设施与合理的运输路线。

4. 审查分析各种管线（包括给排水管、电缆、煤气、电话、供气等）布置是否合理。管线的布置也要遵循"最短距离原则"，尽量采用多管、多线、共架、共沟，节约管线布置成本。

5. 审查安全防护措施是否落实。主要的生产车间和建筑物，应考虑有良好的自然通风和采光条件，避免因朝向问题使操作条件恶化；如有可能发生爆炸危险的生产厂房、仓库、储罐等，应布置在厂房边缘地带，并符合《爆破安全规程》的规定等。

第二节 生产工艺技术与设备评估

生产工艺是无形的,设备是有形的,在实际生产过程中,生产工艺和设备相互依存:生产工艺要借助设备实现其生产目的,而设备要采用一定的工艺才能发挥其应有的功能。因此,对生产工艺和设备均要进行评估,以判断投资项目是否可行。

一、生产工艺技术评估

生产工艺技术,是指劳动者利用生产工具对各种原材料、半成品进行加工或处理,使之成为产品的方法,是人类在劳动中积累起来并经过总结的操作技术经验。工艺技术是设计技术的核心内容,采用什么样的工艺,就会确定与之相适应的生产设备,所以工艺技术方案不仅涉及项目的投资多少、建设周期的长短,而且对未来的产品质量、产量和项目建成后的经济效益都产生直接的影响。搞好项目的工艺技术评估,对整个项目的技术评估都有重要意义。工艺技术评估的内容主要有以下几个方面:

1. 对工艺技术方案市场需求适应性的评估

随着社会经济的发展,市场对商品的需求无论在质量上还是数量上都在不断变化,这就要求产品在花色品种、性能、规格等方面不断适应社会需要。由于不同的生产工艺,可以得到不同质量、性能和品种的产品。投资项目所采用的工艺方案应具有一定的适应市场变化的能力,能够做到随着市场需求的变化,及时调整和改变原有的工艺路线。

2. 对工艺技术方案成本经济性的评估

工艺方案的成本经济性具体表现在工艺方案的工艺成本的高低上。对工艺方案的成本经济性评估,主要是审查、分析和评价工艺方案的成本。

投资项目的工艺成本包括:原材料消耗费、能源消耗费、运转维护费、生产操作和管理人员的工资、工艺装备及厂房的折旧费等,有时还可能包括无形资产及递延资产的摊销费,如各种研究费、培训费、试运转费等。在对项目的工艺成本进行评估时,可采用年折旧费用法将备选的各个工艺方案的上述费用汇总并加以比较,从中选出技术可靠、产品质量能满足用户要求、成本最低的工艺方案。

3. 对工艺技术方案原材料适应性的评估

不同工艺往往要求不同质地的原材料,在评估工艺方案时,要充分考虑工艺对原材料规格、型号、成分等方面的要求。如对于含有多种有用元素的矿产资源,就应根据矿物的物理和化学性质,选择相应的多次选冶分离工艺;而选择无切削工艺方案加工贵金属,也可做到充分节约和利用资源。应该注意的是,选择对原材料质地性质要求较宽的工艺方案,可以减少项目的风险。另外也应该评估原材料供应量能否满足需要及工艺方案能否适应原材料的供应状况。

4. 对工艺技术方案工艺流程均衡协调性的评估

一个企业,一般由若干车间或工段组成。如钢铁联合企业,有矿石准备、炼铁、炼钢、轧钢等车间。每个车间或工段都有自己独特的工艺流程,在评估时应充分分析各车间或工段之间的生产能否均衡协调运转,否则,有可能造成生产间断、停工待料或中间产品积压等矛盾出现。这就会对投资项目在经济上造成损失。在评估工艺流程的均衡协调性时,应该分析每道工序、每个班组和每个车间的协调和生产能力平衡,保证整个工艺流程的合理性。

5. 对工艺技术过程连续性的评估

工艺过程的连续性表现为从原材料的投入到成品产出的过程顺畅便捷,具有连续性,能够提高劳动生产率和设备利用率,降低产品成本,保证产品质量。应用连续化生产能缩短工艺流程,相应地减少设备和场地,适应现代化大生产的发展方向和趋势。

6. 对工艺技术方案成熟性的评估

工艺方案的成熟性包括两方面的含义:一是工艺方案是经过实践运用并证明是行之有效的;二是工艺方案已通过扩大试验并经过鉴定认为是可靠的。

一般来说,新工艺的采用必须经过实验室的研究、中间实验、工业制造三个阶段。根据基础研究的成果而进行的实验室研究,是以全新的工艺或产品为对象,进行的是应用的可行性研究;中间试验是以实验室研究成果为基础,但未取得必要的技术参数,不能在实践中立即采用,必须进行较长时间的试验,以便验证和改进实验过程;制造阶段则是新工艺完成实验阶段,进入工业生产的应用阶段。因此,投资项目所采用的新工艺必须经过实验阶段,基本解决了各类技术难点并经权威机关鉴定之后,才能进入生产阶段,否则不能采用。

7. 对工艺技术方案满足产品质量要求的评估

所选择工艺方案的优劣,决定了产品质量的好坏。随着生产的发展,消费者或用户对商品质量的要求越来越高,产品质量决定了企业的生存和发展。因此,投资项目所采用的工艺必须保证产品的质量。

8. 对工艺技术方案能否做到保护环境的评估

我国目前的环保方针是"以防为主,防治结合"。因此,在评估工艺方案时,要分析方案中是否建立"闭路循环"系统,将工业"三废"消灭在生产过程之中,而不是排放后再去治理。还应分析是否采用无污染工艺,以杜绝新污染源的形成,这也是工艺发展的方向。当然,对在工艺生产过程中必须外排的污染物质,应该设计相应的处理设施,达到国家允许排放的标准后才能排放。

二、设备评估

一定的工艺方案在实际生产中总是通过一定物质形式表现出来,这种物质形式就是设备。没有先进的工艺,先进的设备就难以发挥应有的功能;反之,没有先进的设备,先进的工艺也就无法实现其生产目的。在一定的项目中,诸如一座水泥厂,生产和操作工艺是成套设备供应的一部分,无需单独安排取得工艺。但是,当工艺必须单独取得时,则设备的选择应遵照工艺的有关要求,这时就应对设备进行评估。

(一) 设备的概念与分类

设备是机器、机械、起重、运输以及其他各种生产或非生产设备的总称。设备按其作用可分为如下几类:

1. 生产工艺设备。生产工艺设备是指工业企业中用来改变劳动对象(如各种原材料等)的形状和性能,使劳动对象发生物理和化学变化的那部分设备。如各类机床、化工反应塔、纺织机等。

2. 辅助生产设备。指为主要生产车间服务的设备,如各种动力设备、运输设备和装卸设备等。

3. 科学研究设备。指实验用的各种测试设备、计量设备、仪器、仪表等。

4. 管理设备。指生产管理用的各种计算机和其他装置。

5. 公用设备。主要指医疗卫生设备、炊事机械等。

(二)设备评估的原则

由于设备选择的多样性及可替代性,在对设备进行评估时,除应遵循技术评估的各项原则外,还应着重考虑以下原则:

1. 技术先进性与经济合理性相结合的原则

某一具体项目由于受到资金供应市场的限制或投资效益水平的影响,其筹资的能力和数量总是有限的。既不能因为资金有限而不采用先进的技术装备,也不能不考虑客观条件限制,而片面追求好设备、先进技术,应综合考虑技术先进性与经济合理性。

2. 区分轻重、重点考虑关键设备的原则

一个投资项目的建成需要大量的设备,但每种设备在工艺流程中的作用或对产品质量的影响程度是不同的。有的处于影响生产的关键地位,有的则无足轻重。对不同的设备要区别对待,对关键性的或影响产品质量的设备一定要有足够的技术要求,舍得花钱投资去购买先进的设备。

3. 少用非标设备的原则

非标设备是不定型的设备,是旧厂家为某一生产需要而专门生产的设备。非标准设备相对来说造价高,使用过程中也不宜修理。设备选型时应尽量采用通用设备。如果工艺流程的特点决定了必须用非标设备,则也应使用非标设备,对此问题应具体处理。

4. 考虑设备综合价格的原则

设备的综合价格是指把设备的购买价格和使用过程中的修理费用同时考虑进去的价格。从这一原则出发,在对设备评估时,除了应考虑设备的购买价格外,还应考虑设备的修理费用及零配件是否容易购买。

(三)设备评估内容

在投资项目确定了其规模和工艺方案以后,就应根据生产能力和所确定的工艺方案选择设备的数量和型号,在对设备进行评估时,应分析设备能否体现工艺方案的技术先进性和经济合理性,能否保证各工序的协调、平衡,以求得较高的设备利用率。

1. 审查分析主要工艺设备选型

设备评估中应重点分析关键工艺设备的选型,在充分考虑项目的设计生产能力的前提下,结合工艺流程以及设备在制造、安装方面的特殊要求,使主要设备的额定生产能力略大于设计能力,否则就会导致实际能力达不到设计能力。当然,额定能力也不宜太高,以免造成不必要的浪费。

2. 审查分析设备的可靠性

设备的可靠性包括设备的耐用性、稳定性和安全性。

(1) 设备的耐用性分析。假若设备使用年限长，摊入总成本费用中的折旧费用相对较少，这样可降低产品成本。为此，应在考虑设备的有形磨损和无形磨损的前提下，选用使用寿命长的一些设备。

(2) 设备的稳定性分析。设备的稳定性指设备在生产使用过程中运转正常，不发生故障。如果设备在运转过程中经常发生故障，则会造成停产或产生大量的废品，那是不能使用的。

(3) 设备的安全性分析。设备的安全性指设备运转过程中不发生危及工人身心健康或厂房安全的现象。如设备泄漏有害气体严重、设备噪声太大、设备振幅过大等。对有可能出现安全问题的设备一般不应选择。

3. 审查分析设备的先进性

设备的先进性包括设备的功效性、节能性和环保性。

(1) 设备的功效性分析。功效是指设备的功能和效率。不同类型设备有不同的表达功效的方式，如速度、行程、转数等。确定选用何种功效的设备时，要与项目的投资状况、项目规模、建成后工人的操作技术、维修条件等因素相适应，综合考虑。

(2) 设备的节能性分析。能源紧张是制约我国经济发展的一个重要因素，选择设备时应首先选择能耗低的设备。

(3) 设备的环保性分析。保护环境也是选择设备时所应考虑的因素。根据环境保护的要求，设备的噪音和排放的有害物应达到环境保护的标准。

4. 审查分析设备的成套性

设备的成套性，标志着设备的生产制造水平、销售、供应的科学管理水平。成套设备本身对工艺流程的各工序、各环节间已进行了生产能力平衡，可以保证投产后均衡生产，这是成套设备的优点。但是，成套设备却存在着价格高的不足之处。

(1) 单机配套。包括一台主机设备，附有工具、附件、副机等。

(2) 生产线配套。即全部生产过程的各种设备的配套。

(3) 局部生产线配套。指生产过程中局部生产过程的生产线配套。

(4) 项目配套。指完成一个建设项目所需的各种设备：生产性装备、辅助与控制装置、运输与检测设备、能源动力设备等全部成套供应。

对于投资项目具体采用哪种配套形式，一要根据项目的技术力量和筹资情况而定；二要看设备的性能、价格等。项目本身可能是进行配套作业的，就可以不采用成套设备。

5. 分析设备的配套情况

设备配套是设备与设备之间数量上和质量上要实现匹配，达到项目内部各工序、工段之间生产能力按比例的平衡。

(1) 设备数量配套分析。设备数量配套分析也称生产能力平衡分析，指以主要生产工艺设备为中心，顺延工艺流程往前和往后分析各工序、工段、车间设备的额定生产能力配置，分析各工序所需设备选型和台数，达到生产能力平衡、保证设备充分利用和不使设备闲置浪费的目的。

（2）设备质量配套分析。进行设备质量配套分析时，要保证生产工艺中前后各工序设备都是安全可靠的。如果某一工序的生产设备比较容易损坏，就会影响其他工序设备能力的发挥。对于这种易损设备，要设置相应的替换或备用设备。避免因一些设备发生故障而影响其他设备能力发挥或整个流程停止生产的现象。

进行设备配套情况分析时，要注意审查标准化、通用化、系列化设备的采用程度。重视研究国产设备与引进设备之间的配套、各工序之间的配套。

6. 分析设备的灵活性

适应社会消费需求和市场结构的变化，产品的品种、规格、型号和花色也应随之变化。为此，设备应具有灵活性。

（1）审查专业化生产线的灵活性时，应分析其生产多规格产品的可能性。如可生产小型产品与中型产品或可生产中型产品与大型产品，或大中小产品均可生产。

（2）尽量选用有多种加工性能的设备，满足多品种生产要求，使设备有更大的适应性。

（3）选择工艺流程时，应优先选用那些增加适当环节可改变产品品种的生产线。

对于增加很多投资才可以改变设备的灵活性的投资方案，要经过一定的技术经济比较才可作出最后的决定。

（四）设备采购方案评估

进行设备采购方案的评估是为了保证项目取得合乎要求且质优价廉的设备。

1. 设备取得的渠道分析

现货交易选择余地大，比较灵活，占用资金时间短；但现货交易价格较高，而且有脱销延误工期的可能。通用设备大都可在现货市场买到。

对于专用或特种设备，在考虑项目工程进度与设备到货安装周期前提下，大多通过订货渠道取得。在订货购买设备时，要研究厂家产品质量的稳定状况和履约能力。

2. 设备价格分析

对于一般设备可通过多方询价从中进行比较确定设备价格。对于大型技术装备，则应在广泛宣传和调查的基础上，通过招标方式确定设备价格。

3. 设备付款方式分析

对于现货交易一般可采用一次付清或分期付款方式进行。而订货购买设备时，则应先交预付款，设备到货后再分期付清货款。

【专栏 5-1】

机械设备运行可靠性评估研究

1. 评估机械设备运行可靠性的方法

由于人们在对机械设备运行可靠性进行评估时无法收集全部的数据信息，需要在评估过程中，根据机械设备的具体类型及故障原因进行分析与判断，明确机械设备故障所具备的特点，了解机械设备的运行状态，通过建立可靠度评价模型实现该机械设备运行可靠性的评估。众所周知，机械设备在运行过程中会产生应力、振动、位移等状态信息，而这些信息都能够对机械设备的实际运行状态进行真实的反映，而对机械设备运行可靠性的评价，便是通过对这些信息进行收集与分析实现。在机械设备运行可靠性评估中，除了要对上述状态信息进行收集以外，还需要对机械设备在运行过程中的故障特征、故障原因等信息进行收集，并建立动态模型分析，从而判断出机械设备在运行过程中是否存在故障、故障位置以及严重程度。然后根据故障类型的维修经验采取相应的方法进行维修，并依据机械设备在出现该故障后的受损程度来衡量其运行可靠性。在机械设备中，其运行状态和运行可靠性之间具备密切联系，可利用凝聚函数法或相关系数法明确两者之间的关系，并根据其关系反应推导出机械设备的运行可靠度，然后综合机械设备中的故障特征和信息处理结果，从而实现对机械设备运行可靠性的准确评估。

2. 机械设备运行可靠性评估方法的不足及改进

（1）机械设备运行可靠性评估方法中存在的不足

在机械设备运行过程中存在着许多随机性又不确定的信息，当采用传统评估方法来评估机械设备的运行可靠性时，需要利用数理统计及概率论等数学工具来对这些信息进行处理，从而了解该机械设备发生故障的概率，可平均估计其运行可靠性。但在实际评估工作中，即使机械设备的种类相同，其内部零件的损坏程度、故障发生几率以及运行可靠性等都是有很大不同，这也使传统的评估方法仅能适用于某个个体。

一旦采用传统评估方法，则势必会存在以下问题：① 人们在利用传统评估方法进行机械设备运行可靠性评估时，主要是通过数理统计与概率论方法实现，这需要在评估过程中应用到大量的数据，并根据这些数据来进行相应的试验，以此验证这些数据的有效性。但在实际评估过程中，人们只是对众多机械设备中的一种进行运行可靠度评价，这就需要人们专门针对该机械设备来进行特定的数据收集，一旦发生不具备概率重复性的问题，人们即使通过大样本来进行数据收集与计算，也是无法实现的；② 在应用传统的可靠性评估方法时，主要是对机械设备的失效性参数进行收集与分析，以达到评价机械设备运行可靠性的目的。不过，由于机械设备运行可靠性的评估工作本身便需要一定的假设，这也使其预估结果很难与实际失效性相符合；③ 在机械设备运行可靠性评价中，有限状态与二值假设是评价工作中的重要基础，因此需要假设机械设备所处的状态仅包括正常状态与失效状态两种，但这种假设方法却过于绝对。

（2）机械设备运行可靠性评估方法的改进

正是由于传统机械设备运行可靠性评估方法存在的上述不足，许多专家与学者针对其不足之处进行了改进，并提出了相应的改进思路，比如动态可靠性分析、设计性能退化路径等，这些改进思路都在社会中引起了非常大的反响。不过这些改进思路在某些方面上仍旧存在一定的局限性，这种局限性主要体现在两个方面：① 在构建数理概率模型时，仍旧对大数据样本过于依赖；② 上述改进思路尚未深入研究机械设备在运行过程中的失效机理，并且也没有充分考虑到机械设备在运行过程中所产生的动态运行信息。为了突破这种局限性,我国著名学者李常有在原有评估方法中引入了机械设备的实效机理,并采用仿真软件来对运行可靠性进行仿真研究,以此构建了机械设备在运行过程中出现故障概率和引发失效参数时两者的关系模型,进而为传统机械设备运行可靠性评估方法的进一步改进提供了科学的理论指导。

(摘自刘远林《机械设备运行可靠性评估研究》,《南方农机》2018年第18期)

第三节 项目生产规模的评估

规模问题是项目规划与投资决策中一个十分重要的课题。拟建项目规模的大小,不仅关系到项目产品市场需求的满足程度、技术方案的选择、原材料及能源供应的满足程度,而且还会长期影响着投资项目的经济合理性。

一、项目生产规模的类型

(一)生产规模的概念

项目的生产规模也称建设规模,是指劳动力、劳动资料和劳动对象等生产要素与产品在一个经济实体中的集中程度。衡量生产规模的标准有很多,主要有生产能力、产量、职工人数、资产价值等。不同类型项目生产规模的衡量标准是不同的,例如农林水利项目以年产量、种植面积、灌溉面积、水库库容、供水能力等指标衡量;交通运输项目以运输能力、吞吐能力等指标衡量;城市基础设施项目以年处理量、建筑面积等指标衡量;在项目评估中,对工业项目而言,衡量生产规模的标准主要是生产能力指标,通常用在一定生产技术条件下,一定时期内生产某种产品的产量来反映。生产能力通常按年计算,以实物量或标准实物量来表示,例如年产钢材200万吨,年产天然气50亿立方米,等等。

(二)企业规模的分类

一般将企业规模划分为大、中、小、微四种类型。国家统计局为了经济管理的需要,规定了划分大、中、小、微型企业规模的标准,2017年6月30日《国民经济行业分类》(GB/T 4754—2017)被正式颁布。2017年8月29日,国家统计局印发《关于执行新国民经济行业分类国家标准的通知》,规定从2017年统计年报和2018年定期统计报表起统一使用新分类标准,因而于2017年12月28日对《统计上大中小微型企业划分办法》进行了修订。新标准将企业的类型划分为大、中、小、微四个类型,各行业的具体划分标准如表5-1所示:

表 5-1　统计上大中小微型企业划分标准

行业名称	指标名称	计量单位	大型	中型	小型	微型
农、林、牧、渔业	营业收入(Y)	万元	Y≥20 000	500≤Y<20 000	50≤Y<500	Y<50
工业*	从业人员(X)	人	X≥1 000	300≤X<1 000	20≤X<300	X<20
工业*	营业收入(Y)	万元	Y≥40 000	2 000≤Y<40 000	300≤Y<2 000	Y<300
建筑业	营业收入(Y)	万元	Y≥80 000	6 000≤Y<80 000	300≤Y<6 000	Y<300
建筑业	资产总额(Z)	万元	Z≥80 000	5 000≤Z<80 000	300≤Z<5 000	Z<300
批发业	从业人员(X)	人	X≥200	20≤X<200	5≤X<20	X<5
批发业	营业收入(Y)	万元	Y≥40 000	5 000≤Y<40 000	1 000≤Y<5 000	Y<1 000
零售业	从业人员(X)	人	X≥300	50≤X<300	10≤X<50	X<10
零售业	营业收入(Y)	万元	Y≥20 000	500≤Y<20 000	100≤Y<500	Y<100
交通运输业*	从业人员(X)	人	X≥1 000	300≤X<1 000	20≤X<300	X<20
交通运输业*	营业收入(Y)	万元	Y≥30 000	3 000≤Y<30 000	200≤Y<3 000	Y<200
仓储业*	从业人员(X)	人	X≥200	100≤X<200	20≤X<100	X<20
仓储业*	营业收入(Y)	万元	Y≥30 000	1 000≤Y<30 000	100≤Y<1 000	Y<100
邮政业	从业人员(X)	人	X≥1 000	300≤X<1 000	20≤X<300	X<20
邮政业	营业收入(Y)	万元	Y≥30 000	2 000≤Y<30 000	100≤Y<2 000	Y<100
住宿业	从业人员(X)	人	X≥300	100≤X<300	10≤X<100	X<10
住宿业	营业收入(Y)	万元	Y≥10 000	2 000≤Y<10 000	100≤Y<2 000	Y<100
餐饮业	从业人员(X)	人	X≥300	100≤X<300	10≤X<100	X<10
餐饮业	营业收入(Y)	万元	Y≥10 000	2 000≤Y<10 000	100≤Y<2 000	Y<100
信息传输业*	从业人员(X)	人	X≥2 000	100≤X<2 000	10≤X<100	X<10
信息传输业*	营业收入(Y)	万元	Y≥100 000	1 000≤Y<100 000	100≤Y<1 000	Y<100
软件和信息技术服务业	从业人员(X)	人	X≥300	100≤X<300	10≤X<100	X<10
软件和信息技术服务业	营业收入(Y)	万元	Y≥10 000	1 000≤Y<10 000	50≤Y<1 000	Y<50
房地产开发经营	营业收入(Y)	万元	Y≥200 000	1 000≤Y<200 000	100≤Y<1 000	Y<100
房地产开发经营	资产总额(Z)	万元	Z≥10 000	5 000≤Z<10 000	2 000≤Z<5 000	Z<2 000
物业管理	从业人员(X)	人	X≥1 000	300≤X<1 000	100≤X<300	X<100
物业管理	营业收入(Y)	万元	Y≥5 000	1 000≤Y<5 000	500≤Y<1 000	Y<500
租赁和商务服务业	从业人员(X)	人	X≥300	100≤X<300	10≤X<100	X<10
租赁和商务服务业	资产总额(Z)	万元	Z≥120 000	8 000≤Z<120 000	100≤Z<8 000	Z<100
其他未列明行业*	从业人员(X)	人	X≥300	100≤X<300	10≤X<100	X<10

说明:
1. 大型、中型和小型企业须同时满足所列指标的下限,否则下划一档;微型企业只需满足所列指标中的一项即可。
2. 附表中各行业的范围以《国民经济行业分类》(GB/T 4754—2017)为准。带 * 的项为行业组合类别,其中,工业包括采矿业,制造业,电力、热力、燃气及水生产和供应业;交通运输业包括道路运输业,水上运输业,航空运输业,管道运输业,多式联运和运输代理业、装卸搬运,不包括铁路运输业;仓储业包括通用仓储,低温仓储,危险品仓储,谷物、棉花等农产品仓储,中药材仓储和其他仓储业;信息传输业包括电信、广播电视和卫星传输服务,互联网和相关服务;其他未列明行业包括科学研究和技术服务业,水利、环境和公共设施管理业,居民服务、修理和其他服务业,社会工作,文化、体育和娱乐业,以及房地产中介服务,其他房地产业等,不包括自有房地产经营活动。
3. 企业划分指标以现行统计制度为准。(1) 从业人员,是指期末从业人员数,没有期末从业人员数的,采用全年平均人员数代替。(2) 营业收入,工业、建筑业、限额以上批发和零售业、限额以上住宿和餐饮业以及其他设置主营业务收入指标的行业,采用主营业务收入;限额以下批发与零售业企业采用商品销售额代替;限额以下住宿与餐饮业企业采用营业额代替;农、林、牧、渔业企业采用营业总收入代替;其他未设置主营业务收入的行业,采用营业收入指标。(3) 资产总额,采用资产总计代替。

划分企业规模的数量标准在不同的国家是不相同的,在同一国家的不同时期也不尽相同。随着国家或地区经济发展以及技术水平的提高和变化,企业的总体规模有不断扩大的趋势,同时近些年来由于信息技术和知识经济的发展,又为中小企业的生存和发展拓宽了空间,因而生产规模的划分和界定标准也在不断地变化。

(三) 不同生产规模企业的特点

生产规模大的企业,有利于采用先进的设备和技术,合理有效地利用原材料等生产要素,便于实行大批量生产,提高劳动生产率,降低生产成本,取得最大的经济效益。但是大型企业要求投入大量的资金,并且建设周期长、建设条件复杂,在技术更新越来越快的条件下,大型企业不能很快地转产,市场适应性较差。中小型企业相对于大型企业而言,具有投资少、建设周期短、生产灵活性大、市场适应性强和便于管理等优点,但它缺少大型企业所具有的技术经济实力。

在生产力不断发展的经济条件下,一方面社会化大生产水平不断提高,使生产过程的速度加快,生产的连续性加强,使得企业平均规模日益扩大;另一方面由于社会分工越来越细,各部门、各企业之间的经济联系、协作关系日益密切,又急需专业化较强的中小企业与大企业协作或联合。因此在相当长的一段时间内,企业规模会是大、中、小型并存的局面。

综上所述,在进行项目规划和投资决策时,不能简单地评价一个项目的大小,或随意确定其规模的大小,而必须根据每个项目的具体情况,采用科学的方法,合理地确定项目的生产规模。

二、影响投资项目规模的制约因素

在项目评估中,确定拟建项目生产规模,是为拟建项目规划合理的生产规模,使其达到规模经济,获取更多的效益。在实际中,项目的生产规模受许多因素的制约,各种因素的影响方式和作用程度互不相同。在确定拟建项目的规模时,必须充分考虑这些因素的制约作用,综合分析比较,作出正确的选择。制约投资项目生产规模的因素主要包括:

1. 国家宏观调控

国家为了保证社会稳定,经济持续发展,制定了一定时期内的国民经济发展规划,来协调国民经济各部门发展。在经济发展规划中,安排了各个产业和地方区域的投资结构,其中包括投资项目的生产规模,特别是关系国计民生的项目的生产规模。因此,在确定拟建项目的生产规模时,必须充分考虑所处时期国家经济发展规划,如规划中要求重点建设的项目,生产规模可以大一些,对于在一定时期内不宜集中建设生产的项目,生产规模可以小一些。

为了加强和改善宏观调控,有效调整和优化产业结构,提高产业素质,促进国民经济持续、快速、健康地发展,国家还制定了产业政策。产业政策包括产业结构、产业技术政策、产业布局以及其他对产业发展有重大影响的政策和法规。在确定拟建项目生产规模时,要充分考虑所处时期国家的产业政策,主要是将政策规定的项目生产规模作为拟建项目生产规模的最低标准。如国家产业政策规定新建轻型客车生产厂年生产能力应该在5万辆以上,新建重型货车年生产能力应该在1万辆以上,新建生产聚氯乙烯的化工厂单系列生产4万吨以上等,那么在建设这类项目时,生产规模就应在这个标准之上。

2. 项目所处行业的技术经济特点

拟建项目所处行业的特点及其技术特点,对拟建项目生产规模有很大的制约作用。通常情况下,水电、火电、核电等电厂的建设,金属冶炼及加工项目的建设,钢铁和基础化工等项目的建设,要求有一定的技术和工艺水平,而且专业化水平高,项目规模大,才能取得显著的经济效益;而医药、化妆品等精密化工项目,因为品种多,技术要求高,以中等生产规模为宜;食品、工艺品等项目以小型生产规模为宜。总之,应根据项目所处的具体环境和项目所处行业的技术经济特点,合理确定生产规模。

3. 项目产品的市场需求状况

项目产品的市场需求状况是决定拟建项目生产规模的前提条件。没有需求的产品,无法为项目带来经济收益,那么项目就没有建设的必要性,生产规模也就无从谈起。市场需求的大小决定生产规模的大小,因此在确定项目生产规模前要充分研究项目产品的市场状况。

产品供给与需求之间的缺口称为市场缺口。投资者应立足于市场,积极寻找供给与需求之间的缺口,主动弥补市场缺口,并根据缺口的大小选择生产规模。这种缺口越大,说明项目产品的市场需求越大,项目的生产规模可建设得大一些。反之,就应缩小生产规模。一般来讲,项目的生产规模不应大于市场空缺,如果生产规模大于市场缺口,就会出现生产力过剩,造成经济上的损失。

4. 项目所需资金、资源的供应状况

项目所需资金、资源条件是确定项目生产规模的物质基础,它的好坏直接关系到拟建项目生产规模的大小。项目所需资金、资源供应状况是指项目在建设、生产、经营过程中资金、原材料、能源、劳动力等基本投入物的供应条件。项目所需资金、资源供应状况的好坏可以从供应的稳定程度,即数量的稳定和价格的稳定两方面评价。

资金和资源是稀缺的,不可能同时满足各方面的需求。因此不同的项目、不同的部门之间具有一定的竞争性。从资金来源方面看,如果拟建项目投资者有很强的融资能力,融资渠道畅通,融资方式多样,那么项目的生产规模可以大一些;从原材料、能源等的基本投入物的供应方面看,如果原材料及能源等投入物供应不足或不稳定,或存在价格高、运输困难、运费很贵等问题,即使是项目产品的市场需求很大,生产规模也不宜铺得过大。

5. 项目采用的生产技术及设备装备状况

生产技术及设备装备状况是确定项目生产规模的关键因素。不同的生产技术水平和设备装备水平对项目的生产成本和生产能力有一定的限制标准。先进的生产技术和标准化、大型化设备可以降低生产成本、提高生产效率和生产能力,生产规模可以大一些;反之,如果与大规模生产相适应的先进技术及其装备的来源没有保障,获取技术的成本过高,则不仅预期的效益难以实现,还会给项目的生存和发展带来危机。所以,在确定拟建项目的生产规模时,要考虑现代化技术水平和设备装备水平,既要稳定可靠、成熟规范、有一定的先进性,又要与生产规模相适应。

6. 其他因素

在确定项目生产规模时,除上述因素外,还应考虑其他一些因素,如专业化分工及协作配套条件。现代化大生产分工越来越细,专业化水平也越来越高,企业要想在竞争中生存下去,发展壮大,单靠自身的力量是很难办到的,往往需要其他企业和单位提供原材料、能源及交通运输方面相配套的条件。项目生产规模的大小要与之协调,如果规模过大,则会使项目自身的生产能力闲置;如果规模过小,则不能充分利用项目外的各项配套资源。再如项目的经营管理水平高,决策、计划、组织、控制能力强,项目的生产规模也可以大一些。

综上所述,生产规模的制约因素很多,项目的生产规模是否合理,应根据上述各项制约因素综合分析决定。同时还应考虑规模经济和适度规模问题,在多个可供选择的方案中,选择符合规模经济的方案。

三、项目规模评估的原则

项目的生产规模是否是越大越好呢?生产规模过大将会造成产品积压,大量流动资金被占用,影响企业的经济效益,而且不便于根据市场需求及时调整生产项目。相反,企业生产规模过小,又会造成产品脱销,或者不能充分利用当地的自然资源、经济资源优势,也会影响企业的经济效益。所以,应根据规模经济和适度规模的原则选择拟建项目的生产规模。

(一)规模经济

1. 规模经济的概念

规模经济是指由于企业或项目规模变化引起的经济上的利益或节约。换言之,规模经济是指某一生产系统或经济实体因规模变化而使其单位产品成本降低或总利润水平提高。规模经济所要研究的就是企业的生产规模对成本和利润的影响,这必然和产品的销售收入、总成本费用、利润等有关。用直角坐标系来表示规模效益变动以及产量、成本、利润之间关系的曲线称为规模效果曲线。如图5-1所示。

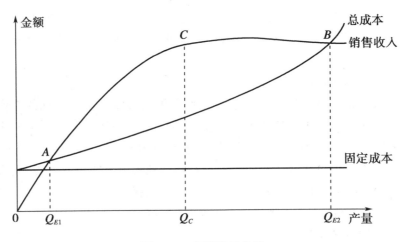

图 5-1 规模效果曲线

在图 5-1 中，A 点和 B 点对应的销售收入等于总成本，C 点对应的销售收入最高、生产成本最低。当产量达到 Q_{E1} 时，销售收入等于总成本，企业利润为零；当产量处于 Q_{E1} 和 Q_{E2} 之间时，销售收入大于总成本，企业的利润大于零；当产量达到 Q_{E2} 时，销售收入又等于总成本，企业利润等于零。从图中可以看出，在 A 点和 C 点之间，随着产量的增加，企业的利润是递增的；而在 C 点和 B 点之间，随着产量的增加，企业的利润虽然是正值，但是递减的。所以，我们认为 A 点和 C 点之间即对应的生产规模（产量）Q_{E1} 至 Q_C 区间是规模经济区间。

2. 规模经济的分类

（1）规模经济按照其实现领域的不同，可分为生产上的规模经济和经营上的规模经济。生产上的规模经济是指由于实行生产的专业化、标准化、简单化，如采用生产自动线，扩大了生产批量，从而提高了劳动生产率，降低了人工成本；或者采用大型高效机器设备，从而增加了生产能力，使单位产品成本随生产规模扩大而降低。经营上的生产规模经济是指由于扩大了经营规模，从而使生产要素得到充分的综合利用，增加了产品技术开发能力，提高了产品的市场占有率，增强了抵御经营风险的能力，节省了经营费用，如企业通过并购等行为，利用自身的资本优势、技术优势实现规模经济。

（2）规模经济按照其发挥作用的性质不同，可分为内部规模经济和外部规模经济。内部规模经济是指由于企业自身条件的变化（如投资新项目，采用新工艺、新设备、新技术和新材料，实现生产自动化、专业化等），而引起企业效益的增加。外部规模经济是指企业所处行业规模扩大、产量增加和行业经营环境的改善而带来的个别企业平均成本下降或效益增加。外部规模经济又有技术性外部规模经济和金融性外部规模经济之分。技术性外部规模经济是指随着行业的发展，使个别企业得到信息服务、运输、人才和科技方面的便利条件而引起效益的增加；金融性外部规模经济是指随着行业的发展，使个别企业得到金融、信贷等方面的便利条件而引起效益的增加。如项目产品市场广阔、资源丰富、运输方便、资金易筹措等给个别企业带来的效益。

（二）产生规模经济的原因

企业生产经营成本按照其与产量的关系可分为固定成本和变动成本。变动成本是指随着产量的增减变化而变化,并且成正比例关系的成本费用。如生产产品的材料费用,产量增加,产品所耗用的材料也随之增加,产量减少,产品所耗用的材料也随之减少。固定成本是指不受产量增减变化的影响而相对固定的费用,如为组织和管理生产经营所发生的管理费用、固定资产折旧费等。生产规模扩大以后,产品的产量增加,变动成本总额相应增加,而固定成本总额相对不变,单位产品分摊的广告费、销售费、研究开发费等会降低,在产品销售价格不变时,单位产品的利润会上升,从而引起利润的增长幅度大于成本的增长幅度。另外,生产规模的扩大,可以采用大型高效的设备、先进的技术,更加标准化、专业化的生产工艺,从而降低单位产品消耗,节约能源,提高产品产量和质量。

严格地讲,任何项目的建设都有一个规模的经济性问题。一般扩大生产规模可以带来规模经济,但并不是任何条件下扩大生产规模都可以带来规模经济。当生产规模扩大到一定程度时,需要另外配备相应的管理机构、管理人员以及一些公共设施、福利投资、文化教育、服务性投资,会增加企业的固定成本,使单位产品固定成本上升,就会出现效益增长幅度小于成本费用增长幅度,就会出现规模不经济。如水力采煤矿井的生产能力从每班500吨增长到1 000吨时,劳动生产率提高40%;当由1 000吨增长到1 500吨时,劳动生产率仍可增长25%;当矿井生产能力以每班500吨递增时,劳动生产率相应增长15%、5%、4%和1%;当矿井生产能力达到3 500吨以上时,劳动生产率就不再随规模的扩大而增长,反而出现下降的趋势。因此,任何项目的生产规模都不是越大越好,有其一定的合理经济规模界限,应以"适度"为宜。

(三)经济规模的种类

1. 亏损规模

亏损规模是销售收入小于总成本费用的生产规模。如图5-1所示,小于Q_{E1}和大于Q_{E2}的生产规模都是亏损生产规模。

2. 起始经济规模

起始经济规模就是最小的经济规模或盈亏临界点对应的规模。如图5-1所示,A点对应的生产规模Q_{E1}即是起始经济规模。起始经济规模是企业的盈亏平衡点,达不到起始经济规模,企业就会发生亏损。显然,拟建项目的生产规模必须大于起始经济规模。

3. 最佳经济规模

最佳经济规模是指总成本最低、经济效益最高的生产规模。如图5-1所示,C点对应的生产规模Q_C即是最佳经济规模。

4. 合理经济规模

合理经济规模是指销售收入大于总成本费用,企业有盈利的生产规模,它通常是一个区间范围。如图5-1所示,Q_{E1}至Q_{E2}区间是合理经济规模。

从理论上讲,任何建设项目都存在最佳经济规模。但在实际中,由于客观条件所限,很难找到最佳经济规模,只能在综合考虑各种因素之后,选择尽可能接近最佳经济规模的生产规模。这种生产规模通常与产品方案的选择联系在一起,需要通过对多个方案比较之后才能初步确定,这就是合理经济规模,它是一个"适度"合理经济规模的概念。研究和探讨规模经济的出发点也正是为了寻求适度规模。由于地区、部门与行业的差别，主客观条件的不同，各种项目的适度规模不可能有统一的标准，只能结合具体条件，合理利用各项生产要素，尽可能选择接近最优规模和最佳效益的生产规模。

四、项目生产规模的确定方法

项目生产规模选择的正确与否，关系到企业的经济效益、项目的成败，对当地经济发展也有一定的影响。评价投资项目的生产规模，就是要确定项目的最佳经济规模。前述已表明，在实际中，由于客观条件所限，最佳经济规模很难得到，所以只能选择尽可能接近最佳经济规模的生产规模，即合理生产规模。确定拟建项目合理生产规模的方法有很多，下面介绍的方法是从不同角度提出的，应用时应结合前面讲述的制约生产规模的各种因素综合考虑，具体问题具体分析，才能作出正确可行的选择。确定拟建项目生产规模的方法可以分为定量方法和定性方法两种。

（一）定量方法

1. 盈亏平衡分析法

盈亏平衡分析法又叫本量利分析法，是通过求解盈亏平衡点的位置，来确定合理经济规模的一种方法。根据销售收入和成本费用与产量的关系是否呈线性关系，分为线性盈亏平衡分析和非线性盈亏平衡分析两种情况。

（1）线性盈亏平衡分析法

线性盈亏平衡分析法是假设销售收入和成本费用与产量呈线性关系。销售收入随产量增加成正比例增长，成本费用中的变动成本与产量的增加成正比例增长。收入函数和成本函数用公式表示为：

总收入：$S=PQ$

总成本：$C=F+VQ$

式中：S——总收入；

P——项目产品单价；

Q——产量（即生产能力，假设产销相等）；

C——总成本；

F——固定成本；

V——单位产品变动成本。

盈亏平衡点是总收入等于总成本时的产量，即 $S=C$。

$$PQ=F+VQ$$

$$Q^*=F/(P-V)$$

如图 5-2 所示，销售收入直线和成本费用直线与产量呈线性关系，并且只相交于一点 A，这一点对应的产量 Q^* 就是盈亏平衡点的产量。$S=C$，项目既无盈利也无亏损；当生产规模大于盈亏平衡点的规模时，销售收入线在总成本线上方，$S>C$，项目可以获得利润；生产规模小于盈亏平衡点的规模时，销售收入线在总成本线下方，$S<C$，项目就会发

生亏损。所以，A 点对应的产量 Q^* 就是项目的最低生产规模或起始生产规模，只有选择大于 Q^* 的生产规模，项目才能获得经济效益。

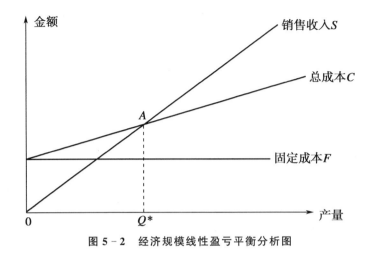

图 5-2　经济规模线性盈亏平衡分析图

(2) 非线性盈亏平衡分析法

非线性盈亏平衡分析法是销售收入和成本费用与产量不呈线性关系时，确定合理生产规模的一种方法。成本费用与产量不再保持线性关系的原因可能是当生产扩大到一定程度时，正常价格的原材料、动力等要素已经不能保持供应，必须付出较高的代价才能获得，需要采用大型设备或技术标准高的设备，设备的超负载运行也带来了磨损的增大、寿命的缩短和维修费用的增加等；销售收入与产量不再保持线性关系的原因可能是市场供求关系发生变化，产品价格波动以及批量折扣等。因此，收入函数和成本函数可以写成如下形式（以二次函数为例）：

$$C = a + bQ + cQ^2$$

$$S = dQ + eQ^2$$

其中，a、b、c、d、e 为技术经济参数，可以通过调查研究或统计资料加以确定。

因此，利润函数为 $R = S - C$

当 $R = 0$ 时，即 $S = C$，$a + bQ + cQ^2 = dQ + eQ^2$，此时项目既不盈利也不亏损，解此方程可得两个盈亏平衡点 Q_1、Q_2

$$Q_1 = \frac{(d-b) + \sqrt{(d-b)^2 + 4a(e-c)}}{2(c-e)}$$

$$Q_2 = \frac{(d-b) - \sqrt{(d-b)^2 + 4a(e-c)}}{2(c-e)}$$

在图 5-3 中，当产量达到 Q_1 时，销售收入等于总成本，项目利润为零，Q_1 是项目的起始生产规模；当产量达到 Q_2 时，销售收入又等于总成本，项目利润等于零，Q_2 是项目的最大生产规模；当产量处于 Q_1 和 Q_2 之间，销售收入曲线在成本曲线之上，销售收入大于总成本,项目的利润大于零,Q_1 和 Q_2 之间为项目的合理经济规模区。

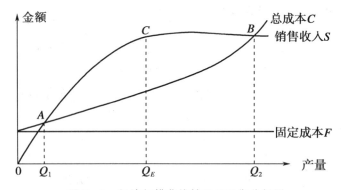

图 5-3 经济规模非线性盈亏平衡分析图

通过利润函数 $R=S-C$,即 $R=dQ+eQ^2-(a+bQ+cQ^2)$ 可以得到项目的最佳经济规模。对 R 求导,并令 $\dfrac{dR}{dQ}=0$,可得

$$Q_E=\dfrac{(d-b)}{2(c-e)}$$

Q_E 即是项目的最佳经济规模,也就是图 5-3 中的 C 点对应的生产规模。当生产规模达到 Q_E 时,项目可以获得最大的经济效益。当然,Q_E 是一个理论值,在实际中,要选择与 Q_E 尽可能接近的生产规模使项目获取较大的经济效益。

【例 5-1】 某项目拟生产小型空气压缩机,通过对市场和同类项目调研,总成本和销售收入曲线可以用下面的公式表示:

$$C=180\,000+150Q-0.02Q^2$$

$$S=350Q-0.04Q^2$$

利用盈亏平衡分析法可以求得 $Q_1=1\,000$ 台,$Q_2=9\,000$ 台,$Q_E=5\,000$ 台。

该项目的生产规模不能小于 1 000 台,也不能大于 9 000 台,否则会发生亏损;当生产规模为 5 000 台时,获得最大的经济效益;生产规模在 1 000~9 000 台之间时,项目是盈利的,这个区间是合理的经济规模区间。

2. 最小费用法

最小费用法是将单位产品的投资、生产成本和运输、销售费用结合起来考虑的一种方法,目标是使其总成本费用最小。计算公式为:

$$A=(C_n+C_r)+E_nK$$

式中:A——单位产品年计算费用;

　　　C_n——单位产品生产成本;

　　　C_r——单位产品平均运输和销售费用;

　　　E_n——投资效果系数,为投资回收期的倒数;

　　　K——单位产品的投资额。

【例 5－2】 根据市场分析,某项目产品的市场需求量为 6 000 台,而生产这种产品的设备有三种规格,年产 1 200 台的小型设备,年产 3 000 台的中型设备,年产 6 000 台的大型设备。有三种技术方案可供选择:

方案 1 投资 5 组年产 1 200 台的小型设备。
方案 2 投资 2 组年产 3 000 台的中型设备。
方案 3 投资 1 组年产 6 000 台的大型设备。

各方案所需成本费用见表 5－2,试确定其最优生产规模。

表 5－2 各方案成本费用表

方案 费用项目	方案 1 5×1 200 台	方案 2 2×3 000 台	方案 3 1×6 000 台
总投资(万元)	2 100	3 000	4 200
投资效果系数	0.15	0.15	0.15
单位产品投资额	3 500	5 000	7 000
单位产品生产成本	5 300	4 400	3 800
单位产品平均运输和销售费用	500	600	700

根据最小费用法计算各方案单位产品年费用:

方案 1 $A = 5\ 300 + 500 + 3\ 500 \times 0.15 = 6\ 325$ 元
方案 2 $A = 4\ 400 + 600 + 5\ 000 \times 0.15 = 5\ 750$ 元
方案 3 $A = 3\ 800 + 700 + 7\ 000 \times 0.15 = 5\ 550$ 元

计算结果表明,方案 3 的单位产品年费用最小,所以该项目最佳生产规模是投资 1 组年产 6 000 台的大型设备。

3. 分步法

分步法又叫逼近法,是指以运用盈亏平衡分析法为基础确定的起始规模作为所选生产规模的下限,以最大生产规模作为所选生产规模的上限,然后在此范围内通过比较,选出最合理生产规模的方法。它是一种由远而近,由粗至精,逐步分析确定项目最佳经济规模的方法。

(1) 确定项目的起始经济规模

起始经济规模即项目盈亏平衡时的最小经济规模。根据项目产品不同性质,有以下三种方法可以确定起始经济规模:

第一,如果项目产品在国内销售,且无法用进口产品替代,项目的起始经济规模主要受技术和设备的制约。通常,选择较小的生产规模,其生产技术往往比较落后,经济效益差,带来规模不经济的效果。而项目所需使用的设备和工艺,一般已经按一定的生产能力标准化,如果将生产能力较大的设备和工艺投入较小的生产规模,势必会造成资源的浪费、成本费用的增加。在这种情况下,可以利用盈亏平衡分析曲线来确定起始经济规模,方法不再赘述。

第二,如果项目产品可以用进口产品替代,则应将项目产品的单位成本费用与进口单位产品成本进行比较,以确定起始经济规模。如图5-4所示,将项目产品单位成本费用与进口单位产品的成本进行比较。假设进口产品价格稳定,其进口单位产品的成本是一条水平直线;而项目所生产产品单位成本随产量的变化而变化,且成曲线。直线与曲线相交于 A、B 两点,对应的生产规模为 Q_1、Q_2。当项目产品产量小于 Q_1 或大于 Q_2 时,进口单位产品成本小于项目产品单位成本费用,项目产品没有生产的必要,需求者通过进口即可以满足需要。当项目产品产量在 $Q_1 \sim Q_2$ 之间时,项目产品单位成本小于进口单位产品成本,项目有必要进行生产。所以,$Q_1 \sim Q_2$ 为合理经济规模区间,其中 A 点对应的产量 Q_1 为最小生产规模,即起始经济规模。

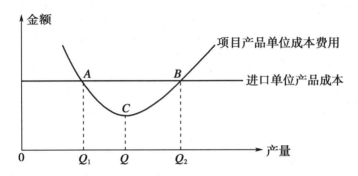

图5-4 项目产品单位成本与进口单位产品成本比较图

第三,如果项目生产的产品是出口的,则应将项目产品的单位成本费用与出口单位产品换汇收入进行比较,以确定起始经济规模。如图5-5所示,将项目产品单位成本费用与出口单位产品的换汇收入进行比较。假设出口产品价格稳定,其出口单位产品换汇收入是一条水平直线;而项目所生产产品单位成本随产量的变化而变化,且成曲线。直线与曲线相交于 A、B 两点,对应的生产规模为 Q_1、Q_2。当项目产品产量小于 Q_1 或大于 Q_2 时,出口单位产品换汇收入小于项目产品单位成本费用,项目没有盈利;当项目产品产量在 $Q_1 \sim Q_2$ 之间时,项目产品单位成本费用小于出口单位产品换汇收入,项目有盈利。所以 $Q_1 \sim Q_2$ 为项目合理经济规模区间,其中 A 点对应的产量 Q_1 为最小生产规模,即起始经济规模。

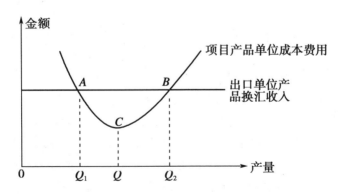

图5-5 项目产品单位成本与出口单位产品换汇收入比较图

(2) 确定最大生产规模

经过第一步,确定了起始经济规模作为拟建项目生产规模的下限后,需要确定其上限,即最大生产规模。在现实经济生活中,项目的生产规模受诸多因素的影响(如市场需求、资源条件、资金来源、技术水平等),前面已有所阐述。在确定项目最大生产规模时,要充分考虑这些因素对生产规模的影响方式和程度,从中找出关键的影响因素,因为关键因素往往对项目生产规模的大小起决定性的作用。通过对关键因素的分析,确定在可行条件下的最大生产规模,作为拟建项目生产规模的上限。

(3) 确定最佳经济规模

起始经济规模和最大经济规模确定以后,就确定了拟建项目生产规模的上限和下限,在最小生产规模和最大生产规模之间可以依据影响生产规模关键因素,如设备生产能力,来制订不同规模的比较方案,然后对不同规模方案的原材料投入、资金需求、能源消耗、产品价格等因素进行分析,应用最小费用法、盈亏平衡分析法等方法确定最佳经济规模。

(二) 定性方法

以上介绍的确定生产规模的几种方法,都是定量的方法,在项目评估实践中,可以通过一些定性的方法来确定拟建项目的合理生产规模。其典型的方法是经验法。

经验法是指根据国内外同类企业的经验数据,同时考虑影响生产规模的各项因素,确定拟建项目生产规模的一种方法。它运用的前提是存在许多同类企业,如果同类企业较少,就难以通过对比找出合理的生产规模。这种方法的步骤是:在确定生产规模之前,首先找出与该项目相同或类似的企业,特别是要找出几个规模不同的企业,并计算出各不同规模企业的主要技术经济指标,如生产成本、投资利润率、内部收益率、投资回收期等,最后综合考虑影响拟建项目生产规模的各种因素,确定一个合理的生产规模。

1. 根据同类企业生产规模与成本之间的对应关系确定拟建项目生产规模

【例 5-3】 项目拟生产某种机器设备,经过实际调查,得到其同类企业生产该机器设备的生产成本与生产规模(产量)之间存在一定的对应关系,见表 5-3。

表 5-3 生产规模与生产成本的对应关系

年产量(万台)	10	30	50	70	90	120	150
单位生产成本(万元)	4	3.8	2.8	2.5	3	4.1	4.5

由上表可以看出,同类企业年产量为 70 万台的规模是最佳生产规模。拟建项目在确定生产规模时可以结合自身具体条件选择合适的生产规模。如通过对各种因素的分析和评价,拟建项目年产量在 10 万—50 万台之间时,所需资金、能源及材料供应比较稳定;但当年产量超过 50 万台时,所需资金、能源及材料供应会出现不足,显然,拟建项目选择年产量 70 万台的规模是不合适的。我们不难发现,年产量在 50 万台的单位生产成本相比之下也是比较低的,所以拟建项目选择年产量 50 万台的生产规模比较合理。

2. 根据同类企业生产规模与收益之间的对应关系确定拟建项目生产规模

【例 5-4】 项目拟生产某种机器设备,经过实际调查,得到其同类企业生产该机器设备的经济效益与生产规模(产量)之间存在一定对应关系,见表5-4。

表5-4 经济效益与生产规模的对应关系

年产量(万台)	10	50	90	150	300	400	600
投资额(万元)	1 000	1 300	1 600	2 200	2 700	3 100	3 800
投资报酬率(%)	5	10	16	25	27	20	10

由上表可以看出,生产该机器设备的同类企业当年产量为300万台时,其投资利润率最高,所以年产量为300万台是最佳生产规模,但其需要的投资额较多。通过对影响拟建项目生产规模的各种因素进行研究,发现除资金供给和市场需求因素以外,其他方面都是适应的。该拟建项目可能筹集到的资金只有2 300万元,只适用于年产量150万台的生产规模。从市场需求情况看,该项目可能的市场份额在130万—270万台之间,也只能选择年产量150万台的生产规模。另外,年产量150万台的生产规模其投资报酬率也能达到25%,投资的经济效益水平也是比较高的,所以拟建项目选择年产量150万台的生产规模是比较合理的。

在运用经验法选择生产规模时,所参考的样本企业不能太少,否则很难找到生产规模与生产成本、经济效益之间的规模性,同时要考虑拟建项目自身的特点来选择适合拟建项目的生产规模。

(三)确定项目生产规模应注意的问题

1. 行业性质的不同,生产规模确定方法也不完全相同。上述介绍的确定合理生产规模的方法,是从一般意义上来说明的。在实践中,各行业往往会采取一些简单易行的方法,如矿山规模可根据矿床储量规模和服务年限指标等按公式"矿山规模=矿床工业储量或可采矿量/矿山服务年限"直接确定。在应用时需注意,根据行业特点选用简单方法来确定项目生产规模虽然方便,但是其确定的生产规模不一定是合理经济规模,需要结合项目的自身条件和所处的具体环境进行综合分析,作出选择。

另外,随着规模经济理论的发展,通过几十年实际工作的应用和探索,我国已在一些行业和生产领域确定了拟建项目的最低生产规模,其目的是为了防止由于投资项目小型化、分散化而达不到规模经济,造成生产效率低下。如炼油项目的最低生产规模为500万吨,重型货车项目最低生产规模为1万辆。

2. 对于大中型项目,由于投资大、周期长,有些项目可能会采用分期建设、分期投产的方式来降低风险,在短期内形成生产能力,取得一定的经济效益。所以,在确定这类项目生产规模时要慎重考虑有无分期建设的可能性。换言之,合理经济规模的选择应分别考虑整体生产规模和分期生产规模的经济性。

3. 项目的设计生产能力通常是指项目满负荷生产时的最大生产能力,选择生产规模时也通常是以最大生产能力为标准确定生产规模的。因此,当项目产品方案在投产后变动的可能性较大时,需要慎重选择生产规模。

4. 运用前述方法确定生产规模时,要综合考虑影响项目生产规模的各种因素。项目合理生产规模的确定,难点并不是这些具体的方法,尽管理论上这种最优或最佳的生产规模是存在的,但在实际过程中却很难通过上述方法找到一个最优的生产规模,所以在选择拟建项目生产规模时,要充分考虑影响生产规模的各种因素,力求确定一个合理适度的生产规模。

5. 随着经济的发展,生产技术水平不断提高,市场供需状况不断变化,适度规模的标准也在变化着。因此在项目规划时应该审时度势,注意项目规模的发展方向,适当留有余地。

【专栏 5-2】

规模效益与稀缺性效益

近年来,在市场形势的驱动下,很多企业从被动应付逐步转向主动顺应变化,主动进行产品市场定位,根据企业自身特点,寻找市场机会。随着改革、创新的深入,必将催生出更多的潜在发展机遇,其核心是将落后的制造方式升级为更为高效、环保、更为可靠、更有利于提高竞争力的制造方式。

在当前市场环境下,传统意义上的追求"规模效益"的企业往往处境窘迫,而那些可提供"稀缺性效益"的企业反而如鱼得水、风生水起。究其原因,"稀缺性效益"代表了企业的技术开发实力和核心竞争力,反映了企业在市场中的自身独特优势,机遇自然纷至沓来。

"稀缺性效益"并非遥不可及,它来自人所不能的工艺绝招,来自比同行更精益的管理水平,来自对品质卓越的不懈追求,来自超前视角、淡然心境和坚定信念。为此,行业及其企业必须转变外延扩张的习惯思维,致力于培育自身特有的核心竞争力。加大研发投入,重视试验条件建设和试验活动投入;深入开展工艺试验研究,提高产品和工艺创新能力,提高为用户提供"完整解决方案"的能力;行业应下大力气突破数控系统、功能部件等薄弱环节,培育有竞争力的基础配套产业,摆脱基础薄弱对行业发展的瓶颈约束;同时以数字化、自动化、智能化、网络化、绿色化为主攻方向,积极谋划传统机床产品的升级换代,为打造"稀缺性效益"奠定基础。

(摘自"本刊编辑部"《规模效益与稀缺性效益》,《锻压装备与制造技术》2017 年第 3 期)

【能力训练】

1. 简答题

(1) 总平面布置方案评估、工艺技术方案评估和设备评估三者之间是什么样的关系?

(2) 产生规模经济的原因是什么?

(3) 规模经济如何进行分类?

(4) 确定生产规模的方法有哪些?各是什么内容?

2. 计算分析题

(1) 某拟建项目生产某种电子产品,预定该电子产品每台售价为 3 000 元,单位变动成本 1 000 元。若批量采购零配件,单位变动成本由于享受优惠,将按固定的变化率 0.1 元随产量 Q 降低至 (1 000-0.1Q) 元;单位售价由市场竞争的需要,可能按固定的变化率 0.3 元随产量 Q 降低至 (3 000-0.3Q) 元;该项目的年固定成本为 180 万元。选择合适的方法为拟建项目确定合理经济规模及最佳经济规模。

(2) 某项目计划投资新建工厂,工厂主要生产并向市场提供一种机加设备。通过对各种投资条件的考虑和分析,投资者认为有三种生产规模可供选择:建设 3 个年产 1 000 台规模的工厂;建设 2 个年产 1 500 台规模的工厂;建设 1 个年产 3 000 台规模的工厂。该项目投资效果系数为 0.125,各方案费用情况如下表。根据资料运用最小费用法选择拟建项目的生产规模。

指　　标	建设3个工厂	建设2个工厂	建设1个工厂
生产规模(台/年)	1 000	1 500	3 000
总投资额(万元)	1 200	1 400	1 800
单位产品生产成本(万元)	0.50	0.48	0.45
单位产品销售费用(万元)	0.05	0.06	0.08
单位产品总成本(万元)	0.55	0.54	0.53

(3) 某拟建项目生产甲产品,通过对各方面因素分析后,拟出 A、B、C 三个可能实施的方案,各方案的情况如下表。根据资料选择拟建项目的生产规模。

因　　素	A方案	B方案	C方案
生产规模(万 M²/年产)	600	1 000	800
总投资(万元)	700	900	780
年销售收入(万元)	1 140	1 642	1 417
年利润(万元)	200	340	300
投资利润率(%)	28.6	37.8	38.5
能源供应	满足	不足	满足
原材料供应	满足	不足	满足
应变能力	较差	较好	强
建设期(年)	2 年	3 年	2 年
达产期限(年)	2 年	3 年	2 年
对现有生产的影响	无影响	有影响	无影响

【网络资源与阅读书目】

[1] 曾勋,任振,杨敏,何伟,王成程.基于技术成熟度水平的大科学装置建设技术评估研究.项目管理技术,2019(1)

[2] 靳军宝,郑玉荣,白光祖,吴新年,曲建升.基于修正收益现值法的专有技术价值评估方法及实证研究.科技促进发展,2018(10)

[3] 詹林献,刘佳,刘传家.一种基于参数特征的设备健康状态评估方法.电子产品可靠性与环境试验,2018(S1)

[4] 孙立新.基于可靠性的主设备状态评估方法.自动化应用,2017(9)

[5] 李华琴,罗英.基于新一代信息技术的创新评估方法研究.经济体制改革,2017(1)

[6] 徐光,白明莹,田也壮,杨洋.基于网络层次分析法的技术创新项目评估体系研究.科学管理研究,2015(03)

[7] 王海银,苏珊娜陈,陈洁.国际技术评估建设进展及启示.科技管理研究,2016(11)

[8] 郝世龙,沈琦,张晓凌.技术价值评估方法的研究与应用.电脑与信息技术,2014(5)

[9] 陈炜钢,张敏芳,王静.基于贴近度的技术成熟度评估方法及应用.技术经济与管理研究,2013(12)

[10] 郭洁.无形资产价值评估中的实物期权方法.技术经济,2006(08)

第六章　投资项目财务数据估算

【学习要点】对投资项目进行财务分析和经济评价,其目的在于通过比较项目的成本和效益,从所有可供选择的项目中确定那些具有可接受收益率的项目,并从中选定最好的项目付诸实施。要做到这一点,首先要对项目成本和效益等各项财务数据作出合理预测。本章主要介绍项目总投资、总成本费用、营业收入及税金、利润等各项财务基础数据的估算方法以及各种财务估算报表的编制方法。

【学习重点难点】通过本章的学习,要求掌握各项财务基础数据的估算方法以及各种财务估算报表的编制方法。正确编制各种财务估算报表,既是项目财务分析的关键,也是本章学习的难点。

【基本概念】项目财务数据　项目自然寿命期　项目经济寿命期　投资估算　建设投资　预备费　流动资金　扩大指标估算法　概算指标估算法　融资渠道　总成本费用　经营成本　可变成本　固定成本

第一节　投资项目财务数据估算概述

项目财务数据估算是指项目分析人员根据自身的调查研究,搜集整理有关数据和文字资料,并据此估算项目总投资、投产后项目的生产成本、营业收入及税金、利润及利润分配等各项财务基础数据,编制有关财务报表的一系列工作。项目财务数据估算是项目评估中一项承前启后的工作,所估算的数据来源于项目前期的各项准备工作,其基本依据是项目的设计方案。财务数据估算是进行项目财务分析和经济评估的必备前提与基础,其准确性对项目评估的质量具有决定性影响。

一、财务数据估算的内容

投资项目财务数据估算的目的是为项目财务评价提供基本财务数据和有关资料,因此估算的内容应该包括投资项目寿命期内各年的经济活动情况及全部财务收支。一般情况下,应重点审查、分析和估算以下基本财务数据:

1. 项目的寿命期及计算期

投资项目的寿命期,可以指项目的自然寿命期,也可以指项目的经济寿命期。项目的自然寿命期,是指从项目开始建设,到项目主要固定资产报废所经历的时间。它包括项目建设期以及项目建成后投产或交付使用后的生产服务期限。项目的经济寿命期,包括项目建设期以及在自然寿命期内,能够维持经济再生产,而不因无形损耗被提前淘汰的期限。如果经济寿命期低于自然寿命期,则应依据项目预期的经济寿命期作为项目的计算期。项目的经济寿命期一般就是项目分析时的计算期。但考虑到对项目进行动态分析时,如果分析的时间跨度太大,而将若干年后的收入和支出贴现到项目初始年份时,则数值会变得很小,对评价结论基本没有什么影响。因此,在进行项目分析时,项目的计算期不宜太长,一般都在10~20年之间,有时会小于其经济寿命期。

2. 项目投资

项目投资是指项目建设期间各年的投资支出和建设项目的总投资。包括固定资产投资、无形资产投资、其他资产投资、预备费、建设期利息和建成投产后需要垫付的流动资金。项目投资估算所提供的数据,可作为制订融资方案,预测固定资产折旧、无形资产和其他资产摊销以及贷款偿还期的依据,因而是必须估算的财务数据。

3. 总成本费用

总成本费用是指项目建成投产后,在一定时期(包括正常生产年份和试生产年份)内,对项目在各年度所发生的项目生产总成本、单位产品成本和经营成本进行估算。总成本费用估算所提供的数据既是利润估算和收益估算的依据,又是项目决策的重要数据。

4. 营业收入和税金

营业收入和税金是指在生产期间的一定时期内,对项目各年的营业收入与税金进行的预测。其中,营业收入包括销售产品或提供服务所获得的收入,其估算的基础数据包括产品或服务的数量和价格。税金是指按国家税法规定应缴纳的各种流转税金,包括产品税、增值税、营业税、城市维护建设税和资源税、教育费附加等。营业收入与税金估算所提供的数据是利润估算和收益估算的重要依据。

5. 利润总额及利润分配

利润总额及利润分配是指项目投产后各年的利润与收益的预测。利润包括营业利润、投资净收益和营业外收支净额。营业利润是指营业收入扣除成本、费用、各种营业税及附加税费后的数额;收益则是利润与固定资产折旧之和。利润估算提供的数据是计算各种静态财务评价指标的直接依据。

6. 固定资产投资贷款还本付息

固定资产投资贷款还本付息是指项目投产后,按国家规定估算归还贷款的资金来源,分年归还银行贷款及国内外其他借款的本金和利息,用以计算偿清贷款本息的时间(贷款偿还期)。此种估算主要是提供项目偿债能力的有关资料,以利于项目投资决策。

二、财务估算报表

要完成上述财务估算的内容,就需要正确地估算各种财务数据,编制各种财务估算表,并以此为基础来编制基本财务报表。投资者则根据基本财务报表提供的数据分析计算一系列财务指标,并据以对投资项目进行财务可行性评价。因此,投资项目的财务评估是通过编制一系列相互关联的财务分析报表、计算各种财务指标来完成的。

(一) 项目财务估算报表

财务估算报表是编制基本财务报表的基础,所以它又被称为辅助财务报表。根据项目财务预测的内容,财务估算表一般分为四类共 12 种表格。

第一类报表包括"固定资产投资估算表""流动资金估算表""建设期利息估算表"和"项目总投资使用计划与资金筹措表"四种。此类估算表主要对项目建设期资金筹措和使用计划,以及项目的投资结构和支出情况进行预测。

第二类报表包括"总成本费用估算表""外购原材料费估算表""外购燃料和动力费估算表""工资及福利费估算表""固定资产折旧费估算表""无形资产和其他资产摊销估算表"。这类报表反映项目投产后的成本费用水平。其中,后五张报表主要为"总成本费用估算表"提供数据。"总成本费用估算表"可为损益分析、现金流量分析及财务平衡状况分析提供数据来源,并作为项目盈亏平衡分析的重要依据之一。

第三类报表为"营业收入、营业税金及附加和增值税估算表",用于反映项目投产后的营业收入水平,并为损益分析提供数据。

第四类报表为"固定资产投资贷款还本付息估算表",是反映项目投资偿还能力和速度的预测表。

(二) 财务报表间的勾联关系

财务分析报表间存在着既相互联系,又互为因果的勾联关系,某一个基础数据有变动或者出错,将有可能引起其他财务报表的修改。因此,正确编制财务分析报表既是项目财务分析的关键,也是其中的难点。为此,必须对财务分析报表间的勾联关系有清晰的了解。

财务分析报表的基本编制顺序和关系可以大致表述如下:

(1) 根据"固定资产投资估算表"和"流动资金估算表"和有关调查资料编制"项目总投资使用计划与资金筹措表""建设期利息估算表"。

(2) 根据"固定资产折旧费估算表""无形资产和其他资产摊销估算表""外购原材料费估算表""外购燃料和动力费估算表""工资及福利费估算表",编制"总成本费用估算表"。

(3) 根据主要产出物和投入物使用价格和有关的生产和市场调查资料编制"营业收入、营业税金及附加和增值税估算表"。

(4) 根据"总成本费用估算表"和"营业收入、营业税金及附加和增值税估算表"编制"利润与利润分配表"。

(5) 根据"项目总投资使用计划与资金筹措表""固定资产折旧费估算表""无形资产和其他资产摊销估算表"和"利润与利润分配表"编制"借款还本付息计划表"。

(6) 根据上述已编制的财务估算报表,编制除"利润与利润分配表"以外的其他基本财务报表。

报表之间的关系可用图 6-1 来表示。

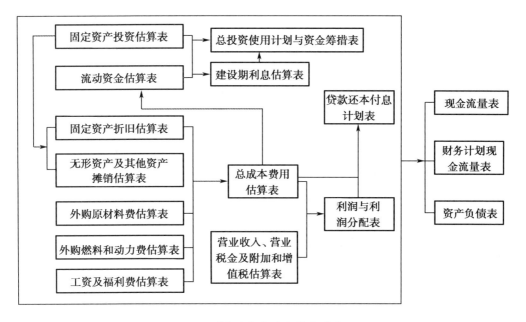

图 6-1 财务分析报表间的勾联关系图

三、财务数据估算的原则

财务基础数据的可靠和全面,是项目财务评估的基础和前提,必须以严谨科学的态度认真对待。其基本要求如下:

1. 遵循现行经济法规

进行项目财务数据的估算,必须以现行的经济法规为依据,包括现行的财税制度、金融制度等,不能与其相抵触。这一要求的目的在于保证估算出的项目财务数据的合法性。对异常数据、依据不充分的数据不可掉以轻心,要抵制不正之风、谨防人为地夸大或缩小有关数据资料。

2. 实事求是,准确可靠

财务数据估算的真实性和准确性,直接决定或影响着项目投资决策的正确性。因此,评估人员必须坚持实事求是的原则,把握准确性和真实性的原则,对重要的经济数据、参数、指标与定额进行审查和核实。

3. 立足现实,着眼未来

财务数据的估算是一种事前的预测性估算,估算的对象是未来的情况,因而不能以暂时的甚至过时的材料预测未来的数据,必须立足现实、着眼未来,分析各种条件和因素,最大限度地反映各种经济发展趋势。

4. 可比性原则

"可比性"是经济评价对财务数据估算提出的要求,即计算方法和计算口径要与项目所在行业现行财务实务保持一致,以保证估算资料与实际资料的可比性;效益与费用的计算口径一致,即计算的范围、时期、所依据的参数(如折旧率、利率、税率和价格等)保持一致,以保证投入与产出在同一标准的基础上进行测算;财务报表之间的衔接一致,即所要估算的各项数据,在逻辑和时间上有其内在的联系和规律性,要按照数据和报表之间的内在逻辑联系,来编制报表和估算数据,以确保报表编制的合理性和数据估算的科学性。

四、财务数据的估算程序

财务数据估算,是一项繁杂的工作,为保证工作效率和估算数据的准确性和可靠性,一般应按以下程序进行:

1. 熟悉项目概况,制定财务数据估算工作计划

由于各个建设项目的背景、条件、项目内部因素、外部配套条件等各不相同,项目评估人员必须对项目的基本概况作一个全面的了解,针对其特点,制订出财务数据估算计划,以明确审查分析的重点、时间安排、力量投放等。

2. 收集资料

财务数据估算工作所涉及的范围很广,需要收集大量的资料,其中主要有:① 批准的项目建议书和项目可行性研究报告;② 国家有关部门制定的政策、法令、规章制度、条例、办法、标准等;③ 同类项目的有关基础资料。

3. 分析审查所收集的资料

对所收集的资料进行全面的比较、综合、鉴别,审查可行性报告里财务数据估算中填列的项目是否完整,内容是否齐全,方法是否正确,结果是否真实可靠。还要对财务数据估算工作中确定的审查重点进行更细致的审查。

4. 进行财务数据估算

在收集、整理资料的基础上,估算各项财务数据,并编制相应的财务数据估算报表。

只要坚持科学的操作程序,按照上述要求办事,所估算出的财务基础数据一般就能满足项目经济分析的要求。

第二节 项目投资估算与资金筹措

项目投资估算是指以项目投资具体活动内容为依据,对项目建设期内各种现金流出进行预测,以便为项目融资提供参考的系列活动的总称。进行项目投资估算,需要了解投资构成、掌握市场行情、运用科学方法。

一、项目投资构成

项目投资反映的是项目建设期末的投资总额,为满足投资项目顺利实施和正常生产运营的要求,应本着投资打足的原则进行。

根据项目投资与项目任务单元的内在联系,可将项目投资划分为项目建设投资、建设期利息和流动资金。其中建设投资又由五个部分构成,如图 6-2 所示。

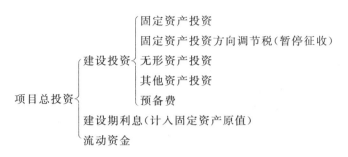

图 6-2 项目总投资的构成

(一)建设投资

建设投资是指项目筹备与建设期间发生的各项开支,具体包括固定资产投资、无形资产投资、其他资产投资、预备费、固定资产投资方向调节税。其中,前三项属于建设投资的基本要素,预备费和投资方向调节税属于派生要素。

1. 固定资产投资

固定资产是指使用期限超过一年、单位价值在规定标准以上,并且在使用过程中保持原有物质形态的资产,主要包括房屋及建筑物、机械、运输工具以及其他与生产经营有关的设备和工器具等。不属于生产经营主要设备的物品,单位价值在2 000元以上且使用期限超过2年的,也应归入固定资产。

固定资产投资占项目投资的比重虽因行业性质和项目特点不同而有所不同,但总体上都是举足轻重或者是决定性的,故固定资产投资估算及其评审工作非常重要。半拉子工程、"钓鱼"工程常与投资估算不当或预留投资缺口有关。为此,要从收集筛选有关数据资料和正确选用估算方法两方面着手。

固定资产投资主要是指项目从开始建设到建成为止的这段时间里用于购置和形成固定资产的投资额。要对固定资产投资进行准确和合理的估算,必须先弄清楚固定资产投资的费用构成,见图6-3。

固定资产投资
- 工程费用
  - 建筑工程费:建筑厂房、住宅及构筑物等直接间接费用
  - 设备购置费:生产设备、辅助性设备、服务性设备、备件工具等
  - 安装工程费:就位、装配费、辅助设备安装及设备检测费等
- 其他费用:土地征用费用、可行性研究费用、勘察设计费等

图 6-3 固定资产投资的构成

(1)工程费用

项目的工程费用是指直接形成固定资产的工程项目费用。工程费用按照不同的用途又可分为建筑工程费、设备购置费及安装工程费。

建筑工程费主要包括各种房屋建筑工程、各种用途的设备基础、为施工而进行的各项准备工作和临时工程、水利工程、防空地下建筑等特殊工程所发生的费用。

设备购置费主要包括购置或自制达到固定资产标准的设备、工具、器具的费用。主要包括:生产工艺设备、辅助设备、科学研究设备、管理设备、公用设备等。

安装工程费主要包括各种机械设备的安装工程,为测定安装工作质量、对设备进行

试运行工作所发生的费用等。

（2）其他费用

工程建设其他费用主要包括勘察设计费、研究试验费、可行性研究费、临时设施费、工程质量监理费、土地使用税、征地安置与补偿费以及单设建设管理单位的管理费、施工机构迁移费、维护费、引进技术和设备的其他费用等。

2. 无形资产投资

无形资产投资指为取得或形成无形资产而进行的投资，其构成与项目自身特征密切相关。根据中国现行财务制度，无形资产是企业为生产商品或者提供劳务、出租给他人，或为管理目的而持有的、没有实物形态的非货币性长期资产。无形资产具有不存在实物形态、长期产生经济效益、与企业或企业有形资产密不可分、经济效益不确定的特点。无形资产包括可辨认无形资产和不可辨认无形资产两大类。前者包括专利权、非专利技术、商标权、著作权、土地使用权等；后者是指外购商誉。现代企业越来越重视无形资产投资。项目投产后，无形资产投资直接形成企业无形价值，并可以根据有关制度在一定财务年度内分次逐年摊销。

3. 其他资产投资

其他资产投资系指建设投资中除形成固定资产和无形资产以外的部分，如开办费、租入固定资产改良支出、其他待摊费用等。它们都是使项目在较长时期内受益的一次性或集中支出。其中，开办费，又称为前期工程费用，主要是针对新建项目而言的，指项目筹建过程中发生的、不能计入固定资产和无形资产的非流动资产，主要包括筹建期间起草文件、谈判、考察支出；销售网建设费用；广告宣传费用；工商注册登记费以及筹建期间人员工资、办公费、律师费等费用。

需要特别说明的是，企业筹建期间发生的某些费用不得计入开办费。如，应当由投资者自行负担的各项费用支出；为取得各项固定资产、无形资产所发生的各项费用支出；筹建期间应当计入资产价值的汇兑损益和利息支出等各项费用支出。

4. 预备费

预备费，又称作不可预见费或意外费用，是指用于对付未来不可预见事件的发生可能对项目造成的困难和损失而事先准备的费用。在进行项目评估时，总是要对未来条件作某种假设。比如，假设设计合理，物价稳定，自然条件（如地质、气候等情况）正常，今后不会发生大的变化。但一旦条件变化，就会出现意外费用。因此，在项目评估中，在按照假设的理想条件对项目费用作了估计之后，还要考虑采取必要的措施来应付自然条件或物价方面可能出现的不利变化，这样就会增加项目的费用支出。我们把这种增加额，用预备费的形式估算在项目费用的组成部分中。

预备费由基本预备费和涨价预备费两部分构成。基本预备费，又称为实际不可预见费或基本不可预见费，它是准备用来对付未来不可预见事件的发生而造成项目实际投入物数量的增加引起的费用。基本预备费主要考虑建设投资计划范围内可能增加的投资；应对可能发生的自然灾害所必须预留的资金；项目验收过程中鉴定工程质量的必要支付。涨价预备费，也叫价格不可预见费，它主要是基于项目建设期投入物价格上涨的考虑而设置的。

5. 固定资产投资方向调节税

依照有关税法,企业进行固定资产投资需要缴纳固定资产投资方向调节税。现行会计制度将固定资产投资方向调节税作为固定资产构成部分。因而,固定资产投资方向调节税成为建设投资的一部分。不过,我国目前已经暂停征收固定资产投资方向调节税。

(二)建设期利息

建设期利息由于要计入固定资产原值,故也可将其视为建设投资的一部分。(在下文列入建设投资一起介绍)

项目投资常常需要举债进行,这就需要支付债务利息。利息费用是指项目建设期内因负债而支付的利息。这部分利息费用应按规定计入固定资产原值。因而,建设期利息属于项目投资的构成部分。建设期利息的计算方法因项目借款来源不同而异。

(三)流动资金

流动资金,也叫营运资金,是指项目建成后维持项目正常运营所需的资金。流动资金在项目营运过程中周转使用,不断地改变其自身的实物形态,其价值随实物形态的变化转移到新产品中,并随着产品销售的实现而回收。

项目流动资金由两部分构成:定额流动资金和超额流动资金。前者是指规定有最低限度经常需要量的那部分营运资金,主要表现为储备资金、生产资金和成品资金,是项目营运资金的主要组成部分;后者是指无需规定最低需要量的那部分营运资金,主要表现为应收款和货币资金。从项目投资估算角度而言,更注重对定额营运资金的估测。

二、项目建设投资的估算

项目投资构成为我们进行投资估算提供了一个分析框架。在这一框架的导引下,借助于各种估算方法,就可以逐一就各项投资进行分类估算。这里,我们无意逐一介绍各项投资的具体估算方法,而是想以几种主要投资构成项目为依托,重点介绍投资估算的基本方法。

(一)固定资产投资的估算

固定资产投资估算的常用方法主要有扩大指标估算法和概算指标估算法两种。

1. 扩大指标估算法

扩大指标估算法是套用原有同类项目投资额来进行拟建项目投资额估算的一种方法。该方法具有简单、实用的优点,但也存在准确性较差、依赖历史数据的不足。因而不适用于创新项目及要求准确度比较高的投资估算。因此,该方法主要用于项目建议书的编制阶段。扩大指标估算法可用于估算投资构成中的各项指标,并可根据具体估算指标的差异将其进一步细分。

一般而言,扩大指标估算法用于固定资产投资估算可分为:

(1)单位生产能力投资估算法

该方法是指根据同类项目单位生产能力所耗费的固定资产投资额(如标准厂房建设的单位面积投资额)来估算拟建项目固定资产投资额的一种估算方法。计算公式如下:

$$I = \lambda Q \frac{I_0}{Q_0}$$

式中：I——拟建项目所需固定资产投资额；

λ——物价转换系数；

Q——拟建项目生产规模；

I_0——同类项目实际固定资产投资额；

Q_0——同类项目生产规模。

该方法将同类项目的固定资产投资额与其生产能力的关系简单地视为线性关系。运用该方法的前提条件是拟建项目与同类项目的可比性。否则，投资估算误差将会很大。对多数投资项目而言，在一定生产规模内，存在平均投资额度递减规律，即投资增加幅度小于生产能力增加幅度。因此，运用该方法估算固定资产投资常常出现较大误差。为了克服单位生产能力投资估算法的上述不足，生产规模指数估算法应运而生。

（2）生产规模指数估算法

生产规模指数估算法是指根据同类项目实际固定资产投资额和规模指数来估算拟建项目固定资产投资额的投资估算方法。计算公式如下：

$$I = \lambda \left(\frac{Q}{Q_0}\right)^n I_0$$

式中：n——生产规模指数（$0 < n \leq 1$），根据不同类型企业的统计资料加以确定；其他符号含义同前。

该方法仅适用于同类型的项目，且规模扩大的幅度不宜大于50倍。生产规模指数 n 应视项目具体情况而定。当生产规模的扩大主要依赖提高设备规格来实现时，n 可取 0.6~0.7；当生产规模的扩大主要依赖增加相同设备数量来实现时，n 可取 0.8~1.0。

该方法将同类项目的固定资产投资额与其生产能力的关系视为非线性关系，比较符合实际情况，因而投资估算值比前述方法要准确一些。但是，运用该方法同样不可忽视拟建项目与同类项目的可比性。

2. 概算指标估算法

扩大指标估算法虽然具有计算简单、便于操作等优点，但却存在估算误差较大的不足。为了提高投资估算的准确性，在项目评估阶段，采用概算指标估算法就显得尤为必要。概算指标估算法也叫明细估算法，它是参照国家或地区性概算指标及有关定额详细估算出单项工程费用、其他费用，然后汇总计算出固定资产投资总额的方法。该法比较精确，是目前我国在项目可行性研究及评估中经常采用的方法。概算指标估算法中投资构成各组成部分的界定，可根据需要灵活掌握。

（1）工程费用的估算

① 建筑工程费用的估算

不论是建筑工程费还是安装工程费，用概算指标估算法来进行估算时，都可以通过用直接费、间接费、计划利润及税金相加求得。直接费包括人工、材料、施工机械使用费和其他直接费，可按建筑工程量和当地建筑工程概算综合指标计算；间接费包括施工管理费和其他间接费,多以直接费为基数,按间接费率推算;计划利润以建筑工程的直接费与间接费之和为基数,按(参考行业水平和具体条件)经验比率酌定或规定的利润率计算;税金是指按国家税法规定应计入建筑安装工程造价内的营业税、城市维护建设税及教育费附加。

虽然这种方法估算精度很高,但工作量非常大,因此这种方法更多的是在项目施工设计阶段进行建筑工程投资概算时使用。在项目评估实践中,人们使用较多的测算投资费用的方法是套用概算指标法。具体步骤为,按照建设项目的各个单位工程、设施和投资构成分别估算,然后,将各单位工程与设施的投资费用相加,估算出项目的固定资产投资费用。单位工程是指具有单独设计,可以独立组织施工的工程。如某一车间的厂房建筑、设备安装等。项目的工程费用即为各单位工程费用之和。

建筑工程概算指标是指国家或授权机关以房屋的"平方米"、"立方米"或建筑物的"座"为计量单位规定的费用消耗标准。在运用概算指标时,要计算出建筑面积(或体积),并根据建筑物的设计要求和主要结构特征,如结构性质(砖木、混合、钢筋水泥等)、基础、墙体、地面门窗等,套用相应的概算指标,即可算出单位工程的投资。计算公式为:

$$建筑工程费用 = 建筑面积(或体积) \times 平方米(或立方米)造价$$

式中,项目建筑面积根据其生产能力来确定,每平方米造价根据有关部门制定的概预算编制指标或经验数据来确定。运用上述公式时应当注意,不同类型的建筑物或构筑物,其单位造价是不同的,应分别加以估算,并与相应的每平方米造价相乘,最后汇总得出总建筑工程投资。

② 设备购置费用估算

拟建项目所需的设备既可能来自国内,也可能购自国外。来源渠道不同的设备,其购置费用的计算方法各异。国内制造设备购置费用估算较为简单,就标准设备而言,其购置费用计算公式为:

$$设备购置费 = 设备出厂价 \times (1 + 运杂费率)$$

设备出厂价通过向厂家多方咨询而获得。运杂费包括运输费、装卸费和保险费等。运杂费率的确定应综合考虑设备供应厂家到项目场地的距离、供货方式、运输方式等因素。

对于非标准设备,其购置费用计算公式为:

$$设备购置费 = 设计费 + 生产成本 + 计划利润 + 计划税金 + 运杂费$$

式中,设计费、生产成本由建设单位与供货厂家根据预计支出额确定;运杂费的确定方式同上;计划利润与计划税金根据下列公式计算:

$$计划利润 = (设计费 + 生产成本) \times 成本利润率$$

$$计划税金 = \frac{设计费 + 生产成本 + 计划利润}{1 - 税率} \times 税率$$

式中,成本利润率、税率均以同行业平均水平为准。

对于国外进口设备的购置费用估算,由于涉及国际贸易问题,其估算过程较为复杂。估算进口设备购置费,首先应估算设备的到岸价格,在此基础上估算其他费用。其计算公式为:

进口设备购置费＝到岸价格＋关税＋消费税＋增值税＋各种手续费＋国内运杂费

在国际贸易中,根据交货方式的不同,设备计价方式主要有三种形式,即离岸价格(FOB)、离岸加运费价格(CFR)和到岸价格(CIF)。三者之间的关系可用下式表示:

到岸价格＝离岸价格＋海运费＋海运保险费＝离岸加运费价格＋海运保险费

估算进口设备购置费,如果无法获得所需设备的到岸报价,可利用上式推算。

③ 安装工程费用估算

设备安装工程费＝设备原价×设备安装费率

相关数据可通过向生产厂家或贸易公司了解和根据国家有关规定或经验数据加以确定。

(2) 其他费用估算

其他费用是指根据有关规定应在固定资产投资中支付的,除建筑工程费、设备及安装工程费以外的一切费用,具体包括土地征用费、可行性研究费、勘察设计费、施工机构迁移费等。其中有规定和取费标准的,按有关规定和取费标准进行估算,没有的可以按实际可能发生的费用进行估算。如土地征用费按国家和地方政府的有关规定估算,土地批租费可以按实际可能发生的批租成本进行估算。

(二) 无形资产投资估算

无形资产作为企业资产的重要部分,日益受到投资者的重视。项目投资估算必须充分考虑无形资产投资。无形资产形式多样,来源面广,计价方式各异,估算方法也应有所差异。

决定无形资产价格的主要因素有:买方使用无形资产可以获得的收益的大小,时间的长短;无形资产的研发费用;出让无形资产所损失的利润;类似的替代的无形资产的价格;无形资产的寿命期,如专利的有效期等。

中国现行财务会计制度规定,无形资产按照取得的实际成本计价。然而,在项目评估阶段,投资者尚缺乏详细的资料,难以对无形资产作出准确的估算。因而,无形资产投资估算需聘请有关专家,首先对无形资产进行鉴别,看其是否符合相对应的无形资产的条件;然后再用一定的方法进行估价;最后综合各种因素作出大致估算。目前除土地使用权以外,广为接受的无形资产估价方法有两种,即收益现值法和现行市价法。

土地是项目进行建设的物质基础,要进行项目的建设,必须要拥有一定面积的土地。要取得一定面积的土地,就必须支付一定量的费用以取得土地的使用权。取得土地使用权的费用支出测算一般要考虑的因素有:土地取得的方式、土地的面积和所处的区位、土地的使用期限及利率水平等。这里需指出的是,只有当投资项目是以一次性支付取得土地使用权时,其费用才能列作无形资产投资支出,如果其费用是分期进行支付的,则可以直接作为生产费用计入产品成本。

(三) 其他资产投资估算

开办费估算一般根据所评估项目的特点以及同类项目的经验数据,按预计可能发生的支出计价。开办费应当从项目开始生产、经营的月份起,在不短于 5 年的期限内分期摊入管理费用。

其他资产还包括租入固定资产改良支出和其他待摊费用。其中,租入固定资产改良支出是指以经营租赁方式租入固定资产的改良支出,其他待摊费用包括样品样机购置费、非常损失等。这些费用应在一定的时期内按照费用项目的受益期限分期平均摊销。

无形资产和其他资产这两部分费用将在生产经营期内按不同期限分年摊销,以摊销费方式进入总成本费用。所以,在计算固定资产折旧时,这两部分费用不能计入固定资产原值,否则将造成重复计算而无故导致总成本费用的增加。

(四) 预备费

项目预备费用的估算一般按照项目基本建设费用的一定比例估算。不同类型项目复杂程度不同,不可预见因素各异,估算预备费采用的计提比率也有所不同。预备费的估算可考虑综合计提或分项计提两种方法。前者是指综合考虑影响项目支出的基本因素和涨价因素,以项目建设基本费用(固定资产投资、无形资产投资和其他资产投资之和)为基数,按经验比率(一般可取 10%～20%)统一计提预备费;后者是指根据影响项目的因素,按经验比率计提基本预备费的同时,按项目建设期的预期物价上涨水平估算涨价预备费。

(五) 建设期利息估算

建设期利息可视为项目建设投资的组成部分,为此必须对其进行估算。在项目投资估算中,无论各种借款按年计息,还是按季(或月)计息,均可简化为按年计息,即将名义利率折算为有效年利率,其计算公式为:

$$R=(1+r/m)^m-1$$

式中: R——有效年利率;

r——名义年利率;

m——每年计息次数。

假定各种借款全年均衡发生,则当年借款额可按半年计息。于是,建设期利息可按下式计算:

$$年度建设期利息 =(年初借款本息累计+本年借款额度÷2)×年利率$$

需说明的是,对利用借款建设的投资项目,应同时计算包括建设期借款利息和不包括建设期借款利息的固定资产投资额。这是因为,在计算各项财务指标时,项目的投资总额应包括建设期的借款利息,而在计算项目的现金流量时,则不考虑计算。

下面以某化工项目为例,采用分项概算指标的方法,说明项目固定资产投资估算及相应报表的编制(本教材的第六、七章中的案例均以该化工项目为例,说明项目评估方法的具体应用,相应的各项数据具有连贯性和通用性)。

本项目的基础数据及主要内容如下:某化工项目是新建项目,生产国内市场紧缺的某种化工产品甲产品,年生产规模为 2 300 吨。项目拟于 2007 年开工,建设期 2 年,2009

年投产,当年达产80%,2010年起,达产100%,生产经营期按10年计算,计算期12年。厂址位于某城市远郊,租用一般农田50亩,每亩每年租金2 834元,在项目建设期初全部付清。项目拟建综合办公楼3 000平方米,生产车间6 500平方米,仓储设施3 000平方米,以及全套生产加工设备和水、电等基础设施。

1. 工程费用估算

(1) 综合办公楼3 000平方米,单位造价1 000元/平方米,则

$$办公楼估算价值 = 3\,000 \times 1\,000 = 300(万元)$$

(2) 生产车间。要达到2 300吨的生产能力,建造6 500平方米生产车间,购置全套生产加工设备。生产车间的工程费用估算如下:

① 建筑工程费用。生产车间建筑面积6 500平方米,单位造价1 000元/平方米,则

$$生产车间估算价值 = 6\,500 \times 1000 = 650(万元)$$

② 设备购置费。全套生产加工设备价值总计为2 495万元。

③ 安装工程费。以设备购置费的15%计算,即

$$安装工程费 = 2\,495 \times 15\% = 374.2(万元)$$

(3) 仓储设施3 000平方米,单位造价400元/平方米,则

$$仓储设施估算价值 = 3\,000 \times 400 = 120(万元)$$

(4) 辅助工程。项目进行水、电基础设施等共计花费80万元。

$$项目工程费用 = 300 + 650 + 2495 + 374.2 + 120 + 80 = 4\,019.2(万元)$$

2. 无形资产估算

项目租用一般农田50亩,每亩每年租金2 834元,共租用12年,因而土地使用费为170万元。

3. 其他资产投资估算

本项目发生开办费75万元。

4. 预备费用估算

由于近几年物价比较稳定,涨价预备费可不予考虑,而仅对基本预备费用进行估算。根据本项目的特点,基本预备费用可取项目工程费用、无形资产和其他资产之和的4.75%计算。即

$$基本预备费用 = (4\,019.2 + 170 + 75) \times 4.75\% = 202.5(万元)$$
$$项目建设投资 = 工程费用 + 无形资产 + 其他资产 + 预备费用$$
$$= 4\,019.2 + 170 + 75 + 202.5 = 4\,466.7(万元)$$

5. 建设期利息估算

目前,固定资产投资方向调节税已经取消,故此不再估算。本项目建设期2年,建设投资总额(不含建设期利息)为4 466.7万元,第1、2年分别投入2 095.7万元、2 371万

元。其中,自有资金投入1 266.7万元,其余3 200万元全部由中国建设银行贷款,年利率为9.72%。项目第一年借款1 700万元,第二年借款1 500万元。则

第一年的借款利息=(年初借款本息累计+本年借款额度÷2)×年利率
=(0+1700÷2)×9.72%=82.62(万元)

第二年的借款利息=(年初借款本息累计+本年借款额度÷2)×年利率
=(1 782.62+1 500÷2)×9.72%=246.17(万元)

建设期利息总计=82.62+246.17=328.79(万元)

项目建设投资(含息)总额=4 466.7+328.79=4 795.49(万元)

根据上述估算结果,即可编制建设投资估算表,以反映建设投资(含息)总额及其构成,见表6-1。

表6-1 建设投资估算表 单位:万元

序号	工程或费用名称	估算价值						比例(%)
		建筑工程	设备购置	安装工程	其他费用	合计	其中:外币	
1	固定资产费用	1 070	2 575	374.2		4 019.2		83.81
1.1	工程费用	1 070	2 575	374.2		4 019.2		
1.1.1	生产车间	650	2 495	374.2		3 519.2		
1.1.2	综合办公楼	300				300		
1.1.3	仓储设施	120				120		
1.1.4	辅助工程		80			80		
2	无形资产费用				170	170		3.54
3	其他资产费用				75	75		1.56
4	预备费				202.5	202.5		4.22
4.1	基本预备费				202.5	202.5		
4.2	涨价预备费				0	0		
5	建设期利息				328.79	328.79		6.86
6	合计(1+2+3+4+5)	1 070	2 575	374.2	776.29	4 795.49		

三、流动资金估算

流动资金一般参照现有类似生产企业的指标估算。根据项目特点和资料掌握情况,可以采用扩大指标估算法进行粗略估算,也可按流动资金的主要项目分别详细估算。

1. 扩大指标估算法

扩大指标估算法应用于流动资金(营运资金)估算,要求在拟建项目某项指标的基础上,按照同类项目相关资金比率估算流动资金(营运资金)需用量。其具体方法包括:销售收入资金率法、总成本(或经营成本)资金率法、固定资产价值资金率法和单位产量资金率法等。

(1) 销售收入资金率法

销售收入资金率是指项目营运资金需要量与其一定时期内(通常为一年)的销售收入的比率。其计算公式为：

$$营运资金需要量 = 项目年销售收入 \times 销售收入资金率$$

式中，项目年销售收入取项目正常生产年份的数值，销售收入资金率根据同类项目的经验数据确定。一般加工工业项目多采用该方法估算营运资金需要量。

(2) 总成本(或经营成本)资金率法

总成本(或经营成本)资金率是指项目营运资金需要量与其一定时期(通常为一年)内总成本(或经营成本)的比率。其计算公式为：

$$营运资金需要量 = 项目年总成本(或经营成本) \times 总成本(或经营成本)资金率$$

式中，项目年总成本(或经营成本)取正常生产年份的数值，总成本(或经营成本)资金率根据同类项目的经验数据确定。一般采掘工业项目多采用该方法估算流动资金。

(3) 固定资产价值资金率法

固定资产价值资金率是指项目营运资金需要量与固定资产价值的比率。其计算公式为：

$$营运资金需要量 = 固定资产价值 \times 固定资产价值资金率$$

式中，固定资产价值根据前述方法得出，固定资产价值资金率根据同类项目的经验数据确定。某些特定项目(如火力发电厂、港口项目等)可采用该方法估算营运资金需要量。

(4) 单位产量资金率法

单位产量资金率是指项目单位产量所需营运资金。其计算公式为：

$$营运资金需要量 = 达产期年产量 \times 单位产量资金率$$

式中，单位产量资金率根据同类项目经验数据确定。某些特定的项目(如煤矿项目)可采用该方法估算营运资金需要量。

2. 分项详细估算法

扩大指标估算法难以准确估算流动资金需要量。为了提高营运资金估算准确性，项目管理者可以通过编制"流动资金估算表"(见表 6-2)逐项估算流动资金需要量。分项详细估算流动资金可与成本估算结合起来进行，主要采用下列公式：

$$流动资金 = 流动资产 - 流动负债$$

$$流动资产 = 应收账款 + 预付账款 + 存货 + 现金$$

$$流动负债 = 应付账款 + 预收账款$$

$$流动资金本年增加额 = 本年流动资金 - 上年流动资金$$

流动资产和流动负债各项的计算公式如下：

(1) 周转次数的确定

$$周转次数 = 360 / 最低周转天数$$

最低周转天数参照同类企业的平均周转天数并结合项目特点确定，或按部门（行业）规定，在确定最低周转天数时应考虑储存天数、在途天数，并考虑适当的保险系数。

(2) 流动资产的估算

① 存货＝外购原材料、燃料＋其他材料＋在产品＋产成品

其中：外购原材料、燃料＝年外购原材料、燃料费／分项周转次数

其他材料＝年其他材料费用／其他材料周转次数

在产品＝（年外购原材料、燃料动力费＋年工资及福利费＋年修理费＋年其他制造费用）／在产品周转天数

产成品＝（年经营成本－年其他营业费用）／产成品周转次数

② 应收账款＝年经营成本／应收账款周转次数
③ 预付账款＝外购商品或服务年费用金额／预付账款周转次数
④ 现金＝（年工资及福利费＋年其他费用）／现金周转次数

年其他费用＝制造费用＋管理费用＋营业费用－（以上三项费用中所含的工资及福利费、折旧费、摊销费、修理费）

(3) 流动负债的估算

流动负债是指将在一年（含一年）或者超过1年的一个营业周期内偿还的债务，包括短期借款、应付票据、应付账款、预收账款、应付工资、应付福利费、应付股利、应交税金、其他暂收应付款项、预提费用和一年内的长期借款等。在项目评价中，流动负债的估算可以只考虑应付账款和预收账款两项。

① 应付账款＝外购原材料、燃料动力费及其他材料年费用／应付账款周转天数
② 预收账款＝预收的营业收入年金额／预收账款周转次数

显然，以上估算过程是从成本费用，特别是年经营成本的角度，考虑对资金的占用的（不考虑折旧及利润等），而资金周转次数越多则全年所需流动资金相对越少。

流动资金一般在投产前开始筹措。为简化计算，流动资金一般在投产第一年开始安排，并随生产运营计划的不同而有所不同，因而，流动资金的估算应根据不同的生产运营计划分年进行。

国家有关主管部门规定，生产经营性项目必须自备所需流动资金的30％作为铺底，并计入建设项目总概算，竣工投产后计入生产流动资金，其余差额部分（70％）可借款解决，其借款部分按全年计算利息，其利息计入当年财务费用并入总成本，项目期末时回收全部流动资金。

仍以某化工项目为例，采用分项详细估算方法，说明项目流动资金投资估算及相应报表的编制。已知该化工项目年产甲产品2 300吨，经预测该产品在生产期初的出厂价格为16 380元／吨（含税）。同时经调查测算获得下面相关资料：应收账款的周转天数为30天；外购原材料、燃料及动力储备期为两个月；在产品、产成品的周转天数分别为18天和36天；现金周转天数为30天；外购原材料、燃料及动力的赊购期为1个月。

根据上述资料，运用流动资金测算的公式，即可对项目营运期内流动资产和流动负

债的变化情况作出测算,并相应编制流动资金估算表(见表6-2)。

表6-2 流动资金估算表　　　　　　　单位:万元

序号	项目	最低周转天数	周转次数	计算期				
				3	4	5	…	12
1	流动资产			679.2	828.0	828.0	828.0	828.0
1.1	现金	30	12	9.4	9.4	9.4	9.4	9.4
1.2	应收账款	30	12	145.5	176.5	176.5	176.5	176.5
1.3	存货			524.3	642.1	642.1	642.1	642.1
1.3.1	外购原材料、燃料及动力	60	6	247.8	309.8	309.8	309.8	309.8
1.3.2	在产品	18	20	101.9	120.5	120.5	120.5	120.5
1.3.3	产成品	36	10	174.6	211.8	211.8	211.8	211.8
1.4	预付账款	0	0	0	0	0	0	0
2	流动负债			99.1	123.9	123.9	123.9	123.9
2.1	应付账款	24	15	99.1	123.9	123.9	123.9	123.9
2.2	预收账款	0	0	0	0	0	0	0
3	流动资金(1—2)			580.1	704.0	704.0	704.0	704.0
4	流动资金本年增加额			580.1	123.9	0	0	0

注:流动资金估算中所需的经营成本、外购原材料、燃料动力等数据来自"总成本费用估算表"(见表6-9)和"外购原材料、燃料及动力费估算表"(见表6-8)。

四、资金来源与融资方案评估

资金来源与融资方案评估就是在明确融资主体的基础上,以投资估算为依据,通过对资金来源渠道和融资方式的分析和比较,确定初步融资方案。有效的融资方案不仅应当以最经济的方式满足项目资金数量要求,而且要求项目所需资金适时到位。

(一)融资主体的确定

项目的融资主体是指进行融资活动并承担融资责任和风险的项目法人单位。确定融资主体是设定融资方案的前提。融资主体分为新设项目法人及既有项目法人,前者依托于项目组建新的经济实体(从无到有),后者依托于既有法人组建新的经济实体。

影响项目融资主体确定的因素主要有项目投资的规模和行业特点,项目与既有法人资产、经营活动的联系,既有法人财务状况,项目自身的盈利能力等。

在下列情况下,一般应以既有法人为融资主体:① 既有法人具有为项目进行融资和承担全部融资责任的经济实力;② 项目与既有法人的资产以及经营活动联系密切;③ 项目的盈利能力较差,但项目对整个企业的持续发展具有重要作用,需要利用既有法人的整体资信获得债务资金。

在下列情况下,一般应以新设法人为融资主体:① 拟建项目的投资规模较大,既有法人不具有为项目进行融资和承担全部融资责任的经济实力;② 既有法人财务状况较差,难以获得债务资金,而且项目与既有法人的经营活动联系不密切;③ 项目自身具有较强的盈利能力,依靠项目自身未来的现金流量可以按期偿还债务。

(二)融资原则

项目融资是一项重要而复杂的工作,为了有效地筹集项目所需资金,必须遵循一些基本原则。

1. 深入进行产业分析,科学进行投资估算

项目所处产业部门不同,所需投资不同。进行项目融资,必须首先分析项目所处产业特征。在充分了解项目产业特征的基础上,采用科学、规范的方法,预测项目资金需要数量。这样,既可避免因资金筹集不足,影响项目的正常运营,又可防止资金筹集过多,造成资金闲置。

2. 研究资金时间价值,适时取得所需资金

同等数量资金,在不同时点上具有不同的价值。项目管理者必须熟知资金时间价值原理和计算方法,以便根据项目资金需求的具体情况,合理安排资金的筹集时间,适时获取所需资金。过早筹集资金,会造成不必要的利息负担,降低项目运营效率。资金筹措滞后,项目进展延时,可能错过资金投放的最佳时间,甚至可能直接影响项目竞争力。

3. 了解金融市场特征,认真选择资金来源

金融市场反映了资金分布状况和供求关系,决定着融资的难易程度,为我们提供了进行资金时间配置的工具。不同来源资金要求的回报率不同,对项目的约束不同。为此,项目管理者必须了解金融市场运行机制,研究各种金融工具特征,合理选择资金来源。

4. 研究各种融资方式,确定最佳资本结构

结构决定功能,功能反作用于结构。不同融资方式资本成本各异,对项目影响有别。为此,要求项目管理者在确定融资数量、融资时间、资金来源的基础上,认真研究各种融资方式,确定合理的资本结构,以便降低成本,减少风险。

(三)融资方式与融资渠道

1. 融资方式

按照融资主体不同,融资方式可分为既有法人融资和新设法人融资两种。

(1)既有法人融资方式

既有法人融资方式是以既有法人为融资主体的融资方式。在既有法人融资方式下,建设项目所需资金来源于既有法人内部融资、新增资本金和新增债务资金。

既有法人融资方式的基本特点是:由既有法人发起项目、组织融资活动并承担融资责任和风险;建设项目所需的资金,来源于既有法人内部融资、新增资本金和新增债务资金;新增债务资金依靠既有法人整体(包括拟建项目)的盈利能力来偿还,并以既有法人整体的资产和信用承担债务担保。

(2)新设法人融资方式

新设法人融资方式是以新组建的具有独立法人资格的项目公司为融资主体的融资方式。在新设法人融资方式下,建设项目所需资金来源于项目公司股东投入的资本金和

项目公司承担的债务资金。

新设法人融资方式的基本特点是：由项目发起人（企业或政府）发起组建新的具有独立法人资格的项目公司，由新组建的项目公司承担融资责任和风险；建设项目所需资金的来源，可包括项目公司股东投入的资本金和项目承担的债务资金；依靠项目自身的盈利能力来偿还债务；一般以项目投资形成的资产、未来收益或权益作为融资担保的基础。

2. 融资渠道

融资渠道是指筹措资金来源的方向与通道，体现资金的来源与供应量。认识和了解融资渠道及其特点，有助于项目管理者充分拓宽和正确利用融资渠道。

(1) 项目资本金的来源渠道和筹措方式

项目资本金的来源渠道和筹措方式应根据项目融资主体的特点按下列要求进行选择：新设法人融资项目的新增资本金可通过股东直接投资、发行股票、政府投资等渠道和方式筹措；既有法人融资项目的新增资本金可通过原有股东增资扩股、吸收新股东投资、发行股票、政府投资等渠道和方式筹措。

至于资本金的出资方式，投资者可以用货币出资，也可以用实物、工业产权、非专利技术、土地使用权、资源开采权等作价出资。为保持项目合理的资产结构，应根据投资各方及项目的具体情况选择项目资本金的出资方式。

(2) 项目债务资金的来源渠道和筹措方式

项目债务资金是指投资中以负债方式从金融机构、证券市场等金融市场取得的资金，可通过商业银行贷款、政策银行贷款、外国政府贷款、国际金融组织贷款、出口信贷、银团贷款、企业债券、国际债券、融资租赁等渠道和方式筹措。

对于既有法人项目来说，还可以利用其内部融资渠道，通过货币资金、资产变现、资产经营权变现、直接使用非现金资产等渠道，筹措项目所需资金。

此外，对准资本应按下列原则处理：① 优先股股票是一种兼具资本金和债务资金特点的有价证券。在项目评价中，优先股股票应视为项目资本金。② 可转换债券兼有债券和股票的特点。在项目评价中，可转换债券应视为项目债务资金。

不同融资渠道资金供应量存在着较大差别。有些渠道的资金供应量大，如银行信贷资金和非银行金融机构资金等。而有些则相对较小，如企业自留资金等。不同融资渠道资金供应量的大小，在一定程度上取决于财务管理环境的变化，特别是宏观经济体制、金融体制和金融市场发展速度等。

(四) 资金筹措方案的制订与评估

投资项目的具体融资方案应与项目的投资使用计划相一致。项目人员应根据项目的需要和实施进度作好投资使用计划，并与资金筹措方案相匹配。

1. 资金使用计划的编制

投资使用计划必须与项目实施进度规划相对应，其直接依据主要是建设期间各年度（或季度）固定资产购置建设的进度和完成量，其中要考虑建筑材料和工程等所必需的预付预支款项；其次是流动资金，要求在建设期末（投产期初）安排好（按国家有关规定，为简化计算，可将流动资金在投产第一年开始按生产负荷进行安排），并随产量的增加分年度安排流动资金增加额。

2. 资金筹措计划的评估

资金筹措方案包括的内容主要有：一是确定项目的筹措资金渠道；二是确定每种渠道所筹措的资金额。

资金筹措的评估主要是考查项目所需各项资金是否能够及时、足额到位，是否能够满足项目的设计目标。资金筹措方案的评价主要包括以下几方面内容：

（1）审查融资数量的合理性

主要是指各年融资进度与项目工程建设进度能否吻合。融资数量必须满足投资项目的最低资金要求。项目融资方案尤其是资金流量和额度必须和资金使用计划相衔接，亦即当期需要多少资金就应该有相应的融资保证，在理论上以两相平衡最为理想。

（2）审查融资的可靠性、保证性和合理性

主要是指建设资金的来源是否正当、合理，符合国家政策规定，资金数量能否满足项目要求，是否有可靠的保证，并留有余地。股东投资应分析投资者认缴的资本金额及其可靠性；贷款要有贷款银行承诺；上市融资要分析是否可能获得国家有关部门的批准；利用外国政府和国际金融组织贷款，应核实项目是否列入利用外资备选项目；内部融资要分析既有法人的财务状况、资产负债结构、现金流量状况和盈利能力，并据此判断其可能筹集到并用于拟建项目的资金数额及其可靠性。

（3）审查融资是否能满足既定目标

主要是指融资必须满足项目既定的各项目标，包括技术、经济等目标，不能因为融资而影响既定目标的实现。

一般说来，资金融资方案的选定要特别考虑其经济合理性：一是分析融资结构是否合理。项目资金来源有各自的优缺点，应该选择一个合理的融资结构，使各种资金的组合达到风险最小、获取容易、成本最低的目的。二是分析融资成本是否低廉。一般来说，好的资金筹措方案应使资金筹措成本最小。三是分析判断项目的融资风险。贷款利率和汇率的变化可能会引起项目投资效益的下降，因此，必须充分估计利率和汇率变化的趋势，尽可能选择风险最小的融资方案，以避免利率风险与汇率风险对项目的不利影响。

项目融资方案确定后，就可以通过编制辅助报表"项目总投资使用计划与资金筹措表"来反映项目总投资和资金筹措情况。

如果项目要筹措多种借款，则需要单独编制"建设期利息估算表"，格式见表6-3。

表6-3 建设期利息估算表　　人民币单位：万元　外币单位：万美元

序号	年份\项目	建设期				
		1	2	3	…	n
1	借款					
1.1	建设期利息					
1.1.1	期初借款余额					
1.1.2	当期借款					

续表

序号	年份 项目	建设期				
		1	2	3	...	n
1.1.3	当期应计利息					
1.1.4	期末借款余额					
1.2	其他融资费用					
1.3	小计(1.1+1.2)					
2	债券					
2.1	建设期利息					
2.1.1	期初债务余额					
2.1.2	当期债务金额					
2.1.3	当期应计利息					
2.1.4	期末债务余额					
2.2	其他融资费用					
2.3	小计(2.1+2.2)					
3	合计(1.3+2.3)					
3.1	建设期利息合计(1.1+2.1)					
3.2	其他融资费用合计(1.2+2.2)					

注：(1) 本表适合于新设法人项目与既有法人项目的新增建设期利息的估算；(2) 原则上应分别估算外汇和人民币债务；(3) 如有多种借款或债券，必要时应分别列出；(4) 本表同"借款还本付息计划表"可合二为一。

下面仍以某化工项目为例来说明"项目总投资使用计划与资金筹措表"的编制。根据表6-1、表6-2，该化工项目总投资为5 598.1万元，即：

总投资＝建设投资＋建设期利息＋流动资金＝4 466.7＋328.79＋706.6＝5 502.09(万元)

根据技术方案，本项目建设期2年，预计第1、2年将分别完成建设投资2 095.7万元、2 371万元。项目资金来源如下：在项目建设期间，企业自筹资金1 266.7万元，其余3 200万元全部由中国建设银行贷款，其中，项目第一年借款1 700万元，第二年借款1 500万元，年利率均为9.72%。项目建成后，根据估算，第4、5年分别需要流动资金580.1万元、123.9万元(见表6-2)。企业根据自身资金情况，将提供30%流动资金，并全部在第4年投入，其余由中国工商银行贷款，年利率为8.64%。

根据上述资料，即可编制出该项目的总投资使用计划与资金筹措表，见表6-4。

表 6-4 项目总投资使用计划与资金筹措表　　　　　　　单位：万元

序号	年份　　项目	建设期 1	建设期 2	投产期 4	达产期 5	合计
1	总投资	2 178.32	2 617.17	580.1	123.9	5 499.49
1.1	建设投资	2 095.7	2 371.0			4 466.7
1.2	建设期利息	82.62	246.17			328.79
1.3	流动资金			580.1	123.9	704
2	资金筹措	2 178.32	2617.17	580.1	123.9	5 499.49
2.1	资本金	395.7	871	209.4		1 476.1
	其中：用于流动资金			209.4		209.4
2.2	债务资金	1 782.62	1 746.17	370.7	123.9	4 023.39
2.2.1	长期借款(含利息)	1 782.62	1 746.17			3 528.79
2.2.2	流动资金借款			370.7	123.9	494.6

第三节　项目成本费用的估算

投资项目成本费用构成了项目的主要现金流出，它对项目的净效益具有重要影响。一个项目的获利能力，不仅取决于总投资的大小，也取决于项目成本费用的高低，如果低估了成本费用，高估了营业收入，或者相反，都会直接影响到项目的获利能力。只有准确地做好成本费用的估算工作，才能为正确的决策奠定基础。

在项目财务分析中，项目成本费用的估算内容通常包括项目的总成本费用、经营成本费用、固定成本和可变成本。费用估算的方法主要有类比成本估算法、项目成本估算法和要素成本估算法。由于类比成本估算法计算精度较低，项目成本估算法计算比较复杂，而要素成本估算法计算简便，易于掌握，应用比较广泛。故此，我们下面仅介绍要素成本估算法。

一、项目总成本费用的估算

总成本费用是指项目在一定时期内(通常为一年)为生产销售产品或提供服务而花费的全部费用。总成本费用是进行项目财务评价最主要的基础数据之一，它主要用于计算项目的利润损益，确定营运资金需要量。

按照要素成本法，估算出各项生产费用要素后，进行加总，即可估算出项目的总成本费用。通常，总成本费用可表示为：

总成本费用＝外购原材料、燃料及动力费＋工资及福利费＋修理费＋折旧费
　　　　　＋摊销费＋财务费用(利息支出)＋其他费用

不同行业、不同产品的详细成本费用要素不尽相同，现就各大类成本费用要素的计算方法简述如下：

1. 外购原材料、燃料及动力费

外购原材料是项目总成本费用的重要组成部分,应按来源、规格和选定价格体系下的估算价格分别填列,各车间和设施的年耗量(车间、设施产品年产量×单位产品消耗量)加总后乘价格即为其费用。

外购燃料及动力费按外购油、煤、电、气、汽分别填列,将各车间、设施耗量加总后乘以价格。

此项估算要充分体现行业特点和项目具体情况。

2. 工资及福利费

财务分析中的人工工资及福利费,是指企业为获得职工提供的服务而给予各种形式的报酬,通常包括职工工资、奖金、津贴和补贴以及职工福利费。医疗保险费、养老保险费、失业保险费、工伤保险费、生育保险费等社会保险费和住房公积金中由企业缴付的部分,应按规定计入其他管理费用。按"生产要素法"估算总成本费用时,人工工资及福利费系按项目全部人员数量估算。确定人工工资及福利费时需要考虑项目性质、项目地点、行业特点等因素。依托老企业的项目,还要考虑原企业工资水平。

根据不同项目的需要,财务分析中可视情况选择按项目全部人员的年工资的平均数值计算(计算公式为:年工资总额=人均年工资额×项目职工定员总数)或按照人员类型和层次分别设定不同层次的工资进行计算。

职工福利费通常按计提职工福利基金的工资总额为基数提取计算。根据新会计准则规定,目前已不再计提职工福利费。

3. 修理费

修理费指项目全部固定资产的修理费,可直接按固定资产原值(扣除所含建设期利息)的一定的比率(一般为3%~5%),或按占固定资产折旧费的比率(一般为50%)提取。百分数的选取应考虑行业和项目特点。在生产运营的各年中,修理费的取值,一般采用固定值。根据项目特点也可以间断性地调整修理费率,开始取较低值,以后取较高值。

4. 折旧费

会计核算中计算折旧的方法有很多,主要包括直线法、工作量法、加速折旧法等。工作量法与直线法原理相同,区别在于直线法是按使用年限平均分摊,而工作量法是按工作量平均分摊。加速折旧法是缩短折旧年限,提高折旧率进行折旧的一种方法。

(1) 平均年限法。平均年限法是按照固定资产的使用年限平均计算固定资产折旧,也叫直线法。这种方法是将固定资产应提折旧额按使用年限加以平均计算出每期的折旧额,所以每期折旧额均是等额的。其计算公式如下:

$$固定资产年折旧额=(固定资产原值-预计净残值)\div 折旧年限$$

(2) 工作量法。对一些价值很大,而又不经常使用的大型设备,以及汽车等运输设备,可以按工作量(工作时间或行驶里程)计提折旧。计算公式如下:

$$每单位工作量折旧额=(固定资产原值-预计净残值)\div 预计总工作量$$

$$某项固定资产年折旧额=该项固定资产当年工作量\times 每单位工作量折旧额$$

（3）加速折旧法。它包括双倍余额递减法和年数总和法，本书仅介绍双倍余额递减法。有些企业经财政部批准，其机器设备的折旧可采用双倍余额递减法加速计提折旧。双倍余额递减折旧法是以直线法折旧率的 2 倍乘以每期固定资产的账面余额来计算每期应提的折旧，通常不考虑固定资产的预计残值。其折旧计算公式为：

$$年折旧率 = \frac{2}{折旧年限} \times 100\%$$

年折旧额 ＝ 固定资产净值 × 年折旧率

实行双倍余额递减法估算折旧的固定资产，应当在其固定资产折旧年限到期前两年内，将固定资产净值扣除预计净残值后的净额平均摊销。

采用不同的固定资产折旧计算方法，尽管在固定资产的整个使用年限内所计提的折旧总额是相同的，但对项目的纳税与现金流量有不同的影响。采用加速折旧法，把纳税时间推后，从而相对于直线折旧法，应纳税额的现值减少，相当于国家给项目提供了一笔无息贷款。从现金流量角度考察，各期折旧费计提的多少，本身并不影响当期的现金流量，因为折旧费不会导致直接的现金流量的减少。但是，由于折旧费计入当期损益，并作为当期应纳所得税的扣除额，从而决定了当期实际交纳所得税的高低，而交纳所得税需要付出现金。正是在这一意义上，不同折旧法的选择，对企业所得税后各期现金流量产生了不同的影响。

在投资项目的财务分析中，固定资产的折旧估算采用哪种方法，可在税法允许的范围内由企业自行确定。一般使用平均年限法或工作量法。

如果固定资产涉及的种类较多，为了准确估算固定资产折旧的计提及固定资产净值的变化情况，可通过编制辅助报表"固定资产折旧费估算表"来完成（见表 6-5）。

表 6-5　固定资产折旧费估算表　　　　　　　　　单位：万元

序号	年份　项目	合计	计算期				
			1	2	3	…	n
1	房屋、建筑物 　原值 　当期折旧费 　净值						
2	机器设备 　原值 　当期折旧费 　净值 　……						
3	合计 　原值 　当期折旧费 　净值						

注：(1) 本表自生产年份起开始计算，各类固定资产按《工业企业财务制度》规定的期限分列。(2) 生产期内发生的更新改造投资列入其投入年份。(3) 本表适用于新设法人项目固定资产折旧费的估算，以及既有法人项目的"有项目"、"无项目"和增量固定资产折旧费的估算。当估算既有法人项目的"有项目"固定资产折旧费时，应将新增和利用原有部分的固定资产分别列出，并分别计算折旧费。

5. 无形资产和其他资产的摊销

无形资产和其他资产一般按规定年限采用平均年限法摊销，不计残值。没有规定期限的，无形资产按不少于10年，开办费按不短于5年的期限分期摊销。

无形资产和其他资产的摊销，同样可以通过编制辅助报表"无形资产和其他资产摊销估算表"来详细反映（见表6-6）。

表6-6 无形资产和其他资产摊销估算表　　　　　　　单位：万元

序号	年份\项目	合计	计算期				
			1	2	3	…	n
1	无形资产						
1.1	土地使用权 当期摊销费 净值						
1.2	专有技术和专利权 当期摊销费 净值						
1.3	其他无形资产 当期摊销费 净值						
2	其他资产 当期摊销费 净值						
3	合计(1+2) 当期摊销费 净值						

注：(1) 摊销期相同的项目允许适当归并。(2) 本表适用于新设法人项目摊销费的估算，以及既有法人项目的"有项目"、"无项目"和增量摊销费的估算。当估算既有法人项目的"有项目"摊销费时，应将新增和利用原有部分的资产分别列出，并分别计算摊销费。

6. 财务费用（利息支出）

按照会计法规，企业为筹集所需资金而发生的费用称为借款费用，又称财务费用，包括利息支出（减利息收入）、汇兑损失（减汇兑收益）以及相关的手续费等。在大多数项目的财务分析中，通常只考虑利息支出，包括固定资产投资借款利息和流动资金借款利息，按借款额和规定的借款利率计算。

7. 其他费用

包括办公费、取暖费、租赁费、保险费、研究试验检验费、设计制图费、差旅费、招待费、会议费、广告宣传费、培训费、劳保费、租金支出、应在成本中列支的税金（如资源税、土地使用税）以及其他不属于以上项目的支出等。

此费用可按以上各项总和的一定比率（一般为1%～3%）或按单位产品的其他费用金额计取，也可按销售收入的一定比例计算。

上述各项加总即为总成本费用。

二、经营成本

经营成本又叫营运成本或运行成本，是指生产总成本扣除折旧费、摊销费和利息支出后的总成本,即生产总成本费用中扣除非付现成本费用的剩余部分。经营成本不同于会计中的成本概念,它是指项目在一定时期内(通常为一年)为生产和销售产品而发生的经常性现金支出,是构成总成本费用的主要组成部分。通常,它可以由总成本费用计算出来。其公式是:

$$经营成本＝总成本费用－折旧费－摊销费－利息支出$$

对于项目而言,利息支出虽是付现成本费用,但从全部投资角度,利息支出不属成本事项,应扣除。而资本金现金流量表中已将利息支出单列,因此,经营成本中也不包括利息支出。

经营成本在项目评价中是一个非常重要的概念,它反映了项目企业在一年内所实际支付的各种现金费用,是编制现金流量表,计算净现值、内部收益率等指标必不可少的基本数据。

三、可变成本与固定成本

产品总成本费用,按其与产量的关系可分为可变成本、固定成本和半可变(半固定)成本。在产品总成本中,有一部分费用随产量的增减而成比例地增减,称为可变成本,如原材料费用。另一部分费用与产量的多少无关,称为固定成本,如固定资产折旧、管理费用。还有一些费用,虽然也随着产量的增减而变化,但非成比例地变化,称为半可变(半固定)成本。通常将半可变成本进一步分解为可变成本与固定成本。因此,产品总成本费用最终可划分为可变成本和固定成本。

可变成本与固定成本通常参照类似企业两种成本所占比例来确定,如果没有现成的资料,可采用一些数学方法进行分解。但在我国的项目评价中,一般将原材料、辅助材料、燃料动力划为可变成本,其余成本均划为固定成本。

将产品总成本划分为可变成本与固定成本,主要是用于项目的风险分析,以鉴别项目抵御风险能力的大小。

项目总成本费用、经营成本、可变成本与固定成本的估算可以通过辅助报表"外购原材料估算表"、"外购原材料、燃料及动力费估算表"、"固定资产折旧费估算表"、"无形资产和其他资产摊销估算表"、"工资及福利费估算表"和"总成本费用估算表"来完成。

下面,仍以某化工项目为例,对项目总成本费用的估算及相应报表的编制给予说明。已知该项目与成本估算的相关资料如下:

(1) 根据技术评估及市场调查取得的外购原材料、燃料及动力的资料如表6-7。

(2) 企业生产定员为26人,其中生产人员21人,管理人员5人。据预测,生产人员年平均工资为10 000元/人,管理人员年平均工资为18 000元。

(3) 项目固定资产综合折旧率为6.3%。

(4) 修理费按折旧费的50%提取;其他费用按工资总额的273%提取。

(5) 项目无形资产总值为170万元,其他资产总值为75万元,无形资产按10年平均摊销,其他资产按5年平均摊销。

表6-7 某化工项目外购原材料、燃料及动力消耗定额表

项 目	单 位	消耗定额	单价(元)
原材料A	吨	1.15	4 550
原材料B	吨	0.62	1 538
辅助材料C	吨	0.70	260
包装物	吨	0.021	715
低值易耗品	吨	0.12	2 800
其他材料	吨	0.75	177
水	吨	170	2.6
电	吨	1 264	0.37
煤	吨	1.78	180

根据上述资料,即可进行项目成本费用的估算。

1. 原材料、燃料及动力估算

可根据表6-7数据分项估算原材料、燃料及动力的消耗费用,并将结果编制成"外购原材料估算表""外购燃料动力费估算表"(两表合并见表6-8)。

表6-8 外购原材料、燃料及动力费估算表　　　　单位:万元

序号	项 目	单位	定额	单价(元)	投产期 3	达产期 4	达产期 5~12
	生产负荷				80%	100%	100%
1	外购原材料				1 261	1 576	1 576
	原材料A	吨	1.150	4 550	963	1 203	1 203
	原材料B	吨	0.620	1 538	175	219	219
	辅助材料C	吨	0.700	260	33	42	42
	包装物	吨	0.021	715	3	3	3
	低值易耗品	吨	0.120	2 800	62	77	77
	其他材料	吨	0.750	177	24	31	31
2	外购燃料及动力				226	283	283
	水	吨	170	2.6	81	102	102
	电	吨	1 264	0.37	86	108	108
	煤	吨	1.78	180	59	74	74
3	合计(1+2)				1 487	1 859	1 859

2. 工资及福利费估算

$$生产人员年工资总额 = 21 \times 1.0 = 21(万元)$$

$$\text{管理人员年工资总额} = 5 \times 1.8 = 9(万元)$$

$$\text{项目年工资总额} = 21 + 9 = 30(万元)$$

3. 折旧费估算

根据表 6-1 估算结果,项目建设投资总额为 4 795.49 万元,则

$$\text{固定资产投资总额} = \text{建设投资总额} - \text{无形及其他资产} = 4\,795.49 - 245$$
$$= 4\,550.49(万元)$$

$$\text{年固定资产折旧} = 4\,550.49 \times 6.3\% = 287(万元)$$

4. 无形及其他资产摊销估算

$$\text{无形资产年摊销费} = 170/10 = 17(万元)$$

$$\text{其他资产年摊销费} = 75/5 = 15(万元)$$

5. 修理费用估算

$$\text{修理费} = 293 \times 50\% = 146(万元)$$

6. 财务费用(利息支出)估算

长期借款利息详见"借款还本付息计划表"(见表 7-6),流动资金利息为:

$$\text{投产期流动资金利息} = 370.7 \times 8.64\% = 32(万元)$$

$$\text{正常年份流动资金利息} = 494.6 \times 8.64\% = 43(万元)$$

7. 其他费用估算

$$\text{年其他费用} = 30 \times 273\% = 82(万元)$$

8. 总成本费用估算

综合以上各部分费用即可得出项目总成本费用。如:

第 5 年总成本费用 = 1 576 + 283 + 30 + 146 + 287 + 32 + 223 + 82 = 2 659(万元)

9. 经营成本估算

$$\text{第 5 年经营成本} = 2\,659 - 287 - 32 - 223 = 2\,117(万元)$$

10. 固定成本与可变成本估算

$$\text{第 5 年固定成本} = 30 + 146 + 287 + 32 + 223 + 82 = 800(万元)$$

$$\text{第 6 年可变成本} = 1576 + 283 = 1\,859(万元)$$

将以上估算结果编制成总成本费用估算表,见表 6-9。

表 6-9 总成本费用估算表　　　　　　　　　　　单位：万元

序号	年份项目	投产期 3	达到设计能力生产期限								合计
			4	5	6	7	8	9	10	11	12	
1	外购原材料	1 261	1 576	1 576	1 576	1 576	1 576	1 576	1 576	1 576	1 576	15 445
2	外购燃料及动力	226	283	283	283	283	283	283	283	283	283	2 773
3	工资及福利	30	30	30	30	30	30	30	30	30	30	300
4	修理费	146	146	146	146	146	146	146	146	146	146	1 460
5	折旧费	287	287	287	287	287	287	287	287	287	287	2 870
6	摊销费	32	32	32	32	32	17	17	17	17	17	245
7	财务费用(利息支出)	375	320	223	119	43	43	43	43	43	43	1 295
8	其他费用	82	82	82	82	82	82	82	82	82	82	820
9	总成本费用(1+2+…+8)	2 439	2 756	2 659	2 555	2 479	2 464	2 464	2 464	2 464	2 464	25 207
9.1	其中：固定成本	952	896	800	696	620	605	605	605	605	605	6 989
9.2	可变成本	1487	1 859	1 859	1 859	1 859	1 859	1 859	1 859	1 859	1 859	18 218
10	经营成本(9-5-6-7)	1 745	2 117	2 117	2 117	2 117	2 117	2 117	2 117	2 117	2 117	20 798

第四节　项目营业收入、税金及利润的估算

一、项目营业收入的估算

企业的收入主要来源渠道有销售产品或提供劳务、对外进行投资和一些营业外活动。对于投资项目，尤其是新建项目，对外投资和营业外收支情况较少，一般可以认为营业收入就等于投资项目的收入。本书将主要介绍项目营业收入的估算。

营业收入是项目建成投产后，企业在某一期间通过销售各种产品或提供劳务所获得的货币收入，它是销售量的货币表现，是项目企业主要的收入来源。营业收入是一个重要的财务数据，它是衡量项目投产后，企业能有多少实际收入，以及扣除各项成本费用之后，能够获得多少利润的基本依据。此外，营业收入也是计算营业税金的基础。

营业收入的计算公式为：

营业收入＝产品(或劳务)年销售量×销售单价

可见，要对营业收入进行估算，就必须先对产品(或劳务)销售量、销售价格进行估算。

通常情况下，如果市场调研和分析科学合理，项目市场营销可行，则项目生产出来的产品可以全部售出，即销售量等于生产量。因此，一般正常年份的产品销售量，可以按设计生产能力全负荷计算，投产期按具体设计负荷产量即生产能力的一定比例计算。

销售价格的估算应充分考虑国内外市场价格变化趋势，参照同行业现行价格来确定，要防止高估价格的倾向。拟建项目的销售价格一般采用出厂价格，也可根据需要采

用送达用户的价格或离岸价格。

如果同时生产多种产品,应当将各种产品的营业收入汇总相加,得出项目年营业总收入。

二、项目营业税金的估算

税金是项目企业利润的一种转化形态,是评价企业投资效益的重要指标。

项目税金主要包括项目销售产品或提供劳务应负担的各种流转税金和对经营所得和其他所得征收的所得税。根据我国现行税法,国家向企业征收的税费主要有增值税、消费税、营业税、城市维护建设税、资源税、土地增值税、企业所得税、关税、城镇土地使用税、房产税、车船使用税及教育费附加等。计算出项目的税金,就可以知道项目投产以后能给国家上缴多少税金,并能用于计算其他一些经济效益指标。

一个项目到底要缴纳哪几种税金,取决于项目的性质、行业特点,只要构成各项税金的纳税人,就应该缴纳该项税金,并根据有关规定估算税金总额。

营业收入和营业税金估算出来之后,就可根据有关数据编制辅助报表"营业收入、营业税金及附加和增值税估算表"。

仍以某化工项目为例,说明项目营业收入、营业税金及附加和增值税估算及报表的编制。已知有关销售资料如下:

(1) 项目达到设计生产能力后年产甲产品 2 300 吨,并能全部销售;

(2) 经预测该产品在生产期初的出厂价格为 17 380 元/吨(含税);

(3) 该产品缴纳增值税,税率为 17%,外购材料适用税率也是 17%,城市维护建设税税率为 0.6%,教育费附加按增值税的 2% 计缴。则项目正常年份的营业收入和税金的测算如下:

$$年营业收入 = 2\,300 \times 17\,380 = 3\,997(万元)$$

年增值税 =(营业收入-外购原材料、燃料及动力等)×增值税税率/(1+增值税税率)
$$= (3\,997 - 1\,859) \times 17\% / (1 + 17\%) = 311(万元)$$

$$年城市维护建设税 = 年营业收入 \times 税率 = 3\,997 \times 0.6\% = 24(万元)$$

$$年教育费附加 = 年增值税 \times 2\% = 311 \times 2\% = 6(万元)$$

将以上估算结果编制成项目产品营业收入、营业税金及附加和增值税估算表,见表 6-10。

表 6-10 营业收入、营业税金及附加和增值税估算表   单位:万元

序号	产品名称	单位	单价	计算期					
				3	4	5	…	11	12
1	营业收入	万元		3 198	3 997	3 997	3 997	3 997	3 997
1.1	产品甲	吨	17 380	3 198	3 997	3 997	3 997	3 997	3 997

续表

序号	产品名称	单位	单价	计算期					
				3	4	5	…	11	12
2	营业税金与附加	万元		24	30	30	30	30	30
2.1	城市维护建设税(0.6%)	万元		19	24	24	24	24	24
2.2	教育费附加(2%)	万元		5	6	6	6	6	6
3	增值税(17%)	万元		249	311	311	311	311	311

注：(1) 本表适用于新设法人项目与既有法人项目的"有项目""无项目"和增量的营业收入、营业税金与附加和增值税估算；(2) 根据行业或产品的不同可增减相应税收科目。

三、利润总额及利润分配的估算

利润总额是项目企业在一定时期内实现盈亏的总额，集中反映项目企业生产经营活动各方面的效益，是项目企业最终的财务成果，是衡量其生产经营管理水平的重要综合指标，是项目财务评价中必须估算的数据，也是财务数据估算的重要内容。

利润总额若为正数，则表示该企业为盈利企业；若为负数，则表示该企业为亏损企业。根据新会计制度，企业利润总额包括营业利润、投资收益减投资损失及营业外收支净额。其计算公式为：

利润总额＝营业利润＋投资净收益＋营业外收入－营业外支出

如果投资项目没有对外投资，营业外收入和营业外支出都很少，则利润总额就是营业利润。这种情况对于新建项目来说比较普遍，可以把项目营业利润作为利润总额。

按照新的财税制度，企业利润总额要按照国家规定作相应调整后，依法缴纳所得税。这里所讲的调整主要是指：① 所得税前弥补亏损。企业发生年度经营性亏损，可以用下一年度税前利润等（如筹建期汇兑净收益）弥补，下一年度利润不足弥补的，可以在5年内延续弥补；5年内不足弥补的，用税后利润等（如盈余公积金）弥补。② 投资收益中已纳税的项目或按照规定只需补交所得税的项目。

企业缴纳所得税后的利润，一般按下列顺序分配：① 被没收的财物损失、支付各项税收的滞纳金和罚款；② 弥补以前年度亏损，未弥补完不得提取盈余公积金、公益金；③ 提取法定盈余公积金，法定盈余公积金按照税后利润扣除前两项后的10%提取，法定盈余公积金已达到注册资本50%时可不再提取；④ 提取公益金；⑤ 向投资者分配利润。

利润总额及分配数据估算完成之后，就可以据此编制项目基本报表"利润与利润分配表"，全面反映企业经营利润及分配关系。

下面，仍以某化工项目为例说明项目利润与利润分配的估算及报表的编制。已知项目适用的所得税税率为25%，盈余公积按税后利润的10%提取。则结合前面各项估算结果，估算项目利润与利润分配情况如表6-11。

表 6-11　利润与利润分配表　　　　　　　　　　　　单位：万元

序号	年份 项目	投产期 3	达到设计能力生产期									合计
			4	5	6	7	8	9	10	11	12	
1	营业收入	3 198	3 997	3 997	3 997	3 997	3 997	3 997	3 997	3 997	3 997	39 171
2	营业税金及附加和增值税	273	341	341	341	341	341	341	341	341	341	3 342
3	总成本费用	2 439	2 756	2 659	2 555	2 479	2 464	2 464	2 464	2 464	2 464	25 207
4	补贴收入											0
5	利润总额(1-2-3+4)	486	900	997	1 101	1 177	1 192	1 192	1 192	1 192	1 192	10 624
6	弥补以前年度亏损											0
7	应纳税所得额(5-6)	486	901	997	1 101	1 177	1 192	1 192	1 192	1 192	1 192	10 624
8	所得税	122	225	249	275	294	298	298	298	298	298	2 656
9	净利润(5-8)	364	676	748	826	883	894	894	894	894	894	7 968
10	期初未分配利润											0
11	可供分配利润(9+10)	364	676	748	826	883	894	894	894	894	894	7 968
12	法定盈余公积金	36	68	75	83	88	89	89	89	89	89	797
13	供投资者分配利润(11-12)	328	608	673	743	795	805	805	805	805	805	7 171
14	应付优先股股利											0
15	提取任意盈余公积金											0
16	应付普通股股利(13-14-15)	328	608	673	743	795	805	805	805	805	805	7 171
17	各投资方利润分配											0
18	未分配利润(13-14-15-17)	328	608	673	743	795	805	805	805	805	805	7 171
19	息税前利润(利润总额+利息支出)	861	1 220	1 220	1 220	1 220	1 235	1 235	1 235	1 235	1 235	11 919
20	息税折旧摊销前利润(息税前利润+折旧+摊销)	1 180	1 539	1 539	1 539	1 539	1 539	1 539	1 539	1 539	1 539	15 031

注：(1) 对于外商投资项目由第 11 项减去储备基金、职工奖励与福利基金和企业发展基金(外商独资项目可不列入企业发展基金)后,得出可供投资者分配的利润;(2) 法定盈余公积金按净利润计提。

【能力训练】

1. 简答题

(1) 在项目评估实践中,财务数据估算主要估算哪些内容?

(2) 财务数据估算应遵循哪些原则?

(3) 财务数据估算中用到的基本财务报表和辅助报表有哪些?各报表之间的勾联关系如何?

(4) 简要说明项目总投资的主要构成要素及估算方法。

(5) 简述固定资产折旧中所采用的几种折旧方法。

(6) 试述成本费用的构成内容及估算方法。

(7) 简述营业收入、税金、利润及利润分配的估算。

2. 判断正误

(1) 如果项目的经济寿命期低于自然寿命期,则应依据项目预期的经济寿命期作为项目的计算期。

(2) 经营成本又叫营运成本,是指生产总成本扣除折旧费、摊销费后的总成本,即生产总成本费用中扣除非付现成本费用的剩余部分。

(3) 总投资包括固定资产投资、无形资产投资、开办费、建设期利息。

(4) 预备费主要是基于项目建设期投入物价格上涨的考虑而设置的。

(5) 总成本费用中的利息支出包括固定资产投资借款利息(不包括建设期借款利息)和流动资金借款利息。

(6) 对于新建项目来说,比较普遍的是把产品销售利润作为利润总额。

3. 案例分析题

某食品加工项目资料如下:

(1) 加工车间400平方米,建筑工程单位造价1 000元/平方米,车间内全套的食品加工生产线的设备购置费为150万元,安装工程费率为15%;综合楼1 500平方米,单位造价1 000元/平方米;晒场2 000平方米,单位造价100元/平方米;配套低温库设备总值130万元,安装费率15%;项目承担单位自有建设用地,新厂无需新征土地,原有水、电基础设施能满足生产要求,不要增容,无其他无形资产;开办费为50万元;基本预备费取工程费用和其他费用合计的4.5%,涨价预备费不计。

(2) 项目建设期2年,其中第一年完成总投资的40%,可通过资本金解决;第2年完成60%投资,需全部向银行借款,借款年利率为9.90%;项目在第2年末建成投产,运营期13年。已知流动资金投资额为510万元,其中第3年需要475万元,第4年达产,需新增流动资金35万元;企业根据自身资金状况,将提供30%的铺底流动资金,全部在第3年投入,其余通过申请银行借款解决,贷款年利率为8.5%。

(3) 该项目达产后生产规模为年加工食品甲7 100吨,正常年份需要原料A 7 500吨,单价2 500元/吨。第三年投产,生产负荷为90%,第四年达产100%;生产经营期按10年计算,计算期12年。项目正常年份产品的生产具体消耗情况见下表:

项目		单位	食品甲
水	数量	吨	30 000
	单价	元/吨	0.6
电	数量	千瓦时	252 000
	单价	元/千瓦时	0.5
生产工人	数量	人	70
	单价	元/人·月	1 000
车间管理人员	数量	人	8
	单价	元/人·月	1 200

(4) 根据规定,项目固定资产折旧采用直线折旧法。其中,建筑物的折旧年限为20年,机器设备的折旧年限为10年,残值率均为5%。无形资产与其他资产分别在投产年开始后的10年和5年内摊入成本。修理费按固定资产折旧额的50%计提,其他费用按年营业收入的6%提取。

(5) 本项目生产食品甲产品。经预测,未来时期该产品市场运行平稳,以市场销售价格为基础调整得到的产品的出厂价为3 500元/吨。

(6) 本项目属于国家扶贫项目,实行优惠税率,营业税金及附加为0;所得税税率为25%;按10%计提盈余公积金;项目不考虑分红。

(7) 已知该行业基准总投资收益率为9%,投资者期望回报率为15%;项目贴现率为10%,行业基准投资回收期为8年。

要求根据上述资料完成项目财务基础数据测算。

(1) 根据以上资料估算建设投资总额并编制建设投资估算表;
(2) 编制项目总投资使用计划与资金筹措表;
(3) 编制固定资产折旧费估算表和无形资产和其他资产摊销估算表;
(4) 预测该项目生产经营期各年的总成本费用,并编制项目的总成本费用估算表;
(5) 编制项目生产经营期利润与利润分配表。

【网络资源与阅读书目】

[1] 林万龙.投资项目财务分析实务.北京:中国农业出版社,2011
[2] 王诺,梁晶.建设项目经济评价案例教程.北京:化学工业出版社,2008
[3] 万威武,刘新梅,孙卫.可行性研究与项目评价.2版.西安:西安交通大学出版社,2008
[4] 成其谦.投资项目评价.3版.北京:中国人民大学出版社,2010
[5] 张启振,张阿芬.投资项目评估.4版.厦门:厦门大学出版社,2012

第七章 投资项目财务评价

【学习要点】对投资者而言,项目上马后能否为其实现收益最大化目标作出最大贡献,这是其最为关注的问题。因此,搞好投资项目的财务评价是投资决策中最为关键的环节,也是本章将着重研究和解决的问题。本章主要介绍了融资前和融资后项目财务评价的内容和方法,以及各种财务盈利能力、清偿能力和财务生存能力等评价指标的计算与基本报表的编制等内容。

【学习重点与难点】通过对本章的学习,要求学生理解和掌握项目财务盈利能力分析、清偿能力分析和财务生存能力分析;懂得如何正确编制财务基本报表、计算各种财务评价指标,以及如何将上述方法灵活运用于项目财务评价的实践。这也是本章学习的重点和难点。

【基本概念】财务评价 财务盈利能力分析 财务清偿能力分析 财务生存能力分析 总投资利润率 资本金净利润率 净现值 内部收益率 投资回收期 资产负债率 流动比率 速动比率 固定资产投资借款偿还期 利息备付率 偿债备付率

第一节 财务评价指标体系与基本报表

投资项目财务评价是指在估算投资项目的各项财务数据的基础上,根据国家现行财税制度和市场价格,从项目财务的角度出发,分析估算项目的效益和成本,编制基本财务报表,计算评价指标,以考察项目的获利能力,判断投资项目的财务可行性。财务评价是项目投资决策和贷款决策的重要依据,是进一步开展国民经济评价的基础。

一、财务评价的内容

项目决策主要分为投资决策和融资决策两个层次。投资决策着重考察项目投资价值的大小,融资决策重在分析资金筹措方案能否满足投资要求。根据不同决策的需要,财务评价可分为融资前分析和融资后分析。

(一)融资前分析

融资前分析是指在考虑融资方案前就可以开始进行的财务分析,即不考虑债务融资条件下进行的财务分析。可见,融资前分析仅仅是从项目全部投资的角度考察项目本身的盈利能力,而并不考虑投资的资金来源,与融资条件无关,因此分析所需的数据少,报表编制简单。通过融资前分析能够对项目本身的盈利水平作出判断,其分析结论可以满足初步投资决策的需要。如果分析结果表明项目盈利能力符合要求,可再考虑融资方案,继续进行融资后分析;反之,则修改、调整方案,或放弃项目。通常,财务评价应先进行融资前分析。

由于不涉及融资条件,融资前分析只进行盈利能力分析,即通过编制项目投资现金流量表,计算相应的动态和静态指标,来考察项目的盈利能力。

(二)融资后分析

在融资前分析满足要求的情况下,即可设定融资方案,进行融资后分析。融资后分析是指以设定的融资方案为基础进行的财务分析。项目融资后分析的内容主要有三项:财务盈利能力分析、财务清偿能力分析以及财务生存能力分析。

1. 财务盈利能力分析

财务盈利能力分析是通过运用静态的或动态的分析方法,计算一系列反映项目财务盈利水平的静态指标或动态指标,据以考察项目建成投产后的盈利水平。在市场经济条件下,每年都会有上千亿计的投资活动通过项目单位以项目方式来完成。这些资金的投放将不仅直接影响项目单位未来多年的经营状况,还会对整个国家的经济发展产生重大影响。一个好的投资决策可以使投资者的利润激增,一个坏的投资决策则有可能导致投资者从此一蹶不振,乃至破产。因此,评价一个项目是否值得兴建,首先要考察它建成投产后的盈利能力。

2. 财务清偿能力分析

项目清偿能力主要是通过考察项目计算期内各年的财务状况以及固定资产投资借款本金及利息偿还情况来反映。项目的清偿能力分析包括以下内容:一是项目资金的流动性分析,即项目在营运过程中所面临的财务风险程度及偿债能力的大小,这是项目有关各方都非常关心的问题。二是项目的清偿贷款和利息能力。项目在营运过程中所面临的财务风险程度及偿债能力的大小、项目的还本付息能力等都是项目有关各方都非常关心的问题。在市场经济条件下,项目偿债能力的高低,既是银行进行贷款发放决策的依据,也是投资者能否通过财务杠杆实现迅速发展的基础。

3. 财务生存能力分析

财务生存能力分析主要考察在项目营运期间,能否确保从各项经济活动中得到足够的净现金流量使项目得以持续生存。在财务评价中,应通过编制财务现金流量表,综合分析项目计算期内各年的投资活动、融资活动和经营活动所产生的净现金流量能否维持项目的正常运营。现金流量是项目周转的血液,财务生存能力的高低是项目能否正常运转并实现盈利的基础。

二、财务评价的方法、指标体系与基本报表

1. 财务评价的方法

项目财务评价有多种方法,按是否考虑资金的时间价值,项目财务评价的方法可分为静态分析和动态分析两种方法。

静态分析又可称作非贴现分析方法。这类方法的特点是不考虑货币的时间价值。一般包括投资回收期、投资报酬率等方法。由于这类方法不考虑货币的时间因素,易于

计算和理解,在实际应用中有其独到之处,不失为一种较好的辅助分析方法。

动态比较分析,亦可称作贴现的比较分析。这种方法是将项目生命周期内不同时间出现的各种收益及成本均作贴现处理,并在现值基础上对其进行比较分析。这类方法可以较好地解决由于各种收益及成本发生的时间不同而在比较分析时出现的各种偏差。常见的动态分析方法包括净现值法、内部报酬率法和动态投资回收期法等。

2. 财务评价的指标体系

为了全面、准确地对项目的财务状况作出评价,就有必要针对财务评价的内容设置相应的评价指标体系。其中,项目财务盈利能力分析的主要评价指标有:全部投资回收期、财务内部收益率、财务净现值、总投资收益率、资本金净利润率等;项目财务清偿能力分析的主要评价指标有:资产负债率、流动比率、速动比率、借款偿还期、偿债备付率、利息备付率等;项目财务生存能力分析的主要评价指标有:累计盈余资金。在这些指标中,财务内部收益率、全部投资回收期、资产负债率为必做指标,其他指标可根据具体情况决定取舍。

3. 财务评价的基本报表

为了客观、公正、科学地进行盈利能力、清偿能力等的分析与评价,作出正确结论,选出最优项目及方案,在财务评价中,通常要通过编制一套基本计算表,并在此基础上计算一系列评价指标,用静态和动态分析相结合的方法,对一系列相互联系、相互补充的指标进行综合分析,确定项目的财务盈利水平、清偿能力等。

项目财务评价的基本报表有:现金流量表、利润与利润分配表、财务计划现金流量表、借款还本付息计划表、资产负债表等,这些都是必不可少的报表。为编制这些报表,还需要有一系列的辅助报表,如总成本费用估算表、营业收入与营业税金估算表等,这些辅助报表已经在前一章作了介绍。

目前,国内各有关咨询部门、专业银行等在项目评价中所采用的基本报表和指标体系有所差别,但大同小异。国家发展改革委员会和建设部联合制定的《建设项目经济评价的方法与参数》(2006年7月第三版)中提出的财务基本报表和指标体系,具有很大的代表性,在国内项目评价中普遍采用,其基本报表与指标体系的关系见表7-1。

表7-1 财务评价报表与评价指标表

融资阶段	评价内容	基本报表	财务评价指标	
			静态指标	动态指标
融资前分析	盈利能力分析	项目投资现金流量表	全部投资回收期	项目投资财务内部收益率 项目投资财务净现值
融资后分析	盈利能力分析	项目资本金现金流量表		资本金财务内部收益率 资本金财务净现值
		投资各方现金流量表		投资各方财务内部收益率 投资各方财务净现值
		利润与利润分配表	总投资收益率、资本金利润率	

续表

融资阶段	评价内容	基本报表	财务评价指标	
			静态指标	动态指标
融资后分析	清偿能力分析	借款还本付息计划表	利息备付率、偿债备付率、借款偿还期	
		资产负债表	资产负债率、速动比率、流动比率	
	生存能力分析	财务计划现金流量表	累计盈余资金	

三、财务评价基本报表的编制

财务评价基本报表又称基本财务报表,主要有现金流量表、利润与利润分配表、财务计划现金流量表、借款还本付息计划表及资产负债表。

(一) 现金流量表

项目财务现金流量表是最重要的基本财务报表,该表以项目作为一个独立的系统,把项目在计算期内以现金或实物形式支付的费用(即现金流出)和以现金或实物形式取得的收入(即现金流入)尽列其中,以反映项目经济活动的全过程。项目财务现金流量表的作用是:记录项目现金流入和流出的数量及时序,计算净现金流量,并在此基础上计算财务内部收益率、财务净现值和全部投资回收期等指标,反映项目的盈利性和财务偿债能力,是项目财务分析的基础。现金流量表又分为项目投资现金流量表、项目资本金现金流量表和投资各方现金流量表。

1. 项目投资现金流量表

该表不分资金来源,以项目投资作为计算基础,用以计算项目投资所得税前及所得税后财务内部收益率、财务净现值及投资回收期等评价指标,考察项目投资的盈利能力。

编制项目财务现金流量表所需要的基本数据,均来自"项目财务数据估算"的有关资料。下面仍以某化工项目为例,来说明项目财务现金流量表的编制,大体包括以下几个步骤:

(1) 确定项目的计算期并画出表格

通常,投资项目的计算期根据其寿命期确定。根据该项目建设的进度,本项目建设期 2 年;据估算本项目主要机器设备的使用寿命为 10 年,故此项目计算期确定为 12 年。

项目投资现金流量表的格式如表 7-2 所示,由现金流入、现金流出、净现金流量、累计净现金流量及所得税前净现金流量和所得税前累计净现金流量以及有关指标组成。

(2) 填列现金流入栏

现金流入栏包括营业收入、回收固定资产余值和回收流动资金。营业收入可以从辅助报表"营业收入、营业税金及附加和增值税估算表"(见表 6-10)中取得。回收固定资产余值和回收流动资金是指项目计算期末进行项目清算时固定资产的余值和回收的期初投入的流动资金。一般填列在计算期最后一年,前者数额可以从辅助报表"固定资产折旧费估算表"(见表6-5)而得,或由下式求得:

固定资产余值=固定资产原值(不包含建设期利息)-计算期间固定资产折旧总额

在本案例中,固定资产余值=(4 466.7-245)-10×(4 466.7-245)×6.3%=1 562(万元)。

达产后需要的流动资金在计算期末全部回收。该数字可在辅助报表"流动资金估算表"(见表6-2)中取得。

(3) 填列现金流出栏

现金流出栏由建设投资、流动资金及经营成本等组成。

此处的建设投资包括固定资产、无形资产等,但不包括建设期借款利息。值得注意的是,在生产期发生的局部固定资产更新、改造投资,也应填列在建设投资的相应年份中。该项数据可以在辅助报表"项目总投资使用计划与资金筹措表"(见表6-4)中取得。

流动资金是指流动资金的每年增加额,而不是指每年的流动资金总额。它是在项目投产后,随着生产负荷的增加而逐步注入的,当项目达产后,若负荷不变,就不需再行注入流动资金。该项数据可以在辅助报表"流动资金估算表"(见表6-2)或"项目总投资使用计划与资金筹措表"(见表6-4)中取得。

经营成本可以根据辅助报表"总成本费用估算表"(见表6-9)的对应数据直接填列。营业税金及附加数据可通过基本报表"利润与利润分配表"(见表6-11)获得。

(4) 计算所得税前净现金流量

各年的所得税前净现金流量等于相应各年的现金流入与现金流出之差。

(5) 计算累计所得税前净现金流量

将本年所得税前净现金流量与以前各年净现金流量加总即可得到本年累计所得税前净现金流量。

(6) 调整所得税

以息税前利润为基数计算得到项目各个年度的所得税。

(7) 计算所得税后净现金流量

该项目等于所得税前净现金流量与所得税之差。

(8) 计算所得税后累计净现金流量

将各年所得税后净现金流量加上以前各年的所得税后净现金流量即可得出。

(9) 计算财务评价指标

主要计算所得税前、税后的财务内部收益率、财务净现值、投资回收期等指标。这部分内容将在下一节介绍。

将上述数据填列和计算完整后,即可完成项目投资现金流量表的编制,见表7-2。

表 7-2 项目投资现金流量表　　　　　单位：万元

序号	年份 项目	建设期		投产期		达到设计能力生产期								合计
		1	2	3	4	5	6	7	8	9	10	11	12	
1	现金流入			3 198	3 997	3 997	3 997	3 997	3 997	3 997	3 997	3 997	6 381	41 555
1.1	营业收入			3 198	3 997	3 997	3 997	3 997	3 997	3 997	3 997	3 997	3 997	39 171
1.2	回收固定资产余值												1 562	1 562
1.3	回收流动资金												704	704
2	现金流出	2 096	2 371	2 598	2 582	2 458	2 458	2 458	2 458	2 458	2 458	2 458	2 458	31 994
2.1	建设投资	2 096	2 371											4 467
2.2	流动资金			580.1	123.9									704
2.3	经营成本			1 745	2 117	2 117	2 117	2 117	2 117	2 117	2 117	2 117	2 117	20 798
2.4	营业税金及附加			273	341	341	341	341	341	341	341	341	341	3 342
3	所得税前净现金流量(1—2)	-2 096	-2 371	600	1 415	1 539	1 539	1 539	1 539	1 539	1 539	1 539	3 805	12 126
4	累计所得税前净现金流量	-2 096	-4 467	-3 867	-2 452	-913	626	2 165	3 704	5 243	6 782	8 321	12 126	
5	调整所得税			122	225	250	276	294	298	298	298	298	298	2 657
6	所得税后净现金流量(3—5)	-2 096	-2 371	478	1 190	1 289	1 263	1 245	1 241	1 241	1 241	1 241	3 507	9 469
7	累计所得税后净现金流量	-2 096	-4 467	-3 988	-2 799	-1 509	-246	999	2 240	3 480	4 721	5 962	9 469	
计算指标		财务内部收益率： 财务净现值(ic=10%)： 投资回收期：		所得税前 24.6% ￥3 882(万元) 5.6				所得税后 20.2% ￥2 596(万元) 6.2							

注：(1)根据需要可在现金流入和现金流出栏里增减项目；(2)生产期发生的维持运营投资作为现金流出可单独列项。

2. 项目资本金现金流量表

项目资本金现金流量表从投资者角度出发，以投资者的出资额作为计算基础，把借款本金和利息支付作为现金流出，用以计算资本金财务内部收益率、净现值等指标，也是项目财务评价中重要的基本报表之一。

项目资本金现金流量表与项目投资现金流量表的结构基本相同，大部分数据也可套用。其主要区别在于：

在项目资本金现金流量表的现金流出中，将建设投资和流动资金中的资本金部分合作一栏，即"资本金"，将非自有的部分不予考虑。新增加"借款本金偿还"和"借款利息支付"两栏。

项目资本金现金流量表是完全站在投资者自身的角度考核项目的资金运动，凡是项目的现金流入，都是投资者的收入，而这些收入又是投资者自有资金和借入资金共同取得的，借入资金还本付息之后的收入就是投资者自有资金（即资本金）的收入。因此，借款本金的偿还和利息的支付就成为两项现金流出。

项目资本金现金流量表与项目投资现金流量表的编制程序与方法基本相同,下面仍以某化工项目为例作一简要说明。

(1) 填列现金流入栏

现金流入栏包括营业收入、回收固定资产余值和回收流动资金。这些数据的填列和项目投资现金流量表完全相同。但值得注意到是,固定资产余值的计算应该根据包括建设期利息的固定资产原值进行计算。

在本案例中,固定资产余值＝4 550.49－10×287＝1 680(万元)

(2) 填列现金流出栏

现金流出栏去掉了建设投资、流动资金两个栏目,新增了项目资本金、借款本金偿还及利息支付三个栏目,其他经营成本等栏目没有变化。其中,项目资本金项数据可以在辅助报表"项目总投资使用计划与资金筹措表"(见表 6-4)中取得,借款本金偿还数据可以在下面将要介绍的辅助报表"借款还本付息计划表"(见表 7-6)中取得,而利息支出的数据可通过"总成本费用估算表"(见表 6-9)获得。

(3) 计算净现金流量

这个栏目的填列与项目投资现金流量表完全相同。

此外,对于投资者而言,只有所得税的税后所得才是投资者能够实现的收益,因而所得税前的相关栏目及指标就不再填列和计算。

根据上述计算填列的结果,就可完整地编制项目资本金现金流量表,见表 7-3。

表 7-3 项目资本金现金流量表 单位:万元

序号	年份 项目	建设期		投产期	达到设计能力生产期								合计
		1	2	3	4	5	6	7	8	9	10	11	12	
1	现金流入			3 198	3 997	3 997	3 997	3 997	3 997	3 997	3 997	3 997	6 381	41 555
1.1	营业收入			3 198	3 997	3 997	3 997	3 997	3 997	3 997	3 997	3 997	3 997	39 171
1.2	回收固定资产余值												1 680	1 680
1.3	回收流动资金												704	704
2	现金流出	396	871	3 407	3 997	3 998	3 637	2 795	2 799	2 799	2 799	2 799	2 799	33 096
2.1	项目资本金	396	871	209										1 476
2.2	借款本金偿还			683	994	1 067	784							3 528
2.3	借款利息支付			375.0	320	223	119	43.0	43.0	43.0	43.0	43.0	43.0	1 295
2.4	经营成本			1 745	2 117	2 117	2 117	2 117	2 117	2 117	2 117	2 117	2 117	20 798
2.5	营业税金及附加			273	341	341	341	341	341	341	341	341	341	3 342
2.6	所得税			122	225	250	276	294	298	298	298	298	298	2 657
3	净现金流量 (1－2)	－396	－871	－209	0	－1	360	1 202	1 198	1 198	1 198	1 198	3 582	8 459
计算指标		财务内部收益率:28.3%　　　财务净现值(ic＝10%):¥2 672(万元)												

注:(1) 项目资本金包括投资者用于建设投资、建设期利息和流动资金的出资额。(2) 根据需要可在现金流入和现金流出栏里增减项目;本表适用于新设法人项目与既有法人项目的"有项目"的现金流量分析。

3. 投资各方现金流量表

投资各方现金流量分析是从投资各方实际收入和支出的角度,确定其现金流入和现金流出,分别编制投资各方现金流量表,计算投资各方的财务内部收益率指标,考察投资各方可能的收益水平。

投资各方财务现金流量表的现金流入是指出资方因该项目的实施将实际获得的各种收入,主要包括实分利润、资产处置收益分配、租赁费收入、技术转让或使用收入及其他现金流入。其中,实分利润是指投资者由项目获取的利润;资产处置收益分配是指对有明确的合营期限的项目,在期满时对资产余值按股比或约定比例的分配;租赁费收入是指出资方将自己的资产租赁给项目使用所获得的收入,此时应将资产价值作为现金流出,列为租赁资产支出科目;技术转让或使用收入是指出资方将专利或专有技术转让或允许该项目使用所获得的收入。现金流出包括实缴资本、租赁资产支出和其他现金流出。

现金流入和现金流出的有关数据,可以依据"营业收入、营业税金及附加和增值税估算表"、"项目总投资使用计划与资金筹措表"和"总成本费用估算表"等有关财务报表直接填列或者经过这些报表的计算间接得出。根据上述计算填列的结果,就可完整地编制项目投资各方现金流量表,见表7-4。

表7-4 投资各方现金流量表　　　　　　　　单位:万元

序号	项　目	合计	计　算　期					
			1	2	3	4	…	n
1	现金流入							
1.1	实分利润							
1.2	资产处置收益分配							
1.3	租赁费收入							
1.4	技术转让或使用收入							
1.5	其他现金流入							
2	现金流出							
2.1	实缴资本							
2.2	租赁资产支出							
2.3	其他现金流出							
3	净现金流量(1-2)							
计算指标	投资各方净现值 投资各方财务内部收益率(%)							

注:(1)本表可按不同投资方分别编制;(2)本表既适用于内资企业也适用于外商投资企业,既适用于合资企业也适用于合作企业。

一般情况下,投资各方按比例分配利润和承担风险,不必计算投资各方的内部收益率。当各方投资者有股权之外的不对等的利益分配时(契约式的合作企业常常会有这种情况),投资各方的收益率才会有差异,此时常常需要计算投资各方的内部收益率。

(二) 利润与利润分配表

利润与利润分配表是项目财务分析的基本报表之一,它反映项目计算期内各年的利润总额、所得税及税后利润分配情况,用以计算总投资收益率、资本金净利润率等指标。该表在前一章已经讨论过(见表 6-11),在此从略。

(三) 财务计划现金流量表

财务计划现金流量表也是项目财务分析的基本报表之一,它反映了项目计算期内各年的投资活动、融资活动和经营活动所产生的各项现金流入和流出情况。在项目运营期间,确保从各项经济活动中得到足够的净现金流量是项目能够持续生存的条件。项目财务计划现金流量表的作用是:记录项目现金流入和流出的数量及时序,计算净现金流量和累计盈余资金,分析项目是否有足够的净现金流量维持项目的正常运营,以实现项目的持续性。它是项目财务生存能力分析的基础。

财务计划现金流量表分为五大项,即经营活动净现金流量、投资活动净现金流量、融资活动净现金流量、净现金流量和累计盈余资金。每一项活动的净现金流量又分为现金流入和现金流出,现金流入减现金流出为净现金流量。

1. 填列经营活动现金流量

(1) 现金流入。包括营业收入、增值税销项税额、补贴收入和其他流入。可根据"营业收入、营业税金及附加和增值税估算表"以及"利润与利润分配表"填列。

(2) 现金流出。包括经营成本、增值税进项税额、营业税金及附加、增值税、所得税和其他流出。可根据"营业收入、营业税金及附加和增值税估算表"、"总成本费用估算表"以及"利润与利润分配表"填列。

2. 填列投资活动现金流量

(1) 现金流入。对于新建法人项目,投资活动的现金流入为零。

(2) 现金流出。包括建设投资、维持运营投资、流动资金和其他流出。可根据"建设投资估算表""流动资金估算表""项目总投资使用计划与资金筹措表"填列。

3. 填列筹资活动净现金流量

(1) 现金流入。包括项目资本金投入、建设投资借款、流动资金借款、债券、短期借款和其他流入。可根据"项目总投资使用计划与资金筹措表"填列。

(2) 现金流出。包括各种利息支出、偿还债务本金、应付利润(股利分配)和其他流出。可根据"总成本费用表"和"借款还本付息表"填列。

4. 计算项目净现金流量和累计盈余资金

将每年的经营活动、投资活动、融资活动净现金流量加总可得到项目净现金流量。逐年累加项目净现金流量即可获得项目累计盈余资金。累计盈余资金形成项目的流动资产。

将上述数据填列和计算完整后,即可完成项目财务计划现金流量表的编制,见表 7-5。

表7-5 财务计划现金流量表 单位：万元

序号	项目	合计	计算期											
			1	2	3	4	5	6	7	8	9	10	11	12
1	经营活动净现金流量(1.1-1.2)	12 375	0	0	1 058	1 314	1 290	1 264	1 245	1 241	1 241	1 241	1 241	1 241
1.1	现金流入	39 171	0	0	3 198	3 997	3 997	3 997	3 997	3 997	3 997	3 997	3 997	3 997
1.1.1	营业收入	39 171			3 198	3 997	3 997	3 997	3 997	3 997	3 997	3 997	3 997	3 997
1.2	现金流出	26 796	0	0	2140	2 683	2 707	2 733	2 752	2 756	2 756	2 756	2 756	2 756
1.2.1	经营成本	20 798			1 745	2 117	2 117	2 117	2 117	2 117	2 117	2 117	2 117	2 117
1.2.2	营业税金及附加	294			24	30	30	30	30	30	30	30	30	30
1.2.3	增值税	3 048			249	311	311	311	311	311	311	311	311	311
1.2.4	所得税	2 656			122	225	249	275	294	298	298	298	298	298
2	投资活动净现金流量(2.1-2.2)		-2 178	-2 617	-580	-124	0	0	0	0	0	0	0	0
2.1	现金流入	0												
2.2	现金流出	5 499	2 178	2 617	580	124	0	0	0	0	0	0	0	0
2.2.1	建设投资	4 795	2 178	2 617										
2.2.2	流动资金	704			580	124								
3	融资活动净现金流量(3.1-3.2)	676	2 178.3	2 617	-478	-1 190	-1 289.7	-903.6	-43	-43	-43	-43	-43	-43
3.1	现金流入	5 499	2 178.3	2 617	580	124	0	0	0	0	0	0	0	0
3.1.1	项目资本金投入	1 476	3 96	871	209									
3.1.2	建设投资借款	3 529	1 783	1746										
3.1.3	流动资金借款	495			371	124								
3.2	现金流出	4 824	0	0	1 058	1 314	1 290	904	43	43	43	43	43	43
3.2.1	各种利息支出	1295			375	320	223	119	43	43	43	43	43	43
3.2.2	偿还债务本金	3 529			683	994	1 067	784						
4	净现金流量(1+2+3)	7 551	0	0	0	0	0	360	1 202	1 198	1 198	1 198	1 198	1 198
5	累计盈余资金	27 700	0	0	0	0	0	360	1 562	2 760	3 958	5 156	6 353	7 551

注：(1)对于新设法人项目,本表投资活动的现金流入为零;(2)对于既有法人项目,可适当增加科目;(3)对外商投资项目应将职工奖励与福利基金作为经营活动现金流出。

（四）借款还本付息计划表

长期借款还本付息计算的目的有两个：一是为了考察项目的偿债能力,作为项目借款的依据；二是通过对长期借款还本付息的计算,可以确定项目的财务费用,从而构成估算项目总成本、分析项目盈利能力的基础数据。项目的借款偿还和利息支付情况可通过编制报表"借款还本付息计划表"进行估算。如表7-6所示,借款还本付息计划表包括借款及还本付息、偿还借款本金资金来源两大栏。

1. 借款及还本付息

要填列本栏相关数据,除根据"项目总投资使用计划与资金筹措表"(见表6-4)的相关栏目进行填列外,关键是要对每年的利息支付情况给予估算。为简化处理,在计算长期借款的还本付息时,假定每年的借款均发生在当年的年中,而还款则发生在年末,故此项目在建设期发生的利息支出可运用第6章的公式进行估算,而在借款偿还期发生的利息支出则直接按照年初的借款余额进行计算。

借款的还本付息,一般应按照先偿还外币借款,后偿还人民币借款的顺序处理。如果当年还款的资金来源大于当年取得的外汇,也可以同时偿还外汇借款和人民币借款。通常应遵循"先外后内,先高后低,先支后付"的原则,或按借款的协议规定偿还。

2. 偿还借款本金资金来源

按现行规定,用于还款的资金来源主要有利润、折旧与摊销以及其他来源。其中,按是否缴纳所得税,利润又分为税前还款利润和税后还款利润两种情况。其他则包括基建收入和按财务部门批准,在还本付息期还款有困难的,可用减免的营业税金还款。

在本案例中,我们是以所得税后可供分配的利润作为还款的资金来源,该数据可从"利润与利润分配表"(见表6-11)中取得,折旧与摊销数据可从"总成本费用估算表"(见表6-9)中获得。

根据上述计算的数据以及从相关报表获取的数据即可编制"借款还本付息计划表"(见表7-6),并进行借款偿还期的计算。

表7-6 借款还本付息计划表　　　　　　　　单位:万元

序号	年份 项目	利率 (%)	建设期		投产期	达到设计生产能力期				合计
			1	2	3	4	5	6	7	
1	借款及还本付息									
1.1	年初借款本息累计			1 783	3 529	2 845	1 851	784	0	10 792
1.1.1	本金			1 700	3 200					4 900
1.1.2	建设期利息			82.6	329					411.6
1.2	本年借款		1 700	1 500						3 200
1.3	本年应计利息	9.72	82.6	246	343	277	180	76	0	1 214
1.4	本年还本				683	994	1067	784	0	3 528
1.5	本年付息				343	277	180	76	0	876
2	偿还借款本金资金来源									0
2.1	利润				365	676	748	826	883	3 498
2.2	折旧				287	287	287	287	287	1 435
2.3	摊销				32	32	32	32	32	160

续表

序号	年份\项目	利率(%)	建设期		投产期	达到设计生产能力期				合计
			1	2	3	4	5	6	7	
	合计(2.1+2.2+2.3)				683	994	1 067	1 144	1 202	5 091
计算指标	借款偿还期 =(7-3)+(784/1 144)=4.69 年									
	利息备付率									
	偿债备付率									

注：(1) 本报表与财务分析辅助表"建设期利息估算表"可合二为一。(2) 本表直接适用于新设法人项目，如有多种借款或债券，必要时应分别列出。(3) 对于既有法人项目，在按有项目范围进行计算时，可根据需要增加项目范围内原有借款的还本付息计算；在计算企业层次的还本付息时，可根据需要增加项目范围外借款的还本付息计算；当简化直接进行项目层次新增借款还本付息计算时，可直接按新增数据进行计算。

（五）资产负债表

资产负债表也是项目财务分析的基本报表之一，该表反映项目计算期内各年末资产、负债和所有者权益的增减变化及对应关系，以考核项目资产、负债、所有者权益的结构是否合理，用以计算资产负债率、流动比率、速动比率，进行偿债能力分析。

资产负债表包括资产、负债及所有者权益两大栏目，其基本格式如表 7-7 所示。

1. 资产栏的填列

资产主要包括流动资产、在建工程、固定资产净值和无形及其他资产净值等栏目。其中，流动资产中的应收账款、存货、预付账款等数据可从辅助报表"流动资金估算表"（见表 6-2）中获得，货币资产中的现金数据可从辅助报表"流动资金估算表"中获得，累计盈余资金可从"财务计划现金流量表"（见表 7-5）中获得；在建工程数据可根据"项目总投资使用计划与资金筹措表"（见表 6-4）投资进度数据累加而得；固定资产净值、无形及其他资产净值数据可以直接取自"固定资产折旧费估算表"（见表 6-5）和"无形资产和其他资产摊销估算表"（见表 6-6），或根据固定资产原值、无形及其他资产原值以及每年的折旧摊销情况进行计算而得。

2. 负债及所有者权益栏的填列

负债及所有者权益主要包括流动负债、长期借款和所有者权益三项。其中，流动负债中的应付账款等数据可从"流动资金估算表"（见表 6-2）中获得，流动资金借款数据可根据"项目总投资使用计划与资金筹措表"（见表 6-4）中流动资金借款的投入数据累加而得；长期借款数据可取自"借款还本付息计划表"（见表 7-6）；所有者权益中的资本金数据可根据"项目总投资使用计划与资金筹措表"（见表 6-4）中资本金的投入数据累加而得，累计盈余公积金数据可根据"利润与利润分配表"（见表 6-11）的盈余公积金逐年提取的数据累加而得，而累计未分配利润可根据"利润与利润分配表"的未分配利润数据累加而得。

根据上述数据就可编制资产负债表，见表 7-7。

表 7-7 资产负债表   单位：万元

序号	年份 项目	建设期 1	建设期 2	投产期 3	达到设计能力生产期 4	5	6	7	8	9	10	11	12
1	资产	2 179	4 796	5 156	4 986	4 667	4 709	5 592	6 486	7 380	8 274	9 169	10 063
1.1	流动资产总额	0	0	679	828	828	1 188	2 390	3 588	4 786	5 984	7 181	8 380
1.1.1	应收账款			146	177	177	177	177	177	177	177	177	177
1.1.2	存货			524	642	642	642	642	642	642	642	642	642
1.1.3	货币资金			9	9	9	369	1 571	2 769	3 967	5 165	6 363	7 561
1.2	在建工程	2 179	4 796										
1.3	固定资产净值			4 264	3 977	3 690	3 404	3 117	2 830	2 544	2 257	1 970	1 683
1.4	无形及其他资产净值			213	181	149	117	85	68	51	34	17	0
2	负债及所有者权益	2 179	4 796	5 156	4 986	4 667	4 709	5 592	6 486	7 380	8 274	9 169	10 063
2.1	流动负债总额	0	0	470	619	619	619	619	619	619	619	619	619
2.1.1	应付账款			99	124	124	124	124	124	124	124	124	124
2.1.2	流动资金借款			371	495	495	495	495	495	495	495	495	495
2.1.3	其他短期借款												
2.2	长期借款	1783	3529	2845	1851	784							
	负债小计	1783	3529	3315	2470	1403	619	619	619	619	619	619	619
2.3	所有者权益	396	1 267	1 841	2 516	3 264	4 090	4 973	5 867	6 762	7 656	8 550	9 444
2.3.1	资本金	396	1 267	1 476	1 476	1 476	1 476	1 476	1 476	1 476	1 476	1 476	1 476
2.3.2	资本公积金												
2.3.3	累计盈余公积金			36	104	179	261	350	439	529	618	707	797
2.3.4	累计未分配利润			329	936	1 609	2 353	3 147	3 952	4 757	5 562	6 367	7 171
计算指标	资产负债比率(%)	82	74	64	50	30	13	11	10	8	7	7	6
计算指标	流动比率			1.4	1.3	1.3	1.9	3.9	5.8	7.7	9.7	11.6	13.5
计算指标	速动比率			0.3	0.3	0.3	0.9	2.8	4.8	6.7	8.6	10.6	12.5

注：(1) 货币资金包括现金和累计盈余资金；(2) 可根据需要调整、增加科目。

第二节 项目财务盈利能力分析

盈利能力是反映项目财务效益的主要标志，在财务评价中，应当考察拟建项目建成投产后是否盈利，盈利能力是否足以使项目可行。进行财务盈利能力分析的目的是考核投资的盈利水平，但仅通过现金流量还不能将投资项目的盈利水平表现出来，因为现金流量之间缺乏可比性，需要进一步进行分析和计算，把现金流量用几个简单明了的数量指标反映出来。按是否考虑资金的时间价值，考核项目盈利水平的方法可分为静态分析和动态分析方法，相应的评价指标也分为静态指标和动态指标。根据投资决策的阶段，财务盈利能力分析包括融资前分析和融资后分析。

一、融资前分析

融资前分析排除了融资方案变化的影响,从项目投资总获利能力的角度,考察项目的经济合理性。融资前分析应以动态分析为主,静态分析为辅。

(一)静态指标

衡量项目融资前财务盈利水平的静态指标主要有全部投资回收期(P_t)指标。

全部投资回收期是指以项目净收益来抵偿项目全部投资所需要的时间。该指标(通常以年为单位)一般从项目建设开始年进行计算。其表达式为:

$$\sum_{t=1}^{P_t}(CI-CO)_t=0$$

式中:P_t——全部投资回收期;CI——现金流入量;CO——现金流出量;$(CO-CI)_t$——第 t 年的净现金流量。

上式只是计算全部投资回收期的理论表达式。在项目评价实际操作中,可按照如下程序和方法计算该指标并进行投资决策:

(1)根据每期预期现金流入和现金流出情况计算每期的净现金流。

(2)根据每期的净现金流计算累计净现金流。

(3)运用累计净现金流数列,计算求得投资回收期。计算公式为:

$$P_t=(累计净现金流量开始出现正值年份数-1)+\frac{上年累计净现金流量的绝对值}{当年净现金流量}$$

(4)运用计算所得的投资回收期进行投资决策。运用此法进行投资决策时,需要将投资项目的回收期同投资者主观上既定的期望回收期或该行业基准回收期相比较。如果投资项目回收期≤期望回收期或该行业基准回收期,则接受投资项目;反之,则拒绝投资项目。通常,项目的投资回收期越短,则项目的财务效益越好。

全部投资回收期用"项目投资现金流量表"中的累计净现金流量一行数据进行计算。

仍以某化工项目为例,说明全部投资回收期指标的计算。已知项目所在行业的投资基准回收期为 9 年,根据"项目投资现金流量表"(见表 7-2)中的有关数据,可进行如下计算。

全部投资回收期_{所得税前}＝6－1＋913/1539＝5.6(年)

全部投资回收期_{所得税后}＝7－1＋246/1245＝6.2(年)

由于这两个指标均显著小于项目所在行业的投资基准回收期(9 年),表明项目投资能按时收回,项目的投资回收能力较强。

(二)动态指标

在项目评估中,动态分析指标主要计算财务净现值和财务内部收益率两个指标。对于融资前分析来说,需要根据项目投资现金流量表分别计算项目所得税前财务净现值和财务内部收益率以及项目所得税后财务净现值和财务内部收益率四个指标。

1. 净现值(Net Present Value, NPV)

净现值是指将项目生命周期内各年所发生的增量净现金流量按照相应的贴现率换算成现值所得的现值之和。它是一个考察项目在计算期内盈利能力的绝对指标,其数学表达式为:

$$NPV = \sum_{t=1}^{n} (CI - CO)_t (1+i)^{-t}$$

式中:CI——现金流入量;

CO——现金流出量;

$(CI-CO)_t$——第 t 年的净现金流量;

i——项目的贴现率。

根据上述表达式可知,净现值指标的计算步骤如下:

(1) 根据估测的投资项目的现金流量编制项目财务现金流量表,并求取项目的净现金流量;

(2) 用适当的贴现率将净现金流量折算成现值,得到贴现净现金流量;

(3) 将所有的净现金流量的现值加起来,所得到的总和,就是投资项目的净现值。

一般说来,项目财务净现值大于等于零的投资,在经济上都是可行的。

对于融资前分析来说,财务净现值要计算两个指标,即项目投资税前净现值和税后净现值,用于考察项目投资的盈利水平。项目投资税后净现值、税前净现值可利用"项目投资现金流量表"中的净现金流量和税前净现金流量分别计算。

仍以某化工项目为例,说明上述两个动态财务评价指标的计算。已知项目所在行业的贴现率为 10%。根据"项目投资现金流量表"(见表 7-2)净现金流量和税前净现金流量数据,可得如下计算结果:

$$财务净现值_{所得税后} = 3\ 882(万元)$$
$$财务净现值_{所得税前} = 2\ 596(万元)$$

由于该项目的税前和税后净现值指标均是一个大于零的正值,所以该项目可行。

2. 内部收益率(Internal Rate of Return, IRR)

(1) 定义

内部收益率,定性地说,它是指客观存在于项目内部所固有的投资报酬率;定量地讲,它是指项目的净现值等于零时的贴现率。内部收益率不同于净现值,本身并不受项目所选贴现率的影响,完全取决于项目的现金流量,反映了项目所固有的内在特性,这也是其被称为"内部收益率"的原因所在。项目内部收益率本身相当于一个利率,易于被理解,因而应用相当普及,是一个重要的动态指标。其数学表达式为:

$$NPV = \sum_{t=1}^{n} (CI - CO)_t (1+IRR)^{-t} = 0$$

式中:IRR——项目的内部收益率;其他符号意义同上。

为了准确理解 IRR 的含义,可通过项目贴现率和净现值之间的关系来进一步阐述。

如图7-1所示,图中的横坐标表示贴现率,纵坐标表示净现值,曲线W代表净现值曲线。

由图7-1可知,贴现率越低,净现值越大;贴现率愈高,则净现值越小。曲线W与横坐标交于C点,此点的净现值为零,而处于此点的贴现率即为内部收益率。所以,内部收益率也可以说是一个特殊的贴现率,按此贴现率对投资项目的现金流出和现金流入进行贴现,则现金流出现值之和等于现金流入现值之和,而项目的净现值为零。当一个项目的内部收益率与按资本的机会成本所确定的贴现率(或基准收益率)相等时,说明该项目达到了所允许的盈利水平。如果内部收益率大于这一贴现率,则说明项目的盈利能力较强。

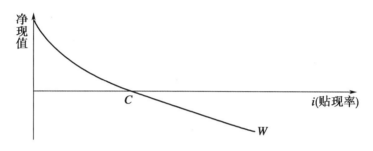

图7-1 净现值和贴现率的关系图

因此,投资者运用内部收益率法进行项目投资决策的理论根据是,如果某一投资项目的内部收益率超过其资金成本率,则在扣除该项目的投资成本后,它还会给投资者带来超额利润,故接受该项目可以增加其财富。相反地,若投资项目的内部收益率比其资金成本还低,则接受该项目就会使投资者入不敷出。所以,对于投资者来说,凡是内部收益率大于或等于基准收益率的独立项目都可以接受。

(2) 内部收益率的计算方法

求内部收益率的基本方法是累试加插值法,即通过多次试算,并运用插值法求解使得项目的净现值为零时的贴现率的方法。其步骤是:

① 确定初始估算值。确定初始值的目的在于使得开始试算时使用的贴现率比较接近内部收益率,这样就可以减少试算次数及工作量。一般初始值从规定的贴现率开始,试算结果(净现值)如果出现较大的正值,则可较大幅度提高贴现率再试算。

② 在初试基础上采用不同贴现率累试,求出项目净现值为最小正值和最大负值时的贴现率,最小正值和最大负值都是比较接近零的,因此,这两个贴现率都比较接近内部收益率,且内部收益率必然位于这两个贴现率之间的某一点。

③ 用插值法求得内部收益率。按插值法原理,其计算公式为:

$$IRR = i_1 + \frac{NPV_1}{|NPV_1| + |NPV_2|} \times (i_2 - i_1)$$

式中:i_1——较低贴现率;

i_2——较高贴现率;

NPV_1——i_1时的净现值,为接近零的最小正值;

NPV_2——i_2 时的净现值,为接近零的最大负值。①

与财务净现值一样,通过项目投资现金流量表的所得税前和所得税后净现金流量可分别计算项目投资的所得税前、所得税后内部收益率,用于考察项目融资前的盈利能力。一般地,项目投资的内部收益率高于基准收益率的投资,在经济上都是可行的投资。

仍以某化工项目为例,说明上述动态财务评价指标的计算。首先以贴现率 10% 为初始值,说明项目投资的税前内部收益率的计算过程。根据"项目投资现金流量表"(见表 7-2)净现金流量数据,可进行如下计算:

$$NPV_{10\%}=3\,882(万元)$$

显然,当贴现率为 10% 时,项目的净现值为 3 882 万元,为一个远远大于零的数值,所以继续提高贴现率进行测算。则当贴现率为 23% 时,净现值为 80 万元;当贴现率为 26% 时,净现值为 -175 万元,这说明项目的内部收益率一定在 24%~26% 之间。用插值法计算内部收益率如下:

$$IRR=24\%+\frac{80}{|80|+|-175|}\times(26-24)\%\approx24.6\%$$

依此类推,根据"项目投资现金流量表"(见表 7-2)税后净现金流量数据,可计算项目投资的税后内部收益率为 20.2%。

由于上述内部收益率指标均显著大于 10%,所以在不考虑融资方案的条件下,初步判断该投资项目可行。

二、融资后分析

如果融资前盈利能力分析表明项目可行,则进一步做融资后盈利能力分析。融资后分析,同样包括动态分析和静态分析。

(一) 静态指标

衡量项目融资后财务盈利水平的静态指标主要包括总投资收益率和资本金净利润率两个指标。

1. 总投资收益率(ROI)

总投资收益率表示总投资的盈利水平,系指项目达到设计生产能力后正常年份的年息税前利润或运营期内年平均息税前利润(EBIT)与项目总投资(TI)的比率。计算公式为:

$$ROI=\frac{EBIT}{TI}\times100\%$$

式中:ROI——总投资收益率;

$EBIT$——项目正常年份的年息税前利润或运营期内年平均息税前利润;

TI——项目总投资。

---

① 在实际运用中,两个贴现率值不能相差太大,最好不要超过 2%,最大不要超过 5%,否则误差太大。

如果项目生产期较短,且年息税前利润额波动较大,可以选择运营期的平均年息税前利润额;若项目生产期较长,年息税前利润在生产期又没有较大的波动,可选择正常生产年份的年息税前利润额。

式中的总投资为建设投资、建设期利息和流动资金之和,可从"项目总投资使用计划与资金筹措表"中查得;息税前利润可从"利润与利润分配表"中查得。

总投资收益率表示总投资的收益水平,当其高于同行业的总投资收益率参考值时,表明用总投资收益率表示的项目盈利能力满足要求。同行业收益率的参考值可从《建设项目经济评价方法与参数》中查得。

2. 资本金净利润率(ROE)

资本金净利润率是指项目达到设计生产能力后的一个正常年份的年净利润总额或项目生产期内的年平均净利润总额与资本金的比率。该指标从项目投资者所投入资本金的角度反映了项目盈利能力的大小。其计算公式为:

$$ROE = \frac{NP}{EC} \times 100\%$$

式中:ROE——资本金净利润率;

NP——项目正常年份的年净利润或运营期内年平均净利润;

EC——项目资本金。

其中,净利润是指所得税后净利润。

资本金净利润率可根据"利润与利润分配表"及"项目总投资使用计划与资金筹措表"中的有关数据计算求得。显然,对于项目投资者而言,资本金净利润率更好地反映了项目资本金的增值能力是否能够满足投资者追求利润最大化的要求。在财务评价时,应该将投资项目的资本金净利润率同投资者主观上预定的期望平均报酬率相比,以判别项目投资盈利能力是否达到预期水平。如果投资项目资本金净利润率≥期望平均报酬率,则接受投资项目;反之,则拒绝投资方案;如果有若干投资项目可供选择,应该选择平均报酬率最高的投资项目。

仍以某化工项目为例,说明上述静态财务评价指标的计算。已知项目所在行业的基准总投资收益率为10%,投资者期望报酬率为30%。根据"利润与利润分配表"(见表6-11)及"项目总投资使用计划与资金筹措表"(见表6-4)等中的有关数据,可进行如下计算。

(1)总投资收益率

年息税前利润=项目息税前利润总额/生产期=11 919/10=1 191.9(万元)

总投资收益率=年息税前利润/总投资=1 191.9/5 499.5=21.7%

(2)资本金净利润率

年平均净利润总额=项目生产期净利润总额/生产期=7 971/10=797.1(万元)

资本金净利润率=年平均净利润总额/项目资本金×100%=797.1/1 476.1×100%
=54%

由于上述两个指标均高于相应的行业基准总投资收益率和资本金净利润率,这说明用项目财务评价的静态指标来衡量,该化工项目是可行的。

(二) 动态分析

衡量项目融资后财务盈利水平的动态指标主要包括项目资本金净现值和项目资本金内部收益率两个指标。

1. 净现值

对于融资后分析来讲,根据"项目资本金现金流量表"的净现金流量计算出的财务净现值反映了投资者在获得借款和还本付息以后所能期望得到的盈利水平。对于企业而言,项目资本金净现值能够更好地衡量项目上马后对企业贡献的大小,因而这一指标对投资者的最后决策具有决定性影响。

仍以某化工项目为例,说明项目资本金净现值指标的计算。已知项目所在行业的贴现率为10%。根据"项目资本金现金流量表"(见表7-3)中的净现金流量数据,可得如下计算结果:

$$财务净现值_{资本金}=2\,672(万元)$$

由于该项目资本金净现值指标是一个远远大于零的正值,所以该项目可行。

如果项目为合资项目,则以投资各方出资额为基础编制"项目投资各方现金流量表",并根据表中的净现金流量数据,用出资方期望实现的最低收益率作为贴现率,分别计算项目有关各方的财务净现值,考察投资各方可能获得的收益水平,并据此判断项目是否满足投资各方的获利要求。

2. 内部收益率

与财务净现值一样,通过项目资本金现金流量表的净现金流量可以计算项目资本金的内部收益率。与项目投资内部收益率相比,资本金财务内部收益率是一个对企业更有意义的指标。

一般地,项目投资的内部收益率高于基准收益率的投资,在经济上都是可行的投资。当项目投资的内部收益率大于借款利率时,则资本金的内部收益率主要取决于借款在投资总额中的比例。当没有借款时,资本金的内部收益率等于项目投资的收益率;当借款比例增加时,资本金的内部收益率相应增加;当借款比例接近100%时,资本金的内部收益率趋于无穷大。因此,资本金内部收益率一方面反映资本金的报酬水平,另一方面也反映项目的融资情况。

仍以某化工项目为例,说明上述财务评价指标的计算。根据"项目资本金现金流量表"(见表7-3)中的净现金流量数据,计算得到项目资本金的内部收益率为28.3%。由于该内部收益率指标为大于10%的正值,所以在考虑融资方案后,该投资项目仍然可行。

如果项目为合资项目,则同样需要编制"项目投资各方现金流量表",并根据表中的净现金流量数据分别计算项目有关各方的财务内部收益率,考察投资各方可能获得的收益水平。投资各方的财务内部收益率应与出资方期望实现的最低收益率比较,以判断项目是否满足投资各方的获利要求。

第三节 项目清偿能力分析与财务生存能力分析

一、项目清偿能力分析

项目清偿能力分析，主要是考察项目计算期内各年财务状况及偿债能力，它主要通过计算固定资产投资国内借款偿还期、利息备付率、偿债备付率，进行流动性分析来加以考察。

（一）流动性分析

1. 资产负债率（LOAR）

资产负债率是项目各年负债合计与资产合计的比率，它反映了项目各年所面临的财务风险程度及偿债能力，也是反映项目偿债能力的最主要的指标。其计算公式为：

$$资产负债率 = 负债合计/资产合计 \times 100\%$$

公式中的资产合计和负债合计的数据可从"资产负债表"中取得。

在实际运用中，可将求得的资产负债率与行业的资产负债率比较，当项目的资产负债率低于或等于行业的平均水平时，说明项目在财务上是可以接受的。通常，这一比率越小，则说明回收借款的保障就越大；反之，则投资风险程度就越高。因此，这一指标不仅能衡量投资者利用债权人提供资金进行投资和生产经营活动的能力，而且也能反映债权人发放借款的安全程度。

2. 流动比率（FR）

流动比率是项目各年流动资产总额与流动负债总额的比率，它是反映项目各年偿付流动负债能力的指标。其计算公式为：

$$流动比率 = 流动资产总额/流动负债总额 \times 100\%$$

公式中的流动资产包括现金、应收账款、存货、累计盈余资金等项目；流动负债包括应付账款、短期借款等项目。流动资产总额和流动负债总额数据可从"资产负债表"中获得。

通常，流动比率越高，说明项目偿还流动负债的能力越强，项目的经营风险就越小；反之，则经营风险就越大，项目的投资风险程度就越高。因此，此比率能衡量项目短期偿债能力。一般认为，保持 2∶1 的流动比率较为合适。

3. 速动比率（FFR）

速动比率是项目各年速动资产与流动负债的比率，它是反映项目快速偿付流动负债能力的指标。其计算公式为：

$$速动比率 = 速动资产/流动负债 \times 100\%$$

公式中，速动资产是流动资产减去存货和预付费用后的金额，它是指容易转变为现金的流动资产，如现金、有价证券和应收账款等。

由于流动资产中的存货变现能力较差,如果项目的存货所占比重过大,一旦企业需要立即偿还流动负债时就可能导致项目出现资金周转不灵的情况,因此用扣除存货后的速动资产计算的速动比率指标更能反映项目的短期偿债能力。一般认为,速动比率略大于1较为合适。

根据上述公式计算的某化工项目各年的资产负债率、流动比率和速动比率指标的结果见"资产负债表"(表7-7)。项目建成投产后,项目的资产负债率为82%;随着借款的偿还,项目的资产负债率相应下降,还款后资产负债率最高为13%,最低为6%,说明项目前期面临的风险较大,而后期面临的风险不大,偿债能力较强。项目各年流动比率均超过1.3,最高达13.5,说明项目的短期偿债能力较强。项目各年速动比率均超过0.3,最高达12.5,说明项目投产后快速偿还短期负债的能力较强。

(二)固定资产投资借款偿还期(P_d)

固定资产投资国内借款偿还期是指在国家财税制度及项目具体财务条件下,以项目投产后可用于还款的资金偿还固定资产投资国内借款本金和建设期利息(不包括已用资本金支付的建设期利息)所需要的时间。其表达式为:

$$I_d = \sum_{t=1}^{P_d} R_t$$

式中:I_d——固定资产投资国内借款本金和建设期利息之和;

P_d——固定资产投资国内借款偿还期(一般从借款开始年计算,若从投产年算起则应予注明);

R_t——第t年可用于还款的资金,包括利润、折旧、摊销及其他还款资金。

借款偿还期可由借款还本付息计算表直接推算,以年表示,具体计算公式为:

借款偿还期=(借款偿还后开始出现盈余年份数-开始借款年份)+
当年偿还借款额/当年可用于还款的资金额

由借款偿还期的表达式可知,借款偿还期的理论计算通常假定将还款期间的可供还款利润、折旧费用、摊销费用都作为偿还借款的资金来源,全部用来还款。但在项目还本付息计划制订的实践操作中,可根据项目实际情况确定。

当借款偿还期满足借款机构的要求期限时,即认为项目是有清偿能力的。

涉及外资的项目,其国外借款部分的还本付息,应按已经明确的或预计可能的借款偿还条件(包括还款方式和偿还期限)计算。

就该化工项目来说,如表7-6所示,在本案例中借款还本付息的计算也是在项目投产后按照最大偿还能力进行的。已知中国建设银行要求该项目在8年内还清借款,根据"借款还本付息计划表"(见表7-6)有关数据,可进行如下计算:

借款偿还期=(7-3)+784/1 144=4.69(年)

由于该项目的借款偿还期远远短于借款机构所要求的期限,说明项目具有较强偿还借款的能力。

(三) 备付率分析

1. 利息备付率(ICR)

利息备付率系指在借款偿还期内的息税前利润(EBIT)与应付利息(PI)的比值,它从付息资金来源的充裕性角度反映项目偿付债务利息的保障程度和支付能力,应按下式计算:

$$ICR = \frac{EBIT}{PI}$$

式中:$EBIT$——息税前利润;

PI——计入总成本费用的应付利息。

利息备付率应分年计算。利息备付率表示使用项目盈利偿付利息的保障倍率。利息备付率越高,表明利息偿付的保障程度越高。

利息备付率应测定其最低可接受值。参考国际经验和国内行业的具体情况,根据我国企业历史数据统计分析,一般情况下,利息备付率不宜低于2。利息备付率低于1,表示没有足够资金支付利息,偿债风险很大。

2. 偿债备付率(DSCR)

偿债备付率系指在借款偿还期内,用于计算还本付息的资金($EBITDA - T_{AX}$)与应还本付息金额(PD)的比值,它从还本付息资金来源的充裕性角度反应项目偿付债务本息的保障程度和支付能力,应按下式计算:

$$DSCR = \frac{EBITDA - T_{AX}}{PD}$$

式中:$EBITDA$——息税前利润加折旧和摊销;

T_{AX}——企业所得税;

PD——应还本付息金额,包括还本金额、计入总成本费用的全部利息。融资租赁费用可视同借款偿还。营运期内的短期借款本息也应纳入计算。

偿债备付率应分年计算。偿债备付率表示可用于还本付息的资金偿还借款本息的保证倍率,正常情况下应大于1,且越高越好。偿债备付率也应测定其最低可接受值。参考国际经验和国内行业的具体情况,根据我国企业历史数据统计分析,一般情况下,偿债备付率不宜低于1.3。

通常,当投资者预先同银行商定借款偿还期,按等额还本付息或等额还本利息照付方式进行还本付息时,可运用备付率指标进行清偿能力分析。在实践中,如果是按照项目本身的最大偿还借款的能力进行借款还本付息的安排,则不需计算备付率。

二、财务生存能力分析

财务生存能力分析也可称为资金平衡分析,它主要是通过计算项目的净现金流量和累计盈余资金,来分析、判断项目是否有足够的净现金流量维持项目的正常运营。

1. 分析计算净现金流量

一个项目的净现金流量由经营净现金流量、投资净现金流量和融资净现金流量构成。其中,对于一个经营性投资项目而言,拥有足够的经营净现金流量既是项目实现价值增值的主要源泉,又是项目实现财务可持续的基本条件。通常,在项目建设期要靠融资来维持投资所需资金,在项目运营期要靠项目经营实现的较大净现金流量来还本付息,并实现盈利。如果一个项目不能产生足够的经营净现金流量,或经营净现金流量为负值,说明维持项目正常运行会遇到财务上的困难,要靠短期融资来维持运营。但一个经营性项目不可能永远要靠融资维持项目的正常运营,因此,产生足够的经营净现金流量,对于实现项目的财务可持续性至关重要。

2. 分析计算累计盈余资金

在整个运营期间,项目在个别年份净现金流量出现负值是允许的,只要项目各年累计盈余资金不出现负值,则靠项目本身的现金流量通过年度之间的调剂就可以维持项目的正常运营。但如果项目各年累计盈余资金出现负值,则只能通过短期融资来弥补资金缺口,否则项目就不能正常运营,也就谈不上实现预期盈利。但数额较大的或较频繁的短期融资,有可能导致以后的累计盈余资金无法实现正值,而影响项目的正常运营,并进而对项目的预期盈利能力产生不利影响。因此,项目各年累计盈余资金不出现负值是财务生存的必要条件。

财务生存能力分析应结合清偿能力分析进行。通常,因运营期前期的还本付息的负担较重,故应特别注重运营期前期的财务生存能力分析。

仍以某化工项目为例,如表7-5所示,项目的净现金流量和累计盈余资金在整个期间都没有出现负值,说明项目可以正常运营。在建设期,项目的净现金流量和累计盈余资金都为零,说明通过融资满足了项目投资活动的需要;在借款偿还期,项目的净现金流量和累计盈余资金都为零,说明项目产生了足够的经营净现金流量来满足项目偿还贷款本金的需要;随着贷款本金的偿还,项目的净现金流量和累计盈余资金都转为正值,为项目实现盈利奠定了基础。

此外,对于非经营性项目,由于不以盈利为目的,对该类项目的财务评价主要是进行财务生存能力分析。如果通过财务生存能力分析,说明项目实现的营业收入难以满足项目运营的需要,则可以据此估算项目运营期各年所需的政府补贴数额。关于非经营性项目财务生存能力分析,其原理与经营性项目相同,在此不再赘述。

【能力训练】

1. 简答题

(1) 简要说明投资项目财务评价的内容、方法和基本财务报表。

(2) 项目财务盈利能力分析包括哪些主要指标?如何运用这些指标进行投资决策?

(3) 简要介绍项目偿债能力分析中的各项指标。这些指标有哪些异同?

2. 判断正误

(1) 贷款的还本付息,一般应按照先偿还人民币贷款,后偿还外币贷款的顺序进行。

(2) 固定资产投资借款偿还期指用项目投产后可用于还款的资金偿还固定资产投资国内借款本金所需要的时间。

(3) 固定资产投资借款偿还期短于贷款机构所要求的期限,说明项目具有偿还贷款的能力。

(4) 现金流量表中的现金流出项,应包括建设投资、流动资金、经营成本、营业税金及附加等,其中建设投资中不包括建设期利息。

(5) 根据相关财务报表可计算项目的财务内部收益率、净现值、资产负债率等指标来衡量项目的偿债能力。

(6) 流动比率为流动资产和流动负债的比值,从项目角度看,该比率越大说明项目的投资风险程度越小,所以流动比率越大越好。

3. 案例分析题

运用第六章能力训练案例分析题资料进行财务评价。

1. 编制财务基本报表。

(1) 编制项目投资现金流量表;

(2) 编制资本金现金流量表;

(3) 编制借款还本付息计划表。

2. 对项目进行财务效益分析,判断该项目财务上是否可行,并说明理由。

(1) 计算总投资收益率、资本金净利润率;

(2) 计算所得税前、所得税后项目投资和资本金的财务净现值、财务内部收益率、投资回收期、借款偿还期。

【网络资源与阅读书目】

[1] 林万龙. 投资项目财务分析实务. 北京:中国农业出版社,2011

[2] 王诺,梁晶. 建设项目经济评价案例教程. 北京:化学工业出版社,2008

[3] 万威武,刘新梅,孙卫. 可行性研究与项目评价. 2版. 西安:西安交通大学出版社,2008

[4] 成其谦. 投资项目评价. 3版. 北京:中国人民大学出版社,2010

[5] 张启振,张阿芬. 投资项目评估. 4版. 厦门:厦门大学出版社,2012

第八章 投资项目经济费用效益分析和费用效果分析

【学习要点】本章主要是介绍经济费用效益分析和费用效果分析的基本理论及评估方法。内容包括经济费用效益(效果)评估与财务评估的区别、费用与效益的识别、影子价格的类型与求法、经济评估的基本报表的编制方法、经济费用效益(效果)评估指标方法等内容。

【学习重点与难点】重点掌握经济费用效益评估和财务评估的联系与区别,经济费用效益评估基本报表的编制和费用效益的计算和调整,理解影子价格和国家参数及相关计算。

【基本概念】经济费用效益(效果)分析　直接费用　间接费用　直接效益　间接效益　转移支付　影子价格　分解成本　经济内部收益率　经济净现值

在新的投资体制下,国家对项目的审批和核准重点放在项目的外部效果、公共性方面。经济费用效益分析强调从资源配置经济效率的角度分析项目的外部效果,通过费用效益分析及费用效果分析的方法判断投资项目的经济合理性,是政府审批或核准项目的重要依据。经济费用效益分析是项目评价方法体系的重要组成部分,是市场经济体制下政府对公共项目进行分析评价的重要方法,是市场经济体制下国家政府部门干预投资活动的重要手段。

第一节　经济费用效益分析和费用效果分析概述

确定建设项目经济合理性,就是要从国民经济的角度计算项目的费用与效益,将建设的费用与效益进行比较,进而计算其对国民经济的净贡献。因此,正确地识别费用与效益,就成了保证经济评价正确性的重要条件。

一、经济费用效益分析与费用效果分析

(一)经济费用效益分析和费用效果分析的含义

1. 经济费用效益分析含义

经济费用效益分析是从资源合理配置的角度,分析项目投资的经济效率和对社会福利所作出的贡献,评价项目的经济合理性。

经济费用效益分析的目的主要有:

(1)全面识别整个社会为项目付出的代价,以及项目为提高社会福利所作出的贡献,评价项目投资的经济合理性;

(2) 分析项目的经济费用效益流量与财务现金流量存在的差别,以及造成这些差别的原因,提出相关的政策调整建议;

(3) 对于市场化运作的基础设施等项目,通过经济费用效益分析来论证项目的经济价值,为制订财务方案提供依据;

(4) 分析各利益相关者为项目付出的代价及获得的收益,通过对受损者及受益者的经济费用效益分析,为社会评价提供依据。

2. 费用效果分析

费用效果分析,也称成本效果分析、成本效用分析。有广义和狭义之分。广义的费用效果分析泛指通过比较所达到的效果与所付出的耗费,用以分析判断所付出的代价是否值得。它是项目经济评价的基本原理。广义费用效果分析并不刻意强调采用何种计量方式。狭义的费用效果分析专指耗费采用货币计量,效果采用非货币计量的分析方法。项目评价中一般采用狭义的概念。费用效果分析是指通过比较项目预期的效果与所支付的费用,判断项目的费用有效性或经济合理性,其结论作为项目投资决策的依据之一。费用效果分析中的费用是指为实现项目预定目标所付出的财务代价或经济代价,采用货币计量;效果是指项目的结果所起到的作用、效应或效能,是项目目标的实现程度。

按照项目要实现的目标,一个项目可选用一个或几个效果指标。若项目的目标不止一个,或项目的效果难以直接度量,需要建立次级分解目标加以度量时,需要用科学的方法确定权重,借助层次分析法对项目的效果进行加权计算,形成统一的综合指标。

(二) 需要进行经济费用效益分析的项目范围

对于财务现金流量不能全面、真实地反映其经济价值,需要进行经济费用效益分析的项目,应将经济费用效益分析的结论作为项目决策的主要依据。那么具体有哪些项目需要进行经济费用效益分析呢?

经济费用效益分析的理论基础是新古典经济学有关资源优化配置的理论。从经济学的角度看,经济活动的目的是通过配置稀缺经济资源用于生产产品和提供服务,尽可能地满足社会需要。当经济体系功能发挥正常,社会消费的价值达到最大化时,就认为是取得了"经济效率",达到了帕累托最优。

在现实生活中,依靠两种机制来实现这种目的:一是市场定价机制,通过这种机制,厂商对由市场供求水平决定的价格作出反应,并据此从事自利的经济活动;二是政府部门通过税收补贴、政府采购、货币转移支付,以及为企业运行制定法律法规等,进行资源的配置决策活动,从而影响社会资源的配置状况。但是,由于市场本身的原因及政府不恰当的干预,上述两种机制都可能导致市场配置资源的失灵,市场价格难以反映建设项目的真实经济价值,所以对于财务价格扭曲,不能真实反映项目产出的经济价值,财务成本不能包含项目对资源的全部消耗,财务效益不能包含项目产出的全部经济效果的项目,客观上需要通过经济费用效益分析来反映建设项目的真实经济价值,判断投资的经济合理性,为投资决策提供依据。下列类型项目应作经济费用效益分析:

(1) 具有自然垄断特征的项目。例如电力、电信、交通运输等行业的项目,它们存在着规模效益递增的产业特征,企业一般不会按照帕累托最优规则进行运作,从而导致市场配置资源失败。

（2）具有公共产品特征的项目。这是指项目提供的产品或服务在同一时间内可以被共同消费,具有"消费的非排他性"和"消费的非竞争性"的特征。由于市场价格机制只有通过将那些不愿意付费的消费者排除在该物品的消费之外才能得以有效运作,因此市场机制对公共产品项目的资源配置失灵。

（3）具有明显外部效果的项目。外部效果是指一个个体或厂商的行为对另一个个体或厂商产生了影响,而该影响的行为主体又没有负担的责任或者没有获得应有的报酬的现象。产生外部效果的行为主体由于不受到预算约束,因此常常不考虑外部效果承受者的损益情况。这样,这类行为主体在其行为过程中常常会低效率甚至无效率地使用资源,造成消费者剩余与生产者剩余的损失及市场失灵。

（4）资源开发项目。由于自然资源的天然生成原因,在资源的计价上几乎是零,所以不能根据市场来配置资源,外部性效果非常明显。

（5）涉及国家经济安全的项目。设计国家安全的项目,根本不能用经济性来衡量,它们具有公共性和外部性等综合特征,所以经济费用效益分析就非常重要。

（6）受过度行政干预的项目。政府对经济活动的干预,如果干扰了正常的经济活动效率（现实中,这种现象常常见到）,也是导致市场失灵的重要因素。

（三）经济费用效益分析与费用效果分析的区别

经济费用效益分析的优点是简洁、明了,结果透明,易于被人们接受。在市场经济中,货币是最为统一和被认可的参照物,在不同产出物的叠加计算中,各种产出物的价格往往是市场认可的公平权重。总收入、净现金流量等是效果的货币化表达。在项目经济分析中,当项目效果或其中的主要部分易于货币化时就可以采用费用效益分析方法。

费用效果分析回避了效果定价的难题,直接用非货币化的效果指标与费用进行比较,方法相对简单,最适用于效果难以货币化的领域。在项目经济费用效益分析中,当涉及代际内公平（发达程度不同的地区、不同收入阶层等）和代际公平（当代人福利和未来人福利）等问题时,对效益的价值判断将十分复杂和困难。环境的价值、生态的价值、生命和健康的价值、自然和人类文化遗产等等,往往很难定价,而且不同的测算方法可能有数十倍的差距。勉强定价,往往引起争议,降低了评价的可信度。此外,在可行性研究的不同技术经济环节,如厂址选择、环境保护、安全措施等,无论进行财务分析还是进行经济费用效益分析,都很难直接与项目最终的货币效益挂钩测算。在这些情况下,都适宜采用费用效果分析。

费用效果分析既可以应用于财务现金流量,也可以用于经济费用效益流量。用于财务现金流量,主要是进行项目各个环节的方案比选和项目总体方案的初步筛选;用于经济费用效益流量,除了可以进行上述方案比选、筛选之外,对于项目主体效益难以货币化的,则取代费用效益分析,并作经济分析的最终结论。所以本章主要介绍经济费用效益分析方法。

（四）经济费用效益评估与项目财务评估的关系

经济费用效益评估与项目财务评估相互联系,它们之间既有共同之处,又有区别。

1. 经济费用效益评估与项目财务评估的共同点

(1) 评价目的相同。两者都是从费用和效益角度进行分析,都是寻求以最小的投入获得最大的产出。

(2) 评价基础相同。两者都是在完成产品需求预测、厂址选择、工艺技术路线和工程技术方案论证、投资估算和资金筹措等基础上进行的。

(3) 基本分析方法和主要指标的计算方法类同。两者都采用现金流量分析方法,通过基本报表计算净现值、内部收益率等指标。

2. 经济费用效益评估与项目财务评估的区别

(1) 评价的经济系统的边界不同。财务效益评估是从项目财务角度对项目进行分析,考察项目的盈利能力和贷款偿还能力等内部经济效果,其系统分析的边界就是项目自身;经济费用效益评估是从国民经济的整体利益出发,分析项目对整个国民经济乃至整个社会产生的效益,也就是分析国民经济对这个项目付出的代价(成本),以及这个项目建成之后可能对国民经济作出的贡献(效益),其系统分析的边界是整个国家。

(2) 评估的目标不同。财务效益评估以企业的净利润为目标;经济费用效益评估的目标是对社会福利和国家基本发展目标的贡献及资源有效利用和合理分配。

(3) 费用与效益的含义和范围划分不同。财务效益评估是根据企业直接发生的财务收支,计算项目的费用和效益;经济费用效益评估是根据项目所消耗的有用资源和对提供的有用产品(包括服务)来考察项目的费用和效益。有些在财务效益评估中列为实际收支的如税金、国内借款利息和补贴费,在经济费用效益评估中不作为费用或效益。财务效益评估只考察其直接费用和直接效益,经济费用效益评估除考察直接费用和直接效益外,还要考察项目所引起的间接费用和间接效益。

(4) 计算的价格和参数不同。财务效益评估采用国内现行市场价格,将行业基准收益率或国家长期贷款利率作为折现率,采用国家规定的官方汇率;经济费用效益评估采用近似社会价值的经济合理价格(影子价格)、社会折现率或国家基准收益率作为折现率,并且使用国家调整汇率(影子汇率)。

(5) 评价结论的效力不同。由于财务评估以企业利益为出发点,而经济费用效益评估则以国家利益为出发点,因而在评估中经济费用效益的结论对项目的最终决策具有更大的作用。财务评估结论与经济费用效益评估结论有以下几种情况:

1) 财务评估与经济评估结论都表明项目可行,项目应予以通过。

2) 财务评估与经济评估结论都表明项目不可行,项目应予以否定。

3) 财务评估表明可行,而经济评估结论表明项目不可行,项目一般应予以否定。当然,也可以通过修改总体建设方案,使项目从国民经济角度考察也可行。

4) 财务评估结论表明项目不可行,经济评估结论表明是个好项目,则项目一般应予以推荐。但是,一个财务上没有生命力的项目是难以生存的。因此,必要时可重新考虑方案,进行"再设计",使其具有财务生存能力。对于某些国计民生急需、经济费用效益好而财务效益欠佳的项目,可建议采取某些优惠措施,如通过改变项目的税率或利率以及实行政策性补贴等措施,使其也能具有财务生存能力。

（五）费用效益（效果）识别的基本原则

划分项目的费用与效益（效果），是相对于项目的目标而言的。经济费用效益（效果）评估是从整个国民经济增长的目标出发，以项目对国民经济的净贡献大小来考察项目。据此，凡是增加国民生产总值的，均计为项目的效益（效果），凡是减少国民生产总值的，均计为项目的费用。在考察项目的效益（效果）与费用时，应遵循效益（效果）和费用计算范围相对应和可比性的原则。费用和效益（效果）可分为直接费用与直接效益（效果）及间接费用与间接效益（效果）。

（六）经济费用效益评估的步骤

一般地，经济费用效益评估是在财务评估的基础上通过调整来完成的，主要包括以下几个步骤：

1. 效益和费用范围的调整。包括剔除转移支付，计算直接效益和直接费用及间接效益和间接费用。

2. 效益和费用数值的调整。包括固定资产投资、流动资金、经营成本和销售收入的调整。这些调整可通过影子价格的计算完成。

3. 编制经济费用效益评估的基本报表。包括编制经济费用效益流量表，并据此计算全部投资经济内部收益率和经济净现值指标。同时还需要编制投资费用估算调整表、经营费用估算调整表、销售收入估算调整表、间接费用和间接效益等辅助报表。

有些较难进行财务评估的公益性项目，可以直接进行经济费用效益（效果）评估。

二、直接效益与直接费用

（一）直接效益

项目的直接效益是由项目本身产生，由其产出物提供，并用影子价格计算的产出物的经济价值。项目直接效益的确定分为两种情况：

1. 如果拟建项目的产出物用以增加国内市场的供应量，其效益就是满足的国内需求，也就等于所增加的消费者支付意愿。

2. 如果国内市场的供应量不变：① 项目产出物增加了出口量，其效益为所获得的外汇；② 项目产出物减少了总进口量，即替代了进口货物，其效益为节约的外汇；③ 项目产出物顶替了原有项目的生产，致使其减产或停产的，其效益为原有项目减产或停产向社会所释放出来的资源，其价值也就等于对这些资源的支付意愿。

（二）直接费用

项目的直接费用主要指国家为满足项目投入（包括固定资产投资、流动资金及经常性投入）的需要而付出的代价。这些投入物用影子价格计算的经济价值即为项目的直接费用。

直接费用的确定也分两种情况：

1. 如果拟建项目的投入物来自国内供应量的增加，即增加国内生产来满足拟建项目的需求，其费用就是增加国内生产所消耗的资源价值。

2. 如果国内总供应量不变，则：

（1）项目投入物来自国外，即增加进口来满足项目需求，其费用就是所花费的外汇。

(2) 项目的投入物本来可以出口,为满足项目需求,减少出口量,其费用就是减少的外汇收入。

(3) 项目的投入本来用于其他项目,由于改用于拟建项目将减少对其他项目的供应,其费用为其他项目因此而减少的效益,也就是其他项目对该项投入物的支付意愿。

三、间接效益与间接费用

项目的费用和效益不仅体现在它的直接投入物和产出物中,还会在国民经济相邻部门及社会中反映出来。这就是项目的间接费用(外部费用)和间接效益(外部效益),也可统称为外部效果。

(一)间接效益

间接效益是指由于项目对社会作出的贡献,而在项目的直接效益中未得到反映的那部分效益。它是由于项目的投资兴建、经营,使配套项目和相关部门因增加产量和劳务量而获得的效益。例如,水利工程,除了发电外,还可以为当地农田灌溉、防洪、农产品加工等带来好处和收益。又如某水泵厂生产出一种新型节能水泵,用户可感到较低的运行费用的好处,但由于种种原因,这部分效益未能在水泵的财务价格中全部反映出来,因此这部分节能效益未能完全反映到水泵厂的直接效益中。这部分节能效益也就是水泵厂的间接效益。

(二)间接费用

间接费用是指国民经济为项目付出了代价,而在项目直接费用中未得到反映的那部分费用。如项目产生的废水、废气、废渣引起的环境污染及造成的生态平衡破坏所需治理的费用;为新建投资项目的服务配套、附属工程所需的投资支出和其他费用;为新建项目配套的邮政、水、电、气、道路、港口码头等公用基础设施的投资支出和费用。如果这些设施是专门和全部为本项目服务的,则应作为项目的组成部分,其所有费用都应包括在项目总费用之内;如果这些设施不是全部为本项目服务的,即同时为多个项目提供服务,则应根据本项目所享受的服务量的大小、程度来进行分摊,并把这部分费用计入项目的总费用中。

在经济费用效益评估中,只有同时符合以下两个条件的费用或效益才能称作间接费用或间接效益。

1. 项目将对与其并无直接关联的其他项目或消费者产生影响(产生费用或效益)。

2. 这种费用或效益在财务报表(如财务现金流量表)中并没有得到反映,或者说没有将其价值量化。

外部效果通常是难以计算和测算的,为减少计量上的困难,首先应力求明确项目范围的"边界"。一般情况下,是扩大项目的范围,把一些相互关联的项目合在一起作为"联合体"进行评价。另外,采用影子价格来计算项目的效益和费用,在很大程度上已使项目的外部效果在项目内部得到了体现。因此,通过扩大计算范围和调整价格两步工作,实际上已将很多"外部效果"内部化了。这样处理后,在考虑某些外部效果时,还应注意如下问题:

1. 项目造成的环境污染对生态的破坏,是一种间接费用,较难计量,除有规定的排污费外,可照同类企业所造成的损失来计算,至少也应作定性描述。

2. 对上、下游项目产生的效果。即拟建项目的投资使其上、下游项目原来闲置的生产能力得以发挥或达到经济规模的效果。为防止外部效果扩大化,应按照有无对比的原则计算增量效果,并需注意其他拟建项目是否也有类似的效果。如果有,就不应都归功于该项目,以免引起重计算。

3. 技术扩散的效果。一个技术先进项目的建设,由于技术人员的流动、技术的扩散和推广,整个社会都将受益。通常情况下,这种效果都未通过影子价格的调整计算得到反映,不过,这类外部效益常常由于计量的困难,只作定性说明。

4. 计算外部效果时,应注意区别是否已经在项目投入物和产出物的影子价格中得到充分反映。项目使用投入物、提供产出物,引起上、下游企业效益或费用的变化,一般多在投入物、产出物的影子价格中得到反映,不必再计算间接效益或费用。

5. 项目的外部效果一般只计算一次相关效果,不应连续扩展。

四、转移支付

转移支付是指在国民经济内部各部门发生的、没有造成国内资源的真正增加或耗费的支付行为。从国民经济的角度看,企业向国家缴纳税金,向国内银行支付利息,或企业从国家得到某种形式的补贴,都未造成资源的实际消耗或增加,他们只是国民经济各部门之间的转移支付,因此不能作为项目的费用或效益。常见的转移支付有税金、补贴和国内银行利息。

1. 税金。税金包括增值税、资源税、关税等。税金对拟建项目来说是一项支出,对国家财政来说就是一项收入。这是企业与国家之间的一项资金转移。税收并未减少国民生产总值,也未发生社会资源的变动。因此,所有财政性的税金,既不是经济费用也不是经济收益。

2. 补贴。补贴是一种货币流动方向与税金相反的转移支付,包括出口补贴、价格补贴等。补贴虽然增加了拟建项目的财务收益,但从社会资源变动的角度看,补贴既未增加社会资源,也未减少社会资源,国内生产总值并不因为补贴的存在而发生变化,所以,国家提供的各种形式的补贴都不能视为国民经济分析中的费用和收益。

3. 国内银行利息。利息是利润的转化形式,国内银行利息支付是企业与银行之间的一种资金转移,并不涉及资源的增减变化,所以国内银行利息支付不能作为经济成本或经济收益。国外借款利息的支付产生了国内资源向国外的转移,则必须计为项目的费用。

在财务评价的基础上进行经济评价时,应注意从原效益和费用中剔除其中转移支付部分。

【例 8-1】 一个大城市,一座主要的桥梁在征收通行费,城市交通管理局正考虑是否取消通行费。私人轿车通过要付 0.75 美元,卡车、客车通过要付 3 美元(返回不交)。每年的总收入为 4 000 万美元,每年的费用,包括桥的维护费用 700 万美元和收取通行费的成本 300 万美元,共 1 000 万美元。另经调研查明,车辆等候时间致使桥梁使用者、私人和公司产生 8 320 万美元的成本,应如何决策?

解:从交通管理局的角度:每年净利润 4 000 万美元－1 000 万美元＝3 000 万美元

从社会角度:成本为 8 320 万美元＋1 000 万美元＝9 320 万美元

撤销收费,可节约 9 320 万美元－700 万美元＝8 620 万美元

4 000 万美元通行费是从使用者到交通管理局的转移支付,故不算作支付。

第二节　影子价格及国家参数

影子价格是 20 世纪 30 年代末 40 年代初由荷兰数理经济学家、计量经济学创始人詹恩·顶伯根和前苏联数学家、经济学家、诺贝尔经济学奖获得者康特罗维奇分别提出的。为了正确计算项目对国民经济所作的贡献,一般在进行费用效益分析时,原则上采用影子价格。

一、影子价格

经济费用效益分析中投入物或产出物使用的计算价格被称为"影子价格"。影子价格应是能够真实反映项目投入物和产出物真实经济价值的计算价格。

(一) 影子价格的含义

影子价格是指当社会经济处于某种最优状态下时,能够反映社会劳动的消耗、资源稀缺程度和对最终产品需求情况的价格。从定价原则来看,它不仅能更合理地反映出产品的价值,而且还能反映社会劳动消耗、市场供求关系和资源的稀缺程度。从其产出的效果来看,它应该能使资源配置向最优化方向发展。

经济费用效益(效果)评估目的是要考察它给国民经济作出多大贡献(效益)和国民经济付出多少代价(费用)。所以,价格是否真实,决定了经济费用效益评估的可信度,决定了资源配置是否能趋向优化。

在完全竞争状态的均衡经济中,市场价格等于产品的边际产值和边际成本,它反映商品的价值。在这种情况下,经济评价可采用财务分析中使用的市场价格。然而市场往往是非完全竞争的,这体现在两个方面:一方面,在外贸品和非外贸品之间存在的非完全竞争,对进口货物实行关税以控制进口,对出口品给予补贴以鼓励出口。在这种情况下,在进行拟建项目的国民经济评价时,为项目所使用的进出口货物如果按财务价格作价,就会低估或高估进出口货物的价值。另一方面,在国内产品之间,产业政策、地区管理、垄断等因素使得价格和价值发生背离和扭曲。例如,长期以来,农产品价格偏低,农业生产资料价格则偏高;有些工业产品税收较大,而有些产品实行低税。显然,这样的比价关系难以用来计算项目的真正效益和费用。为了消除现行市场价格背离价值的失真现象,就要寻找并使用隐藏在市场价格后面的那个理想的,在完全竞争或均衡经济状态中的真实价格,这就是影子价格。

(二) 影子价格的类型

从本质上说,影子价格应该是运用线性规划对偶解计算的"最优计划价格"。从数学

上看,影子价格即线性对偶规划的最优解,是物品的边际效用价值。但由于求解线性对偶规划需要大量的参数,有些参数很难获取。考虑到我国仍然是发展中国家,整个经济体系还没有完成工业化过程,国际市场和国内市场的完全融合仍然需要一定时间等具体情况,将投入物和产出物区分为外贸货物和非外贸货物,并采用不同的思路确定其影子价格。

项目的投入物和产出物按其类型可分为:外贸货物、非外贸货物、特殊投入物、资金、外汇等。如果主要影响国家的进出口水平,应划为外贸货物;如果主要影响国内供求关系,则应划为非外贸货物。

划分外贸货物和非外贸货物时,为防止过宽、过严,宜采用以下原则:

1. 直接进口的投入物和直接出口的产出物,应视为外贸货物。

2. 符合下列情况,间接影响进出口的项目投入物,按外贸货物处理:

(1) 国内生产的货物,原来确有出口机会,由于拟建项目的使用,丧失了出口机会。

(2) 国内生产不足的货物,以前进口过,现在也大量进口,由于拟建项目的使用,导致进口量增加。

3. 以下间接影响进出口的项目产出物,按外贸货物处理。

(1) 虽然是供国内使用,但确实可以替代进口,项目投产后,可以减少进口数量。

(2) 虽然不直接出口,但确实能顶替其他产品,使这些产品增加出口。

4. 符合下列情况的货物,应视为非外贸货物:

(1) 天然非外贸货物。如国内运输项目,大部分电力项目,国内电讯项目等基础设施所提供的产品或服务。

(2) 由于地理位置所限,国内运费过高,不能进行外贸的货物。

(3) 受国内国际贸易政策的限制,不能进行外贸的货物。

必须依据具体情况进行分析,作出有根据的判断。

5. 特殊投入物一般指劳务的投入和土地的投入。

6. 资金的影子价格——社会折现率。

7. 外汇的影子价格——影子汇率。

(三) 影子价格的计算原则

1. 具有市场价格的货物或服务,其费用或效益的计算应遵循的原则

(1) 若该货物或服务处于竞争性市场环境中,市场价格能够反应支付意愿或机会成本,应采用市场价格作为计算项目投入物或产出物影子价格的依据。

(2) 如果项目的投入物或产出物的规模很大,项目的实施将足以影响其市场价格,导致"有项目"和"无项目"两种情况下市场价格不一致,在项目评价实践中,取两者的平均值作为测算影子价格的依据。

2. 当项目的产出效果不具有市场价格,或市场价格难以真实反映其经济价值时,对项目的产品或服务的影子价格进行重新测算应采用的方法

(1) 按照消费者支付意愿的原则,通过其他相关市场价格信号,按照"显示偏好"的方法,寻找揭示这些影响的隐含价值,对其效果进行间接估算。如项目的外部效果导致关

联对象产出水平或成本费用的变动,通过对这些变动进行客观量化分析,作为对项目外部效果进行量化的依据。

(2)根据意愿调查评估法,按照"陈述偏好"的原则进行间接估算。一般通过对被评估者的直接调查,直接评价调查对象的支付意愿或接受补偿的意愿,从中推断出项目造成的有关外部影响的影子价格。

3. 投入物与产出物的影子价格中流转税按下列原则处理:

(1)对于产出品,增加供给满足国内市场供应的,影子价格按支付意愿确定,含流转税;顶替原有市场供应的,影子价格按机会成本确定,不含流转税。

(2)对于投入品,用新增供应来满足项目的,影子价格按机会成本确定,不含流转税;挤占原有用户需求来满足项目的,影子价格按支付意愿确定,含流转税。

(3)在不能判别产出或投入是增加供给还是挤占(替代)原有供给的情况下,可简化处理为:产出的影子价格一般包含实际缴纳流转税,投入的影子价格一般不含实际缴纳流转税。

二、外贸货物的影子价格

对于具有市场价格的投入和产出,外贸货物的投入或产出的影子价格应根据口岸价进行计算。

(一)项目投入物影子价格(到厂价格、到项目价格)的确定

1. 直接进口。项目投入物依靠进口解决。

$$影子价格 = CIF \times 影子汇率 + T$$

式中:CIF——到岸价格;

T——从口岸到项目的国内运费和贸易费。

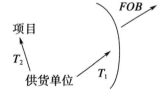

2. 减少出口。由于项目需投入某种货物,使出口量减少。

$$影子价格 = FOB \times 影子汇率 - T_1 + T_2$$

式中:FOB——离岸价格;

T_1——原供货单位由出口转为供应项目前,出口货物的国内运输费用贸易费;

T_2——供货单位到项目的运输费和贸易费。

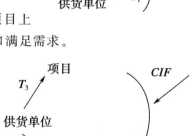

3. 间接进口。国内厂家向原用户提供货物,由于项目上的需求由国内厂家提供这种投入物,迫使原有用户靠进口满足需求。

$$影子价格 = CIF \times 影子汇率 + T_1 - T_2 + T_3$$

式中:T_1——港口到原用户运费和贸易费;

T_2——供货单位到原用户的运费和贸易费;

T_3——供货单位至项目的运费和贸易费,可按直接进口考察。

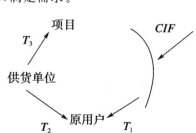

为简化计算可按直接进口考虑。

(二) 项目产出物影子价格(出厂价格)的确定

1. 直接出口。项目产出物有把握参加国际竞争或已有确定的向国外用户供货的合同。

$$影子价格 = FOB \times 影子汇率 - T_4$$

式中：FOB——离岸价格；

T_4——项目到最近的口岸的国内运输费和贸易费。

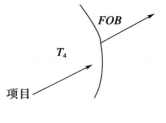

2. 间接出口。项目产出物确定为内销，用于满足国内需求，使得其他同类产品或可替代产品得以出口，从而影响国家的进出口水平。

$$影子价格 = FOB \times 影子汇率 - T_4' + T_5 - T_6$$

式中：T_4'——原供货单位改为出口后，货物运到港口的运费、贸易费；

T_5——原供货单位运往用户的运费和贸易费；

T_6——项目产出物运往用户的运输费和贸易费。

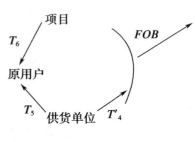

基础资料不足时可按直接出口考虑。

3. 替代进口。项目产出物为内销，由于质量过关，可以替代原来进口货物，从而减少进口。

$$影子价格 = CIF \times 影子汇率 + T_1' - T_6'$$

式中：T_1'——用户原进口货物从口岸到用户仓库的运费和贸易费；

T_6'——项目到用户的运输和贸易费。

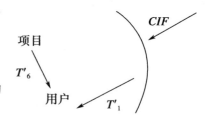

(三) 口岸价格的选取

外贸货物影子价格的基础是口岸价格。可根据《海关统计》对历年的口岸价格进行回归和预测，或根据国际上一些组织机构提供的信息，分析一些重要货物的国际市场价格趋势。在确定口岸价格时，要注意剔除倾销、暂时紧缺、短期波动等因素的影响，同时还要考虑质量价差。

【例 8-2】 某项目产品直接出口，其离岸价 FOB 为 20 美元/单位，项目产品离口岸 200 km，影子运费为 0.2 美元/(单位·km)，贸易费用率为 6%，外汇官方汇率为 6.83，则该产品的影子价格为(影子汇率为 1.08)：

$20 \times 6.83 \times 1.08 - 200 \times 0.20 - 20 \times 6.83 \times 1.08 \times 6\% = 98.67$ 美元/单位

三、非外贸货物的影子价格

(一) 项目投入物影子价格的确定

1. 通过原有企业挖潜来增加供应。只要发挥原有生产能力不必新增投资即可满足对项目的供应。可对它的可变成本进行分解,得到货物出厂的影子价格,加上运费和贸易费用,得到项目的影子价格。

2. 通过新增生产能力来增加供应。项目所需投入物必须通过投资扩大生产规模才能满足项目需求。可对它的全部成本进行分解,得到货物出厂影子价格加上运费和贸易费,就是货物到项目的影子价格。

3. 无法通过扩大生产能力来供应。当这种货物是紧缺的短线物资,原有生产能力无法满足,又不可能新增生产能力,只有去挤占其他用户的用量才能得到。此时影子价格取市场价格加上贸易费用和运输费用。

(二) 项目产出物影子价格的确定

1. 增加国内供应数量满足国内需求者。产出物影子价格从以下价格中选取计划价格,计划价格加补贴、市场价格、协议价格、同类企业产品的平均分解成本。选取依据是:供求,供求基本平衡,取上述价格中低者,供不应求,取中高者,无法判断供求,取低者。

2. 替代其他企业的产出。国内市场已饱和,不能有效增加供给,只是挤占市场份额,使某些企业减产甚至停产。说明这类产出物是长线产品,项目可能是重复建设,盲目投资。这时,如果产出物在质量、花色、品种等方面并无特色,应该分解被替代企业相应产品的可变成本作为影子价格。如果质量确有提高,可取国内市场价格为影子价格,也可参照国际市场价格定价,但这时该产出物可能已转变成可实现进口替代的外贸货物了。

(三) 分解成本和成本分解法

1. "分解成本"是价格形态,不是成本形态,包含利润

进行成本分解时,剔除了原生产费用要素中的"利息"和"折旧"两项而代之以流动资金的资金回收费用和固定资产投资的资金回收费用。在计算回收费时,已将社会折现率包括了进来。因此,分解成本是价格形态。

2. 成本分解的步骤

假设测算 A 货物的分解成本,步骤如下:

(1) 数据准备。列出 A 货物按生产费用要素计算的单位财务成本表,主要项目有:原材料、燃料和动力、工资、职工福利基金、折旧、大修理基金、流动资金利息支出及其他支出。对其中重要的原材料、燃料和动力,要详细列出价格、用量、金额。

列出固定资产原值、固定资产投资额及流动资金数额;A 货物生产厂建设期限、各年投资比例、经济寿命期限、终了时的固定资产余值以及固定资产形成率。

(2) 计算重要原材料、燃料、动力、工资等投入物的影子价格及单位费用。先要确定它们属于外贸货物还是非外贸货物,然后根据相应的定价原则计算它们的影子价格。计算时可直接用国家发改委发布的影子价格或价格换算系数。重要的原材料、燃料和动力中有些可能属于非外贸货物,而且找不到现成的影子价格,这时,可根据成本分解法,对其进行第二次分解。对于财务成本中单列的运费,用运费换算系数进行调整。用工资换算系数把财务成本中的工资及福利费调整为影子工资。注意要剔除上述数据中包括的税金。

(3) 对固定资产投资进行调整和等值计算。由于假定固定资产投资发生在年初,因

此可以用下式把固定资产投资等值计算到生产期初(即建设期末)。

$$I_F = \sum_{t=1}^{n_1} I_t(1+i_s)^{n_1-t+1}$$

式中：I_t——建设期各年调整后的单位固定资产投资(元)；
n_1——建设期(年)；
i_s——社会折现率(%)；
I_F——等值计算到生产期初的单位固定资产投资。

$$P_c = P_v(P/F, i_s, t)$$

式中：P_c——固定资产残值等值计算到生产期期初的现值；
P_v——固定资产残值；
t——项目的生产期。

(4) 用固定资产回收费用取代财务成本中的折旧率。用资金回收系数$(A/P, i, n)$计算固定资金回收费用，取代财务成本中的折旧。

$$M_F = (I_F - P_c)(A/P, i, n)$$

(5) 用流动资金回收费用取代财务成本中的流动资金利息。
设每单位 A 货物的流动资金回收费用为 M_w，则有：

$$M_w = W \cdot i_s$$

式中：W——单位 A 货物占有的流动资金(元)。

(6) 财务成本中的其他项目可不予调整。

(7) 完成上述调整后，各项费用重新计算的总额即为 A 的分解成本，作为 A 货物的出厂影子价格。

另外，有几点需要说明：

① 在用成本分解法求非外贸货物的影子价格时，应该用它的边际成本而不是平均成本。在实践中可以忽略这种区别。

② 在第一轮分解时，往往会发现货物的费用要素里有些重要的非外贸货物难以确定影子价格，因此需要进行第二轮分解。仅对少数重要的要素进行。

③ 对那些现有生产能力富裕，不必新增投资即可增加供应量的非外贸货物，应按可变成本进行分解，即剔除财务成本中的折旧费用后，不再计算固定资金回收费用。

④ 在用成本分解法求取影子价格时，也可以按财务总成本进行分解，除以年产量，即得单位货物的分解成本。

3. 成本分解法

【例 8-3】 货物 X 设定为非外贸货物，按成本分解法求其影子价格。

由于 X 的供应量有限，需新增投资，扩大生产能力来满足拟建项目的需求，故应按全部成本(包括固定成本和可变成本)进行分解，由于缺乏边际成本的资料，故近似地采用平均成本进行分解。

(1) 数据准备

每吨货物 X 占用的固定资产原值为 1 164 元,占用流动资金 180 元。单位财务成本见表 8-1。

表 8-1 X 单位财务成本

序号	项 目	单位	耗用量	耗用额(元)	调整后的耗用金额(元)
1	外购原材料、燃料及动力			704.53	
	原料 A	米^3	4.42	412.37	937.04
	原料 B	吨	0.25	21.64	6.64
	原料 C	吨	1.40	65.82	109.82
	原料 D	吨	0.07	13.04	35.62
	电力	千度	0.33	28.74	49.50
	其他			94.31	94.31
	铁路货运			59.24	142.77
	汽车货运			9.37	9.74
2	工资			39.62	39.62
3	提取的职工福利费			4.19	4.19
4	折旧费			58.20	208.30
5	大修理基金			23.24	23.24
6	利息支出			7.24	21.6
7	其他支出			26.48	26.48
	单位成本			863.50	1 708.87

根据经验设定生产货物 X 的项目,其建设期为 2 年,各年投资比为 1:1,投资发生在年初,项目生产期为 20 年,固定资产形成率为 95%。固定资产投资中建筑工程费用占 20%,根据估算的"三材"(木材、钢材、水泥)用量、"三材"影子价格占财务价格的差价,测算出调整后的建筑费用与调整前的建筑费用换算系数为 1.35,社会折现率为 12%。

(2) 计算重要原材料的影子价格及费用

① 外购原料 A 为外贸货物,直接进口,到岸价 50 美元/米^3,影子汇率 4 元/美元,贸易费用率 6%。用影子价格重新计算该项费用为:

$$50 \times 4 \times 1.06 \times 4.42 = 937.04 (元)$$

② 外购燃料 C 为非外贸货物,影子价格 74 元/吨,另加贸易费用

$$74 \times 1.06 \times 1.40 = 109.82$$

③ 外购燃料 D 可以出口,为外贸货物,出口离岸价扣减运输费用和贸易费用后为 120 美元(产地出厂价),考虑国内贸易费用,重新计算该项费用为:

$$120 \times 4 \times 1.06 \times 0.07 = 35.62$$

④ 已知该地区电力分解成本为 0.15 元/度,用其作为影子价格,重新计算电力费为:

$$0.15 \times 0.33 \times 10^3 = 49.5(元)$$

⑤ 铁路货运价格换算系数为 2.41,用影子价格计算铁路货运费用为:

$$59.24 \times 2.41 = 142.77$$

⑥ 汽车货运价格换算系数为 1.04,用影子价格计算汽车货运费用为:

$$9.37 \times 1.04 = 9.74$$

⑦ 工资换算系数为 1,工资及职工福利费不作调整。

⑧ 外购原料 B 为非外贸货物,可通过老企业挖潜增加供应,拟按可变成本分解来确定 B 的影子价格。要根据调查得到的原料 B 调整后的金额,对原料 B 进行第二轮分解,步骤如下:

表 8-2 原料 B 的单位财务可变成本

项 目	单 位	耗用量	耗用金额(元)	调整后的耗用金额(元)
a	米³	0.01	0.62	2.12
b	吨	0.002	1.59	2.78
c	吨	0.01	0.44	0.78
d	吨	0.12	0.78	1.33
电力	千度	0.06	3.79	9.00
铁路货运			0.16	0.39
汽车货运			0.08	0.08
其他			8.57	8.57
可变成本合计			16.03	25.05

① a 为外贸货物,到岸价 50 美元/米³,用影子价格计算的费用为:

$$50 \times 4 \times 1.06 \times 0.01 = 2.12(元)$$

② b 为外贸货物,到岸价 328 美元/吨,用影子价格计算的费用为:

$$328 \times 4 \times 1.06 \times 0.002 = 2.78(元)$$

③ c 为非外贸货物,影子价格为 74 元/吨,用影子价格计算的费用为:

$$74 \times 1.06 \times 0.01 = 0.78(元)$$

④ d 为非外贸货物,价格换算系数 1.61,用影子价格计算的费用为:

$$0.78 \times 1.61 \times 1.06 = 1.33(元)$$

⑤ 电力为非外贸货物,该地区影子价格 0.15 元/度,用影子价格计算的费用为:

$$0.15 \times 0.06 \times 10^3 = 9(元)$$

⑥ 铁路货运费用按价格换算系数 2.41,用影子价格计算的费用为:

$$0.16 \times 2.41 = 0.39(元)$$

⑦ 其他两项不予调整。

加总各项费用得出 B 的出厂影子价格 25.05 元。

可得 X 中原料 B 的费用：$25.05 \times 1.06 \times 0.25 = 6.64$ 元

由于 X 的财务成本中已将运输费用单列,所有原料单价中都不含运输费用。

(3) 单位固定资产投资的调整和等值计算

$$每吨 X 占用固定资产投资 = 占用固定资产原值 \div 固定资产形成率$$
$$= 1\,164 \div 95\% = 12\,259 \text{ 元}$$

本例只考虑因投资中建筑费用的调整,建筑费换算系数取 1.35。

单位固定资产投资调整为：$1\,225 \times 20\% \times 1.35 + 1\,225 \times 80\% = 1\,310.75$ 元

按社会折现率 12%,将固定资产投资换算为生产期初的数值：

$$I_F = 1\,310.75(F/P,12\%,2) \times 50\% + 1\,310.75(F/P,12\%,1) \times 50\%$$
$$= 1\,310.75 \times 1.254 \times 0.5 + 1\,310.75 \times 1.12 \times 0.5 = 1\,555.86$$

年固定资金回收费用为:

$$M_F = I_F(A/P,i,n) = 1\,555.86 \times (A/P,12\%,20)$$
$$= 1\,555.86 \times 0.133\,88 = 208.30$$

(4) 流动资金回收费用

$$M_w = W \cdot I_S = 180 \times 0.12 = 21.6(元)$$

(5) 其他财务成本不予调整

(6) 求得影子价格

得出 X 每吨的分解成本为 1 708.87,即为 X 的出厂影子价格。用于拟建轻工项目的经济费用效益评估时,这一影子价格还要另加运输费用和贸易费用,才为该货物的到厂价格。

四、特殊投入物的影子价格

项目的特殊投入物是指在建设和生产运营中使用的劳动力、土地及自然资源等。

(一) 人力资源投入的影子价格

项目占用的人力资源的劳务费用,是项目实施所付出的代价,即影子工资。如果财务工资与人力资源的影子价格之间存在差异,应对财务工资进行调整计算,以反映其真实经济价值。

人力资源投入的影子价格(影子工资)＝劳动力机会成本＋新增资源消耗

1. 劳动力机会成本是拟建项目占用的人力资源由于在本项目使用而不能再用于其他地方或享受闲暇时间而被迫放弃的价值。应根据项目所在地的人力资源市场及劳动力就业状况,按下列原则进行分析确定:

(1) 过去受雇于别处,由于本项目的实施而转移过来的人员,其影子工资应是其放弃过去就业机会的工资(含工资性福利)及支付的税金之和。

(2) 对于自愿失业人员,影子工资应等于本项目的使用所支付的税后净工资额,以反映边际工人投入到劳动力市场所必须支付的金额。

(3) 非自愿失业劳动力的影子工资应反映他们为了工作而放弃休闲意愿接受的最低工资金额,其数值应低于本项目的使用所支付的税后净工资并大于支付的最低生活保障收入。当缺少信息,可以按非自愿失业人员接受的最低生活保障收入和税后净工资率的平均值近似测算。

2. 新增资源消耗费是指劳动力在本项目新就业或由其他就业岗位转移到本项目而发生的经济资源消耗,而这种消耗与劳动者生活水平的提高无关。在分析中应根据劳动力就业的转移成本测算。

我们一般采用名义工资乘以一个影子工资换算系数,即:

$$影子工资＝名义工资\times 影子工资换算系数$$

在《建设项目经济评价方法与参数》(第三版)中,对影子工资的测算,在分类方式上作出了改动,采用技术与非技术劳动力的分类方式,分别测算其劳动力影子价格的推荐取值。对于技术劳动力,采取影子工资等于财务工资,即影子工资换算系数为1。对于非技术劳动力,推荐在一般情况下采取财务工资的 0.25~0.8。考虑到我国各地经济发展不平衡,劳动力供求关系有一定差别,规定应当按照当地非技术劳动力供给富余程度调整影子工资换算系数。

(二) 土地的影子价格

土地的影子价格又称土地的经济成本。土地是一种重要的资源,项目占用的土地无论是否支付费用,均应根据土地用途的机会成本原则或消费者支付意愿的原则计算其影子价格。

项目所占用的农业、林业、牧业、渔业及其他生产性用地,其影子价格应按照其未来对社会可提供的消费产品的支付意愿及因改变土地用途而发生的新增资源消耗进行计算;项目所占用的住宅、休闲用地等非生产性用地,市场完善的,应根据市场交易价格估算其影子价格;无市场交易价格或市场机制不完善的,应根据支付意愿价格估算其影子价格。

1. 生产性用地,主要指农业、林业、牧业、渔业及其他生产性用地,按照这些生产用地未来可以提供的产出物的效益及因改变土地用途而发生的新增资源消耗进行计算。即:

$$土地的经济成本＝土地机会成本＋新增资源消耗$$

其中,土地的机会成本应按照社会对这些生产用地未来可以提供的消费产品的支付意愿价格进行分析计算,一般按照项目占用土地在"无项目"情况下的"最佳可行替代用途"的生产性产出的净效益现值进行计算。

新增资源消耗应按照在"有项目"情况下土地的征用造成原有地上附属物财产的损失及其他资源消耗来计算。土地平整等开发成本应计入工程建设成本中,在土地经济成本估算中不再重复计算。

2. 对于非生产性用地,如住宅、休闲用地等,应按照支付意愿的原则,根据市场交易价格测算其影子价格。

3. 在经济费用效益分析中,应根据项目计算期内未来土地用途的可能变化,合理预测项目占用土地的影子价格。

(1) 通过政府公开招标取得的国有土地出让使用权,以及通过市场交易取得的已出让国有土地使用权,应按照市场交易价格计算其影子价格。

(2) 未通过正常市场交易取得的土地使用权,应分析价格优惠或扭曲情况,参照当地正常情况下的市场交易价格,调整或类比计算其影子价格。

(3) 当无法通过正常市场交易价格类比确定土地影子价格时,应采用收益现值法或以土地开发成本加开发投资应得收益确定。

(4) 由于土地开发规划许可的取得会对土地市场价格产生影响,土地价值的估算应反映实际的或潜在的规划批准情况,应分析规划得到批准的可能性及其对地价的影响。如果土地用途受到限制,其影子价格就会被压低。应分析这些限制被解除的可能性,以及解除限制对土地价值的影响。

(5) 项目征用农村用地,应按土地征用费调整计算其影子价格。其中耕地补偿费及青苗补偿费应视为土地机会成本,地上建筑物补偿费及安置补偿费应视为新增资源消耗。这些费用如果与农民进行了充分协商并获得认可,可直接按财务成本计算其影子价格;若存在征地费优惠,或在征地中没有进行充分协商,导致补偿和安置补助费低于市场定价,应按当地正常征地补偿标准调整计算土地的影子价格。

(6) 在征地过程中收取的征地管理费、耕地占用税、耕地开垦费、土地管理费、土地开发费等各种税费,应视为转移支付,不列入土地经济费用的计算。

4. 土地机会成本的计算。

在计算土地的机会成本时,项目评估人员应根据投资项目占用土地的种类,分析、考虑项目计算期内技术、环境、政策、适宜性等多方面的约束条件,选择该土地最可行的替代用途2—3种(包括现行用途)进行比较,以其中年净效益最大者(并需以该土地被用前3年平均值)为基础。计算公式为:

$$OC = \sum_{t=1}^{n} NB_0 (1+g)^t \times (1+i_s)^{-t}$$

式中:OC——土地的机会成本;

n——项目占用土地的期限,一般为项目的计算期;

t——年份;

NB_0——基年土地单位面积年净效益(前3年平均值);

g——年平均净效益增长率;

i_s——社会折现率。

项目占用土地之后,有时直接导致耕地的减少,有时通过原来用户的搬迁,间接导致耕地的减少。需要计算土地机会成本的,往往还是农田。所以这里侧重介绍农田机会成本的计算方法。

(1) 基本数据的准备。主要有:单位面积年产量、农作物影子价格、农作物生产成本等。其中单位面积年产量可以从某一个基数开始,每年增长一定的比例,确定各年的农作物产量。农作物的影子价格,应从边际观点考虑该农作物是属于外贸货物,还是非外贸货物,然后按照货物定价原则确定其影子价格。至于农作物的生产成本,要根据调查研究的结果确定,还要视情况对生产成本作适当调整。

(2) 农田机会成本的计算方法。农作物的年产值扣减生产成本后得到年净收益,即为各年的土地机会成本。然后用折现法折算到建设期初,求其初值。

【例 8-4】 某项目建设期 2 年,生产期 18 年,占用水田 500 亩。项目占用以前,该土地 3 年内平均每亩水稻产量为 1 吨。预计该地区水稻单产可以 3% 逐年递增。每吨水稻的生产成本为 600 元(已调整)。水稻为外贸货物,按直接出口处理,其出口离岸价为 300 美元/吨。项目所在地离口岸 300 公里,稻谷运费为 0.10 元/(吨·公里),贸易费用为货价的 6%,影子汇率换算系数为 1.08,官方牌价为 8.30,社会折现率为 12%,货物的影子运费换算系数为 2。

① 每吨水稻的产地影子价格为:

换算为人民币的口岸价 $300 \times 8.30 \times 1.08 = 2\ 689.2$(元)

减:运输费用 $300 \times 0.1 \times 2 = 60$(元)

贸易费用 $300 \times 8.30 \times 1.08 \times 6\% = 161.35$(元)

合计:2 467.85(元)

② 该地区生产每吨水稻的净效益为:

$$2\ 467.85 - 600 = 1\ 867.85(元)$$

③ 项目计算期内每亩土地的净效益现值为:

$$p = A_1 \left[\frac{1 - (1+h)^{20}(1+i)^{-20}}{i - h} \right]$$

$$p = A_1(P/A_1, 10\%, 4\%, 20)$$

$$p = 1\ 867.85 \times 11.238\ 392$$

$$p = 20\ 991.63(元)$$

项目占用土地的净效益现值为:

$$20\ 991.63 \times 500 = 1\ 049.58(万元)$$

将以上计算出的土地机会成本再加上新增的资源消耗费用,即可作为项目在国民经济评估时的无形资产投资支出。

(三) 自然资源的影子价格

项目投入的自然资源,无论在财务上是否付费,在经济费用效益分析中都必须测算其经济费用。

自然资源是指自然形成的,在一定的经济、技术条件下可以被开发利用以提高人们生活福利水平和生存能力,并同时具有某种"稀缺性"的实物性资源的总称,包括土地资源、森林资源、矿产资源和水资源等。项目经济费用效益分析将自然资源分为资源资产和非资产性自然资源,在影子价格的计算中只考虑资源资产。

资源资产是指所有权已经界定,或者随着项目的实施可以界定,所有者能够有效控制并能够在目前或者可预见的将来产生预期经济效益的自然资源。资源资产属于经济资产范畴,包括土地资产、森林资产、矿产资产、水资产等。经济费用效益分析中,项目的建设和运营需要投入的自然资源,是项目投资所付出的代价,这些代价要用资源的经济价值而不是市场价格表示,可以用项目投入物的替代方案的成本、对这些资源资产用于其他用途的机会成本等进行分析测算。不可再生自然资源的影子价格应按资源的机会成本计算;可再生自然资源的影子价格应按资源再生费用计算。

五、其他投入物的影子价格

如果项目的产出效果表现为对人力资本、生命延续或疾病预防等方面的影响,如教育项目、卫生项目、环境改善工程或交通运输项目等,应根据项目的具体情况,测算人力资本增值的价值、可能减少死亡的价值,以及对健康影响的价值,并将量化结果纳入项目经济费用效益分析的框架之中。如果货币量化缺乏可靠依据,应采用非货币的方法进行量化。

1. 对于项目的实施能够引起人力资本增值的效果,如教育项目引起的人才培养和素质提高,在劳动力市场发育成熟的情况下,其价值应根据"有项目"和"无项目"两种情况下的税前工资率的差别进行估算。

2. 对于项目的效果表现为增加或减少死亡的价值,应尽可能地分析由于死亡风险的增加或减少的价值,根据社会成员为避免死亡而愿意支付的价格进行计算。在缺乏估算人们对生命的支付意愿的资料时,可通过人力资本法,通过分析人员死亡所带来的为社会创造收入的减少来评价死亡引起的损失,以测算生命的价值,或者通过分析不同工种的工资差别来测算人们对生命价值的支付意愿。

3. 对于项目的效果表现为对人们健康的影响时,一般应通过分析疾病发病率与项目影响之间的关系,测算发病率的变化所导致的收入损失,看病、住院、医药等医疗成本及其他各种相关支出的变化,并综合考虑人们对避免疾病而获得健康生活所愿意付出的代价,测算其经济价值。

六、国家参数

投资项目费用效益评估中的评价参数是对项目进行费用效益评估的基础。正确理解和使用评价参数,对正确计算费用、效益和评价指标,以及比选优化方案具有重要作用。费用效益评价参数体系有两类,一类是通用参数,如社会折现率、影子汇率和影子工资换算系数等,这些通用参数由国家发改委、建设部组织在国家层次上统一测定的,并根据实际情况与需要定时修订、调整和发布的,供各类投资建设项目统一使用,评估人员不得自行测定;另一类是货物影子价格等一般参数,由行业或者评估人员测定。

（一）社会折现率

社会折现率存在的基础,是不断增长的社会扩大再生产。可以认为社会折现率是资金的影子价格,它反映了占用资金的费用。

1. 社会折现率的测定原则

目前公布的社会折现率取值,是以资本的社会机会成本与费用效益的时间偏好率二者为基础进行测算的结果。

在项目评价中,社会折现率既代表了资金的机会成本,也是不同年份之间费用效益的折算率。理论上,如果社会资源供求在最优状态平衡,资金的机会成本应当等于不同年份之间的折算率,但在现实经济中,社会投资资金总是表现出一定的短缺,资金的机会成本总是高于不同年份之间的费用效率折算率。同时,由于投资风险的存在,资本投资所要求的收益率总是要高于不同年份折算率。因此,按照资金机会成本原则确定的社会折现率总是高于按照费用效益的时间偏好率原则确定的数值。

2. 现阶段社会折现率的取值

目前社会折现率的确定主要有两种基本思路：一种是基于资本的社会机会成本的方法;另一种是基于社会时间偏好率的方法。

根据一些经济学者的研究,社会时间偏好率可以分解为两部分：纯时间偏好率、随边际收入递增未来价值的贬值。纯时间偏好率估计约为1%～2%。我国人均GDP的增长率,长期按7%～8%计,伴随边际收入递增,未来价值的贬值系数估计为0.5,则随着边际收入递增未来价值的贬值估计为3.5%～4%。两项合计,社会时间偏好率估计为4.5%～6%。

根据一些数量经济学者的研究,采用生产函数方程,依据新中国成立以来经济发展统计数据,预测我国未来20年以内的社会资本收益率为9%～11%。

考虑到社会资本收益率与社会时间偏好之间的折中,《建设项目经济评价方法与参数》(第三版)推荐目前的社会折现率为8%。

对于不同类型的具体项目,应当视项目性质采取不同的社会折现率,比如,对于交通运输项目的社会折现率要比水利工程项目高。对于一些特殊的项目,主要是水利工程、环境改良工程、某些稀缺资源的开发利用项目,采取较低的社会折现率,可能会有利于项目的优选和方案优化。

对于永久性工程或者收益期超长的项目,比如水利设施等大型基础设施和具有长远环境保护效益的工程项目,宜采用低于8%的社会折现率。对于超长期项目,社会折现率可用按时间分段递减的取值方法。

（二）外汇的影子价格——影子汇率

在项目评估中,进出口商品或涉及服务的跨国提供,常常要进行外汇和本国货币的换算。在经费费用效率评估中常采用影子汇率。影子汇率是指单位外汇的经济价值,区分于外汇的财务价格和市场价格。在项目国民经济评价中使用影子汇率,是为了正确计算外汇的真实经济价值,影子汇率代表着外汇的影子价格。

影子汇率是项目经济费用效益评价的重要参数,应当由国家统一测定发布,并且定期调整。影子汇率的发布有两种形式，一种是直接发布影子汇率，另一种是将影子汇率与国家外汇牌价挂钩，发布影子汇率换算系数。

世界上对于影子汇率的研究较多，存在着多种理论上和实践中产生的影子汇率测定方法。

依照影子价格的基本理论，影子汇率也就是外汇的影子价格，应当等于外汇的社会边际成本或边际贡献，是国家每增加或减少一单位的外汇收入所需要付出或节约的社会成本，或者是所增加的这一单位外汇收入对社会的边际贡献。

在现有的外汇收支状况下，国家要在现有水平上增加一个单位的外汇收入，可以用于增加进口或者减少出口。一般认为，在边际上，这一单位外汇中将有一部分用于增加进口，另一部分用于减少出口。有多少用于进口，多少用于出口，要取决于国家外贸的进出口弹性。用于增加进口，可以增加国内消费或投资，获得社会经济效益。用于减少出口，可以减少国内生产出口产品的资源消耗，减少社会资源消耗费用。一个单位外汇的社会经济价值，取决于其用于增加进口而获得的社会经济效益与减少出口获得的社会资源消耗费用节省两部分之和。增加进口的社会经济效益应当以使用者的支付意愿定价。减少出口节省的社会资源消耗费用由这些社会资源的社会经济价值决定，也应当决定于这些资源的社会使用者的支付意愿。基于这种理论，影子汇率可以采取以下测算公式。

$$SER = \sum_{i=1}^{n} f_i \times \frac{PD_i}{PC_i} + \sum_{i=1}^{m} X_i \times \frac{PD_i}{PF_i}$$

式中：SER——影子汇率；

f_i——边际上增加单位外汇时将用于进口 i 货物的那部分外汇；

X_i——边际上增加单位外汇时将导致减少出口 i 货物的那部分外汇；

PD_i——i 货物的国内市场价格（人民币计价）；

PC_i——i 货物的进口到岸价格（人民币计价）；

PF_i——i 货物的出口离岸价格（人民币计价）。

f_i 与 X_i 代表边际上单位外汇使用与各种进出口货物的分配权重，其总和为1。

如果外汇的边际成本等于边际贡献，那么国家的外汇收支应当处于可以由市场自动平衡的状态，即外汇收支处于均衡状态，这种可以使外汇收支平衡的汇率成为均衡汇率。影子汇率的一种理论上的确定方法是以均衡汇率为基础的。由于国家的外汇收支并没有处于市场自动平衡的状态，国家外汇牌价相对于影子汇率存在着差异。外汇牌价与影子汇率之间的差异，一方面来自外汇牌价对均衡汇率的扭曲，一方面来自进出口关税带来的扭曲。采用均衡汇率理论测定影子汇率的方法可以用以下公式表示。

$$SER = W_s \times BER \times (1 + T_o) + W_d \times BER \times (1 + T_i)$$

$$W_s + W_d = 1$$

$$W_s = \frac{-U_i \times (Q_i/Q_O)}{U_O - U_i \times (Q_i/Q_O)} \quad 外汇需求权重$$

$$W_d = \frac{U_O}{U_O - U_i \times (Q_i/Q_O)} \quad 外汇供给权重$$

式中：SER——影子汇率；
　　　BER——均衡汇率；
　　　T_O——出口补贴率；
　　　T_i——进口税率；
　　　U_i——进口价格弹性；
　　　U_O——出口价格弹性；
　　　Q_i——进口总额；
　　　Q_O——出口总额。

均衡汇率需要通过一定的模型估算。实践中，影子汇率的测定还存在多种使用的简化方法：

（1）采用进出口平均关税率确定影子汇率；
（2）采用进出口贸易逆差确定影子汇率；
（3）以出口换汇成本确定影子汇率；
（4）黑市汇率通常也可以给出影子汇率的一定取值界限参考。

实践中大多采用以外汇牌价乘以影子汇率换算系数得到影子汇率的方法。影子汇率换算系数是影子汇率与国家外汇牌价的比值，可以直观地反映外汇影子价格相对于官方汇率的溢价比例，反映国家外汇牌价对于外汇经济价值的低估比率。

影子汇率换算系数在项目国民经济评价中用于计算外汇影子价格，直接或间接地影响项目的进出口货物价值。

根据我国对均衡汇率的研究结果，考虑到我国进出口关税和补贴，我国的影子汇率换算系数取值应当为1.04，即外汇牌价乘以1.04等于影子汇率。如果再考虑到进口增值税税率一般为17%，出口产品通常免征增值税。再考虑到非贸易外汇收支不征收增值税，非贸易外汇收支占我国外汇收支一定比例，最终影子汇率换算系数取值为1.08。

在项目评估中，常用国家外汇牌价乘以影子汇率换算系数得到影子汇率。我国根据现阶段的外汇供求情况、进口结构、换汇成本等因素确定影子汇率的换算系数为1.08。

第三节　经济费用效益评估报表

一、经济费用效益评估基本报表

经济费用效益评估基本报表主要是编制经济费用效益流量表，主要用于计算经济净现值和经济内部收益率等评价指标，进行国民经济盈利能力分析。

项目投资经济费用效益流量表不分投资资金来源，以全部投资作为计算基础，用以计算全部投资的经济净现值和经济内部收益率等指标，考察项目全部投资的国民经济盈利能力，为各个投资方案（不论其资金来源如何）进行比较建立共同基础，见表8-3。

表 8-3 经济费用效益流量表　　　　人民币单位：万元

序号	年份 项目	建设期		投产期		达到设计能力生产期				合计
		1	2	3	4	5	6	...	n	
	生产负荷(%)									
1	效益流量									
1.1	项目直接效益									
1.2	固定资产余值回收									
1.3	流动资金回收									
1.4	项目间接效益									
2	费用流量									
2.1	建设投资									
2.2	维持运营投资									
2.3	流动资金									
2.4	经营费用									
2.5	项目间接费用									
3	净效益流量(1—2)									
计算指标	经济内部收益率(%)									
	经济净现值($i_s=$　%)									

经济现金流量表的项目与财务现金流量表基本相同，不同之处在于：

（1）表中现金流入和现金流出，原则上均应按影子价格计算，外币换算用影子汇率。

（2）税金、特种基金，作为转移支付，既不作费用，也不作效益。

（3）由于从国民经济角度考察项目的效益和费用，因此在现金流入和现金流出中分别增加了"项目间接效益"和"项目间接费用"。

二、经济费用效益评估辅助报表

项目经济费用效益评估中的经济费用和效益，可以在财务评估的财务收入和支出的基础上进行调整，亦可用影子价格等国家参数直接估算。一般情况下，只对价格扭曲较大的主要投入物和产出物的财务价格调整为影子价格，据以计算项目的经济费用和效益。对这些经济费用和效益进行评估时，重点分析评估经济费用和效益的调整是否符合国家规定的调整原则，调整的内容是否安全，应包括固定资产投资、流动资金、经营成本和销售收入的调整，因此，进行经济费用效益评估时要编制辅助报表。

（一）投资费用估算调整表

1. 固定资产投资的调整

（1）对固定资产投资的调整应剔除属于国民经济内部转移支付设备和材料的进口关税和增值税（非应税项目）、土地使用税等税金，建设期国内借款利息和涨价预备费用等转移支付。

(2) 用影子汇率、影子价格、运输费和贸易费用调整国内外设备的购置费及安装费和其他费用。如调整引进设备价值，需要调整汇率和国内运输费与贸易费；而调整国内设备则需采用设备影子价格计算设备本身价值和影子运费与贸易费。

(3) 调整建筑费用。根据建筑工程消耗的人工、三材、其他大宗材料、电力等，可用影子工资、货物和电力的影子价格调整建筑费用，或通过建筑工程影子价格换算系数直接调整建筑费用。若安装费中的材料费占较大比重，或有进口安装材料，也应按材料的影子价格调整安装费用。

(4) 土地费用的调整，则按项目占用土地的机会成本重新计算土地的影子费用，它应能反映土地的市场基准地价或土地的机会成本和社会新增资源消耗之和。评估时要分析土地的基准地价或机会成本的计算是否准确，是否反映当地土地资源的稀缺程度。

(5) 其他费用调整，如其他国外费用则采用影子汇率进行调整，剔除涨价预备费。

2. 流动资金的调整

流动资金的调整按流动资金构成或经营成本逐项调整。即可按影子价格对流动资金进行详细的分项调整，也可按调整后的销售收入、经营成本或固定资产价值乘以相应的流动资金占有率进行调整，但需注意剔除未造成社会资源实际消耗的流动资金部分。

综合上述调整原则，全部投资内容都被调整后，将调整后的各项数值列入经济分析投资费用估算调整表(见表8-4)。

表8-4 投资费用估算调整表　　　人民币单位：万元

序号	项　　目	财务分析			经济费用效益分析			经济费用效益分析比财务分析增减(±)
		外币	人民币	合计	外币	人民币	合计	
1	建设投资							
1.1	建筑工程费							
1.2	设备购置费							
1.3	安装工程费							
1.4	其他费用							
1.4.1	其中：土地费用							
1.4.2	专利及专有技术费							
1.5	基本预备费							
1.6	涨价预备费							
1.7	建设期利息							
2	流动资金							
	合计(1+2)							

注：若投资费用是通过直接估算得到的，本表应略去财务分析的相关栏目。

(二) 经营费用估算调整表

对财务评估中的经营费用，可首先将其划分为可变费用和固定费用。可变费用部分按原材料、燃料、动力的影子价格重新计算各项费用;固定费用部分应在剔除固定资产折旧费、无形资产摊销及流动资金利息后对维修费和工资进行调整,其他费用则不用调整。根据调整后的固定资产投资计算出调整后的固定资产原值,注意国内借款的建设期利息不应计入固定资产原值。然后按与财务评估相同的方式和比率重新计算年修理费。工资则按影子工资换算系数进行调整。

将调整后的数据填入计算表 8-5。

表 8-5 经营费用调整计算表　　　人民币单位:元、万元

序号	项　目	单位	年耗量	财务评估		经济费用效益分析	
				单价	年经营成本	单价(或调整系数)	年经营费用
1	外购原材料						
1.1	原材料 A						
1.2	原材料 B						
1.3	原材料 C						
1.4	—						
2	外购燃料和动力						
2.1	煤						
2.2	水						
2.3	电						
2.4	重油						
2.5	—						
3	工资及福利费						
4	修理费						
5	其他费用						
6	合计						

注:若经营费用是通过直接估算得到的,本表应略去财务分析的相关栏目。

(三)项目直接效益估算调整表

先确定项目产出物的影子价格,重新计算销售收入。

1. 根据项目规定的生产规模(产量)采用影子价格计算出产出品的销售收入。

2. 产出品的影子价格确定,应根据项目产品的货物类型,按规定的不同定价原则进行测算。

3. 产品品种较多时,可用影子价格重新计算销售收入,列入经济费用效益评估项目销售收入(直接效益)调整(计算)表(见表 8-6)。

表8-6 项目直接效益估算调整表　　　　　人民币单位：万元

产出物名称			投产第一期负荷(%)			投产第二期负荷(%)			正常生产年份(%)		
			A产品	B产品	小计	A产品	B产品	小计	A产品	B产品	小计
年产出量	计算单位										
	国内										
	国际										
	合计										
财务分析	国内市场	单价(元)									
		现金收入									
	国际市场	单价(美元)									
		现金收入									
经济费用效益分析	国内市场	单价(元)									
		直接效益									
	国际市场	单价(美元)									
		直接效益									
合计(万元)											

注：若直接效益是通过直接估算得到的，本表应略去财务分析的相关栏目。

（四）项目间接费用和间接效益估算表

对外部效果也应编制项目间接费用估算表（表8-7）和项目间接效益估算表（表8-8）。

表8-7 项目间接费用估算表　　　　　人民币单位：万元

序号	项目＼年份	建设期		投产期		达到设计能力生产期			合计
		1	2	3	4	5	6	...	n

表 8-8 项目间接效益估算表　　　　　人民币单位：万元

序号	项目＼年份	建设期		投产期		达到设计能力生产期				合计
		1	2	3	4	5	6	⋯	n	

第四节　经济费用效益(效果)评估指标及其分析

一、经济费用效益评估指标及其分析

(一)经济净现值(ENPV)

经济净现值是项目按照社会折现率将计算期内各年的经济净效益流量折算到建设期初的现值之和，是经济费用效益分析的主要评价指标。

计算公式为：

$$ENPV = \sum_{t=1}^{n}(B-C)_t(1+i_s)^{-t}$$

式中：B——经济效益流量；

　　　C——经济费用流量；

　　　$(B-C)_t$——第 t 期的经济净效益流量；

　　　n——项目计算期；

　　　i_s——社会折现率。

$ENPV>0$ 表明国家为项目付出代价后，除得到符合社会折现率的社会效益外还可以得到以现值表示的超额社会效益。

$ENPV=0$ 项目占用投资对国民经济所作净贡献刚好满足社会折现率的要求。

$ENPV<0$，投资的净贡献达不到社会折现率的要求。

所以在经济费用效益分析中，如果经济净现值等于或大于 0，说明项目可以达到社会折现率要求的效率水平，认为该项目从经济资源配置的角度可以被接受。

(二)经济内部收益率(EIRR)

经济内部收益率是项目在计算期内经济净现金流量的现值累计等于零时的折现率，是经济费用效益分析的辅助评价指标。计算公式为：

$$\sum_{t=1}^{n}(B-C)_t(1+EIRR)^{-t} = 0$$

式中：B——经济现金流入量；

C——经济现金流出量；

$(B-C)_t$——第 t 年净经济现金流量；

n——计算期。

如果经济内部收益率等于或者大于社会折现率，表明项目资源配置的经济效率达到了可以被接受的水平。

（三）效益费用比（R_{BC}）

效益费用比是项目在计算期内效益流量的现值与费用流量的现值的比率，是经济费用效益分析的辅助评价指标。计算公式为：

$$R_{BC} = \frac{\sum_{t=1}^{n} B_t (1+i_s)^{-t}}{\sum_{t=1}^{n} C_t (1+i_s)^{-t}}$$

式中：R_{BC}——效益费用比；

B_t——第 t 期的经济效益；

C_t——第 t 期的经济费用。

如果效益费用比大于 1，表明项目资源配置的经济效率达到了可以被接受的水平。

二、经济费用效果分析指标及其分析

（一）效果费用比（$R_{E/C}$）

效果费用比是单位费用所应该达到的效果值，计算公式如下：

$$R_{E/C} = \frac{E}{C}$$

式中：$R_{E/C}$——效果费用比；

E——项目效果；

C——项目的计算期费用，用现值或年值表示。

有时为方便或习惯起见，也可采用费用效果比指标，按下式计算：

$$R_{C/E} = \frac{C}{E}$$

如果计算的项目的效果费用比大于或等于基准值（$R_{E/C}$）$_0$，则项目可以被接受。

（二）最小费用法

最小费用法，也称固定效果法，在效果相同的条件下，应选取费用最小的方案。

（三）最大效果法

最大效果法，也称固定费用法，在费用相同的条件下，应选取效果最大的备选方案。

（四）增量分析法

当项目的效果与费用均不固定，且分别具有较大幅度的差别时，应比较两个备选方案之间的费用差额和效果差额,分析获得增量效果所付出的增量费用是否值得,不可盲目选择效果费用比大的方案或费用效果比小的方案。如果增加的效果能够抵补增加的费用,选择费用高的方案,否则,选择费用低的方案。

【能力训练】

1. 财务评估与经济费用效益评估的关系。
2. 什么是项目间接效益和间接费用?请各举两例。
3. 什么是影子价格?为什么在项目的经济费用效益评估中要使用影子价格。
4. 什么叫社会折现率?它的作用是什么?
5. 某厂所需的原材料为进口货物,该原材料的进口到岸价 CIF 为 100 美元/单位,项目产品离口岸 500 km,影子运费为 0.2 美元/(单位·km),贸易费用率为 6%,外汇官方汇率为 8.27,求该产品的影子价格(影子汇率换算系数为 1.08)。
6. 某项目建设期 2 年,生产期 15 年,占用小麦田 1 200 亩。项目占用以前,该土地 3 年内平均每亩产量为 0.3 吨。预计该地区小麦单产可以 4% 逐年递增。每吨小麦的生产成本为 350 元(已调整)。小麦为外贸货物,按替代进口处理,其进口到岸价为 120 美元/吨,该地区小麦主要在当地消费。由口岸至该地区的实际铁路运费为 20 元/吨,铁路运输换算系数为 2.41。贸易费用为货价的 6%,影子汇率换算系数为 1.08,官方牌价为 8.30,社会折现率为 12%。计算项目占用该土地的机会成本。
7. 案例分析

(1) 项目选址

项目建设地点为一麦田,面积 300 亩,土地征用费 100 万元,根据前 3 年的数据年平均亩产 400 公斤。收购价为每 100 公斤 45 元,生产成本为每 100 公斤 30 元。小麦出口离岸价为每吨 150 美元。贸易费用率为 6%。运输距离(产地到港口)为 300 公里,运输的影子价格为 0.05 元/(吨·公里)。

(2) 项目投资

该项目固定资产投资假定全部为贷款。其中外币贷款为 150 万美元,人民币贷款为 445 万元。外币贷款利率为 5%,人民币贷款利率为 8%。第 1 年年初全部付清。该项目建设期为 3 年,第 4 年年初开始投产,并达到设计生产能力的 50%。第 5 年以后达到设计生产能力的 100%,项目的使用期为 15 年。固定资产形成率为 100%,流动资金投资为 250 万元,由贷款解决,利息率为 8%。

(3) 经营状况

正常年份产量为 1 万吨,销售价为每吨 900 元。产品属于进口替代品。进口到岸价格(已扣除进口关税和增值税)为每吨 200 美元,贸易费用率为 6%。内销收入可以偿还外币贷款。销售税金、城市建设税、教育费附加为销售收入的 5%。正常年份的经营成本为 260 万元,其中固定成本 130 万元,变动成本为 130 万元。企业最低收益水平为 12%,

固定资产期末净残值为50万元,直线折旧。

(4) 参数

美元对人民币汇率为1:5.7,影子汇率为8.8元/美元。社会折现率为12%。固定资产投资中"三材"占内资投资的60%,其综合价格换算系数为1.5。项目所使用的原材料为非外贸货物,国内市场供求平衡,故不作调整。除上述条件外,其他投入物均不作调整。

(5) 要求

1) 计算正常年份的销售利润、项目周期内总销售利润、贷款偿还期(外币债务优先,归还贷款在年底进行);

2) 计算项目的财务净现值、财务内部收益率;

3) 计算建设项目的经济净现值(全部投资)。

【网络资源与阅读书目】

[1] 国家发展改革委员会,建设部.建设项目经济评价方法与参数.3版.北京:中国计划出版社,2006

[2] 余庆薇.《建设项目经济评价方法与参数》(第三版)的思考.铁路工程造价管理,2007(11)

[3] 陈建,刘颖.费用效益分析法在环境审计中的应用研究.当代经济,2008(1)

[4] 张妍.费用效益分析在项目评估中的应用.环境科学导刊,2009(S1)

[5] 司继若,周静.当前城市道路经济费用效益分析的探讨.建筑经济,2007(9)

[6] 李伟.费用-效益分析在公共物流项目评估上的应用.物流技术,2005(8)

[7] 薛文碧.经济费用效益分析在公共项目经济评价中应用的若干问题探讨.商场现代化,2009(10)

[8] 胡纯钰.关于经济费用效益分析理论与实践的探讨.石油规划设计,2009(1)

[9] 李大勇,郭雪莲.建设项目经济费用效益分析方法.吉林水利,2008(6)

[10] 张小利.投资项目环境影响经济费用效益分析框架.项目管理技术,2006(8)

第九章 投资项目的不确定性分析

【学习要点】 任何一个项目都具有不确定性,这是项目投资的一个重要特性,对于项目投资不确定性的分析,目的在于了解造成不确定性的原因是什么,以便为防范不确定性提供依据。本章主要阐明项目投资不确定分析的理论和方法。

【学习重点与难点】 本章学习的重点是对传统和现代不确定性分析的主要方法,学习的难点是区别传统不确定性分析的评估后纠偏和现代不确定性分析的评估过程的变化。

【基本概念】 项目的不确定分析　盈亏平衡分析　盈亏平衡点　敏感性分析　概率分析　实物期权　延迟期权　持续期权　扩张期权　缩减期权　放弃期权　转换期权　期权博弈

第一节　投资项目不确定性分析概述

一、项目不确定性分析的概念

第六章、第七章和第八章在计算投资项目的财务和经济费用效益时,所使用的数据都是由预测和估算得到的,这些预测的数据在后来的实际投资中,可能因为以前的一系列假设条件发生变化而发生变化,也可能因为估算方法本身存在缺陷导致预测数据与实际数据不符合,因而使用这些预测和估算的数据进行拟建项目效益的测算时,可能造成测算结果和事实存在偏差的状况,一旦发生了不利的偏差和变化,项目所确定的净现值等指标表达的效益就相应发生变化,有时会使项目变得不可行。

为了分析这些因素对项目财务效益和费用效益的影响,就必须在投资效益评估的基础上,进行不确定性分析,以判断投资项目可能出现的风险及其大小,提出项目风险的预警、预报和相应的对策,进一步确定项目在经济上的可靠性,为投资决策服务。

二、影响项目投资效益的不确定性因素

影响项目投资效益的不确定性因素主要有:

(一) 价格的变动

产品的价格或原材料的价格是影响投资效益的最基本因素,它通过投资费用、生产成本和产品售价反映到投资效益指标中,而在项目计算期内难免会发生变动。

价格是影响投资效益中重要的不确定性因素。

（二）生产能力利用率的变化

生产能力利用率的变化是指生产能力达不到设计能力对项目的收入和经营成本的影响，进而影响项目的投资效益。

生产能力达不到设计能力的原因有：

1. 原材料、能源、动力的供应保证程度低等；
2. 市场销路。

（三）工艺技术的变化

当引进新工艺、新技术、新设备时，原先使用的基础参数也将随之变化。

（四）投资费用的变化

项目的总投资额没估足，建设期和投产期的延长，建设材料的价格变化，将引起投资费用的变化，导致总成本费用和利润总额等的变化。

（五）项目寿命期的变化

随着科技的发展，项目所采用的一些工艺、技术、设备等可能提前老化，从而使项目的技术寿命期缩短，许多指标都将相应发生变动。

（六）经济形势的发展

随着经济形势的发展，现行经济法规也会有所变化，必然使财务预测的基本经济数据发生变化，从而使项目的效益发生变化。

三、不确定性分析方法

传统的不确定性分析主要包括盈亏平衡分析、敏感性分析和风险分析（概率分析）。盈亏平衡分析法只适用于财务分析，其他方法可同时适用于财务分析和费用效益分析。

由于净现值评估方法本身必然存在着这些不确定性因素，因而传统方法只是一种治标而不治本的不确定性分析方法。20世纪70年代后，陆续出现了一些其他的不确定性分析方法，其中实物期权和期权博弈等方法得到广泛运用。

第二节 传统的不确定性分析

一、盈亏平衡分析

（一）盈亏平衡分析概述

盈亏平衡分析法又称保本分析法、损益临界分析法，是指根据项目正常生产年份（即达到设计生产能力）的产量、成本、产品售价和税金等数据，计算使项目生产经营活动的成本与收益平衡时的生产水平（盈亏平衡点 Break-Even-Point，BEP），以分析项目承受风险能力的一种方法。盈亏平衡点是项目的盈利与亏损的转折点，即在这一点上，销售（营业、服务）收入等于总成本费用，正好盈亏平衡，盈亏平衡分析就是要找出盈亏平衡点，用以考察项目对产出品变化的适应能力和抗风险能力。盈亏平衡点越低，表明项目适应产出品变化的能力越大，抗风险能力越强。

盈亏平衡点有多种表达方式,如以实际产量(或销售量)、生产能力利用率、年销售收入、销售单价表示盈亏平衡点。较常用的是以实际产量(或销售量)、生产能力利用率表示的盈亏平衡点。

(二)盈亏平衡分析的假设条件

盈亏平衡分析分为线性盈亏平衡分析和非线性盈亏平衡分析,投资项目评估一般只进行线性盈亏平衡分析。运用线性盈亏平衡分析,需要进行一些假设:

1. 产品生产量等于产品销售量;
2. 变动成本与产量成正比例变化,因而,总成本是量的线性函数;
3. 在所分析的产量范围内,固定成本不变;
4. 按单一产品计算,当生产多种产品时,应换算为单一产品,不同产品的生产负荷率的变化应保持一致;
5. 销售收入是销售量的线性函数;
6. 采用的计算数据是项目正常年份的,即达到设计生产能力时的数据。

(三)盈亏平衡点的计算

1. 公式法

根据盈亏平衡分析的基本原理,这种方法是将盈亏各因素之间的关系用数学模型表示,然后根据模型确定盈亏平衡点的分析方法。

设:S——年销售收入; C——年总成本;
   F——年总固定成本; P——产品单价;
   Q——年产量; V——单位产品可变成本;
   M——销售税率; R——生产能力利用率。

如果以实际产量表示盈亏平衡点,

∵ $S = PQ, C = F + VQ$

根据盈亏平衡点的基本含义有:

$$S = C + PQM$$

即:

$$PQ = F + VQ + PQM$$

$$BEP_Q = \frac{F}{P - V - PM}$$

类似地,可以计算出:

以生产能力利用率表达的盈亏平衡点:

$$BEP_L = \frac{F}{Q(P - V - M)} \times 100\% = \frac{BEP_L}{BEP_Q} \times 100\%$$

以年销售收入表示的盈亏平衡点:

$$BEP_S = P \cdot BEP_Q = P \times \frac{F}{P - V - PM}$$

以销售单价表示的盈亏平衡点：

$$BEP_P = \frac{F}{Q(1-M)} + \frac{V}{1-M}$$

以单位产品变动成本表示的盈亏平衡点：

$$BEP_V = P - T - \frac{F}{Q_0}$$

2. 图示法

图示法就是用图的形式来表示盈亏平衡点的方法。线性盈亏平衡分析图示法的步骤(图9-1)如下：

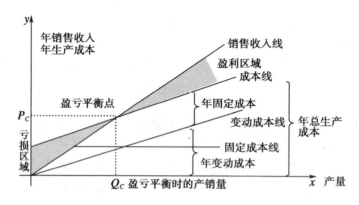

图9-1 盈亏平衡点画图

（1）建立年产量与年销售收入(年生产成本)关系的坐标；
（2）画出年固定成本线；
（3）画出年变动成本线；
（4）画出年总生产成本线；
（5）画出年销售收入线；

年销售收入线与年总生产成本线的交点就是所求的盈亏平衡点。

二、敏感性分析

（一）敏感性分析概述

敏感性分析是投资建设项目评估中应用十分广泛的一种技术，通过分析、预测项目涉及的各种不确定性因素对项目基本方案评估指标的影响，找出敏感性因素，并估计敏感程度，粗略预测项目可能承受的风险，为进一步的风险分析打下基础。

通过敏感性分析，在选择方案时，淘汰不确定性较大的方案；在选定的方案中，对敏感性因素可以采取适当的措施加以防范，对不敏感性因素则不必过分担心。

（二）敏感性分析步骤

1. 确定敏感性分析对象

确定敏感性分析对象，也称确定敏感性分析指标。投资项目的种类很多，不同项目有不同的特点。因此,并不需要对项目全部的投资效益指标统统进行分析,可以针对不同项目的具体情况,选择某些最能反映项目效益的指标作为分析对象。净现值、内部收益率等动态指标往往成为分析对象。

2. 选取不确定性因素

各个不确定性因素的内容,随项目的不同而不同,实际上也不需要对全部可能出现的不确定性因素逐个分析,只需分析那些在成本、收益的构成中占比重较大、对效益指标有重大影响,并且在建设期和经济寿命期最有可能发生变动的因素。通常就工业项目而言,共同的不确定性因素有产品产量(生产能力)、产品价格、可变成本或主要原材料与动力价格、固定资产投资、建设工期及汇率等。选取不确定性因素时,一定要结合不同项目的具体特点。

3. 设定不确定性因素的变化率,并计算动态效益指标

设定不确定性因素的变化率,就是假定不确定性因素的上涨或下降率。如假定产品销售价格提高 10%,固定资产投资额减少 10% 等,由于不确定性因素发生了变化,必然导致动态效益指标发生相应变化,因此,有必要在原方案的基础上,计算动态效益指标,以此类推,把上述结果列表进行分析,可初步得知敏感性因素。

4. 作敏感性分析图,确定敏感性因素及其变化的极限值

在上一步的基础上,把各种计算结果画在坐标图(图 9-2)中,该图称作敏感性分析图,从图中可以发现哪个因素是敏感性因素。最先接触基准线的因素即为敏感性因素,或者说,斜率最大的因素即为敏感性因素。

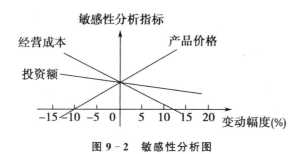

图 9-2 敏感性分析图

5. 计算敏感度系数并对敏感因素进行排序

所谓敏感性因素是指该不确定性因素的数值较小的变动就能使项目经济评价指标出现较显著改变的因素,敏感度系数的计算公式为:

$$S_{AF} = \frac{\Delta A/A}{\Delta F/F}$$

式中,S_{AF} 为评价指标 A 对于不确定性因素 F 的敏感度系数;$\Delta A/A$ 为不确定性因素 F 发生变化率时,评价指标 A 的相应变化率(%);$\Delta F/F$ 为不确定性因素 F 的变化率(%)。

三、概率分析法

(一)概率分析概述

概率分析是指运用概率方法研究计算各种不确定性因素的变动情况,估计基本参数

和变量可能值的发生概率,然后经过数理统计处理对项目指标的概率进行衡量,进而估计出每一个不确定性因素对项目效益影响程度的一种定量分析方法。

(二)概率分析的一般步骤

1. 列出各种要考虑的不确定性因素;
2. 设定各不确定性因素可能发生的情况;
3. 分别确定每种情况出现的可能性(即概率),各种不确定性因素可能发生情况的概率总和必须等于1;
4. 计算净现值的期望值,并计算显示期望值稳定性的标准差;
5. 求出净现值大于0或等于0的累计概率,并画出累计概率图。

(三)期望值的计算

1. 期望值的计算公式

期望值也称数学期望,它是随机事件的各种变量与相应概率的加权平均值。它代表了不确定性在实际中最有可能出现的值。

随机变量可分为离散型随机变量和连续型随机变量。投资项目分析中,任一不确定性因素的变化一般均为有限次数,因此在分析计算期望值时都使用离散型随机变量。

期望值的计算公式为:

$$E(x) = \sum_{i=1}^{n} X_i P_i$$

式中:$E(x)$——随机变量的期望值;

　　　I——随机变量的序数,$i=1,2,3,\cdots,n$;

　　　X——随机变量值;

　　　P——随机变量发生的概率。

2. 期望值的计算步骤

(1)列出项目各种状况的指标值以及在不确定性因素作用下各随机变量的概率分布。

设某一投资项目在市场需求变化的情况下存在如表9-1所示的资料:

表9-1 概率分布示意

市场需求	大	中	小
概率(P)	0.3	0.5	0.2
盈利(X)	360	200	100

(2)根据概率分布计算项目指标的期望值

$$E(X) = \sum_{i=1}^{n} X_i P_i = 0.3 \times 360 + 0.5 \times 200 + 0.2 \times 100 = 228$$

(3)计算显示期望值稳定性的标准差和变异系数。

标准差的计算公式为:

$$\sigma = \sqrt{\sum_{i=1}^{n}[X_i - E(X)]^2 P_i}$$

式中：σ——标准差；

P_i——第 i 次事件发生的概率；

X_i——第 i 次事件发生的变量值。

标准差是指标表示事件发生的变量与数学期望值的偏离程度。指标越小，说明实际发生的可能情况与期望值接近，项目风险就越小。一个好项目应该具有较高的期望值和较小的标准差。标准差是一个绝对值指标，它适用于具有相同期望值的不同项目的风险的分析。

如果不同项目具有不同的期望值，就要利用变异系数进行分析。变异系数的计算公式为：

$$V = \frac{\sigma}{E(X)} \times 100\%$$

变异系数的实质是每单位期望值所承担的标准差。变异系数越小，项目的相对风险就越小。

第三节 基于实物期权的不确定性分析

投资项目具有投资额大、投资成本不可逆的特点，而在项目分析评价阶段又存在巨大的不确定性，包括投资收益、投资成本、技术水平、国家政策、宏观环境等在内的各项数据和条件都不是一成不变的，存在不确定性，这可以借助实物期权模型进行不确定性分析决策。

一、实物期权不确定性分析概述

实物期权（real options）的概念最初是由 Stewart Myers（1977）在 MIT 时提出的，他指出，一个投资方案其产生的现金流量所创造的利润，来自于截至目前所拥有资产的使用，再加上一个对未来投资机会的选择。也就是说，企业可以取得一个权利，在未来以一定价格取得或出售一项实物资产或投资计划，所以实物资产的投资可以应用类似评估一般期权的方式来进行评估。同时又因为其标的物为实物资产，故将此性质的期权称为实物期权。

实物期权隐含在投资项目中，有的项目期权价值很小，有的项目期权价值很大。这要看项目不确定性的大小，不确定性越大则期权价值越大。

实物期权方法通常主要适用于以下几种情况：

1. 当投资项目存在或有决策时；
2. 当投资项目的不确定性高，影响因素多时；
3. 当投资项目的价值不是由当前现金流决定而是由未来期权价值决定时；
4. 当投资项目存在管理柔性时；

5. 当投资项目在运行过程中需要对发展战略进行调整时。

实物期权投资的不确定性模型主要有两类：离散型和连续型。离散型的二叉树模型和三叉树模型操作简单、易于理解，便于计算机实现，所以运用最广。连续型中的解析法假设条件严格、应用范围较窄，但计算过程简化；连续型中的随机微分方程法模型灵活、计算准确，但运算复杂；连续型中的模拟方法应用范围较广，对模拟条件要求较高。

实物期权具有以下四个特性：(1) 非交易性。实物期权与金融期权本质的区别在于非交易性，不仅作为实物期权标的物的实物资产一般不存在交易市场，而且实物期权本身也不大可能进行市场交易。(2) 非独占性，许多实物期权不具备所有权的独占性，即它可能被多个竞争者共同拥有，因而是可以共享的。对于共享实物期权来说，其价值不仅取决于影响期权价值的一般参数，而且还与竞争者可能的策略选择有关系。(3) 先占性。先占性是由非独占性所导致的，它是指抢先执行实物期权可获得的先发制人的效应，结果表现为取得战略主动权和实现实物期权的最大价值。(4) 复合性。在大多数场合，各种实物期权存在着一定的相关性，这种相关性不仅表现在同一项目内部各子项目之间的前后相关，而且表现在多个投资项目之间的相互关联。

实物期权也是关于价值评估和战略性决策的重要思想方法，是战略决策和金融分析相结合的框架模型。它是将现代金融领域中的金融期权定价理论应用于实物投资决策的分析方法和技术。

二、实物期权识别及模型假设

用实物期权方法评价项目投资不确定性时的价值，首先需要对投资项目中的实物期权进行识别。

根据实物期权的内容可以将实物期权划分为延迟期权、持续期权、增长期权、扩张期权、收缩期权、放弃期权和转换期权等。

在项目投资前，决策者可以根据投资环境来决定是否马上投资项目，即项目具有延迟期权(Defer option)；一旦项目开始投资，管理者具有继续进行项目投资的权力，即持续期权(Continue option)；项目持续的背景下，企业也可以获得增长的机会，这是增长期权(Growth option)；在项目投资的过程中，管理者可以执行改善期权，即当市场形势有利时，决策者拥有扩张期权(Expand option)，即扩大投资规模；当市场形势不好时，决策者拥有缩减期权(Contract option)，即缩减项目投资规模；当市场形势非常糟糕时，放弃项目得到的项目残值大于项目在剩余存续中所带来的收益，则执行放弃期权(Abandonment option)；项目需要转向时具有转换期权(Option to switch use)。

据此，在投资项目运行中，可以对项目进行期权调整。设在风险中性世界里，r 为无风险利率，设项目收益 X 是不确定的，在项目投资过程中能够对项目进行定期评估，根据环境的变化改变现有的投资策略，通过定期评估可以充分利用相机权益。设项目存续期为 T，投资者可以对投资策略进行 N 次调整，$\Delta t = T/N$，Δt 为投资评价周期。项目初始投资为 I，当项目价值小于 I 时，执行等待期权；为简单起见，决策者按照以下规则执行扩张期权和缩减期权，当项目收益较高时，决策者将追加投资至 $(1-a)I$，此时项目的价格

X 变为 $(1-\theta)X$；当项目收益较低时，决策者将缩小投资规模至 $(1-a)I$，由于投资的不可逆性，缩小规模时，将获得投资返回值 λaI，此时项目的价格 X 变为 $(1-\mu)X$，其中 $0<a$，$\lambda<1$，根据投资的边际报酬递减规律，令 $0\leq\theta,\mu\leq a$。决策者还可以执行放弃期权，收回项目残值 βI。

三、项目期权价值评价

动态规划方法是解决如何在当前决策影响未来收益的情况下做出最优决策。这种方法罗列出实物期权有效期内标的资产的可能价值，然后返回未来最优策略的价值。动态规划方法的核心是贝尔曼法则，即无论过去的状态和决策如何，对未来的决策所决定的状态而言，未来的决策必须构成最优决策。这种方法将未来价值和现金流折现返回到当前决策点，用反向递推方式解决最优决策问题。解决单期最优决策问题后返回，这种方式保证了整个问题的最优化。

动态规划方法是解决实物期权定价的一个很有用的方法，因为它透明地处理各种实物资产和实物期权。中间环节的价值和决策是可视的，这使管理者对实物期权的价值来源有更直观的认识。动态规划方法能够处理决策结构（包括有约束决策）、期权价值和标的资产价值的复杂关系。这些优点均体现在二叉树模型中。

二叉树期权定价模型是计算实物期权的基本方法，该方法假设标的物（此处指项目的价格）波动只有向上和向下两个方向，且假设在整个考察期内，项目收益每次向上（或向下）波动的概率和幅度不变。模型将考察的存续期分为若干阶段，根据项目收益的历史波动率模拟出项目在整个存续期内所有可能的发展路径，并对应每一路径上的每一节点项目的价值，最后可以得到期权价值。若投资的预期收益大于期权价值，则可以投资；否则保持该期权，直到投资的预期收益等于投资的期权价值。

（一）递延期权的投资分析实例

递延期权是指赋予投资者推迟一段时间对项目进行投资的权利，通常是受专利或许可证保护的项目。递延期权使得决策者在推迟的这段时间可以观察市场的变化，当市场情况有利时则进行投资；如果（许可证或专利）到期时市场情况仍未好转，则可放弃该项目。因此递延期权相当于美式看涨期权，用 C 表示。

【例 9-1】 有一个投资项目，如果企业现在投资将在第二年年初为该投资项目支付 115，由于不确定性因素的存在，该投资项目可能产生现金流入量 175 或 65，两者概率均为 50%，无风险利率 $R_f=8\%$，风险报酬率 $K=17.5\%$，该项目不含实物期权的 $NPV=-115/(1+R_f)+(170\times50\%+65\times50\%)/(1+K)=-6.48$，企业将否决这个投资项目。

但是在实物期权分析下，投资决策将完全不同。这个投资项目可能产生的现金流用二叉树结构表示如图 9-3 所示。

$$\text{投资项目期望现值}V_0=\frac{170\times0.5+65\times0.5}{1.175}=100 \begin{matrix} V_u=170 \\ V_d=65 \end{matrix}$$

图 9-3 投资项目现金流的二叉树结构

其中：u 代表 up 表示上涨，V_u 表示投资产生的上涨现金流现值；d 代表 down 表示下跌，V_d 表示投资产生的下跌现金流现值。

在二叉树模型中将通过复制投资组合方法对实物期权进行定量分析。复制投资组合方法是在一价定律规定下，通过复制一个投资组合来拟合投资项目的现值或净现值。套利是一价定律的形成过程，它是指以某个价格买入资产，同时以更高的价格卖出该资产以实现价差收益。一旦套利机会出现，职业投资者就立刻将资金转移到套利资产上，使供求关系发生急剧变化，从而填补套利价差，因此套利机会很少且瞬间即逝。所以在一价定律下，可以实现复制投资组合与投资项目现值或净现值完全正相关。复制投资组合可由 m 单位不含实物期权的投资项目现金流现值和 B 单位无风险债券（每单位债券现值是 1）组成，以不含实物期权的投资项目现金流现值作为投资项目的标的风险资产。用复制投资组合方法表示的不同状态下的投资项目净现值，如图 9-4 所示。

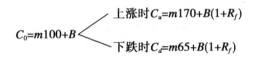

图 9-4 投资项目的复制投资组合示意

其中：C_u、C_d 分别代表上涨、下跌后实物期权价值，$B(1+R_f)$ 表示 B 单位无风险债券在一年后的价值。

递延投资产生的损益如表 9-2 所示。

表 9-2 递延投资产生的损益

状态	现金流入	投资支出	递延投资产生的项目净现值
上升（up）	170	115	MAX[(170−115),0]=55
下跌（down）	65	115	MAX[(65−115),0]=0

不同状态下的复制投资组合价值等于投资项目在相应状态下的净现值如下：

$$m170 + B(1+R_f) = 55$$

$$m65 + B(1+R_f) = 0$$

计算得 $m=0.52381, B=-31.53$。

含递延期权的投资项目 $NPV=$ 实物期权价值 $C_0 = mV_0 + B = 20.86$，所以企业应在年底根据现金流入量作出决策，使投资项目净现值高于立即投资的净现值。

（二）使用实物期权原理分析投资项目应注意的问题

1. 实物期权的分析框架揭示出管理的未来灵活性价值在不确定性环境中将会更大，这种管理价值在具有充分投资机会的经济环境中达到最大值。虽然高利率、更多的不确定性、更长的投资期间会降低一个项目的静态价值，但这些因素也提高了投资项目内含实物期权的价值，特别是管理灵活性价值，它能根据不确定性环境的变化对投资项目作出相应的决策（递延、放弃、收缩、扩张、转换等），从而使实物期权价值提高，并超过上述负效应。

2. 实物期权有两类成长性期权,即独有型和共享型期权。独有型期权有更高的价值,因为它给予持有者独自享有的权力去执行它。这种独有型期权来自于专利、专有知识或特定优势,而这些是竞争对手所不能得到的。共享型成长期权价值相对低一些,它代表由产业界集体享有的共同机会,它们能由竞争对手采纳并实施。

3. 企业应把需立即作出决策的项目和将来存在决策灵活性的项目区分开。企业应考虑是否能实现实物期权带来的收益,是否这些收益也能被竞争对手所取得。当实物期权能提供持续的竞争优势时才有较高价值。这种竞争优势取决于竞争对手内在情况和竞争优势自身。如果竞争对手实力强大且竞争激烈,那么竞争优势的持续性就会被削弱,这时实物期权可能为竞争对手同时享有,从而削弱实物期权价值,在极端时可能为零。如果竞争优势体现在稀缺的自然资源上(土地、石油、矿产),则优势的持续性将会很强,它的价值也就很高。

4. 从实物期权的角度来评价投资项目时,管理人员很容易发现:(1)常规净现值法由于没考虑投资自身包含的实物期权价值,往往低估投资项目价值;(2)管理者使用实物期权原理能定量地分析出他所做出的投资在多大程度上超过了净现值法得出的结论,也能知道净现值法在多大程度上低估了投资项目的价值。

第四节 基于期权博弈的不确定性分析

一、期权博弈不确定性分析概述

由于实物期权在绝大多数情况下不具有金融期权的排他性,这从本质上决定了不能简单地用标准金融期权定价公式为投资决策进行评估。事实上,在许多投资领域都存在着激烈的竞争,当一个投资机会出现的时候往往是被市场内各个竞争主体所共有,而不是由某一投资主体独自占有,也就是说大多数投资项目是具有非排他性的。一个投资机会的柔性价值不能被一个投资者全部占有,投资期权为共享期权。在这种情况下,投资项目的价值会因为竞争对手抢先执行期权而降低。因此,企业在投资决策时,除了面对前面各类不确定因素外,还必须考虑来自竞争对手竞争互动的不确定因素。当投资者发现欲投资项目的未来收益率高于社会平均水平时,都可能会对该项目进行投资,从而使得之前在"独占性"假设下所做的各种分析和评估结论,失去准确性。

期权博弈的不确定性分析是同时将不确定性、竞争和信息不完全性等因素纳入同一分析框架,在期权定价理论方法的基础上,利用博弈论的思想、建模方法对包含实物期权的项目投资进行评价,实现对项目进行更加科学、准确、高效的评估。其主要思想基础包括:

1. 对未来客观世界不确定性的认识,主要包括对金融市场特别是利率、生产技术、产品价格、市场需求等不确定性因素的识别和分析研究。

2. 克服传统理论方法忽视项目投资过程中对管理灵活性和时间影响因素认识的弊

端,在投资管理过程中,对投资项目的管理柔性及期权特征加以认真考虑,改进项目价值评估过程中的因素分析。

3. 在科学地评估投资价值的基础上,企业在项目投资决策过程中,必须考虑市场结构、市场竞争和投资决策情况等,针对不同的市场结构和竞争者决策状况作出科学决策。

二、投资项目不确定性的期权博弈方法主要步骤

期权博弈投资决策理论的基本思想就是:使项目未来收益价值最大化和选择最优的投资时机,投资项目期权博弈投资分析可以分为以下五个步骤:

（一）确定建设项目投资的影响因素

可分为主体的不确定性因素和具体项目的因素,也就是自身的经济实力条件、竞争因素和市场结构变化的影响。

（二）模型解析和参数假设

比如对影响项目价值的变量:竞争对手、产品成本及市场结构等变量的设定和基本假设的描绘。

（三）分析投资项目的价值函数

项目价值函数和最佳投资时机随着期权博弈投资模型的变化而发生改变。在双寡头垄断市场中,每个项目的投资主体根据选择投资顺序和投资时机都赋予其三种角色:领先者、追随者和共同投资者。此时需要确定三个潜在角色的三个价值函数。而确定价值函数的顺序是倒序的,即在双寡头的"领先者—跟随者"下,首先应该遵循的跟随者的价值函数,追随者的领袖,再到价值函数领导者的函数值。在确定跟随者价值函数时,我们假定领先者优先投入;为前提,这时需要确定领导者价值函数时,我们假设前提的追随者在未来一段时间会进入。同时投资时,共同投资的值来确定投资函数值的确定,是以共同投资为前提的。在每个角色的价值函数确定之后,必须确定最优投资临界值的每一个潜在角色的作用,意义在于我们可以使用最优停止理论方法。

三、基于博弈双方不对称的双寡头期权博弈分析实例

基于投资市场存在博弈双方不对称的情况,期权博弈模型中假定一个公司已经在市场中存在,而另外一个公司正在考虑进入同一个市场。

（一）模型的建立

考虑在一个行业中有 2 个公司(公司 1 和公司 2)。公司 1 已经进入的市场,每年生产 1 单位的产品,并且拥有一个扩张期权,如果执行这个扩张期权,生产规模将扩大 1 倍。公司 2 还未进入市场,但拥有进入该市场的投资期权,如果执行了这个期权,将每年生产 1 单位的产品。2 家公司产品相同。每家公司在执行其实物期权的时候都要求有一个沉没成本 I。每年的利润函数可表示为

$$P_i = YD_i(m,n) \quad (i=1,2)$$

其中:P_i 表示利润,$D_i(m,n)$ 是利润中确定的部分。如果 $i=1$,则 $m=1$ 或 2,$n=1$ 或 0;如果 $i=2$,则 $m=1$,$n=1$ 或 2。另外假设存在负的外部效应,任何一个公司执行

期权必定会减少另一个公司的价值,由此得到 $D_1(2,0)>D_1(1,0)>D_1(2,1)>D_1(1,1)$ 和 $D_2(1,1)>D_2(1,2)$。Y 是一个随机乘子,代表需求的随机变动。假设 Y 服从几何布朗运动,即

$$dY = \alpha Y dt + \sigma Y dz \tag{1}$$

其中:α 为期望利润率;σ 为期望利润率的方差。显然,P_i 也服从几何布朗运动

$$dP_i = \alpha P_i dt + \sigma P_i dz$$

进一步假设可复制性条件(市场中存在一个资产或一个投资组合,其价格与 P_i 完全相关)成立,所以可以用实物期权法来计算每个公司的价值;另外假设这2家公司都是风险中性的,故其折现率就是无风险利率 r。

在所建立的模型中将会有2个博弈者,公司1和公司2。模型求解过程为:

1) 计算在所有可能的策略下,每一家公司的价值;
2) 根据已计算的结果,考察在这个博弈问题中是否存在均衡状态。

与标准的动态博弈问题一样,此处的求解过程也是从后往前进行的:首先计算出追随者的价值,假定领导者已经执行了他的期权;然后再计算领导者的价值,假定领导者知道追随者将根据领导者的行为选择自己的最优决策。因为,在这个的模型中2个博弈者的初始状态不同,即他们之间是不对称的,因此,必须考虑2种情形:1) 公司1是领导者,公司2是追随者;2) 公司1是追随者,公司2是领导者。

(二)情形1的分析

公司1是领导者,公司2是追随者。假定领导者(公司1)已经执行了扩张期权,确定追随者(公司2)的价值。

1. 追随者的价值

确定追随者(公司2)进入期权的价值。采用实物期权法,假设在市场中存在一项基础资产 Ω,价格正好为 P_2。可以这样构造动态的投资组合:持有追随者的进入期权并且卖空 n 份基础资产 Ω。现在该投资组合的价值为 $F(Y)-nP_2$,即 $F(Y)-nYD_2(0,2)$,注意到领导者已经执行了它的扩张期权,所以现在市场上有2单位的产品。经过一个很短的时间间隔 dt 后,该投资组合的总收益为

$$dF - nD_2(0,2)dY - n\delta Y D_2(0,2)dt \tag{2}$$

用伊藤定理将 dF 展开得

$$dF = \left(\alpha Y F' + \frac{1}{2}\sigma^2 Y^2 F''\right)dt + \sigma Y F' dz \tag{3}$$

把式(3)和(1)代入式(2)中得

$$\left(\alpha Y F' + \frac{1}{2}\sigma^2 Y^2 F'' - \alpha Y n D_2(0.2) - n\delta Y D_2(0.2)\right)dt + (\sigma Y F' - \delta Y n D_2(0.2))dz$$

为消除不确定性因素的影响,必须 $n = F'/D_2(0,2)$,这样该投资组合的无风险收益为

$$\left(\frac{1}{2}\sigma^2 Y^2 F'' - \delta Y F'\right)\mathrm{d}t$$

在无套利机会的条件下,必定有

$$\left(\frac{1}{2}\sigma^2 Y^2 F'' - \delta Y F'\right)\mathrm{d}t = r(F - YF')\mathrm{d}t$$

由此,得到了微分方程

$$\frac{1}{2}\sigma^2 Y^2 F'' + (r-\delta)YF' - rF = 0 \tag{4}$$

式(4)的解为 $F = AY^{\beta_1} + BY^{\beta_2}$.

其中 β_1 和 β_2 分别是二次方程 $\frac{1}{2}\sigma^2\beta^2 + \left(r-\delta-\frac{1}{2}\sigma^2\right)\beta - r = 0$ 的正根和负根,A 和 B 是待定常数。注意,如果 Y 趋近于 0,F 也应当趋近于 0,所以 B 必定为 0,由此可以得到 $F = AY^{\beta_1}$。边界条件可表示为

$$F(Y_F) = \frac{Y_F D_2(1,2)}{\delta} - I \tag{5}$$

$$F'(Y_F) = \frac{D_2(1,2)}{\delta} \tag{6}$$

利用边界条件式(5)和(6),可得到常数 A 和阈值 Y_F:

$$Y_F = \frac{\beta_1}{\beta_1 - 1}\frac{\delta I}{D_2(1,2)}$$

$$A = \frac{Y_F^{1-\beta_1} D_2(1,2)}{\beta_1 \delta}$$

当 $Y > Y_F$ 时,追随者(公司 2)将进入期权,每年可获得的利润为 $YD_2(1,2)$,其价值就是它的期望利润的现值减去进入期权所产生的沉没成本 I,即

$$\frac{YD_2(1,2)}{\delta} - I$$

因此,在这种情况下,追随者(公司 2)的价值可表示为

$$V_{2F} = \begin{cases} \dfrac{Y_F^{1-\beta_1} D_2(1,2)}{\beta_1 \delta} Y^{\beta_1} & Y \leqslant Y_F \\ \dfrac{YD_2(1,2)}{\delta} - I & Y > Y_F \end{cases} \tag{7}$$

2. 领导者的价值

如果 $Y < Y_F$,领导者(公司 1)知道追随者(公司 2)将不会执行进入期权,这时用与上面相同的方法求得公司 1 的价值。可以得到常微分方程

$$\frac{1}{2}\sigma^2 Y^2 V'' + (r-\delta)YV' - rV + D_1(2,0)Y = 0 \tag{8}$$

式(8)的通解为齐次部分的通解加1个特解,即

$$V(Y) = AY^{\beta_1} + BY^{\beta_2} + \frac{YD_1(2,0)}{\delta}$$

出于和前面分析相同的原因,应有 $B=0$,因此这里仅需确定常数 A 的值,而这仅仅需要1个边界条件

$$V(Y_F) = \frac{Y_F D_1(2,1)}{\delta} \tag{9}$$

式(9)说明在点 Y_F 处,领导者的价值应当等于2个公司同时投资时所获得的价值。由式(7)可得

$$A = \frac{Y_F[D_1(2,1) - D_1(2,0)]}{Y_F^{\beta_1} \delta}$$

因为 $D_1(2,1) < D_1(2,0)$,所以 $A < 0$。

如果 $Y > Y_F$,追随者(公司2)将进入市场,这时领导者的价值变成了 $\frac{YD_1(2,1)}{\delta} - I$

综上所述,领导者(公司1)的价值可表示为

$$V_{1L} = \begin{cases} \dfrac{Y_F^{1-\beta_1}[D_1(2,1) - D_1(2,0)]}{\delta} Y^{\beta_1} + \dfrac{D_1(2,0)}{\delta} Y - I & Y \leqslant Y_F \\ \dfrac{D_1(2,1)}{\delta} Y - I & Y > Y_F \end{cases} \tag{10}$$

(三)情形2的分析

公司1是追随者,公司2是领导者,则2公司价值的计算结果如下:

$$V_{1F} = \begin{cases} \dfrac{Y_F^{1-\beta_1}[D_1(2,1) - D_1(1,1)]}{\beta_1 \delta} Y^{\beta_1} + \dfrac{D_1(1,1)}{\delta} & Y \leqslant Y_F \\ \dfrac{D_1(2,1)}{\delta} Y - I & Y > Y_F \end{cases} \tag{11}$$

$$V_{2L} = \begin{cases} \dfrac{Y_F^{1-\beta_1}[D_2(1,2) - D_2(1,1)]}{\delta} Y^{\beta_1} + \dfrac{D_2(1,1)}{\delta} Y - I & Y \leqslant Y_F \\ \dfrac{D_2(1,2)}{\delta} Y - I & Y > Y_F \end{cases} \tag{12}$$

其中:Y'_F 是在这种情况下的阈值,

$$Y'_F = \frac{\beta_1}{\beta_1 - 1} \frac{\delta}{D_1(2,1) - D_1(1,1)}$$

(四)博弈分析

假设在2个公司间信息完全对称,任何一个公司都知道竞争对手应对自己行动的最优策略。这里事先不规定2个公司的角色,每个公司都可以自己决定成为领导者或者追随者。为了便于分析,规定该模型的各个参数值为:$\alpha = 5\%$,$\sigma = 20\%$,$r = 10\%$,$I = 20$(每

个公司), $D_1(2,0)=8$, $D_1(1,0)=6$, $D_1(2,1)=3$, $D_1(1,1)=2$, $D_2(1,1)=2$, $D_2(1,2)=1.5$。根据这些参数值,可以得到 $\beta_1=1.6085$, $Y_F=1.7623$, $Y_F'=2.6434$。代入式(7)、(10)~(12)可得如下结果:

$$V_{2F} = \begin{cases} 13.2118Y^{1.6085} & Y \leqslant 1.7623 \\ 30Y-20 & Y > 1.7623 \end{cases} \tag{13}$$

$$V_{1L} = \begin{cases} -70.8370Y^{1.6085}+160Y-20 & Y \leqslant 1.7623 \\ 60Y-20 & Y > 1.7623 \end{cases} \tag{14}$$

$$V_{1F} = \begin{cases} 6.8821Y^{1.6085}+40Y & Y \leqslant 2.6434 \\ 60Y-20 & Y > 2.643 \end{cases} \tag{15}$$

$$V_{2L} = \begin{cases} -5.5350Y^{1.6085}+40Y-20 & Y \leqslant 2.6434 \\ 30Y-20 & Y > 2.6434 \end{cases} \tag{16}$$

根据式(13)~(16),分析计算 2 公司的最优策略结果见表 9-3。

从表 9-3 可以看出,模型中至少存在 2 个均衡状态:当 $Y \in (0.2258, 0.8852)$ 时,公司 1 是领导者,公司 2 是追随者;当 $Y \in (1.7285, 2.6330)$ 时,公司 1 是追随者,公司 2 是领导者。当这 2 种情况发生时,一个公司的最优决策正好与另一公司的最优决策相适合。出于利润最大化目的,任何一个公司都不会改变它们的决策,这 2 种情况都是纳什均衡状态。

表 9-3　进行博弈时 2 个公司的最优策略

公司	Y 的值域					
	(0,0.2258)	(0.2258, 0.8852)	(0.8852, 1.7285)	(1.7285, 2.6330)	(2.6330, 2.6434)	(2.6434, +∞)
公司 1	F	L	L	F	L	I
公司 2	F	F	L	L	L	I

注:F,L 和 I 分别表示追随者、领导者和两者无区别。

当 Y 位于区间 $(0,0.2258)$ 时,2 个公司都愿意做追随者,直观地,这也代表一种纳什均衡状态,2 个公司都将保留各自的期权,停留在最初状态。在 2 个公司都不执行自己期权的情况下,用 V_{1I} 表示公司 1 的价值,V_{1I} 应为这时它的期望利润现值加上扩张期权的价值,公司 1 知道此时公司 2 不会进入市场与它竞争,因为存在负的外部效应,故有 $V_{1I} > V_{1F}$。用 V_{1S} 表示 2 个公司同时投资时公司 1 的价值,可以证明 $V_{1F} > V_{1S}$,因此,有 $V_{1I} > V_{1F} > V_{1S}$。对于公司 2 也可以得到一个类似的结果:$V_{2I} > V_{2F} > V_{2S}$。所以,对 2 个公司而言此时停留在最初状态就是它们的最优策略。

当 $Y > 2.6434$ 时,2 个公司对于做领导者还是追随者将采取无所谓的态度,这虽然不是一种均衡状态,但却很容易分析。每个公司都可以随意的选择自己的角色而不管对手如何决策;另外,只有当 Y 非常大的时候,同时投资对 2 个公司而言才可能是最优的决策。

当 Y 位于区间 $(0.8852, 1.7285)$ 和 $(2.6330, 2.6434)$ 时，2 个公司都希望成为领导者，这种情况较难处理。因为 2 家公司都希望作为领导者获得较高的收益，所以没有理由认为其中的一家公司会主动让对手成为领导者。在这种情况下存在 2 家公司同时投资的可能性，但它们获得的收益将比它们作为追随者时的收益还要低。在 2 个公司不能相互沟通的情况下，解决该问题惟一合适的方法是允许博弈者采用混合策略。

采用混合策略，每一家公司都将计算出它们实施期权以获得领导者的收益的可能性，与此同时也要考虑同时投资的可能性，2 个公司之间将进行一种同时的博弈（可能会有无限多轮）其中公司 i 选择投资的概率为 p_i，不投资的概率为 $1-p_i$，$i=1,2$。

表 9-4 表示出在 1 家或 2 家公司选择投资的时刻，2 公司的价值，这是一个可以重复进行无限多次的同时博弈。其中公司 1 的价值可以表示为

$$V_1 = p_1 p_2 V_{1S} + p_1(1-p_2)V_{1L} + (1-p_1)p_2 V_{1F} + (1-p_1)(1-p_2)V_2 \quad (17)$$

表 9-4 采取混合策略时 2 家公司的价值

		公司 2	
		p_2	$1-p_2$
公司 1	p_1	V_{1S},V_{2S}	V_{1L},V_{2L}
	$1-p_1$	V_{1P},V_{2L}	重复博弈

式(17)最后 1 项代表公司 1 在重复博弈中可获得的收益。假设在这个博弈中一定会有投资发生，重新排列(17)式可以得到

$$V_1 = \frac{p_1 p_2 V_{1S} + p_1(1-p_2)V_{1L} + (1-p_1)p_2 V_{1F}}{1-(1-p_1)(1-p_2)}$$

当 p_2 给定时，最优化 V_1 的一阶条件是 $dV_1/dp_1=0$，经计算的二阶条件表明，这是一个最大化的问题，可以得到

$$p_2 = \frac{V_{1L}-V_{1F}}{V_{1L}-V_{1S}}$$

因为 $V_{1L}>V_{1F}>V_{1S}$，所以有 $0<p_2<1$。用相同的方法可以得到

$$p_1 = \frac{V_{2L}-V_{2F}}{V_{2L}-V_{2S}}$$

因为在这 2 家公司之间存在着一些不对称性，所以 p_1 不一定等于 p_2，2 家公司在每一轮博弈中选择投资的可能性是不同的。

【能力训练】

1. 单项选择题

(1) 下列有关投资项目风险的表述中,正确的是(　　)。
　　A. 风险是未来变化偏离预期的可能性及其对目标产生影响的大小
　　B. 风险的大小与变动发生的可能性成反比
　　C. 风险的大小与变动发生后对项目影响的大小成反比
　　D. 风险是可以清除的

(2) (　　)是作为工程项目财务分析与国民经济分析的必要补充。
　　A. 盈亏平衡分析　　　　　　　　B. 敏感性分析
　　C. 概率分析　　　　　　　　　　D. 风险与不确定性分析

(3) 某企业进行设备更新,新设备价值10万元,利用新设备生产的产品其单位可变成本为5元/件,其产品售价为10元/件,假设企业生产函数为线性,则盈亏平衡产量为(　　)。
　　A. 2万件　　　B. 1万件　　　C. 3万件　　　D. 0.5万件

(4) 市场风险可能来源于市场需求量变化、价格变化等,价格变化又包括产品或服务的价格、原材料的价格和其他投入物价格的变化等。这体现了不确定性和风险的(　　)特征。
　　A. 相对性　　　B. 层次性　　　C. 多样性　　　D. 阶段性

(5) 投资项目的有关各方可能会有不同的风险;同一风险因素对不同主体的影响也是不同的。这体现了风险的(　　)特征。
　　A. 客观性　　　B. 可变性　　　C. 层次性　　　D. 相对性

(6) 工程风险对业主而言可能产生不利后果,而对于保险公司而言,正是由于风险的存在,才使得保险公司有了通过工程保险而获利的机会,这属于不确定性与风险的(　　)。
　　A. 客观性　　　B. 可变性　　　C. 阶段性　　　D. 相对性

(7) 可能带来损失,也可能产生利益的风险属于(　　)。
　　A. 纯风险　　　B. 投机风险　　　C. 自然风险　　　D. 非责任风险

(8) 某项目设计生产能力为年产40万件,每件产品价格为120元,单位产品可变成本为100元,年固定成本为420万元,产品销售税金及附加占销售收入的5%,则盈亏平衡产量为(　　)。
　　A. 30万件　　　B. 21万件　　　C. 24万件　　　D. 40万件

(9) 投资项目评价的不确定性分析是指对影响项目的各种不确定因素进行分析。下列分析方法中,可用于不确定性分析的是(　　)。
　　A. 敏感性分析　　　　　　　　B. 概率树分析
　　C. 蒙特卡洛模拟　　　　　　　D. 投资组合分析

(10) 下列(　　)不能用来表示盈亏平衡点。
　　A. 销售价格　　　　　　　　　B. 产量

C. 生产能力利用率　　　　　　　D. 生产能力

(11) 敏感性分析的步骤是首先(　　)。
　　A. 选定不确定性因素　　　　　B. 确定敏感性分析的目标
　　C. 选取分析指标　　　　　　　D. 确定不确定性因素的变化程度

(12) 下列有关敏感性分析的方法，说法正确的是(　　)。
　　A. 敏感性分析通常是改变一种不确定因素的数值
　　B. 敏感性分析包括单因素敏感性分析和多因素敏感性分析
　　C. 为了找出关键的敏感性因素，通常进行多因素敏感性分析
　　D. 敏感性分析选取的效益指标只能是内部收益率

(13) 某投资项目的单因素敏感性分析中，基本方案对应的销售量为0.8万台/年，财务内部收益率为25%。当产品的销售量减少10%时，该项目的财务内部收益率降低到22%，则此时的敏感度系数为(　　)。
　　A. 0.30　　　B. 0.83　　　C. 1.20　　　D. 1.36

(14) 经测算，项目的经济净现值为890万元，影子汇率为1美元=7.98元人民币。如果汇率增加10%，则经济净现值减少到760万元，则该项目相对于汇率的敏感度系数是(　　)。
　　A. 1.46　　　B. −1.24　　　C. 1.24　　　D. −1.46

(15) 某工程方案设计生产能力为年产1.5万吨，产品销售价格为3 200元/吨，年总成本为4 000万元，其中固定成本为1 900万元，则盈亏平衡时的生产能力利用率为(　　)。
　　A. 83.3%　　　B. 70.4%　　　C. 86.7%　　　D. 66.7%

(16) 下列有关盈亏平衡分析的说法不正确的是(　　)。
　　A. 盈亏平衡分析根据到达设计生产能力时的数据计算
　　B. 项目决策分析与评价中一般只进行线性盈亏平衡分析
　　C. 盈亏平衡点上，销售收入等于总成本费用
　　D. 盈亏平衡点可以用产品售价来表示

(17) 盈亏平衡分析的作用不包括(　　)。
　　A. 考察项目对产出品变化的适应能力和抗风险能力
　　B. 用固定成本表示的盈亏平衡点越低，表示项目的抗风险能力越强
　　C. 用生产能力利用率表示的盈亏平衡点越低，表示项目的抗风险能力越强
　　D. 用产品售价表示的盈亏平衡点越低，表示企业适应市场价格下降的能力越大

(18) 计算盈亏平衡点时，下列说法不正确的是(　　)。
　　A. 盈亏平衡点不能按计算期内的平均值计算
　　B. 盈亏平衡点应按还款期间和还完借款后的年份分别计算
　　C. 盈亏平衡点可以采用公式法和图解法求解
　　D. BEP(生产能力利用率)=BEP(产量)×计算期内生产能力平均值

(19) 某项目达产期销售收入为2 700万元。销售税金与附加为33万元,可变成本为85元/件,该项目设计生产能力为10万件,如果盈亏平衡时产量为6万件,则该项目的固定成本应为( )万元。

A. 1 090.2 B. 1 700 C. 1 172 D. 2 100

2. 多项选择题

(1) 风险与不确定性的区别体现在( )方面。

A. 可否量化 B. 可否保险
C. 可否控制 D. 影响大小
E. 概率可获得性

(2) 风险和不确定性是既相互联系又相互区别的两个概念,两者间的区别表现在( )。

A. 可否保险 B. 可否定性分析
C. 可否量化分析 D. 概率可获得性
E. 可否承受

(3) 不确定性与风险产生的客观原因有( )。

A. 信息的不完全性和不充分性 B. 人的有限理性
C. 市场供求变化的影响 D. 技术变化的影响
E. 社会、政策、法律、文化等方面的影响

(4) 不确定性与风险的性质包括( )。

A. 客观性 B. 可变性 C. 阶段性 D. 单一性
E. 级别性

(5) 不确定性分析方法的应用范围是( )。

A. 盈亏平衡分析既可用于财务评价,又可用于国民经济评价
B. 敏感性分析可用于国民经济评价
C. 概率分析可同时用于财务评价和国民经济评价
D. 敏感性分析可用于财务评价
E. 盈亏平衡分析只能用于财务评价

(6) 关于盈亏平衡分析的论述,下列说法中正确的是( )。

A. 盈亏平衡点的含义是指企业的固定成本等于变动成本
B. 当实际产量小于盈亏平衡产量时,企业亏损
C. 经营安全度越高,抗风险能力就越强
D. 生产能力利用率大于盈亏平衡点就可赢利
E. 盈亏平衡产量越大,抗风险能力就越强

(7) 风险按照性质划分包括( )。

A. 纯风险 B. 投机风险
C. 自然风险 D. 人为风险
E. 技术风险

(8) 下列关于投资项目敏感性分析的表述中,正确的有( )。
   A. 进行敏感性分析时,应首先计算敏感性指标
   B. 敏感性分析最基本的分析指标是内部收益率或净现值
   C. 敏感性分析重点是针对不确定因素的不利变化进行分析
   D. 敏感性分析只能用于项目财务分析与评价
   E. 敏感性分析可以估计不确定因素对项目效益的影响程度

(9) 经验表明,对建设项目应进行敏感性分析的因素包括( )。
   A. 产出品价格   B. 人民币汇率
   C. 建设期   D. 可变成本
   E. 固定成本

(10) 关于敏感性分析的论述,下列说法中错误的是( )。
   A. 敏感性分析对不确定因素的变动对项目投资效果的影响作了定量的描述
   B. 敏感性分析得到了维持投资方案在经济上可行所允许的不确定因素发生不利变动的最大幅度
   C. 敏感性分析不能说明不确定因素发生的情况的可能性
   D. 敏感性分析考虑了不确定因素在未来发生变动的概率
   E. 敏感性分析可以分为单因素敏感性分析和多因素敏感性分析

(11) 项目对某种因素的敏感程度,可表示为( )。
   A. 评价指标值变动百分比
   B. 不确定因素变动百分比
   C. 该因素按定比例变化时引起项目指标的变化幅度
   D. 评价指标变动百分比除以不确定因素变动百分比
   E. 评价指标达到临界点时,某个因素允许变化的幅度

(12) 下列说法不正确的是( )。
   A. 敏感度系数的计算公式为 $E=\Delta A/\Delta F$
   B. 临界点只能用百分率表示
   C. 临界点的高低与设定的基准收益率有关
   D. 临界点越低,表示项目适应市场变化的能力越强,抗风险能力越强
   E. 通过敏感性分析图可以准确地求得临界点的数值

(13) 敏感性分析的方法与步骤包括( )。
   A. 选取确定因素   B. 确定不确定因素变化程度
   C. 选取分析指标   D. 计算敏感性指标
   E. 分析不确定因素

(14) 对敏感性分析结果进行分析,说法正确的是( )。
   A. 敏感性系数较高或者临界点较低者为较为敏感的因素
   B. 结合敏感度系数及临界点的计算结果,按不确定性因素的敏感程度进行排序
   C. 定性分析的临界点所表示的不确定因素变化发生的可能性

  D. 归纳敏感性分析的结论,找出最敏感的一个因素

  E. 应就敏感性分析表和敏感性分析图显示的结果进行文字说明

 (15) 线性盈亏平衡分析的条件是(　　)。

  A. 当年生产的产品(扣除自用量)当年销售出去

  B. 产量变化,可变成本不变

  C. 产量变化,产品售价不变

  D. 产量变化,固定成本不变

  E. 只生产单一产品或者可以换算为单一产品计算

3. 判断题

(1) 在概率分析中,不确定因素的概率分布是未知的。　　　　　　　　(　)

(2) 变化率 β 描述了评价指标变化率对变量因素变化率的反映程度。　(　)

(3) 在工程经济中对不确定性分析的基本方法中,盈亏平衡分析和敏感性分析只用于财务效益分析,概率分析可同时用于财务效益分析和国民经济效益分析。　(　)

(4) QBEP 是项目保本的产量,其值越低,方案的风险越大。　　　　　(　)

(5) RBEP 是盈亏平衡点的生产能力利用率,其值越低,表明该项目适应市场变化的能力、抗风险能力强,获利能力大。　　　　　　　　　　　　　　　(　)

4. 计算题

(1) 某项目设计生产能力为年产 50 万件,每件产品价格为 120 元,单位产品可变成本为 100 元,年固定成本为 700 万元。试计算:

(a) 产品销售税金及附加忽略不计,盈亏平衡点的生产能力利用率。

(b) 产品销售税金及附加占销售收入的 3%,盈亏平衡点的生产能力利用率。

(2) 某项目所生产的产品的总固定成本为 16 万元,单位变动成本为 1500 元,产品销售收入为 $26\,000\sqrt{Q}+500Q$(Q 为产品产销量)。试确定该产品的盈利区域和最大盈利产量。

(3) 某投资方案用于确定性分析的现金流量如下表所示,表中数据是对未来最可能出现的情况预测估算得到的。由于未来影响经济环境的某些因素的不确定性,预计投资额、年收益、年支出参数的最大变化范围为 -20%~+20%,基准折现率为 10%。试对各参数分别作敏感性分析。

(a) 利用相对测定法进行单因素敏感性分析。

(b) 从五个因素中选两个最敏感因素进行多因素敏感性分析。

现金流量表

参数	投资额(R)	年收益(AR)	年支出(AC)	残值(L)	寿命期(N)
单位	元	元	元	元	年
预测值	15 000	32 000	2 000	2 000	10

【网络资源与阅读书目】

[1] 国家发展改革委,建设部.建设项目经济评价方法与参数.3版.北京:中国计划出版社,2006

[2] 华海涛.公路工程经济评价中不确定性分析与应用.科技经济市场,2016(10)

[3] 宫晓琳,杨淑振,胡金焱,张宁.非线性期望理论与基于模型不确定性的风险度量.经济研究,2015(11)

[4] 杨蕤.不确定性分析在公路工程经济评价中的应用.西部探矿工程,2011(02)

[5] 李延忠.企业经济管理不确定性分析方法.中国科技信息,2011(07)

[6] 赵晓军.二阶段期权博弈在R&D项目中的评价应用.统计与决策,2014(28)

[7] 王媛.企业投资决策的实物期权理论研究进展.经济与管理评论,2014(15)

[8] 王炯,陈祥,饶雪平.浅谈道路建设项目的不确定分析.中国市政工程,2006(03)

[9] 韩款,王宝森,王岩,石善冲.实物期权博弈投资战略理论与模型研究.河北建筑科技学院学报,2005(2)

[10] 曲艳伟,沈玉志,崔宁.基于期权博弈的双寡头房地产市场投资决策研究.科技和产业,2006(12)

[11] 余冬平,邱菀华.R&D投资决策的不对称双头垄断期权博弈模型.系统工程,2005(2)

[12] 张国兴,郭菊娥,刘东霖.建设时间和投资成本不对称的双寡头期权博弈模型.管理科学,2008(4)

[13] 傅强,徐海龙.投资成本与收益不对称条件下的企业并购决策.技术经济,2010(3)

[14] 崔晏.实物期权博弈模型及其在房地产投资中的应用.辽宁:东北大学,2005

[15] 洪开荣,蒋苏健.有限经济寿命视角下房地产投资决策的期权博弈分析.延安大学学报(社会科学版),2008(3)

[16] 孙艳梅,孙长雄.技术不确定条件下R&D投资决策的期权博弈模型.哈尔滨工程大学学报,2010(8)

第十章 投资项目总评估

【学习要点】 本章是从投资项目评估的总体评价和宏观角度对项目进行的总结性评估，主要介绍了投资项目总评估的作用、内容、步骤与方法，介绍了项目评估报告的撰写要求与一般格式。对前面没有述及的区域、产业和宏观经济影响的内容进行了分析。

【学习重点与难点】 通过本章的学习，要重点掌握从整体上和宏观角度把握对项目评估的方法，学习的难点在于需要有发现问题、拾遗补缺的能力。

【基本概念】 总评估　分项评估　项目评估报告

第一节 项目总评估的作用

所谓项目评估的总评估是对项目最后的评估总结，是将建设项目的各个分项评估结果加以汇总，并依据国家各时期的方针、政策及技术经济参数，区域和产业经济的现状与发展趋势，对建设项目的可行性及预期效益进行全面综合分析，作出客观、科学、公正的结论。项目总评估是项目评估全过程的最后一个阶段，是从总体上判断项目建设的必要性、资源可能性、技术的可行性以及财务和经济的合理性，提出结论性意见与建设性建议的阶段。

一、项目总评估有助于对拟建项目进行全面的综合性的评价

项目评估是个多环节的系统工程，但目的只有一个，即为投资决策服务。一旦完成产品市场、建设条件、技术、效益等评估，分别得出有关的结论之后，必须及时把这些成果加以整理汇总，综合提炼，得出简括而明确的结论，才能使决策者对拟建项目一目了然，便于及时、正确地作出判断与决定。

项目评估牵涉面广，包括一系列的调查研究与分析论证活动，内容涉及市场预测、厂址优选、工艺技术、建设方案、财务效益与社会经济效益等许多方面，方法上要求价值量分析与实物量分析相结合、定量分析同定性分析相结合、动态分析与静态分析相结合、宏观效益分析同微观效益分析相结合。各分项评估对其相关数据与资料的测算与剖析，不仅数量纷繁，而且论证各有侧重，如果工作终止于分项评估的了结，而不对评估诸多方面的内容进一步加以系统整理，势必功亏一篑，不但无从保证评估内容的完整性和系统性，而且无法对项目的可行与否作出全面而准确的判断。显而易见，把分项评估的成果汇集起来，再通盘衡量整个项目，作出总评估，这是使评估结论完善、确切，从而确保项目得以正确决策的实际需要。

二、项目总评估有助于全面系统地评价拟建项目

项目建设可以带来效益,但建设过程先要各方面投入。项目从建设到投产,其利弊得失涉及生产发展、国力消长、人民生活、社会福利和自然环境等许多方面。有的项目产品有市场,建设有条件,投入少、产出多,对企业、对国家、对整个社会的效益都好,无疑可确认是可行的。反之,情况截然相反的项目,必不可取。但实际上,大多数的情况是,分析评估结果,有的较好,有的一般,有的较差。在这种情况下,势必需要对各个分项评估的结果加以协调平衡。不然,决策者也将无所适从。比如说,有的项目技术上既先进也适用,并有利于推动全行业的技术更新,社会效益也比较好,但企业效益却不丰厚;再比如说,有的项目,厂区内生产各环节是成龙配套、无懈可击的,然而,厂外相关项目的生产能力却不能同期与其衔接协调,将不能充分利用其能力,影响它取得预期的效益。诸如此类的矛盾,在建设实践中是屡见不鲜的。要想对这些问题做到心中有数,预先提出处理意见和有效措施,促使项目的积极因素得以发挥、及早防止消极因素,保证项目上马效益尽可能大、代价尽可能小,唯有通过总评估才能妥善地解决。

此外,有的项目不仅是分项评估结果之间有出入,而且这些结果彼此矛盾,截然不同。时常碰到的例子是,许多项目的微观效益与宏观效益不一致。有的投产后,企业利润可能较丰厚,但国民经济为之付出的代价却更大,得不偿失。总评估时遇到这种项目,只宜从大局着眼,以宏观是否有效益为准绳来予以舍弃;相反,有的项目是微观无利可图,而从宏观角度看,确实为发展国民经济所急需。根据项目取舍最终以宏观效益为准的原则,当然项目仍应成立。不过,为了促使项目上马和未来企业积极经营,应在产品或生产要素价格、税收政策等方面采取某些措施,改善企业经营的环境与条件。

三、项目总评估有利于项目的多方案比较与选择

项目评估本来就要求择优。当只有一个项目、一种方案时,要在可行与不可行中作抉择;如果有多个方案,则必须通过比较选择,挑选出最优方案。在实际评估工作中情况往往比较复杂,常常出现甲方案的某些分项评估结果优于乙方案,而乙方案中另一些分项评估结果又优于甲方案。以一座水库大坝为例,其防洪、灌溉、发电、航运等多种效益可以组合成许多方案姑且不论,单就其坝高库容一方面说,就有高坝、中坝、低坝几个方案。高坝可以充分利用其水资源,多发电,但上游淹没区大,移民多,对生态环境影响大;相反,低坝则淹没区小,移民少,对生态环境影响较小,但发电少,单位电力成本较高。可见,方案比选不仅是在单项评估中要做,到了总评估阶段,尤其要放开眼界,就更大范围、更加长远的需要进行综合比较分析,真正选择出最优并最为可行的方案来。

四、项目总评估有助于评估的拾遗补缺和补充完善

项目评估的大量工作是在各个分项评估中进行的。分项评估的测算与分析是分散的,各个分项的评估结论有可能出现矛盾,而且从总体上看,所有分项评估的内容还有不尽完备的地方。最常见的事例是,有的评估人员,只强调项目建设的有利条件,而忽视项

目上马的不利因素,或者只分析并肯定项目本身建设的必要性及其可获效益,而对影响项目上马和取得预期效益的客观条件却估计不足。在这些情况下,通过项目的总评估对前面评估过程中难以完全避免的疏漏,及早加以补充、修正,使整个评估趋于完善,这是完全必要的。

总之,将建设项目的各个单项评估结果加以协调、汇总和完善,并对项目作出总的评价,是直接为项目决策提供依据所必不可少的。

第二节 项目总评估的内容

项目总评估的内容是由项目的特性和总评估的要求决定的。不同的项目,技术特征不一,规模不等,建设时间不同,总评估的具体内容也不一样。然而,所有项目的总评估都要对项目拟建内容与其技术、经济条件以及投资的效益进行全面评价,综合反映分项评估成果,并直接为项目决策提供依据。这就决定了总评估一般应包括以下内容:

一、项目建设是否必要,规模是否适当

项目建设必要与否是立项与否的前提条件。判断项目建设是否必要,应着重从以下几方面进行分析论证:

1. 从项目产品的市场前景看,项目的产品是否短缺,是否属于升级换代品种,其质量、成本与价格等方面在国内外市场有无比较优势,其生命力与竞争能力如何。

2. 从经济发展远景看,项目建设是否符合国家产业政策,适应国家经济发展规划要求;是否有利于调整经济结构,发挥区域经济特色与优势;是否符合银行的贷放方针和优先贷放的投资方向。

3. 从社会效益看,项目建设是否有利于企业的技术革新和提高国民经济的技术装备水平,是否有利于生产力的合理布局,是否有利于改善社会劳动力就业状况和改善投资环境。

4. 从国家安全和社会稳定看,项目建设是否有利于生产力的纵深配置,巩固国防;是否有利于老、少、边、穷地区的繁荣发展和增强民族团结等。

如果符合上述要求,项目建设就是必要的。同时,项目的建设规模必须符合规模经济的要求。

二、项目的建设与生产条件是否具备

具备必要的建设条件和生产条件是项目顺利建成并在投产后正常发挥其功能的基本保证。

对一般生产项目建设条件的评估主要是分析:厂址选择与生产布局是否合理;地质状况是否清楚,是否适合建设施工要求;施工力量、施工技术与施工物资的供应有无保证;设备可否落实配套;实施工程设计方案和建设规模是否切实可行;"三废"治理方案是否符合要求并获得有关部门的批准认可。

评估项目的生产条件,根据各行业的生产特点,分析的内容与重点各有不同。比如一般加工企业的建设,要着重分析项目建成投产后所需原材料、燃料、动力、供水、供热和交通运输条件的落实情况,产品方案和资源利用方案是否合理。矿山资源开发项目则首先要分析资源储量是否清楚,其品位是否有开采价值,其工程、水文地质状况如何。

三、项目的工艺、技术、设备是否先进、适用、经济合理,相关配套项目是否有同步建设方案

先进、适用且经济合理的工艺技术是项目能否取得预期成效的关键。总评估时应着重分析项目采用的工艺、技术、设备是否符合国家的产业政策与技术发展政策,是否有利于资源的综合利用,是否有利于提高劳动生产率、改进产品质量、降低能耗与生产成本;采用的新工艺、新技术与新设备是否经过工艺试验和技术鉴定,是否安全可靠;引进技术与设备是否必要,是否经过比选和符合国情;国内配套设备、操作技术水平能否与之相适应。

随着生产社会化、专业化的发展,企业间的分工协作关系日渐复杂。一个生产项目建成投产后要正常发挥作用,将依存于相关协作项目同步配套的建设与发展。因此,总评估阶段,必须考察关系重大的配套项目是否已有相应安排,能否同步建成。

四、项目是否具有较好的财务效益和国民经济效益

获取尽可能高的财务效益与国民经济效益是投资的目的。项目建设是否必要,是否具有较好的生产建设条件,是否具有先进、适用、经济的工艺技术,也都将集中地反映到项目的效益上来。总评估时要着重检查项目投资和经营财务基础数据的测算是否准确,评估指标是否完备;通过财务收益净现值、财务内部收益率、投资回收期、贷款偿还期等指标分析企业的盈利水平和偿还本币与外币贷款的能力;通过经济净现值、经济内部收益率和投资净效益率等指标分析国家的有限资源是否得到合理配置和充分有效的利用,项目的耗费是否低于社会平均水平,项目对社会经济的发展可作出多大贡献。

五、筹资方案是否合理,资金来源有无保证,贷款有无偿还能力

在现代经济生活中,资金的投付是投资发挥其对经济的启动功能和持续推动功能的集中体现。缺少资金,项目的建设将无法实施,更谈不到顺利投产、实现投资效益了。在总评估时,一方面必须认真分析投资估算是否落实:不仅项目所需的固定资产投资不能留缺口,项目投产所必不可少的流动资金也必须打足;另一方面,还应考察项目投资来源的合理性与可靠性。其中需向银行借款的部分,应已取得银行的意向性认可,同时,还应审查借款在投资中的比重,分析项目偿还贷款的能力及其偿债期限。

六、项目的投资风险性大小

影响项目投资成本与效益的技术经济因素不确定,对于企业未来技术力量、业务素质和管理人员的经营能力等因素,不可能先作出绝对准确的预测;至于影响项目成败的

客观环境与条件的变化,更非项目业主所能主宰。所有这些情况的变异都可能使项目由原来的可行变成不可行,从而使项目出现风险。于是,许多项目的评估都少不了要做不确定性分析,以判断项目风险的大小。因此,项目风险分析是项目总评估的必要组成部分。

七、关于方案选择和项目决策的意见

项目评估的使命就是要为项目决策提供依据。因此,项目总评估必须明确提出项目应否批准与应否贷款的意见。在可行性研究中往往对项目的地址、工艺、规模、筹资、工期等方面研讨过多种方案,方案间对比各有利弊,总评估时,应将这些方案认真、细致、切实地进行分析比较,从中选定最优方案。

八、影响项目经济效益方面存在的问题及改进建议

经过综合分析判断,对不足取的项目要提出否定意见,对可行的项目则将予以肯定。但项目可行不等于毫无问题。总的说来,问题不外乎两个方面:一方面是项目本身规划、选址、规模、设备选型、设计和建设方案之类的问题;另一方面是现行政策和规定中存在的问题,如物资供应、价格、财税、信贷、收益分配、投资和企业技术装备等方面。有不利于项目取得应有效益的政策与规定,经过具体的调查研究,应当实事求是地向有关部门提出建议,加以改进。

第三节 区域、产业经济和宏观经济影响分析

一、需要专门进行区域、产业经济和宏观经济影响分析的项目

一般而言,所有项目都应该进行一般意义上的区域、产业经济和宏观经济影响分析,但具备下列部分或全部特征的特大型建设项目则必须进行相对全面的区域、产业经济和宏观经济影响的分析:

1. 项目投资巨大、工期超长(跨五年计划或者十年规划的);
2. 项目实施前后对所在区域、产业或国家经济结构、社会结构以及群体利益格局等有较大改变的;
3. 项目促进技术进步和技术转变,引发关联产业或新产业群体发展变化的;
4. 项目对生态与环境影响较大,范围较广;
5. 项目对国家经济安全影响较大;
6. 项目对区域或国家长期财政收支影响较大;
7. 项目的投入或产出对进出口影响较大;
8. 其他对区域经济、产业经济或宏观经济有重大影响的项目。

二、投资项目对区域、产业经济和宏观经济影响的一般内容

区域、产业经济和宏观经济影响分析应立足于项目的实施能够促进和保障经济有序

高效运行和可持续发展,分析重点应是项目与区域发展战略和国家长远规划的关系。

具体的分析内容一般应该包括直接贡献和间接贡献、有利影响和不利影响：

1. 项目对区域经济、产业经济和宏观经济的直接贡献通常表现在：促进经济增长,优化产业经济结构,提高居民收入,增加就业,减少贫困,扩大进出口,改善生态环境,增加地方或国家财政收入,保障国家经济安全等方面。

2. 项目对区域经济、产业经济或宏观经济影响的间接贡献表现在：促进人口合理分布和流动,促进城市化,带动相关产业,克服经济瓶颈,促进经济社会均衡发展,提高居民生活质量,合理开发、有效利用资源,促进技术进步,提高产业国际竞争力等方面。

3. 项目可能产生的不利影响包括：非有效占用土地资源、污染环境、损害生态平衡、危害历史文化遗产；出现供求关系与生长格局的失衡,引发通货膨胀；冲击地方传统经济；产生新的相对贫困阶层及隐形失业；对国家经济安全可能带来不利影响等。

三、投资项目的区域经济影响分析

（一）区域经济对投资项目的影响

任何一个项目都是建立在一个区域的范围内的,因此拟建项目应该与区域的经济和社会发展趋势相协调,这就需要考察项目的区域经济背景。区域经济体是以一定地域为范围,并与经济要素及其分布密切结合的区域发展实体。区域经济反映不同地区内经济发展的客观规律以及内涵和外延的相互关系,因此项目的建设必须与区域经济发展相一致。

区域经济是在一定区域内经济发展的内部因素与外部条件相互作用而产生的生产综合体。每一个区域的经济发展都受到自然条件、社会经济条件和技术经济政策等因素的制约。水分、热量、光照、土地和灾害频率等自然条件都影响着区域经济的发展,有时还起到十分重要的作用；在一定的生产力发展水平条件下,区域经济的发展程度受投入的资金、技术和劳动等因素的制约；技术经济政策对于特定区域经济的发展也有重大影响。如果拟建项目受制于区域的自然条件、社会经济条件和技术政策等因素,则建设的可行性将大打折扣,也是需要避免的。

（二）投资项目对区域经济的影响

区域经济是一种综合性的经济发展的地理概念。它反映区域性的资源开发和利用的现状及其问题,尤其是指矿物资源、土地资源、人力资源和生物资源的合理利用程度,主要表现在地区生产力布局的科学性和经济效益上。因此,从客观上看,区域经济的好坏是受到区域内已经存在的和拟建的项目的影响,这些项目的效果会对区域经济的效果产生重要的影响。而从区域经济的效果看,它并不单纯反映在经济指标上,还会综合反映在社会总体经济效益和地区性的生态效益上。衡量区域经济合理发展应当有一个指标系统,从中国许多地区经济发展情况来看,一般包括以下 5 个方面：① 考虑整个国家经济发展的总体布局,分析地区经济在国家经济中的地位和作用。② 地区经济发展的速度和规模是否适合当地的情况(包括人力、物力和资金等因素)。③ 规划设计的地区经济开发和建设方案能否最合理地利用本地的自然资源和保护环境。④ 地区内各生产部门的发展与整个区域经济的发展应当比较协调。⑤ 除生产部门外,还要发展能源、交通、电讯、医疗卫生和文化教育等区域性的基础设施。注意生产部门与非生产部门之间在发展上的相互适应。因此,评估投资项目对区域经济的影响应该从以上多个方面进行分析。

四、投资项目的产业经济影响分析

投资项目的区域经济影响是从"块"上来考察的,而产业经济的影响则是从"条"上来考察的。

（一）产业经济对投资项目的影响分析

产业有广义和狭义之分。从广义上看,产业是指国民经济的各行各业,从生产到流通、服务以至于文化、教育。小到行业,大到部门都可以称之为产业。从狭义上看,由于工业在产业发展中占有特殊位置,经济发展和工业化过程密切相关,产业有时指工业部门。产业经济学中研究的产业是广义的产业,泛指国民经济的各行各业。

产业的概念是介于微观经济细胞（企业和家庭消费者）与宏观经济单位（国民经济）之间的若干"集合"。在现代经济社会中,存在着大大小小的、居于不同层次的经济单位,企业和家庭是最基本的,也是最小的经济单位;整个国民经济又被称为最大的经济单位。介于两者之间的经济单位是大小不同、数目繁多的,因具有某种同一属性而组合到一起的企业集合,又可看成是国民经济按某一标准划分的部分,这就是产业。

在每个不同的发展时期,需要重点发展的产业是不相同的,因此不同的时期,产业经济对拟建项目的影响就可能表现为正面和负面影响两类。凡是符合产业发展政策,顺应产业发展趋势的拟建项目,就会得到产业经济的大力扶持,项目实施得就顺利;反之,凡是与这个时期的产业政策不符合,逆产业经济发展的趋势而动的项目,就会受到产业经济的压制,实施起来就不顺畅。

（二）投资项目对产业经济的影响分析

在产业经济学中,产业有三个层次:第一层次是以同一商品市场为单位划分的产业,即产业组织,现实中的企业关系结构在不同产业中是不相同的。产业内的企业关系结构对该产业的经济效益有极其重要的影响,要实现某一产业的最佳经济效益须使该产业符合两个条件:首先,该产业内的企业关系结构的性质使该产业内的企业有足够的改善经营、提高技术、降低成本的压力;其次,充分利用"规模经济"使该企业的单位成本最低。第二层是以技术和工艺的相似性为根据划分的产业,即产业联系。在一个国家一定时期内所进行的社会再生产过程中,各个产业部门通过一定的经济技术关系发生着投入和产出,即中间产品的运动,它真实地反映了社会再生产过程中的比例关系及变化规律。第三层次是大致以经济活动的阶段为根据,将国民经济划分为若干部分所形成的产业,即产业结构。

显然投资项目是从相对微观上对产业经济产生影响的。但是,一个产业的组织和产业结构也是由一个个具体项目的实施来实现转变的,所以,即便是投资项目,也应该对项目对产业经济的影响进行必要的分析。

五、投资项目的宏观经济影响分析

宏观经济是从总量经济活动,即国民经济的总体活动来考察经济活动的,它是指整个国民经济或国民经济总体及其经济活动和运行状态,如总供给与总需求,国民经济的总值及其增长速度,国民经济中的主要比例关系,物价的总水平,劳动就业的总水平与失业率,货币发行的总规模与增长速度,进出口贸易的总规模及其变动等。投资项目显然属于微观经济范畴,但是微观经济是宏观经济的基础,宏观经济的良好状况又是微观经济活动得以顺利进行的必要条件。因此投资项目与宏观经济的相关关系也应是拟建项目分析的一个重要方面。

宏观经济对项目的影响主要表现在宏观经济政策变化对项目实施产生的长远影响,而项目的实施又会影响到宏观经济目标(高水平的和快速增长的产出率、低失业率和稳定的价格水平)的实现。

第四节 项目总评估的步骤与方法

项目总评估的范围广泛,内容错综复杂,它是一个多层次、全方位技术经济论证的过程,涉及众多的学科,需要各方面的专家通力合作。在前面所述的各分项评估工作完成之后,还必须将所获数据资料加以检查整理,进行对比分析,归纳判断和提出决策建议,然后才能写出书面报告。在总评估过程中应始终贯穿着综合协调、比较选择、补充完善、为决策提供依据的原则。项目总评估一般应遵循如下的程序:

一、检查整理资料

项目总评估是在各分项评估的基础上进行的。通常一个较大项目的各个分项评估,往往是评估组各个具体小组的专家分工单独进行的。到总评估阶段,应对各分项评估中所得资料进行检查核实,数据要准确,内容要完整,结论要可靠,为编写评估报告打好基础。

二、确定分项内容

项目评估的分项内容的确定是一项重要的工作,在确定项目的分项内容时,要根据国家有关部门制定的评估办法中规定的标准来分类,同时又不能简单机械地行事,应充分考虑项目的具体情况。

三、对比分析

对比分析与归纳判断是项目总评估阶段进行综合分析论证的两类工作。总评估阶段的对比分析主要有两个方面:一是同可行性研究报告的结论进行对比分析。由于项目评估与可行性研究两者的主体及其立足点不同,彼此结论可能出现差异。当发生这种现象时,应分析两方面的原因,尽力避免和克服主观片面的偏差。二是各分项评估结论之间的对比分析。考察各分项评估的深度，注意纠正各个分项评估中某些结论的偏差，同时，还要通过对比，考察项目的必要性同可行性有无矛盾，项目的技术分析与财务分析、动态分析与静态分析、微观效益分析与宏观效益分析差异如何，进而作必要的分析论证，补充、修正原分析评估结论中不正确、不完善和彼此不协调的地方。

四、归纳判断

归纳判断就是将各分项评估的初步结果分别归纳于几个主题，以便判断项目的必要性以及技术、财务和经济等几方面的可行性。总评估阶段如果还要对可供比选的方案进行择优，那么，不同方案的生产建设条件必有差别，对产品的质量、成本和所需投资也会有影响，并且将集中地体现为效益上的差异。因此，选择过程就应当抓住项目的关键问题，深入分析，以便作出正确的判断。

五、结论与建议

提出结论与建议是项目总评估最为重要的环节，也是项目评估的目的所在。评估人员应根据分项评估的结论来得出总体结论。当分项评估结论一致时，总评估结论就是分项评估结论；当分项评估结论不一致时，应该进行综合分析，抓住主要方面，提出结论性意见。评估人员也应该根据项目存在的问题，提出建设性建议，供投资者与有关决策部门参考。

六、编写评估报告

这是项目总评估的最后一个段落，也是项目评估结果的体现。评估报告应系统反映各分项评估的成果，得出综合评估结论，写明决策建议。

第五节 项目评估报告的撰写与要求

项目评估报告是由担当评估任务的单位及其成员根据评估的目的与要求，在评估工作完成后，向决策部门提供项目主要情况和评估结果的综合性技术文件。它是项目评估的最终成果，也是项目投资决策和贷款决策的重要依据，必须按规定的内容格式与要求撰写。

一、项目评估报告的撰写要求

评估小组在分析论证后，要编写评估报告，进行多方案比较，确定最优方案，作出评估结论，对项目中可能存在的问题，提出可行的建议。撰写评估报告要注意的几点要求是：

1. 在撰写报告之前，必须在全面收集资料的基础上，核实评估数据。评估报告必须以详尽精确的资料和数据分析项目是否可行。资料和数据的可靠、精确，直接决定评估工作的质量。这就需要评估人员通过深入细致的调查研究和认真的测算分析才能获得。

2. 要求评估人员站在公正的立场,科学地、客观地给予评述。评估人员在撰写报告的过程中应该保持公平的立场,客观地阐述问题。既不能从投资主体角度出发,也不能直接站在决策者的立场,而应从宏观着眼,认真研究项目对整个社会经济发展的影响,全面评估项目建设的必要性与可行性。项目评估人员应持科学、公正的态度,实事求是地评估项目,在此基础上进行总评估,提出科学的结论与切实可行的建议。科学的结论,主要表现为评估的结论应该与项目进展的结果保持一个较小的偏差。切实可行的建议是指项目评估人员提出的建议对项目的发展要有一定的价值,并且在实际中能够操作,不会流于形式。

3. 切忌搬抄可行性研究报告。应对可行性报告中提出的方案、论据提出自己的见解,要求评估报告源于可行性研究报告,又要超越可行性研究报告,也不能超出自己的职权范围。在评估报告中应如实反映评估工作的过程,包括评估人员的结构、评估起止时间、评估活动方式与过程、重点探讨过哪些问题、发生过哪些意见分歧、提供过什么资料、提出过什么建议、起过什么作用,以利于决策部门了解评估工作的深度,研究并解决所存在的问题。评估报告只有如实反映评估过程,用事实说话,才能生动具体,令人信服。

4. 要善于用数据说明问题。在行文中,凡能以数据说明的,应尽可能不用文字去描述。通过具体数据表明观点更科学、更有说服力。

5. 评估报告要求简明、清晰、逻辑严密、重点突出、结论明确、语言精练。评估报告在叙述情况时,必须条理清楚,简明扼要,使决策者一目了然,切忌材料、数据杂乱。在项目评估中,有些关键性内容的正常实施对项目的投产运营具有十分关键的作用,对这些关键问题,评估人员应特别注意,要进行重点分析,并分析其变化对项目的影响程度。同时,反映事实要客观、公正,分析问题要深入透彻,所有测算均应附送必要的计算表;下结论,须以评估为根据,态度要鲜明,力求确切中肯,恰到好处,决不可含糊其辞,模棱两可;通篇文字的表述都应准确、简练、通畅,不能拖沓冗长,词不达意。

6. 要进行必要的比较分析。比较是鉴别事物异同、优劣的基本方法,撰写报告也应注重纵向和横向的对比分析,以便为决策部门提供多方面的信息和对照选择的根据。如项目工艺技术方案的确定,只有通过多方案的比较,才能判别优劣,从而作出具有说服力的评估结论。另外,在进行项目财务效益和国民经济效益评估时,必须通过与同类企业的比较,同国家颁布的技术经济参数的对比,才能具体显示出企业效益的好坏,并以此判定项目的取舍。

7. 呈报与建档。评估报告完成后,要由评估组负责人召集评估小组成员讨论通过。正式的评估报告要由承担评估任务单位的领导、有关专家和评估小组负责人、报告的撰写人签名盖章,并以评估单位的名义呈报项目决策部门,为决策提供依据。评估小组还应及时总结经验,将资料、数据、报表、情况分析、计算公式及评估报告副本整理装订成册,立卷存档,备查、备用。

二、评估报告的一般格式

（一）正文

评估报告正文之前要有一个提要,简要说明评估报告的要点,包括企业和项目概况、项目建设必要性、主要建设内容、生产规模、总投资和贷款额、财务效益、经济效益、项目建议书的批复时间和文号等,一般以300—500字为宜。正文内容,一般按以下顺序编写：

1. 企业概况：主要包括企业的基本情况,如历史、机构、领导人员及技术人员情况,经营管理情况,近三年来生产情况和财务情况,企业中长期规划和拟建项目的关系等。

2. 项目概况：项目提出的背景,项目的基本内容,主要产品和建设性质、项目目的、投资必要性。

3. 市场调查和预测：国内外市场需求、供应预测,国内现有生产能力的估计、生产规模和竞争能力的分析,企业实现预期市场份额的策略,项目建设规模是否经济、合理等。

4. 生产建设条件：分析项目所需资源、原材料、公用设施、建设场地和交通运输条件是否具备,项目所选择的组织机构和管理制度是否与项目相适应,能否保障项目的高效运行。

5. 技术和工艺设计：对拟建项目的工艺方案、设备选型、技术基础参数、项目布置和土建工程等进行技术分析论证,以判断项目在技术、工艺上的可行性。

6. 环境保护：对项目对环境造成的近期和远期影响,以及拟采取的防治措施进行评估分析,确认和选择技术上可行、经济和布局合理的方案。要注意环境影响评价报告书是否齐全,环境保护措施与治理方案是否一致,"三废"治理和防止噪音干扰是否符合保护生态环境的要求。

7. 企业财务效益评估：计算投资利润率、资本金利润率和贷款清偿期等指标以及财务净现值和财务内部收益率等指标。

8. 国民经济评估：计算利税率、经济净现值和经济内部收益率等指标。涉及产品出口的项目,应进行外汇效果分析,计算经济外汇净现值、经济换汇成本和经济节汇成本。

9. 不确定性分析：采用盈亏分析、敏感性分析和概率分析等方法对价格等敏感因素进行风险分析,并提出预警和防范对策。

10. 总评估：总述项目建设的必要性、技术适用性和先进性、经济合理性和风险性,以及相关项目是否同步建设、投资来源的可靠性等。

11. 建议：提出是否同意批准项目和贷款的结论性意见,并指出项目决策和实施中应注意和解决的问题。

（二）主要参考资料及文件

包括项目建议书批准文件(影印件)、可行性研究报告批准文件(影印件)、与外贸部门签订的工贸协议书(影印件)、偿还贷款担保函(影印件)等。

（三）附件

1. 附表：包括投资计划与来源表、销售收入与税金预测表、贷款还本付息表等数据估算表及财务现金流量表、经济现金流量表、敏感性分析表等财务、经济效益分析表。

2. 附图：包括工厂平面布置图、项目实施进展计划图等。

【能力训练】

1. 项目总评估的作用是什么?
2. 项目总评估的内容是什么?
3. 项目总评估的步骤与方法有哪些?
4. 评估报告撰写的要求有哪些?
5. 评估报告的一般格式包括哪些内容?

【网络资源与阅读书目】

[1] 国家发展改革委员会,建设部.建设项目经济评价方法与参数.3版.北京:中国计划出版社,2006

[2] 郝寿义,安虎森.区域经济学.3版.北京:经济科学出版社,2015

[3] 王俊豪.产业经济学.3版.北京:高等教育出版社,2016

[4] 中国人民大学经济研究所.中国宏观经济分析与预测.北京:中国人民大学出版社,2010

[5] 贺明侠,宇博.建设项目涉及的专项评估报告综述.中国工程咨询,2015(3)

第十一章 特殊项目的经济评估

【学习要点】前面的各种项目评估分析方法基本是建立在新建项目的基础上的,但如果项目不是新建项目,就涉及既有项目和新增项目的关系问题,本章讲述改扩建项目经济评估、并购项目的经济评估,对它们与新建项目的不同及其特殊的评估方法进行介绍。本章还对几种不同行业项目的评估进行介绍,由于这些行业在建设投资上具有一些不同的特点,所以使用前面各章所述方法也有所不同。

【学习重点与难点】重点掌握改扩建项目的评估方法,以及与新建项目评估的区别;并购项目中企业价值评估和并购后效果的评估。本章的难点是前后对比法和有无比较法的具体差别和应用。

【基本概念】无项目　有项目　增量投入　增量产出　增量效益　前后对比法　有无比较法　兼并　收购　收益现值法　财务比率法　账面价值调整法　事件研究法　财务指标法

第一节　改扩建项目的经济评估

改建、扩建、技术改造、迁建、停产复建等项目都可以归入改扩建项目的范畴。改扩建项目属于特殊的项目,原因在于它们的经济评价涉及与一般项目不同的范围、内容和方法。

一、改扩建项目评估的范围

改扩建项目与新建项目不同在于涉及原有资产的问题。改扩建项目通过既有法人企业融资并承担债务偿还,以"增量"投资(费用),使用一部分"存量"资产与资源,带来"总量"的效益,因此其评估就变得复杂一些。

改扩建项目包括整体改扩建和局部改扩建。整体改扩建的项目范围包括整个既有企业,除要使用原有企业的部分资产、场地、设备,还要另外新投入一部分资金进行扩建或技改。企业的投资主体、融资主体、还债主体、经营主体是统一的,项目的范围就是企业的范围。整体改扩建项目不仅要识别和估算与项目直接有关的效益和费用,而且还要识别既有企业其余部分的费用和收益。局部改扩建项目只包括既有企业的一部分,只使用既有企业一部分原有资产、资源、场地、设备加上新投入的资金形成改扩建项目。企业的投资主体、融资主体、还债主体仍然是一致的,但有可能与经营主体分离。整个企业只有一部分包括在项目"范围内",还有一部分属于项目"范围外"。

在保证项目的费用效益口径一致以及不影响分析结果的情况下,改扩建项目应该尽可能缩小项目的范围,有可能的话,只包括与项目直接相关的费用与效益。因为越是将项目的外延扩大,预测数据与今后实际结果之间的误差就越大,评估的误差也就越大。

二、改扩建涉及五种数据的分析

与一般新建项目相比,改扩建项目涉及五种数据的分析:

1."有项目"数据。"有项目"数据是指既有企业进行投资活动之后,在项目存在的经济寿命期内,与项目范围相关的可能发生的效益和费用流量。"有项目"的流量与"无项目"的流量直接对比属于"前后比较法",因此是时间序列的数据。投资项目的改扩建项目评估应该采用的是"有项目"数据与"无项目"数据的差额比较,这种比较方法称为"有无比较法"。

2."无项目"数据。"无项目"数据是指既有企业拟利用改扩建项目范围内的部分或者全部原有的生产经营设施(资产),在项目计算期内没有项目存在的背景下,可能产生的效益和费用的流量。换句话说,没有项目时,项目范围内的原有资产也能够产生一定的效益和费用,这部分效益和费用与项目无关。因此,"无项目"数据也是时间序列的数据。

3."增量"数据。"增量"数据不是现成的数据,是需要通过减法得到的数据。将"有项目"的流量数据减去"无项目"的流量数据所得到的时间序列上的数据,就是"增量"数据。"增量"数据需要根据类别分别进行计算:"有项目"的投资减去"无项目"的投资是"增量"投资;"有项目"的效益减去"无项目"的效益是"增量"效益;"有项目"的费用减去"无项目"的费用是"增量"费用。

4."现状"数据。改扩建之前的现状是一个时点的静止数据,是指实施项目之前的资产与资源、效益与费用的数据,也称为项目实施前的基本值。项目评估时需要特别注意的是,避免采用"项目后"的数据直接与"现状"数据进行比较,因为"无项目"数据不代表"现状"数据。但"现状"数据对于比较"项目前"与"项目后"的效果有重要的作用,"现状"数据也是预测"有项目"和"无项目"的基础。"现状"数据一般可用实施项目前一年的数据,当该年的数据不具有代表性的时候,可以选用有代表性年份的数据,或者近几年数据的平均值。

5."新增"数据。"新增"数据实际就是前后比较的差额,是实施项目过程中各个时点的"有项目"流量与"现状"数据的差值,也是时间序列的数据。新增建设投资包括建设投资和流动资金,还包括原有资产的改良支出、拆除、运输和重新安装费用。新增投资是改扩建项目筹措资金的依据。

"无项目"时的效益由"老产品"产生,费用是为"老产品"投入;"有项目"时的效益一般由"新产品"与"老产品"共同产生,"有项目"时的费用包括为"新产品"的投入与为"老产品"的投入。"老产品"的效益与费用在"有项目"与"无项目"时可能有较大的差异。

改扩建项目由于它的目标不同,实施方法各异,其效益可能表现在:增加产量或品种、提高质量、降低能耗或节约其他资源、提高技术装备水平、改善劳动条件或减轻劳动强度、保护环境和综合利用等方面,因而它在不同程度上利用了原有的资产或资源,其收益和费用既涉及企业原来的生产经营又涉及新投资的部分。因此改扩建项目的经济评估较为复杂。对改扩建项目的评价必须建立在正确识别与估算项目范围内与项目范围外的效益与费用的基础之上。要进行融资分析、盈利能力分析、偿债能力分析(包括项目层次、企业层次)以及生存能力分析。

三、改扩建项目经济评价内容

改扩建项目在项目范围和费用效益的识别与估算之后,要进行融资分析、盈利能力分析、偿债能力分析(分为项目层次和企业层次)、生存能力分析等方面的评估分析。

(一)融资分析

改扩建项目的资金筹措是比较复杂的。改扩建项目所需的资金来源通常有两个方面:一是债务资金,即向银行贷款或发行债券;另一个是企业的权益资金。从法律上说,项目的两个来源的资金都是以既有企业为名义获得的,因此,从项目的资金供应方角度,既要评估改扩建项目的盈利能力,也要评估既有企业的信用和还贷能力。

从债务的角度看,债权人需要考察项目的盈利和还贷能力,原则上没有盈利能力的改扩建项目是不能给予资金支持的,但项目的实际还款能力是与改扩建后的企业的还款能力相关的,所以,即使项目有盈利还款能力,也可能会因为企业还款能力减弱而变得困难,所以从债权人的角度考察企业整体的盈利还款能力,有时候更加重要。

从权益资金的角度看,项目的权益资金由两个部分组成:一部分是既有企业的现有资产,一部分是既有企业新增的股权资金(譬如定向募集的项目股本资金)。就是说,权益资金实际上涉及原有股本权益人和增量股本权益人的利益衡量问题。

究竟使用哪种渠道来为新建项目筹集资金,企业应该综合考虑自身的财务结构、自身的盈利能力、现有股东权益以及企业本身的信用和还款能力等。

(二)盈利能力分析

项目经济评价的基本原理是利用资金时间价值的原理,通过比较"有项目"和"无项目"的净现金流,求出增量净现金流,并以此计算内部收益率,考察项目实施的效果。由于既有企业不实施改扩建项目的固有收益是非零的,在进行既有企业改扩建项目的盈利能力分析时,要利用增量现金流判别项目的盈利能力。增量现金流包括增量权益资金、增量借贷资金、增量营业收入、增量补贴收入、增量经营成本、增量所得税等。

(三)偿债能力分析

前面分析融资时已经说到,虽然改扩建项目评估是针对项目而言的,但从法律上讲,改扩建项目的资金是由既有企业出面的,无论是银行贷款还是发行债券,其还款的财务主体都是既有企业,按理仅仅需要考察既有企业的还贷能力即可。然而,所有来源的资金都是为了改扩建项目,不管项目是否在财务上独立,都应当要考察项目本身的还款能力,这是资金债权人安全的本质,也是既有企业财务管理的需要。因此,改扩建项目的偿债能力分析就应该有两个层次的分析:首先要对项目本身的偿债能力进行分析;其次要对企业整体的偿债能力进行分析。

1. 项目层次的偿债能力分析

项目层次的偿债能力分析就是要单独编制拟改扩建项目在"有项目"背景下项目来源的还款资金是否足够还款,是否能够按照时间节点还款,实际上就是要计算新增收益偿还新增债务的能力。倘若项目自身具体的时间节点的还款资金来源不足,可以由既有项目自身的还款能力偿还,因此,评估整个项目在项目寿命期内的还款能力,比时间节点的还款能力更加重要。虽然偿还债务是既有企业的法定行为,但项目层次偿债能力指标可以给企业法人和债权人重要的提示:即项目本身收益是否能够完全偿还债务?是否会因此增加企业法人的债务负担?若项目范围内"无项目"时倘有借款(整体改扩建),应用"有项目"的整体收益一并偿还,需要编制"有项目"的借款还本付息计划表,包括新增借款和原有借款。

2. 企业层次的偿债能力分析

项目决策人(既有企业)要根据企业的经营与债务情况,在计入项目借款及还款计划后,估算既有企业总体的偿债能力。银行等金融机构、债券购买人都会在作出贷款决定前,了解现有企业的财务状况,尤其是企业债务情况(含原有贷款、其他拟建项目贷款和项目新增贷款),考虑企业的综合偿债能力,企业应该根据债权人的要求提供相应的资料。在项目产出与企业产出相同或者相近时,企业的资金成本与项目的资金成本相同;在项目资金投向其他产业时,项目的资金成本与其他行业的投资风险或投资机会成本相近。

3. 项目层次和企业层次的债务分析方法

在项目范围与企业范围一致时(整体改扩建),"有项目"数据和报表与企业是一致的,可以直接利用企业财务报表进行借款偿还计算、资产负债分析和资金平衡分析。在改扩建项目范围与企业范围不一致时(局部改扩建),偿债能力分析就要进行项目层次和企业层次两种偿债能力分析了。在直接用增量进行简化时,仅有项目一个层次,同时应结合企业现行财务状况进行分析。

(四)生存能力分析

改扩建项目要进行"有项目"状态下的生存能力分析,分析的内容同一般的新建项目。即要分析其是否有足够的净现金流量维持正常运营,各年累计盈余资金不出现负值是财务生存的必要条件。在整个运营期间,允许个别年份的净现金流量出现负值,但不能容许任一年份的累计盈余资金出现负值。

(五)特殊情况下的改扩建项目分析

与迁建同时进行的改扩建和在停产基础上的复建、改扩建的项目,当产权不变时,要考察生存能力和总量指标;清偿能力分析有时还要考虑改扩建前的负债情况。当产权变化时,其经济评价应视同新建项目,原有资产按评估价值计为投入费用。

四、改扩建项目经济评价应注意的几个问题

(一)计算期的可比性

根据"费用与效益口径一致"的原则,既有企业改扩建项目经济评价的计算期一般取"有项目"情况下的计算期。如果"无项目"的计算期短于"有项目"计算期,可以通过追加投

资来维持"无项目"的计算期,延长至"有项目"结束期,并于计算期末收回资产余值;若在经济或技术上延长寿命不可行,则适时终止"无项目"的计算期,其后各期现金流量视为零。

（二）原有资产利用的问题

既有企业改扩建项目范围内的原有资产可分为:"可利用"与"不可利用"两个部分。"有项目"时原有资产无论利用与否,均与新增投资一起计入投资费用。"可利用"的资产要按其净值计提折旧与修理费。"不可利用"的资产如果变卖,其收入作为现金流入(新增投资资金来源),不能冲减新增投资。如果"不可利用"的资产不可变现或报废,就仍然是资产的一部分,但计算项目的折旧时不予考虑。

（三）停产减产损失

改扩建项目的改建活动与生产活动总是同时进行,但一般总会造成部分生产停止或减产。这部分损失均应在销售收入表中有所体现,最终反映在现金流量表中,因此不必单独估算。

（四）沉没成本处理

沉没成本是既有企业过去投资决策发生的,已经计入过去投资费用回收计划中,因此不再计入后期投资决策费用。也就是说改扩建项目的经济效果不取决于项目开始前已投入多少费用,而仅仅取决于在改扩建过程中投入的费用。

（五）机会成本

如果项目利用的现有资产,又明确的其他用途(出售、出租或有明确的使用效益),那么将该资产用于该用途能为企业带来的收益就被看作项目使用该资产的机会成本,也是"无项目"时的收入。

五、改扩建项目经济评价的简化处理

改扩建项目的经济评价较为复杂,要用到"有项目"、"无项目"、"现状"、"新增"、"增量"等五组数据,这给评价增加了工作量,因此在项目的评价中,往往会作简化处理。在实践中以下情况往往要进行简化处理:

（1）项目与既有企业的生产经营活动相对独立。此时项目的边界比较清楚,费用和效益比较好识别,现金流入和流出比较好测度,可以进行独立的经济核算,符合新建项目评价的基本条件,就可以简化按新建项目进行处理。

（2）以增加产出为目的的项目,增量产出占既有企业产出比例较小。由于新增产出与既有企业的产出比较很小,项目的增量产出不会对既有企业现金流量产生较大影响,项目实际上也相对独立,就可以简化成按新建项目处理。

（3）利用既有企业的固定资产量与新增量比相对较小。被使用的既有企业的固定资产量较小,这意味着"有项目"情况下的现金流量基本不受既有企业的影响,新增投资是项目建设期内的主要现金流出,是项目的主要收入源泉,此时也可以进行简化处理,使用新建项目的评估方法。

（4）效益和费用的增量流量较容易确定。如果费用效益的增量流量比较容易确定,在"有无比较法"下,项目的增量现金流量实际上是在"无项目"的净现金流量为零,也不利用既有企业资产的背景下进行的分析,增量现金流量就可以直接用于项目的盈利能力分析。

六、案例分析:某股份有限公司化纤工程技术改造项目经济评价[①]

(一)项目概述

1. 企业现状

该公司现有 A 生产装置一套,生产 P 产品,年产量 64 800 吨。由于该公司产品品种单一受市场供求关系、价格等不稳定因素影响,产品的竞争能力和抵抗风险能力降低。为扭转这一局面,迫切需要结构调整。企业现有职工 272 人,水、电、汽等公用工程均有较大的剩余能力。现有固定资产净值 45 397 万元,无形资产净值 1 339 万元,递延资产净值 1 492 万元,自有流动资金 2 011 万元,长期借款 35 880 万元,年利率 8.24%,流动资金借款 4 694 万元,年销售收入 24 000 万元。

2. 改造方案

根据化纤行业发展方向,本项目利用 P 产品的生产优势,利用 1 年时间,通过技术改造,发展熔体直接纺丝产品 F,年产量 16 161 吨。产品产量发展计划如表 11-1 所示。

表 11-1 产品产量发展计划表　　　　　　　　单位:吨

序号	产品名称	改造期	投产期	达产年
		1	2	3~15
1	无项目			
1.1	P 产品	64 800	64 800	64 800
1.2	F 产品			
2	有项目			
2.1	P 产品	64 800	51 483	48 154
2.2	F 产品		12 929	16 161

(二)基础数据

1. 计算期的确定

企业进行改扩建称为"有项目",不进行改扩建称为"无项目"。有项目和无项目计算期定为 15 年。有项目改造期 1 年,投产期 1 年,达到设计能力生产期 13 年。无项目寿命期 10 年,第 11~15 年收益和费用视为 0 处理。

2. 投资估算及资金筹措

(1)无项目投资。不进行改扩建时,不需增加投资,利用固定资产净值 45 397 万元,无形资产净值 1 339 万元,递延资产净值 1 492 万元。

(2)有项目新增投资。新增投资估算依据《建设项目经济评价方法与参数》(第三

[①] 根据周惠珍《投资项目评估案例》改编,中国计划出版社,2003。

版);汇率按 1 美元＝6.83 元人民币计算;根据国家产业政策,免征进口关税、增值税;基本预备费率为 10%,涨价预备费率为 6%;免征固定资产投资方向调节税;改造期利息为外汇贷款年利率 8%,人民币贷款年利率 7.87%;正常生产年份所需流动资金 7 305 万元,其中利用原有流动资金 6 705 万元,新增流动资金 600 万元。

本项目新增投资估算总额 18 544 万元,其中外汇 1 609 万美元。投资构成见表 11-2。

表 11-2 新增投资总额构成表

序号	项目名称	总价值(万元)	其中外汇(万美元)
1	建设投资	17 388	1 547
1.1	固定资产	13 939	1 315
1.2	无形资产	1 206	80
1.3	递延资产	522	12
1.4	预备费	1 721	140
2	固定资产投资方向调节税		
3	改造期利息	557	62
4	流动资金	600	
5	新增总投资	18 544	1 609

新增建设投资估算见表 11-3、流动资金估算见表 11-4。

表 11-3 新增建设投资估算表 万元/万美元

序号	工程或费用名称	估算价值					
		建筑工程	设备购置	安装工程	其他工程	总值	其中外汇
1	固定资产投资	791	12 823	325	3 449	17 388	1 547
1.1	第一部分工程费用	791	12 823	325		13 939	1 315
1.2	第二部分其他费用				1 728	1 728	92
1.2.1	无形资产				1 206	1 206	80
1.2.2	递延资产				522	522	12
1.3	预备费用				1 721	1 721	140
1.3.1	基本预备费				1 567	1 567	140
1.3.2	涨价预备费				154	154	
2	固定资产投资方向调节税						
3	建设期利息				557	557	62
	合计(1+2+3)	791	12 823	325	4 006	17 945	1 609

表 11-4 流动资金估算表(有项目)　　　　　单位:万元

序号	项目	最低周转次数	周转次数	改造期 1	投产期 2	达产期 3	达产期 4~15
1	流动资产			9 768	10 445	10 585	10 585
1.1	应收账款	30	12	3 256	3 489	3 535	3 535
1.2	存货			6 426	6 837	6 930	6 930
1.2.1	原材料	30	12	2 936	3 044	3 073	3 073
1.2.2	燃料	30	12	126	190	206	206
1.2.3	在产品	1	360	107	114	116	116
1.2.4	产成品	30	12	3 256	3 489	3 535	3 535
1.3	现金	30	12	86	120	120	120
2	流动负债			3 063	3 234	3 279	3 279
2.1	应付账款	30	12	3 063	3 234	3 279	3 279
3	营运资金			6 705	7 211	7 305	7 305
4	流动资金增加额			6 705	506	94	0
5	流动资金借款			4 694	5 048	5 114	5 114
6	流动资金利息			325	350	354	354

(3) 资金筹措 本项目资本金按新增建设投资、固定资产投资方向调节税(免征)、改造期利息及铺底流动资金之和的20%计算,资本金3 625万元。其余向银行贷款,外汇贷款1 609万元,年利率8%,人民币长期贷款1 145万元,年利率7.87%;流动资金贷款420万元,年利率6.93%。新增投资使用计划及资金筹措见表11-5。

表 11-5 新增投资使用计划及资金筹措表　　　　　单位:万元/万美元

序号	年份 项目	改造期 1				投产期 2	达产期 3
		外币	折人民币	人民币	小计	人民币	人民币
1	新增总投资	1 609	10 988	6 957	17 945	506	94
1.1	固定资产投资	1547	10 566	6 822	17 388		
1.2	固定资产投资方向调节税				0		
1.3	建设期利息	62	422	135	557		
1.4	流动资金				0	506	94
2	资金筹措	1 609	10 988	6 957	17 945	506	94
2.1	自有资金			5 107	5 107	152	28

续表

序号	项目\年份	改造期 1				投产期 2	达产期 3
		外币	折人民币	人民币	小计	人民币	人民币
	其中：用于流动资金				0	152	28
2.2	借款	1 609	10 988	1 850	12 838	354	66
2.2.1	长期借款	1547	10 566	1 715	12 281		
2.2.2	建设期利息借款	62	422	135	557		
2.2.3	流动资金借款					354	66
2.3	其他						

（三）成本费用估算

本项目分别计算"有项目"和"无项目"总成本、经营成本。（请根据前面原理编写"有项目"与"无项目"逐年外购原材料费用估算表，"有项目"与"无项目"的总成本、经营成本表，固定资产折旧费估算表，无形资产和递延资产摊销表）

成本中各项费用计算的说明：

1. 原材料、燃料及动力的价格以企业目前发生的实际价格计算。

其估算分别见表11-6、表11-7、表11-8和表11-9。

表11-6 外购原材料估算表（有项目）

序号	项目	单位	单耗	年消耗量	单价（元）	改造期 1	投产期 2	达产期 3—15
1	A	吨	0.818 9	53 066.5	4 500	23 880	23 880	23 880
2	B	吨	0.327 7	21 235	4 900	10 405	10 405	10 405
3	C	吨	0.002 6	167	25 400	424	424	424
4	D	吨	0.000 3	18.5	39 000	72	72	72
5	E	吨	1.000 0	48 154	70	454	337	337
6	F	吨	0.011 9	193	26 000		401	502
7	G	吨	0.000 1	1.086	70 000		6	8
8	H	只	109.81	1 774 585	2.40		341	426
9	I	套	55.25	892 873	9		643	804
10	J	吨	0.000 1	1.35	32 150		3	4
11	K	吨	0.000 7	11.5	10 000		9	12
	小计					35 235	36 522	36 873

表 11-7 外购原材料估算表(无项目)

序号	项目	单位	单耗	年消耗量	单价(元)	改造期	投产期	达产期
						1	2	3—10
1	A	吨	0.818 9	53 066.5	4 500	23 880	23 880	23 880
2	B	吨	0.327 7	21 235	4 900	10 405	10 405	10 405
3	C	吨	0.002 6	167	25 400	424	424	424
4	D	吨	0.000 3	18.5	39 000	72	72	72
5	E	吨	1.000 0	64 800	70	454	454	454
	小计					35 235	35 235	35 235

表 11-8 外购燃料及动力估算表(有项目)

序号	项目	单位	单耗	单价(元)	改造期	投产期	达产期
					1	2	3—15
1	重油	吨	0.115 3	1 240.00	926	926	926
2	电	度	473.75	0.50	583	1 345	1 535
3	水	吨	2.203 4	1.10	6	14	16
	小计				1 515	2 284	2 477

表 11-9 外购燃料及动力估算表(无项目)

序号	项目	单位	单耗	单价(元)	改造期	投产期	达产期
					1	2	3—10
1	重油	吨	0.12	1 240.00	926	926	926
2	电	度	180.08	0.50	583	583	583
3	水	吨	0.79	1.10	6	6	6
	小计				1 515	1 515	1 515

2. 工资及福利费。"无项目"职工总数 272 人,年工资及福利费总额 241 万元;"有项目"职工总数 402 人,工资及福利费总额 356 万元。

3. 基本折旧费及摊销费。新增房屋、建筑物年折旧率 4.75%,机器设备折旧率 6.79%,原有固定资产折旧率 9.5%。新增与原有无形资产按 10 年摊销、递延资产按 5 年摊销。

4. "无项目"修理费按固定资产的 2.85% 计算,"有项目"按固定资产的 2.63% 计算。

5. 其他制造费按年工资总额的 100% 计算。

6. 其他管理费按工资总额的 120% 计算。

7. 销售费用按年销售收入的 0.5% 估算。

8. 总成本费用由制造成本、管理费用、销售费用和财务费用组成。

(四)销售收入、销售税金及附加、利润及分配

"无项目"P 产品年销售收入 51 840 万元。"有项目"P 产品正常年销售收入 38 523

万元,F产品年销售收入22 625万元。增值税率17%,城市维护建设税为增值税的7%,教育费附加为增值税的3%。"无项目"的销售税金及附加2 412万元,"有项目"F产品26%外销,出口退税率9%,"有项目"正常年销售税金及附加2 986万元。

经济特区的所得税率15%,该公司系中外合资企业,所得税率从获利年度起免2减3。P产品已经免交了2年所得税,所以从计算期开始,减半征收所得税3年。F产品从投产期开始所得税免2减3。(请根据前面原理编写销售收入和销售税金及附加估算表、损益表)

(五)财务评价

1. 盈利能力分析

新增投资利润率＝年均利润/增量总投资 * 100%＝29.31%

新增投资利税率＝年均利税额/增量总投资 * 100%＝32.16%

资本金利润率＝年均利润额/资本金 * 100%＝149.93%

2. 现金流量分析

增量全部投资财务内部收益率：所得税后为28%,税前30%;超过基准收益率12%。

计算期内增量全部投资的财务净现值：税后22 281.6万元,税前26 206.58万元。

增量全投资回收期：税后4.64年,税前4.56年。

(请根据前面原理编写全部投资增量财务现金流量表)

3. 清偿能力分析

"无项目"借款偿还期为3.99年。"有项目"借款偿还期是4.88年,其本金的来源,是企业改造后的利润、折旧及摊销费。(请根据前面原理编写"有项目"、"无项目"的借款还本付息计算表、资产负债表)根据计算可以得出资产负债率在第3年以后均小于0.5,流动比率计算期内均大于2,速动比率计算期内均大于1,表明项目有很强的偿还能力。

(六)不确定性分析

1. 盈亏平衡分析

本项目改造后总生产能力的盈亏平衡点(BEP)为70%左右。说明达到设计生产能力的70%时,项目即可保本。盈亏平衡见右图。

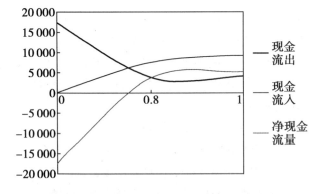

2. 敏感性分析

在项目计算期内可能发生变化的因素有产品价格、经营成本和固定资产投资。各因素变化10%、5%时对项目财务盈利能力的影响见下图。

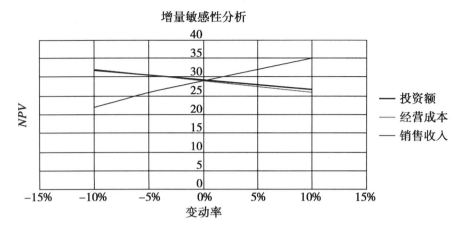

上图表明,销售收入对财务内部收益率影响较大。固定资产投资和经营成本对财务内部收益率影响较小。

(七)结论

"有项目"比"无项目"的效益有很大提高。通过以上分析可以认定,本项目具有一定的盈利能力、清偿能力及抵抗风险的能力。在财务上是可行的。

第二节 并购项目的经济评估

一、并购的概念

企业并购是企业兼并和收购的简称,英文缩写为 M&A(Merger & Acquisition)。其中,Merger 意为兼并。兼并有广义和狭义之分,狭义的兼并指两个或两个以上的企业通过法定方式重组后只有一个企业继续保留法人地位的情形。从这个意义上讲,狭义的兼并等同于我国《公司法》中的吸收合并,指一个公司吸收其他公司而存续,被吸收公司解散。广义的兼并包括狭义的兼并、收购、合并以及接管等几种形式的企业产权变动方式,目标企业的法人地位可能消失,也可能不消失。我国《公司法》中规定的新设合并应属于广义兼并的范畴。广义和狭义的划分是以目标企业是否存续为标志,其法律意义更多于经济意义。Acquisition 意为收购,指企业用现金、股票、债券或其他组合形式购买目标企业的全部或部分控制权,或只是参股投资和购买资产。

企业并购的含义并不是兼并和收购两个概念的简单相加,而是有所取舍。一般来讲,企业并购是企业为获得目标企业的部分或全部控制权,而运用自身可控制的资产(现金、证券或组合方式)去购买目标企业的控制权,并因此使目标企业法人地位消失或引起法人实体改变的行为。企业并购包括兼并中的吸收合并,收购中的控股收购,而新设合并则要视其是否发生了产权交易决定其是否包括在并购范畴内。并购的目的在于取得管理、经营、财务协同效应,降低经营成本,获得特殊资源,提高市场竞争力等。

二、并购项目的评价内容

并购项目评价的主要内容包括:目标企业所处行业地位与竞争对手、行业发展趋势、市场格局与前景,企业经营管理现状分析、资产与债务结构、盈利能力与管理水平、发展前景预测,测算并购成本、预测并购效益、判断并购企业的价值,提出并购决策建议等。

(一)并购企业价值评估

并购项目评价的核心内容之一就是并购企业价值评估,这是决定并购企业股权转让价格的关键。企业价值是公司所有的投资人对公司资产要求权价值的总和。企业价值可分为三个层次:企业的基础价值、内在价值和战略价值。

基础价值即净资产价值,是目标企业转让的价格下限;内在价值是目标企业持续经营的情况下可能创造出的预期的现金流量价值,是目标企业的动态价值;战略价值是指并购完成后,经过总体重组与协同,使得外部交易内部化、生产要素重新组合、市场份额进一步扩展、消除或减轻竞争压力、绕过各种限制或贸易壁垒、规避各种风险或税收、提高垄断地位、拓展新的利润增长点,从而取得的规模经济效益。

并购价格的评价方法主要有收益现值法、账面价值调整法、市场比较法等。

1. 收益现值法(DCF)

收益现值法是将拟投资企业的未来收益换算成现值的各种评估方法的总称。收益现值法是评估企业价值的一条最直接、最有效的方法。其计算公式为:

$$企业价值 = \sum_{t=0}^{n} \frac{CF_t}{(1+K)^t} + \frac{CF_{n+1}/(k-g)}{(1+K)^n} - L$$

式中:K——被兼并企业的加权平均资本成本;

n——被兼并企业预期成长的计算时间;

CF_t——被兼并企业在兼并后第 t 期所有资本产生的税后净现金流量,

CF_t=经营利润×(1-所得税率)+折旧和其他非现金支出-(增量营运资金和固定资产支出);

g——被兼并企业第 t 年后的 CF_t 成长率;

L——被兼并企业负债的市场价值。

2. 账面价值调整法或重置成本法

其思路是从企业重建的角度,即在评估点时企业的投入成本之和,或再造一个与评估企业完全相同的企业需要的投资,并把这个投资额作为被评估企业的价值。

企业的账面价值等于企业的资产减去负债,但它不能反映通货膨胀、技术贬值和企业组织资本等,因此需要对账面价值进行调整。

账面价值调整法是从资产成本的角度,以目标企业的资产净值为基础估算企业的价值。

企业价值=调整后的总资产-调整后的总负债

此方法通常只用于企业破产清算或资产出售时的价值评估,对企业整体的出售,特别是对高科技企业和服务类企业尤其不适用,因为这些企业的组织资本产生了大量价值。

3. 市场比较法

市场比较法是通过把被评估企业与类似的上市公司或已交易的非上市公司的市盈率作为倍数,乘以被评估企业的当期收益,从而计算出企业的市场价值。运用此方法的前提是需要有高度发达的证券市场为前提。在实际使用市场比较法来评估目标企业的价值时,可以选定5—10家与目标企业类似的上市公司或已经交易的非上市公司,分别求"每股净利润"、"每股息税前利润"的加权平均值,再将其股价与两个加权平均值相比,所得的两个比值再分别乘以目标企业的"每股净利润"及"每股息税前利润",即可得出两个股价,作为目标企业价值的"上下"限范围。

(二) 并购后的效益评价

并购是否创造了价值,关键看并购给企业带来的价值增值。判断的标准有两个:一是从投资者的角度,考察并购是否给投资者带来超额收益;二是从企业本身来看,并购是否提高了效率,给企业带来更大的盈利能力,是否改善了企业的财务业绩。主要的研究方法有事件研究法、财务指标法、案例分析法、经济增加值(EVA)。我们重点介绍事件研究法和财务指标法。

1. 事件研究法

事件研究(event-study)法是根据某一事件发生前后时期的统计资料,采用一些特定技术测量该事件影响的一种定量分析方法。该方法认为,事件的发生会很快影响到资本市场上证券的价格,因而它的运用是建立在有效的资本市场基础上的。它通过考察并购前后这段时间内股东的超额收益率,即股东超过正常(预期)的收益率来揭示并购的效应。一个完整的事件研究方法可以分成四个步骤:

(1) 定义事件以及确定事件研究期间。对所要研究的事件进行定义,并确定涉及该事件影响的考察期,称这个时期为"事件期间"。例如,我们利用每日数据来研究事件公布的信息对股票价格的影响,事件期为事件公布日前后的若干天,具体时间的长短根据研究的需要来确定,但是事件公布日一定要包含在事件期内。

(2) 确定估计期。估计期是指事件尚未发生的那段时期。利用这段时期我们可以估计出如果不发生该事件,股票的收益率应该是多少。对于估计期的恰当长度,研究者尚未达成一致意见。

(3) 确定选择标准。进行事件研究需要根据一定的标准选择样本,就是从大量上市公司中选取那些与该事件有关的样本,以便分析事件对股价的影响。在此阶段,需要归纳出一些样本公司特征(如公司市场资本化、行业代表、事件发布的时间分布等),并且要注明选取样本的特征可能导致的任何倾向性的结果。

(4) 确定正常收益和非正常收益。正常收益是指事件未发生时的期望收益,而非正常收益是用事件期间的实际事后收益减去事件期间的正常收益。正常收益的衡量方法主要有三种:市场调整法、均值调整法和市场模型法。

市场调整法是假设市场指数的收益率就是每只股票在事件期间当天的正常收益率。

均值调整法,首先要选择一个不受事件影响的时期——清洁期。清洁期可以在事件期之前,也可以在事件期之后,但不能包括在事件期间。然后取清洁期内股票的日平均收益率,并把它作为正常的收益率。

市场模型法是根据资本资产定价理论来计算正常收益率。其步骤如下:

计算每只股票的实际日收益率:$\overline{R}_{it} = \dfrac{P_{it}}{P_{it-1}} - 1$

计算每只股票的正常收益率:$\vec{R}_{it} = R_{ft} + \beta_i(R_{mt} - R_{ft})$

计算每只股票的每日超额收益率:$AR_{it} = \overline{R}_{it} - \vec{R}_{IT}$

计算所有样本股票的每日平均超额收益率:$AAR_t = \dfrac{\sum_{i=1}^{N} AR_{it}}{N}$

计算所有样本股票的每日累计超额收益率:$CAR_t = \sum_{T}^{t} AAR_t$

CAR 就表示事件对股票价格的影响。

2. 财务指标法

财务指标法立足于公司的财务报表,考察上市公司的盈利性指标在并购前后的走势。关于公司的赢利性指标,有两个层面:一是按公司主营产品销售衡量的盈利能力,如营业成本比率、毛利率、销售利润率、经营活动现金净流量、盈利现金保障倍数等;二是资产使用效率的衡量,如净资产收益率、总资产收益率、每股收益、每股经营活动现金净流量、净资产现金回收率等。财务指标法中较为常用的是主成分分析法。

主成分分析法(PCA)的原理是把多个指标转化为少数几个指标的一种统计分析方法。在多指标的研究中,由于变量的个数太多,并且彼此之间存在一定的相关性,而主成分分析法可以保证在数据信息损失最小的前提下,舍弃一部分信息,以新的综合变量取代原来的多维变量。

三、案例分析:三一重工收购三一重机

三一重工 2008 年 10 月 10 日公告,为解决集团内同业竞争,三一重工收购了三一重机(中国)有限公司(三一重机)。本次交易完成后,三一重机挖掘机资产和业务全部注入上市公司。公司本次发行股票所购买的目标资产为:公司实际控制人梁稳根及其他 9 名自然人拥有的三一重机投资有限公司 100% 股权。

(一)三一重机公司价值评估

交易标的的评估基准日为 9 月 30 日。据预计,三一重机 2008 年净利润为 1.456 亿元(扣除证券投资亏损后的经营性净利润为 2.1 亿元),预计 2009 年至 2011 年三年内三一重机每年实现净利润均不低于 3.8 亿元。对交易标的价值的预测评估值为 22 亿元,交易价格初步协商为 19.8 亿元。股份的定价基准日即为本次董事会决议公告日,即 10 月 10 日,发行价格以本次董事会决议公告日前 20 个交易日公司股票交易均价(14.72 元/股)为基础上浮 14.1%,即 16.80 元/股。公司拟向特定对象发行 1.178 6 亿股。

(二)并购项目完成后的效益评估

我们采用事件研究法来评估并购项目给投资者是否带来及带来多少超额收益。

1. 定义事件及事件期间

本案例的事件为"三一重工收购三一重机"。对于事件期间的确定,考虑到事件可能会提前泄露,我们采用事件前后 30 个交易日(-15,15)作为事件期间。

2. 确定估计期

由于估计期的恰当长度研究者没有统一的意见,我们将估计期设为 60 天。所以估计期的范围应该是(-76,-16)。

3. 确定正常收益和非正常收益

我们采用市场模型法来对股票的正常收益进行估计。市场组合收益率我们用上证指数收益率代替,分析结果如下图。

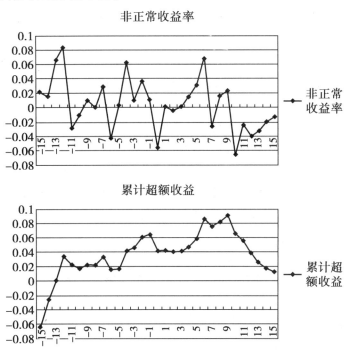

4. 结果分析

从上图可以看出,并购前 6 天股票收益率大幅上升。根据行为金融的理论,我们认为在卖空约束下乐观投资者的非理性行为和信息不对称下投资者的预期推高了股价。在并购宣告日当天股票收益率直线下降,说明市场对三一重工收购三一重机这一事件预期发生了转变,非理性投资者的过度反应造成了股票收益率的大幅下降。但在随后的 6 天内,随着消息的广为传播反应过度的价格趋于反转,价格的偏差得到部分纠正,收益率有所回升。并购后第 7 天非正常收益跟累计超额收益都在下降,总体来说短期内并购没有给投资者带来收益。但并购的长期效应如何还需结合公司的财务数据进行分析。

第三节 部分行业项目的经济评估

本节主要讨论几种不同行业因为各自特点不同,在具体项目评估方面应该采取的评估内容的不同。

一、交通运输类项目的评估

交通运输项目包括铁路、公路、水运和民航等基础设施项目,它们具有如下的一些特点,所以在项目评估方法选择上,可以根据特点进行适当的调整。

1. 交通运输项目具有前期投资大、建设周期长、网络效益强、收益主体广、外部效果显著的特点。

2. 交通运输项目以经济费用效益分析为主,有营业收入的项目还应进行财务分析。重大交通运输项目必须进行区域经济与宏观经济影响分析。

3. 交通运输项目的经济效益主要体现在改善网络结构、扩大网络运输能力而产生的正常运输量、转移运输量和诱发运输量所引起的节约运输费用、节约运输时间、减少交通事故、降低设施设备维护(养护)费用、改善运输服务质量等方面。

4. 交通运输项目的财务效益为收取的道路、桥梁、港口、机场使用费或通行费等。

5. 交通运输项目的区域经济和宏观经济影响效益主要体现在改善网络结构、促进资源利用开发、推动区域社会经济发展等效果上。

6. 交通运输项目的费用主要包括征地拆迁安置费用、线路和枢纽建设费用、相关配套设施设备投资、项目运营费用及维护(养护)费用等。

二、农业项目的评估

农业项目包括农业生产、农产品加工、农田水利灌溉和畜牧业等项目,与一般工业项目有很大的不同的是,农业项目有其特别之处。

(一)农业项目特点

1. 农业项目受自然环境影响较大,项目收益的预见性相对较弱

农业生产主要依赖于动植物的自然生长和社会生产力的发展。自然环境对农业生产的影响很大,如土地、气候等。因而农业项目的收益预见性相对较弱,风险也相对较高。农业项目的建设周期长,建设期于生产期可能交错,双层经营管理体制、分级管理分级核算的特点,也增大了项目的风险。

2. 农业项目的综合性强

农业项目和农业生产的周期较长,农业投资都比较大,其效益相对较低,但农业项目的效益包括农业产出的增加、品种改良、成本节约、质量改善、防洪除涝所避免的损失、水土保持的效益及其他有形收益等,因而涉及面广,综合性强。

3. 农业项目的风险性高且不易评估

农业生产受阴晴旱涝、天灾人祸和病虫害等自然因素影响较大,所以农业项目的潜

在风险是不易估计的。另外,农业项目(如农田水利、治山治水和改良土壤等)多半难度高、工程量大。这些因素综合起来对农业项目的影响就更为复杂,更难以准确评估。

4．农业生产具有明显的季节性

农业生产具有明显的季节性和时间性,投入与产出不同步,产出的时间较为集中,因而流动资金的估算要根据生产运行情况确定,不能采用工业项目的方法。

(二)农业项目评估应该注意的问题

1．农业项目的经济评价应分别对项目层和经营层进行财务分析

项目层的财务分析通过估算费用效益,判断整个项目的财务可行性;经营层的财务分析考察单个工程财务状况和农民获得的收益与负担的费用。运行费用自给或以收益偿还贷款的项目,应该进行费用平衡分析和债务清偿能力分析。无财务收益的项目,一般不作财务分析,只作运行费用的估算,必要时可以作经济费用效益分析。

2．珍惜土地资源,提高土地生产率

在农业项目的建设中要充分考虑珍惜国家土地资源,提高农业的生产率。我国人多地少的国情决定了提高农业生产率成为农业项目评估的一项重要内容。

3．农业项目评估中要承认差异性

不同地域、地块其农业生产率是有差别的,这些差别体现在经济效益上就是所谓的"级差地租"。农业项目与这种差别是有关联的,因此不能强求一致,有时候甚至要鼓励和支持那些落后地区开展农业项目的投资。

4．充分考虑传统习惯对农业项目的影响

农业项目和农业生产与人们的消费习惯、饮食结构和偏好等有密切联系,不同历史、文化、宗教信仰以及少数民族的特殊习惯等都会影响到农业项目的效益,在评估中必须充分考虑。

5．充分考虑支持落后地区农业的发展

农业项目的评估要从战略的高度考虑支持落后地区的农业经济发展问题。通过对农业项目的合理布局,逐渐改变落后地区的经济面貌。

6．充分考虑农业项目的风险

前文提到农业项目容易受自然因素的影响,因此农业项目的可预测性较低,因而风险较大。

(三)农业项目评估的内容

1．农业项目的财务效益评估

农业项目的成本评估需要注意的是土地成本的计算和土地资产的回收与工业项目不同。同时效益的评估也有所区别,它不能只考虑农业产品的销售所得,还要考虑项目的综合收益。农业项目的运营期要远远比工业项目长,在运用净现值等动态指标评估时需要作相应处理。

2．农业项目的国民经济评估

国民经济评估是农业项目评估中的一项重要内容,甚至是农业评估的优先指标。许多国家和地区通过补贴和转移支付等方式支持那些财务效益不好的农业项目。

3. 农业项目的环境影响评估

一方面农业项目的运行需要环境的支持,在农业项目的评估中必须充分考虑所在地是否具有与农业项目运行条件一致的自然环境。另一方面必须考虑自然项目的运行对自然环境的影响。农业对环境的影响是直接的,包括对自然环境和生态环境的影响。例如我国三峡工程就直接改变了当地的自然环境和生态环境,而由此造成的移民问题又改变了社会环境。

4. 农业项目的风险评估

农业项目对自然环境具有很强的依赖性,而自然环境具有很大的不确定性,所以农业项目必须进行严格的项目风险评估。

5. 农业项目的综合评估

与工业项目的评估相同,对农业项目的评估也不能仅依靠上述各个专项评估的结果,需要进行综合考虑。

三、水利项目的评估

水利项目包括防洪、治涝、灌溉、水土保持、供电、发电、航运等单个项目或综合项目。水利项目一般具有如下的特点,评估时应予以充分考虑。

1. 水利项目具有外部效果显著、自身财务效益不明显、建设期和运营期相对较长等特点。

2. 水利项目应该以经济费用效益分析为主。供电、发电、灌溉等有一定财务效益的水利项目还应该进行财务分析。防洪、治涝等公益性水利项目还应进行费用平衡分析,以测算补贴额。综合利用水利枢纽项目应作为一个系统进行总体评价,同时对各个主要功能按照投资分摊结果分别进行经济评价。重大水利项目必须进行区域经济和宏观经济影响分析。

3. 水利项目的效益受水文现象影响较大,应采取频率法或系列法计算多年平均效益,作为项目评价的基础。对于防洪、治涝、灌溉、供水等项目,还应计算设计年及特大洪涝年和特大干旱年的效益。

4. 水利项目的经济效益,主要有减少国民经济与社会财产损失(如防洪治涝项目)、为经济社会发展提供水利水电产品、增加经济收入等几个方面。水利项目的经济效益应按各功能分别计算,综合利用水利枢纽项目还应计算整体效益。

5. 水利项目的财务效益包括出售水利产品及提供服务所得的收入。计算财务收入采用的价格应根据政策规定,遵循补偿成本、合理收益、优质优价、公平负担的原则,并分析用户的承受能力。

6. 水利项目的费用包括移民搬迁安置、土地占用、工程建设、项目运行维护费用等。

四、商业项目的评估

商业项目不是依靠生产商品去创造效益,而是靠提供服务取得收益,因而与工业、农业项目有所不同。

（一）商业项目的评估特点

1. 地理位置是项目成败的重要因素

商业的经营特点决定了商业项目评估必须结合项目的地理位置、交通状况、客流量、人口分布、商业环境、经济发达等情况。

2. 市场预测是项目评估的重要内容

市场分析应包括项目的市场总量，市场占有率以及利润额的变化情况和发展趋势，同时还应对项目的租金水平进行预测分析。

3. 行业内的竞争水平是商业项目评估的关键因素

对竞争水平的评估应该包括竞争对手的实力、竞争对手的策略、项目本身的竞争优势等。商业项目最重要的就是利用项目的核心竞争力去取得竞争的优势。竞争能力的提高是商业项目成功的保证。

4. 商业项目的商业环境分析最为关键

商业项目的评估区别于其他项目评估的一个独特内容就是对商业环境的评估。商业环境内的经济发展水平、需求状况、人口状况、交通环境及客流量、项目未来的供需状况对项目的成败至为关键。

5. 商业项目评估要注重风险分析

商业项目竞争激烈，经营风险较大，必须针对项目本身的特点对项目的风险作出分析并找出规避的措施。

（二）商业项目评估的主要内容

1. 商业项目的地理位置的评估

这一评估的核心内容包括：商业项目的产生背景，商业项目的经营方式，项目所处城市的整体环境、经济发展水平、居民购买力，城市发展规划与投资环境分析。

2. 商业项目所处环境的分析

对这一内容的分析包括市场容量、居民的消费倾向、居民购买力、消费总量、消费结构、交通环境，以及项目本身所需要的服务环境等因素的分析。

3. 商业项目的市场竞争和经营的分析与评估

对市场竞争和经营的分析也是商业项目评估的重要内容，这方面的评估内容主要是：项目的竞争态势和竞争策略的分析与评估、项目目标顾客的分析与评估、项目的经营规划与定位的分析与评估、项目的经营环境的分析等。

4. 商业项目的财务与国民经济评估

这方面的评估方法与其他项目的评估方法基本上没有什么区别，都是是用财务成本与收益分析法及影子价格分析法，不同的地方在于商业项目的评估使用的国家财税法规与其他项目所使用的国家财税法规不同而已。

（三）商业项目评估的方法

商业项目所处的环境即商圈，也称为商业交易区，多数以商业项目为中心，沿着一定的方向和距离，扩展吸引顾客和接受服务的范围。项目所处的地理位置越是优越，给商业带来的收益就越高。因此对商圈的评估也就变得更为重要。商圈的评估方法主要有雷利法则、赫夫法则和饱和指数法则等。

1. 雷利法则

1929年,美国威廉·雷利(W. J. Reily)教授在对美国150个都市圈调查后根据牛顿力学的万有引力理论(两个物体的引力与两个物体的质量成正比)提出了都市人口与零售引力之间的"零售引力规律"。该规律可以通过城市的人口和距离数据来预测城市的商圈规模,对后来的城市商圈的研究起着重大的作用。人们称之为"雷利法则"。雷利法则可以用于两个相互竞争的商店的商圈分界线,这种界限又被称作中介点。雷利法则的计算公式为:

$$D_y = d_{xy}/(1+\sqrt{P_x/P_y})$$

式中:D_y——中介点到Y商店的距离;

d_{xy}——各自独立的x,y商店间的距离;

P_x——x商店附近地区的人口;

P_y——y商店附近地区的人口。

2. 赫夫法则

赫夫法则是由美国零售学者戴伟·赫夫(David Huff)在20世纪60年代提出的,是在城市区域内进行商圈规模预测的空间模型。赫夫法则认为,一个商业项目的商圈取决于它的相关吸引力。在数个商业聚集区或商店集中于一地时,顾客利用哪一个商业聚集区或商店的概率是由商业聚集区或商店的规模和其与顾客之间的距离决定的。赫夫法则的数学模型是:

$$P_{ij} = (S_j/D_{ij}^\lambda)/[\sum(S_j/D_{ij}^\lambda)]$$

式中:P_{ij}——i地区消费者在j商店购物的概率;

S_j——j商店的规模(经营面积);

D_{ij}——i地区的消费者到j商店的时间距离或空间距离;

λ——根据经验推算出的消费者对时间距离或空间距离敏感性的参数;

S_j/D_{ij}^λ——j商店对i地区消费者的吸引力。

3. 饱和指数法则

饱和指数法则是通过计算零售市场饱和指数来测定特定的商圈内假设的零售商店类型的每平方米的潜在需求。饱和指数是通过需求和供给的对比来测量一个商圈内商店的饱和程度。需求和供给的相互影响及作用创造了市场机会,所以对商业项目而言,一个地区有较高的需求水平同时有较高的竞争水平,这个地区可能不是合适的地点。换言之,一个地区有较低的需求,同时竞争水平也是低的,这个地区可能是有吸引力的。一般来说,饱和指数高意味着零售潜力大。饱和指数的计算公式是:

$$IRS = C \times RE/RF$$

式中:IRS——商圈的零售饱和指数;

C——商圈内的潜在顾客数目;

RE——商圈内消费者人均零售支出；

RF——商圈内商店的营业面积。

五、银行项目的评估

银行项目的评估主要指的是银行贷款项目的评估，包括项目前的评估、跟踪评估和后评估。

（一）银行项目评估的特点

1. 金融业的特点

银行除了流动资金贷款项目以外，多数项目的贷款都是长期的，有的甚至长达10年、20年。银行贷款项目的收益率较低，而风险大，不仅面对贷款者的风险，还要面对各种金融风险和政策性风险。

2. 项目双重评估的特点

对于银行项目的评估必须从两个方面去考察：一是从银行的角度去分析贷款项目本身的收益和风险；二是对银行贷款支持的项目的评估，分析被贷款项目的可行性和该项目的成本收益。对银行贷款项目的评估必须同时考察这两个项目。

3. 银行贷款项目在生命周期内评估的反复性

银行项目评估的另一个特点是要在贷款项目的生命周期全过程中开展多次评估，包括项目贷款发放前的评估、项目实施过程中的跟踪评估和项目实施完成并投入运行后还款情况的评估。

（二）银行项目评估的内容

对银行贷款项目的评估内容主要有两个部分：被贷款项目的财务效益评估、运营条件评估、投资环境评估、产品需求状况评估、业主的经营管理能力、诚信状况；银行贷款项目的不确定性分析与风险评估。

1. 被贷款项目鉴定阶段的评估

这一阶段是贷款项目工作的关键阶段，对后面的影响很大。这阶段应着重分析以下内容：被贷款项目建设的必要性、优先程度和依据；被贷款项目的可行性分析；被贷款项目的建设初步方案、拟建规模；投资项目的筹资设想、资本结构；被贷款项目的经济效益和社会效益的大致估计。

2. 被贷款项目准备阶段的评估

这一阶段主要分析被投资项目的市场需求、技术设计、财务计划、经济效益、组织管理等。核心是对被投资项目进行可行性研究，即对贷款支持项目的投资成本和利润作出分析。

3. 被贷款项目的评估阶段

这一阶段是银行贷款项目生命周期中的一个关键阶段，它既要对被贷款项目的可行性进行评估，又要从银行本身的利益出发评估整个贷款项目的可行性。评价内容主要是：对借款人经济实力、资本结构、经营管理能力、资产运用效率、盈利能力、资信状况的分析；被贷款项目的工艺技术条件、经济规模、市场环境、竞争能力、市场前景；被贷款项目的现金流量情况,借款人原有的经济效益;被贷款项目的风险识别、度量和对应分析,贷款项目资金回收的不确定性和效益分析。

4. 被贷款项目执行与监督阶段的评估

由于在项目的建设中经常会发生一些难以预见的问题,因此在被贷款项目的执行中,银行要不断地进行跟踪评估,确保银行的利益不受侵犯。通过监督,使贷款支持项目按原计划进行,最终实现预定目标。

5. 被贷款项目的后评估

被贷款项目投入运营,贷款项目还本付息完成后,银行应该对贷款项目进行独立的项目后评估。项目后评估内容主要有:被贷款项目建设的必要性的评估、项目运行条件的评估、被贷款项目的技术后评估、经济效益、国民经济效益评估、项目完成后的实际结果与原定计划的偏差分析等。

六、政府采购项目的评估

政府采购是指各级国家机关、事业单位和团体组织使用财政性资金采购依法制定的集中采购目录以内或者采购限额标准以上的货物、工程和服务的行为。所称的货物是指各种形态和种类的物品,包括原材料、燃料、设备、产品等;工程是指建设工程,包括建筑物和构建物的新建、建设、扩建、装修、拆除、修缮等;服务是指除货物和工程以外的其他政府采购对象。

(一)政府采购的特点

1. 资金来源的公共性

政府采购的资金来源为财政拨款和需要由财政偿还的公共借款,这些资金的最终来源为纳税人的税收和政府公共收费。正是由于资金来源的不同才将政府采购与私人采购区分开来。

2. 政府采购的非赢利性

政府采购的目的不是为了盈利,而是为了实现政府职能和公共利益。

3. 政府采购的管理性

现代国家都制定了严格的政府采购制度,政府采购必须在法律限定的范围内开展。

4. 政府采购的公开性

政府采购的过程是完全公开的,采购活动需有采购记录,没有秘密性。

5. 政府采购的广泛性和复杂性

政府采购的对象从汽车、办公用品到武器、航天飞机,从货物、工程到服务等,涉及各个领域。

6. 政府采购的重要性

政府一直以来都扮演着市场上最大的消费者用户的角色。欧共体各国政府采购的金额占其国内生产总值的14%左右(不包括公用事业部门的采购);美国政府1989年到1992年间每年有2 000多亿美元的政府预算用于政府采购。现阶段我国40 000亿元的投资计划也属于政府采购的范畴。

7. 政府采购的程序性

由于受到国家法规的制约,政府采购必须有严格的采购程序:确定采购需求、预测采购风险、选择采购方式、供应方的资格审查、签订采购合同、履行采购合同、验收与结算和采购效益评估。

(二) 政府采购项目的评估内容

政府采购项目有两种方式:一种是议价的方式,一种是投标的方式。评估的内容主要是对于采购项目内容和预算等的评估以及对于采购供应方案的评估。

1. 政府采购项目内容和预算的评估

政府采购项目的评估首先要从采购内容和采购预算开始。对采购内容的评估需要从以下几个方面考虑:采购项目是否是该单位生存和发展所需要的,是否符合国家的有关规定,是否符合国家配置的标准等。对预算的评估应该考虑是否有充足的采购资金来源,资金来源是否合法等。

2. 政府采购项目的供应方案评估

这部分的评估内容包括:政府采购方式评估(招投标方式还是非招标方式)、投标方案的价格评估、工程或劳务的技术评估、供应商的信用评估等。

【能力训练】

1. 改扩建项目应该注意哪些问题?与新建项目相比有何不同之处?(提示:改扩建项目考虑"有项目"与"无项目"的差别,新建项目视"无项目"时的现金流为零)
2. 学者对并购能否给主并企业的股东带来收益这一问题存在争议,试阐述你的看法?
3. 商业项目评估有何特点?
4. 请根据前述原理和本章原理,续编本章第一节中案例的相关财务分析表格。

【网络资源与阅读书目】

[1] 国家发展改革委员会,建设部.建设项目经济评价方法与参数.3版.北京:中国计划出版社,2006
[2] 周惠珍.投资项目评估案例.北京:中国计划出版社,2003
[3] 李曜.公司并购与重组导论.上海:上海财经大学出版社,2010
[4] 杨晔.公共投资项目评估案例与习题集.北京:高等教育出版社,2008
[5] 韩立华.浅议建材工业改扩建项目的财务评价.玻璃,2016(7)
[6] 金晓霞.改扩建项目财务评价方法简析.化工管理,2017(8)
[7] 宁晖.煤矿改扩建项目经济评价方法研究与应用.内蒙古煤炭经济,2018(12)
[8] 陈亮,闫金鑫.高速公路桥梁改扩建方案比选.交通世界,2018(11)
[9] 谭杨,宋艺.海外油气田并购项目经济评价研究.北京贸易,2015(2)

[10] 徐小云.基于模糊综合评价的企业海外并购项目财务风险分析.项目管理技术,2014(7)

[11] 胡强.企业并购项目财务评价方法初探.行政事业资产与财务,2013(7)

[12] 彭芬,刘平.水电并购项目初步经济评价分析.企业技术开发,2012(3)

[13] 刘佑爱.农业项目财务评价研究.科技经济导刊,2018(7)

第十二章 创业投资项目评估

【学习要点】创业投资是"大众创业,万众创新"的主要投融资形式,本章要学习这种特殊的投资项目评估。与常规投资项目评估不同,学习创业投资项目评估需要了解创业投资活动的全部过程,要分析创业者和创业资本家的对投融资的不同认识。要了解传统项目评估和现代项目评估的不同。

【学习重点与难点】学习的重点是区分创业投资和常规投资在评估方法、评估目标、评估结果等方面的不同;学习的难点是认清创业投资项目评估核心内容的意义,才能真正认识创业投资项目评估本身。

【基本概念】创业投资　风险投资　天使投资　私募股权投资　首次公开发行　管理层收购　并购基金　夹层资本　尽职调查　市盈率　市净率　经济增加值

第一节　创业投资项目评估概述

一、创业投资的概念和内涵

创业投资这一概念起源于 15 世纪,当时西方国家的商人开始投资关于开拓新殖民地、寻求商业资源的远洋探险,首次出现"Venture Capital"这个词,而后 19 世纪由于美国商人投资于油田、铁路等项目,使得创业投资逐渐兴起。

但创业投资的概念存在争议。首先是对创业投资的叫法的争议,包括天使投资、风险投资、私募股权投资在内的各种名词,既有相似性,又有差别,也都被称为创业投资;其次是创业投资内涵的差别,其中具有代表性的"创业投资"的内涵见表 12-1。这些代表性的概念的共同点是强调了创业投资所投入企业的高成长性、高风险性、高收益性和低流动性。不同点是 OECD、欧洲投资银行、台湾地区、中国十部委和成思危认为高成长和高风险与高新技术往往联系在一起;NVCA、EVCA、BVCA、《经济百科全书》和哈佛商学院认为创业投资仅仅是与成长性企业联系在一起的。

表 12-1　国内外创业投资概念的内涵

作　者	内　涵
美国创业投资协会（NVCA,1973）	由职业金融企业家投入到发展迅猛的、具有强竞争潜力的新兴企业中的一种权益性资本。

续表

作　者	内　涵
欧洲创业投资协会（EVCA）	一种专业的投资公司向具有巨大发展潜力的成长型、扩张型或重组型的未上市企业提供资金支持并辅之以管理参与的投资行为。
英国创业投资协会（BVCA，1983）	为未上市企业提供股权资本但并不以经营产品为目的的投资行为。
经济合作与发展组织（OECD，1996）	凡是以高科技为基础，生产和经营技术密集的创新产品和服务，都可被看作是创业投资。
美国《企业管理百科全书》	对不能从传统来源，如股票市场、银行或与银行相似的单位（如租赁公司或商业经纪人）获得资本的工商企业的投资。
美国《经济百科全书》（Douglas Greenwood 主编）	是准备冒风险的投资，它准备为一个有迅速发展潜力的新公司或新发展的产品提供最初风险的投资，而不是用来购置与这一公司或产品有关的各种资产。
哈佛商学院（1950）	指向年轻公司或新公司的投资。
欧洲投资银行	为形成和建立专门从事某种新思想或新技术生产的小型公司而进行的股份形式承诺的投资。
台湾地区	由专业机构提供的投资于极具增长潜力的创业企业尤其是高新技术企业并参与其管理的权益资本。
新加坡与香港地区	以私人股权方式从事资本经营,以此培育和辅导企业创业或再创业,并放弃资产流动性来追求长期资本增值的风险—收益特征而区别于对公开流通证券的投资。又称"广义创业投资"。
中国十部委（2005）	向创业企业进行股权投资，以期所投资创业企业发育成熟或相对成熟后主要通过转让股权获得资本增值收益的投资方式。
刘健钧（管理世界，1999）	向具有高增长潜力的未上市创业企业进行股权投资,并通过提供创业管理服务参与所投资企业的创业过程,以期在所投资企业发育成熟后即通过股权转让实现高资本增值收益的资本运营方式。
成思危（1999）	把资金投向蕴藏着较大失败危险的高新技术开发领域，以期成功后取得高资本收益的一种商业投资行为。
Paul Gompers 和 Josh Lerner（2001）	一种独立的、专业化管理的、拥有专项资金渠道的，专注于私人持有的高增长型公司的股权或股权相关的投资。

（根据庞跃华《创业投资的制度研究》修改，湖南大学博士论文，2011）

根据以上描述，创业投资是指向具有良好成长前景的未上市的创业企业进行权益性投资，并提供增值服务，以期在未来通过权益转让实现资本增值的一种主动投资行为。与"非创业投资"（non-venture capital）即投资于相对成熟企业的资本形态相对应。

二、创业投资与常规投资的差别

创业投资与常规投资存在巨大的差异，常规投资包括产业投资、战略投资和创新投资，它们是产品经营层面的概念；而创业投资是资本经营层面的概念，两者有本质的区别，参见表12-2。

表 12-2　创业投资和常规投资的比较

类别	创业投资	常规投资
投资对象	以中小型高新技术企业为主	以大中型成熟企业为主
市场重点	潜在市场	现时市场
投资方式	股权投融资	贷款和股权
投资回报	资本增值	利息或红利
抵押担保	无抵押无担保	有抵押有担保
投资风险	风险大	风险小
人员素质	需要全面素质	只需要部分专业素质
投资评估重点	管理团队能力和技术实现能力	财务分析和物质保障

三、创业投资的寿命周期及主要投资类型

创业投资寿命是指创业投资资本从开始投入到完全退出这个时间段。从种子期到成熟期一般短则 3—5 年，长则 7—10 年，在创业企业的发展的寿命周期中，创业资本在不同的阶段进入，其投资期限也不同，创业投资的具体投资形式也会发生变化，从而形成了不同的创业投资类型（表 12-3）。

表 12-3　创业投资项目的寿命周期

寿命阶段	主要状态	投资目的	投资年限	主要投资类型
种子期	概念状态	开发研究	7—10	天使投资
创立期	初步生产状态	市场试销	5—10	风险投资
发展期	正式生产状态	扩大市场	3—7	风险投资和私募股权投资
扩展期	盈利状态	扩大利润	1—3	风险投资和私募股权投资
成熟期	快速壮大状态	IPO 或转让	1—3	私募股权投资

（一）种子期及天使投资

创业企业在此阶段的主要工作就是研发产品，形成产品雏形，产品的发明者或创业者需要投入相当的资金进行开发研究，以验证其创意的可行性。此时的企业处于创业前期，发展前景不明朗，技术优势和创业企业家经营管理能力对企业的发展至关重要。

在种子期阶段，如果企业研发失败，企业将无法再办下去了，那么首先面对的就是研发风险和人的风险，此时的风险是最大的。此时对创业者不了解、不熟悉的个人和机构往往是不会投资的，此时的投资者也大都是创业者本人、亲戚朋友，这种投资被称为天使投资（Angel Capital）。通常创业者在创办创业型企业时，都会筹措可以维持 2—3 年时间的创业资本。

（二）创立期及风险投资

一旦企业研发成功后，其产品或服务就开始投放市场，通过销售或服务，产生现金流

入。此阶段,企业购买固定资产、产品开发和市场开发等支出比较大,但由于企业并无过去的经营记录,而且销售收入有限,总体现金流处于负的状态,所以创业企业也很难从银行得到贷款,大部分企业的失败也在此阶段。

创立期阶段是创业投资资本重点关注的阶段,这个阶段项目面临的风险比较大,需要的资金比较多,天使投资通常已经不能满足资金需求,但项目存在更大的发展概率和未来的盈利空间,所以此时另一种主要创业投资资金——风险投资(Venture Capital,简称 VC)登场了。

对风险投资概念的理解可以从"广义"和"狭义"两个维度展开。广义维度上,风险投资泛指所有同时具备高风险和高收益特征的投资行为,广义维度的风险投资类似于本教材所述的创业投资。这里的风险投资主要是从狭义维度上认识的,风险投资仅指专业的风险投资机构向同时具有高成长潜力和面临高成长风险的高新技术行业公司投入资本,目的是为了获得资本增值的商业投资行为。风险投资强调投资对象为处于起步发展阶段、具有高成长潜力的创业企业,目的往往不是为了获得创业企业的最终控制权,而是为了获得高额的投资回报。在整个投资过程中,风险投资家在对创业企业提供资金的同时可能也会提供一些配套的管理建议服务,促进创业企业向好的方向快速发展,所以,处于创立期的创业投资主要的投资形式就是风险投资。整个风险投资可以采用多轮进行,对每轮的名称和含义目前尚没有达成共识,一般可以包括:

Pre-A:A 轮前最后一轮,产品已经上线,但是还没有太多数据表现,需要融一笔钱支撑团队继续验证。融资额 600 万—1 000 万元,公司估值 3 000 万—5 000 万元左右。

A 轮:基本产品模型已经跑通,需要资本来继续扩量。融资额 1 000 万—3 000 万元,公司估值 5 000 万—1.5 亿元左右。

B 轮:产品已经迅速上量,需要验证商业模式,即赚钱的能力。这一阶段的融资额在 7 000 万—21 000 万元之间,公司估值在 3 亿—6 亿元左右。

C 轮:商业模式验证成功,通过资本上量压倒对手,因为已经验证了规模化的赚钱能力,所以理论上应该是最后一轮融资。C 轮和 C 轮之后的公司估值很难预计,只能用规模化的盈利能力作为衡量标准。

Pre-IPO:为了解决公司在上市和被并购前的最后一次现金需要而进行的融资,这个时候大多数需要的是有资源的投资方,而不仅仅是财务投资者,还有券商投行对企业业务进行梳理,为企业进入资本市场上市和并购做准备。此阶段的融资行为基本属于下一个阶段——发展期,创业投资的形式主要是私募股权投资了。

(三)发展期及私募股权投资

随着时间的推移,新产品或服务市场逐渐扩大,销售收入逐渐增多,企业现金流量增加,总现金流从负值达到平衡点。虽然企业已经开始有经营业绩,为进一步开发产品和加强经营能力,还需要大量资金,但是由于企业距离其股票上市还太早,若从金融机构融资,则需要创业者的个人担保,而此时企业的融资能力还很有限,此时创业投资机构的介入,正好弥补这一缺口,帮助创业企业渡过难关。此阶段除了风险投资资金可以继续介入外,另外一种创业投资资本介入了,这就是私募股权投资(基金)(Private Equity Fund,

简称PE)。

私募股权投资是指通过私募基金对非上市公司进行的权益性投资。在交易实施过程中,PE会附带考虑将来的退出机制,即通过公司首次公开发行股票(IPO)、兼并与收购(M&A)或管理层回购(MBO)等方式退出获利。简单地讲,PE投资就是PE投资者寻找优秀的高成长性的未上市公司,注资其中,获得其一定比例的股份,推动公司发展、上市,此后通过转让股权获利。

与私募股权投资相关的一些概念还有发展资本(development capital)、并购基金(buy out/buy in fund)、夹层资本(Mezzanine Capital)、重振资本(turnaround)、Pre-IPO资本(如bridge finance),它们都属于广义的私募股权投资。并购基金和夹层资本是狭义私募股权投资的主要形式。

并购基金是专注于对目标企业进行并购的基金,其投资手法是,通过收购目标企业股权,获得对目标企业的控制权,然后对其进行一定的重组改造,持有一段时期后再出售。其他私募股权投资对企业控制权无兴趣,而并购基金意在获得目标企业的控制权。并购基金经常出现在MBO和MBI中。

夹层资本是收益和风险介于企业债务资本和股权资本之间的资本形态,也是在夹层融资这一融资过程中出现的一个专有名词,本质是长期无担保的债权类风险资本。当企业进行破产清算时,优先债务提供者首先得到清偿,其次是夹层资本提供者,最后是公司的股东。因此,对投资者来说,夹层资本的风险介于优先债务和股本之间。

(四) 扩张期及成长期投资

随着企业生产能力不断增强,市场占有率不断提高,企业的销售收入逐渐增加,企业的总现金流从平衡点逐渐增加,开始出现盈利。此时,企业还需要扩大再生产,使企业保持持续盈利,达到一定规模后的企业上市。此时介入的创业投资资本主要是风险投资的C轮及之后的资本,如私募股权投资的成长资本(Growth Capital)等。

(五) 成熟期及并购投资

这一阶段企业对资金的需求减弱,此时企业的主要目的是引进一些在产业界有一定影响力的股东,从而提高企业的知名度和信誉度。并整理财务报表等相关资料,为公开上市做准备。此阶段是前面各期介入的创业投资资本准备退出的时期,在此阶段继续介入的创业投资资本基本是私募股权投资中的并购资本和Pre-IPO资本等。

第二节 创业投资项目评估阶段及投资过程

一般来说,完整的创业投资项目评估和投资流程包括五个阶段:寻找项目阶段,尽职调查阶段,项目评估阶段,投资决策阶段,资本退出阶段。

(一) 创业投资项目的寻找

与常规投资项目不同,投资者不是坐等项目上门再进行评估,而是要寻找投资项目。

1. 项目定位

创业投资资金通常都会有自己的投资项目定位,投资项目评估团队在资本投资项目定位的指导下,有效地选择符合自己定位的项目,以提高项目选择的效率。当然随着时间的推移,同样的资本投资资金的项目定位是可以改变的。项目定位应该依据时代的发展、投资热点的转移和不同行业的发展态势及状况等进行适时的修正。

2. 项目来源保障

创业投资资本金一般会发动资本金内部和外部力量,共同寻找合适的投资项目。为了获取更多的投资项目信息,项目评估运营团队要善于从内部挖潜,发动自己的各种人脉关系,尽可能多地提供投资信息。同时,创业投资也可以从外部挖掘项目来源,比如从关系较好的证券公司、会计师事务所、律师事务所中得到比较重要的项目信息。

(二) 创业项目的行业研究

判断项目首先是判断行业的发展方向,方向错误即使有再优秀的投资团队也会失败。不论是商业模式类的项目还是产品类的项目,对创业项目的评估均会从行业分析进行第一道筛选。分析项目所处行业情况,大致可以分为四个部分,循序渐进。

1. 查找、阅读相关报告,匡算出该行业的核心数据。搜寻信息是研究的第一步,咨询数据公司、研究所等研究较为全面,时效性强,但需要对数据进行二次加工;对公司公告文件、券商行业报告以及政府政策等其他有效渠道搜集的信息,可靠性强,关键数据具有很高的价值。获取信息后,深度解读行业可持续发展的关键点及其他弹性因素,理清行业、对标,可以引导投资,验证商业内在逻辑。再分析业内产品的痛点,了解技术、财务、法律等专业方面要求,此时可设计下一步详细调查的判断指标,降低尽职调查的成本。

2. 访问行业资深从业者。对行业情况有了一定基础的了解之后,积累的疑问需要寻找业内经验丰富的创业者、投资机构、业内竞争者交流,了解行业的盈利点和风险点,此时可能会与查阅资料得出的初步思路有所不同,基于自身实战经验所发散出的观点可能比数据更能贴近行业本身,极具参考价值。

3. 梳理行业上下游价值链。理清行业红海与蓝海边界,分析产业链以及行业上下游的发展情况。早期的创业投资项目可能是新兴领域,所能收集的资料有限,需要将所有碎片化信息重塑,结合以往同行业案例现状,总结出行业特性和内在规律。

4. 持续跟踪。或于受到环境影响,并非每个项目所在的行业都处于最佳的投资时点。因此,当完成某一行业研究之后,持续的关注必不可少,定期更新行业关键数据,对研究资料分类归档,以便在需要时能先于他人预判出行业趋势,提前锁定优秀投资标的,亦是行业研究的价值体现。

(三) 创业项目的尽职调查

项目信息收集上来以后,一般情况下,项目评估机构会首先筛掉一些在市场前景、产业发展、组织及团队存在问题的项目。为了取得对项目独立、客观、公正的认识,创业投资项目评估团队需要在项目融资方提供材料的基础上,对项目进行尽职调查。

尽职调查(Due Diligence)是一项谨慎性调查,创业投资尽职调查的主要目的是为了获知企业的真实经营状况,并据此进行项目评估,作出正确的投资决策。在对投资项目标的企业事项进行现场调查、资料获取的一系列分析活动中,可发现项目风险和内在价值,进一步补充模型数据和信息。尽职调查要针对团队能力、产品服务、盈利模式、上下游、技术、财务、投资市场等内外部信息作出分析报告,明确项目在行业中的细分市场。由于投资者与被投企业之间存在信息不对称,借助调查活动可以降低创业投资风险,为项目选择决策提供依据。

尽职调查的风险发现是从合规性角度出发,以梳理股权变动为重心的历史沿革调查可观察股权瑕疵,以主营业务流程为主线调查资产的完整性,以具有核心竞争力的产品和市场结合行业分析经营风险,以债务真实性和现金流动性判断企业偿债能力,以担保和法律诉讼为主的调查可发现企业存在潜在持续性风险。

尽职调查的价值发现是从盈利性角度出发,结合团队综合能力和管理人素质及其经营理念,通过已有资产价值和企业盈利能力为标准判断现实价值,以未来行业发展前景和资本市场偏好研究企业未来存在的价值。

在实际投资过程中,因为每个投资机构的评判标准和角度不同,调查的侧重点因人而异,但总体目标都是筛选出有意向的投资项目,并作出初步评估,为后续交易活动提供数据支持。尽职调查完成之后,评估调查小组会给创业投资资本管理团队提供尽职调查报告。第三方提供的尽职调查报告一般包括公司简介、公司的组织结构、公司的供应商情况、公司的业务和产品、公司产品销售情况、公司产品研究与开发情况、公司财务现状、主要债权和债务、公司所属行业的背景介绍等。

(四)尽职调查的访谈交流

作为尽职调查的一个重要方面,访谈交流是对创业投资项目进行评估的重要信息补充。访谈交流主要是与创始人面对面接触,与其同事、下属交流,从细微之处观察性格和处事方式,获取更为直观的评价。业内常将尽职调查比作是中医里的"望闻问切"。望是观察企业日常运作环境;闻是拜访业内专业人士,听取对项目、对行业的评价和见解;切是在尽职调查中对各项指标、模式分析之后的判断;问是在判断是否投入项目之前的最后一步调查环节:与企业高管、员工、上下游供应商、客户等企业相关人员进行访谈。

访谈之前,基于前期进行的调查工作,投资机构其实对项目已经形成了初步看法。通过与高管、供应商、客户访谈,可以看出企业业务模式是否和企业文化匹配。进一步了解企业后期发展方向,也可印证之前尽职调查得出的结论,分析两者是否一致。与员工的交流则是从基层角度,自下而上验证高管访谈的结果,加强对企业的了解。

不同投资机构对各行业标的公司的研究方式都不相同,但主要目的均是为了合理评估风险以减小信息不对称带来的影响,便于后期整理投资方案、选择投资时点和交易定价。

(五)创业项目的评估

创业投资项目评估是指创业投资资本为了实现超额的投资收益,运用特定的指标和框架对拟投资项目作出投资机会选择和股权价值认定的一系列专业化评估过程。创业投资项目评估在创业投资决策中占据十分重要的地位,项目评估结果直接决定了投资决策的结果以及投资项目收益和风险情况。

一般创业项目评估主要是考量项目的风险和项目企业的价值(详见本章第三节和第四节)。

（六）对创业项目的投资决策

经过项目尽职调查阶段和项目评估阶段之后，如果创业投资资本准备对项目进行投资，那么评估团队会根据项目评估结果制作投资建议书向投资委员会提出投资建议。投资委员会在收到投资建议书之后，将召开项目投资决策会议，经过项目陈述、项目答辩、投资委员会磋商和投票表决等程序，最终由投资委员会作出是否投资的最终决策。

（七）创业项目投资资本的退出

创业投资项目的评估需要评估项目投资资本的退出方式和可能性。创业投资退出的具体内容包括退出性质、退出主体、退出方式、退出效率、退出时机和退出目的等基本要素。创业项目投资资本只有在完成了项目的退出之后，才能获得预期的投资收益，所以要对项目投资的退出进行评估。现阶段我国创业投资资本的退出的方法主要为公开上市、股权协议转让、管理层收购以及被投资单位的破产清算等几种。

公开上市主要分为首次公开发行（Initial Public Offering，简称 IPO）、买壳上市和重新上市等几种。首次公开发行上市是指创业投资者通过创业企业在证券市场公开上市，将其拥有的私人权益转换成为公共股权，在通过锁定期后转手或分配股份以实现资本增值。由于公开上市可以让创业资本家取得高额的回报，故 IPO 被认为是创业投资收益最好的退出方式。在美国大约有 30% 的创业投资退出是采用此方式。

对 IPO，按照不同的类别可划分以下四组：主板上市、深圳创业板上市、上海科创板上市和新三板上市；境内上市和境外上市；境内直接上市和境内间接上市；境外直接上市和境外间接上市等。

由于通过 IPO 的周期比较长，IPO 的高进入门槛，IPO 后有较长的锁定期才能完全退出（如美国 6 个月，中国 36 个月），于是许多创业投资家和创业企业家不愿意采用这种方式，故股权协议式转让和管理层回购成为另外两种采用最多的通道。

股权协议转让又称并购（Mergers and Acquisitions，简称 M&A），指机构投资者、公司或个人按照协商价格购买创业投资家或创业企业的股份的一种退出通道。并购分为一期并购（指创业企业互相之间的收购与兼并）和二期并购（指由另一家创业投资家收购，再进行继续投资）。据不完全统计，在创业投资的所有退出方式中，一期收购占 23%，二期收购占 9%。

管理层收购是一种股份回购，指创业企业或创业企业家按照协定价格购买创业投资家持有的股份的一种退出渠道。

清算（Liquidating）是指创业投资家和创业企业家等在确认受资企业失去了发展的可能或者成长太慢，不能达到预期的目标的情况下，对受资企业的资产和负债等进行彻底的清查，以防止更大的损失而退出的一种方式。清算包括解散清算、自然清算和破产清算，其中的非自愿性清算约占到 70%，还有约 30% 属自愿性清算。大体上讲，清算平均能收回投资的约 64%。

第三节 创业投资评估指标体系研究

一、前人关于评价指标因素的研究

对创业投资项目进行评估,最重要的是选择评估指标和评估方法,与常规投资项目的评估不同,创业项目具有更大的风险性,因而风险考量指标在评估指标体系中占有较重要的位置。

迄今为止,对创业项目的认识还没有达到公认一致的地步,所以对评估项目的研究也一直在进行中。Wells(2005)的博士论文对8位风险投资家进行了调查,通过他们的投资经历和偏好得出了创业投资项目评估的主要因素:风险企业家的背景和经验、管理层的能力以及风险项目的承诺、潜在的市场规模以及产品的市场适应性、技术水平及其技术保护。Tyebjee和Bruno(1984)假定风险投资评价时从风险和收益两个角度进行权衡选择,并通过对指标的实证检验进行定量分析。他们采用以定制阐述评价准则设计的问卷进行调研,使用因子分析法,得到5类评价因子:市场吸引力、产品差异性、管理能力、抵御环境威胁的能力、项目的清算和变现能力,并认为管理能力是最重要的评价指标。他们的成果被视为风险投资决策研究的里程碑。Macmillan(1985)也通过因子分析法把27个指标分为6类:企业家素质、企业家经验、产品特征、市场特征、财务考虑及管理团队。Jagedeed Singh Bacher(2000)在对加拿大创业投资事业的研究后认为,创业投资评价选择因素主要有五种:风险企业家的特性(技术能力、背景经历)、市场特性(市场吸引力、市场潜力、市场竞争态势)、产品与劳务特性、投资者的要求(地理位置、预期报酬率)、风险投资家提供投资计划书的完整性。英国的Boocok和Woods(1997)对英国的创业投资基金组织进行了研究,从投资经理人对项目接受和拒绝两个方面调查评论,得出英国的创业投资评价选择指标因素,共5大类:创业投资公司的要求、项目特性、管理者特征、行业环境、产品。欧洲的Muzyka,Birley,and Leleux(2003)对73位欧洲创业投资家进行了问卷调查,使用联合分析法和集群分析法,将风险投资家分为三类,分别制定出相关的评估要素,具体见表12-4所示。

表12-4 不同创业投资家的评估偏好因素

序号	投资家种类	评估因素
1	广泛型投资家	能达成损益平衡的时间长短
		维持与扩大市场占有率的能力
		组成团队是否有与经营企业相关的专家
		团队的组织或行政能力

续表

序号	投资家种类	评估因素
2	经销商型投资家	风险项目特性
		风险项目是否符合其投资组合
		能达成损益平衡的时间长短
3	主流型投资家	维持与扩大市场占有率的能力
		团队的行销或销售能力
		团队的组织或行政能力
		退出能力
		对产品或市场的了解程度

雷特和特比等人(2004)研究了韩国创业投资的评价标准,他们认为最重要的6个因素包括:企业家的管理能力、市场吸引力、产品性能及其技术上的先进性、融资能力、原材料的保证、生产能力。Ray和Turpin(2003)在对日本的创业投资指标的研究中发现,日本在风险投资评价时更加注重新市场的产生,而且对指标的约束较为宽松。贺树云曾经统计了我国创业投资机构常用的四大评估指标所占比例:市场前景30.80%,管理团队28.40%,技术因素13.00%,盈利模式10.80%。

二、创业风险投资项目评价指标体系构建的原则

(一)前瞻性原则

评价指标的设计既要有适应性,能分析创业投资项目的目前状况,也要保持一定的前瞻性,能够预测创业投资项目未来的状况,不受时间、范围大小、评价对象等因素的影响,具有可持续观察性。

(二)客观性和可操作性原则

指标体系的设计不仅要在理论上行得通,力求评价指标能客观地反映评价对象的实际情况,同时指标体系对于建立数学模型、采集数据、评价考核、综合分析等都是可行的,具有可采集性和可衡量性的特点,能够有效地测度和统计。

(三)自适应性和精简性原则

所选择的指标不仅要适应不同的行业、区域,综合反映项目的总体情况,而且必须目标一致,相互独立,全面、完整而又精简,避免复杂。

(四)系统性与科学性原则

指标的选择必须以创业投资相关理论为依据,体现风险与收益的统一、定性与定量的结合,使评价结果能够全面、科学地评估创业投资项目的基本情况及存在问题的系统性。

三、创业投资评估指标体系构建

根据前人关于创业投资项目评价的相关研究和创业投资影响因素理论,对相关指标

进行筛选、整合,影响创业投资项目评估的主要有四类因素(表12-5)。

表 12 - 5 创业投资评估指标体系

目标层	因素层	指标层
创业投资项目评估指标体系	创业团队能力	项目创业者的基本素质
		创业团队管理经验和管理能力
		组织结构和制度合理性
	创业项目的技术或服务竞争力	产品或服务的独创性
		产品或服务的适用性
		产品或服务的可靠性
		产品或服务的更新能力
	创业项目的行业环境和市场定位	创业项目的核心竞争力
		创业项目创业地域优势程度
		创业项目的政策关联度
		项目的市场前景
	创业项目的投资回报	创业项目盈利模式评价
		项目未来盈利能力评价
		创业项目未来价值评价
		资本退出的难易程度

(一)创业团队能力

1. 创业者的基本素质:包括创业者的专业知识水平、领导能力、成长背景、诚信及战略管理能力五个方面。

2. 创业团队管理经验与管理能力:主要包括团队经营管理能力、技术管理能力、风险管理能力和融资能力。

3. 组织结构与制度:主要分为团队专业结构的合理性、年龄结构的合理性、内部组织机构的协调性、管理制度的完善性及机制的健全性。

(二)创业项目的技术或服务竞争力

1. 产品或服务的独创性:指产品或服务是否独创,是否能用不同的方法实现同样的功能。如果不是独创,或者替代技术能够完全实现相同的功能,那投资的技术风险就会变大。要预测替代技术的发展趋势,尽量降低威胁。

2. 产品或服务的适用性:从技术或服务推广的范围、环境污染、原材料和零部件供应状况以及自然气候条件等方面评价。

3. 产品或服务的可靠性:指其接近最后产品或服务的程度及产品或服务在规定条件下和规定时间内无故障地发挥其特定功能的概率。

4. 产品或服务的更新能力:指从产品或服务提出新的技术构思、实验到设计并生产出新产品推出新服务的时间。

（三）创业项目的行业环境和市场定位

1. 创业项目的核心竞争力：创业所拥有的各项资源具有的优势、产品或服务的差异化、技术壁垒情况。

2. 创业项目创业地域优势程度：通常考虑的方面有：当地经济水平高低、民众综合素质高低、交通便利性、相关资源丰富与否、信息来源广泛程度等。

3. 创业项目的政策关联度：创业项目既要符合国家的政策，又要符合当地政府的制度。所以要评估相关的法律政策是否齐全，是否完善，是否稳定，所投项目在所在地有多少有关此项目或相关项目的扶持政策，政府的态度等。

4. 项目的市场前景评价：包括市场的精准定位、市场需求程度、新产品替代率、产品市场定价能力、市场规模、市场增长能力五个方面。

（四）创业项目的投资回报

1. 创业项目的盈利模式评价：这可以是从产品的业务模式某一阶段中衍生出的获利方式，是投资人最关注的问题之一，侧面反映产品或服务在市场中的实际利用价值。

2. 项目未来盈利能力评价：主要体现为超额动态投资效率、项目产品毛利率、项目净资产收益率、总资产利润率等。这些未来的盈利能力反映了创业项目现阶段的造血功能，投资机构能够判断需要投入多少资金以支撑项目实现融资目的。

3. 创业项目未来价值评价：包括创业项目的未来的估值水平、期权价值等。

4. 资本退出的难易程度：包括退出方案设计是否合理，投资退出是否具有相应的保障条款和措施。

第四节　创业投资项目评估方法研究

一、创业投资项目评估和常规投资项目评估的不同

由于创业投资项目的高风险、高收益、高不确定性的特点，决定了对它的评估具有与一般常规投资项目评估不同的特性。这主要表现在以下几个方面：

（一）评估的周期性

创业投资项目通常是将一项科研成果转化为新技术产品，这一过程少则需要3—5年，多则需要7—10年，甚至更长。它的成长过程大都分成多个阶段，创业投资家也相应地把总投资分几次投入，以上一发展阶段目标的实现作为下一阶段资金投入的前提，这就要求创业投资项目的评估逐阶段进行，不断地修正、完善，为投资者提供尽可能系统、全面、详尽的信息。

（二）未来价值预期的不确定性

创业投资家决定投资与否时更多考虑投资项目的未来价值，因而看重项目的价值评估。价值评估反映的是企业或项目的未来潜能和效益，目前国际上通行的价值评估的思路是将利求本，即通过收益折现或资本还原的方式，将拟投资的企业未来预期收益换算

成现值,这使得创业投资项目评估的预期性尤显突出,因为从事这些项目评估的企业往往创立时间短,缺乏历史资料,不能凭经验数据来推断目标市场的大小及市场的渗透程度,而只能是估计,可以说其未来如何完全是靠预期的。

（三）创业项目价值的无形性

创业投资项目拥有的宝贵资产通常是智慧和技术等无形资产,这在实际的评估中就体现为创业投资项目所含知识价值的评估问题,涉及无形资产在股权结构中的比例大小,因而无形资产价值评估和认定就成了创业投资项目的焦点。

（四）参照对比性难度大

创业投资项目主要是以高科技知识为基础,具有独特性和先进性的特点,项目的产品也多是些具有独一无二的高新技术产品。正因为如此,这些产品还远没有形成产业化,也没有形成竞争性市场,从事这些产品开发的企业的行业界限也就很难清楚地划分,因此对这些项目的评估,就只能找最相近的行业作参照来进行,对比难度加大。

（五）整体流程控制性

创业投资项目评估大多是根据创业投资运行机制,从整体角度、经过层层筛选之后确定的,因此在评估时要突出整体流程性,具体涉及市场与竞争、管理与团队、产品及技术、财务状况、融资方案、退出方式、回报预测、风险机制和有关合约条款等各方面的评估。创业投资项目评估与常规投资项目评估的区别见表12-6所示。

表12-6 创业投资项目和传统常规项目评估的差异

类别	创业投资项目	传统项目
评价对象	对人评价,如创业企业的管理能力和创业者素质	技术评价、经济评价和社会评价
评价内容	高风险带来的高回报,企业经济评价	社会效果评价、国民经济评价
评价方法	决定型评价方法	比较型评价方法
评价理论	不贯穿投资项目的整个寿命周期,只发生在各阶段的早期阶段	依据项目整个寿命周期的净现金流量

因而,创业投资项目评估主要是要评估项目的风险和未来的增长潜力,一般认为创业投资可以从风险评估和价值评估两个方面重点展开。

二、创业投资项目的风险评估

在创业投资项目的风险评估中,很多因素是定性的,不能用具体数据来表示,我们只能通过权重和概率来估计他们的相对重要性。

（一）确定风险指标体系权重的方法

在建立风险评价指标体系后,首先需要确定各层次评价指标的权重,目前主流的权重确定方法有三类：

第一类为客观赋权法,是依据各指标标准化后的数据,按照一定的规律或规则进行自动赋权的方法,其原始数据由各指标在评价中的实际数据形成,主要包括均方差法、特征向量法、熵值法、数据包络分析(DEA)、主成分法等。客观赋权法不需征求专家的意见,切断了权重系数主观性的来源,但最大的缺陷是确定的权数有时与指标的实际重要程度相悖。

第二类方法是主观赋权法,就是根据人们的主观判断来评定各指标的权重,主要有德尔菲法、层次分析法、模糊标度法、对比求和评分法(强制确定法)、环比倍乘评分法和二项系数法等。

第三类是主观与客观相结合的赋权法。主观赋权与客观赋权各有优缺点。主观赋权,概念清晰,简单易行,但受主观因素干扰;客观赋权,推算严密,评价客观,但权重随指标数据的变化而变化,失之稳定。因此,必要时可结合赋权。结合赋权是一种综合主、客观赋权的结果而确定权重的方法,一定程度上弥补了主、客观赋权的不足。

(二)创业投资项目风险综合评估的主要方法

赋权是为风险综合评价作铺垫的。传统评价方法有综合评分法、标准化计分法和功效系数法;多目标决策评价方法有优序法、引进次序法、双基点法和投影法;现代评价方法有主成分分析法、因子分析法、熵值法、模糊评价法、灰色聚类法和层次分析评价法等。这些现代评价方法的引入,推动了创业投资风险评估理论与实践的发展,对于创业投资项目的优化组合、科学预测、风险管理,起到了积极作用。

具体评估方法的选取主要取决于评估者的目的和被评估标的的特点,一般应该选择科学性、简洁、易操作的方法,选择能够合理地反映评估标的和目标的方法。

下面对几种主要现代评估方法进行优缺点分析:

1. 层次分析法的优缺点

优点:层次结构分析法的基本思路与人们对复杂决策问题的思维判断过程基本一致。层次分析方法的逻辑基础严谨,结构层次分明,在满足一致性的条件下,最后的排序向量从理论上说是非常可靠的。

缺点:每一个层次都要进行一致性检验,如果不满足可接受的一致性,必须对比较判别矩阵进行调整。目前尚无一般可操作的调整方法,对最终评估结果缺少可靠性分析。

2. 模糊互补判别矩阵排序法的优缺点

优点:可以直接由模糊互补判别矩阵利用公式求出排序向量;不用对判别矩阵的一致性进行检验,计算简便、易行。模糊判别矩阵类型较多,可根据需要选择。

缺点:w_i(排序向量)可能为负值,此时应对矩阵作适当调整,调整尚无一般可行的方法。模糊互补判别矩阵排序法也无可靠性分析。

3. 灰色聚类分析评析

优点:灰色聚类法可以不计算判别矩阵的一致性,计算相对简洁,所得结果是一个灰类区间,更符合实际情况。因为风险投资的信息不确定性较多,信息往往较少,更适于用灰色系统方法处理。

缺点:灰类样本矩阵的确定和聚类权的确定仍难避免人为因素的影响,评价结果缺少可靠性分析。

三、创业投资项目的价值评估

创业项目价值评估的传统方法有收益法、重置成本法、市场法,也有利用模糊综合模型、因子分析法、层次分析法等方法进行指标量化研究,随后逐渐形成了实物期权法、现金流贴现法等研究方法。目前创业投资项目价值的评估方法,主要有现金流贴现法和公司之间的相对估价方法两种。

(一)现金流贴现法(Discounted Cash Flow,简称 DCF)

DCF 方法长期以来一直是评价战略性投资的主导方法,它是基于预期未来现金流量和贴现率的估价方法,考虑了资本未来收益和货币的时间价值,可以真实、准确地反映资产的资本化价格,而且现金流相对利润来说更真实可靠,不会受会计政策的影响,人为操纵的可能性比较小。在对创业投资项目评价时需要用这种研究思路来计算项目自身的价值,DCF 法观察直观且有助于对项目长期发展进行量化把握。

在 DCF 法的研究思路下,考虑到现金流风险因素,可细分出两种计算模型:

一是站在公司层面考虑债务价值的股权自由现金流量(Free Cash Flow of Equity,FCFE):

股权自由现金流量=净收益+折旧和摊销-净营运资金的变动需求-资本性支出-债务本金+新发债务

二是从投资机构作为企业股东的角度出发的企业自由现金流量(Free Cash Flow of Firm,FCFF):

企业自由现金流量=息税前利润(EBIT)×(1-税率)+折旧和摊销-资本性支出-净营运资本需求变动

一般认为,企业价值与自由现金流量正相关,自由现金流量是企业价值评估指标中最重要的变量,企业的自由现金流量越大,代表企业自身产生现金的能力越强。通俗来说,自由现金流量是企业满足投资需要后剩余的现金流量,是在不影响公司持续经营的前提下,可供企业实际回报股东的最大现金流。

自由现金流量模型的优点在于考虑了企业来自应收账款、折旧摊销等影响,减小了人为控制企业财务而产生的风险,并结合行业、市场、企业自身等发展因素合理预测企业未来经营情况,为投资决策、融资规划提供了具有参考价值的定量指标。

但是,现金流量折现法存在一定的局限性。如果投资项目处在重资本行业的发展期或扩张期,投资项目拥有较高的负债成本,那么投资项目前期的现金流通常为负数,而投资项目的自身价值绝大部分留在终值,终值又影响永续增长率和贴现率,因此就不能使用现金流量折现法对该类投资项目进行估值。

(二)可比公司估值法

可比公司估值法是指将投资项目与可比上市公司或者可比交易案例进行比较,由此确定投资对象的价值评估方法。当我们利用公司的相对股价方法来评价创业投资项目价值时,必须的假设前提是我们所面临的市场是完全竞争市场,我们所掌握的公司的信息是充分的,只有在市场是完备的(或有效的)前提下,公司的可比资产的市场公允价值才会等于或接近于我们所评价的目标公司的内在价值,在这样的条件下,我们计算出来公司的资产价值才能反映公司自身的内在价值。可比公司估值法能够反映市场中投资者对企业的看法,适用于股票市场较完善的市场环境中经营较为稳定的企业价值评估。

可比公司估值法的主要对比参数包括:市盈率(P/E)、市净率(P/B)、市销率(P/S)。

1. 市盈率估值方法。适用于周期性较弱、盈利能力相对稳定的行业。对于可比公司为已公开发行股票的上市企业,市盈率的计算简单,容易获取。但是,如果当投资项目当期收益为负数时,市盈率就失去了评价意义。

2. 市净率估值方法。适用于周期性较强的行业,即拥有大量固定资产并且账面价值相对稳定的行业和流动资产比例较高的行业,如银行、保险等行业。但是,如果投资项目属于重置成本变动较快,无形资产占比较多的行业,一般创业投资项目不应该选择使用市净率估值方法对投资项目进行价值评估。

3. 市销率估值方法。其对比参数是可比公司股票价格与销售收入的比值,然而各个行业对于确认销售收入的会计标准几乎是趋同的。所以,市销率估值法适用于可比公司属于各种时期、各类市场、各个行业的上市公司。同时,市销率不会因为投资项目的利润、净资产为负数而失去衡量的意义。尽管市销率的适用性十分广泛,但是它依旧存在着局限性。市销率估值法只能反映投资项目主营业务收入的增长状况,却无法反映投资项目实际的盈利能力。市销率估值法同样不能反映投资项目销售收入增加值中,有多少是因为增加债务成本和销售费用而实现的。市销率估值法的局限性还表现在无法反映投资项目的成本控制能力和盈利能力。

(三) 经济增加值(Economic Value Added,简称 EVA)

经济增加值是指一定时期内的企业税后经营净利润(NOPAT)与投入资本的资本成本之间的差额。按照经济增加值的定义,投资项目每年创造的经济增加值等于调整后的税后净营业利润与投资资本成本之间的差额,用公式表示为:

$$EVA = NOPAT - WACC \times IC$$

其中:IC——企业的投资资本总额,包括权益资本和债务资本;WACC——加权平均资本成本率。

经济增加值法更好地反映了投资项目的价值,弥补了现金流量折现法的不足,不受短期现金流的影响,可以衡量投资项目某个期间创造价值的能力。但是,经济增加值法只能比较相同规模投资项目创造价值的能力,并且调整过程复杂,大大限制了其在创业投资项目价值评估中的使用频率。

四、合理选择创业投资项目的估值方法

创业投资项目的显著特性是投资项目的整个生命周期内具有很大的不确定性,不同周期阶段的指标因素不同,尤其是种子期和初创期没有现金流和市场状况分析。传统的投资项目评级方法主要是财务评价,是基于可靠地估计项目未来现金流的发生时

间和发生数量,然而在创业投资项目中由于包含很大的不确定性,很难对未来现金流进行正确的估计,所以单纯地使用像投资回收期法、净现值法、内部收益率法等方法进行创业投资项目的选择评价都不适合。必须将定量与定性结合在一起进行评价,才能使评价结果更准确。

(一)对于不同生命周期的企业应采用不同的估值方法

一般来说,对于初创型企业的估值采用期权定价模型比较恰当。因为在初创期的企业风险非常高,专利等无形资产价值较高,而目前的经营现金流很低,没办法用现金流量折价法进行估值,这一阶段的创业投资相当于获取了一个未来获取风险收益的期权。创业投资资本家应该选择好估值方法,力求在一定误差范围内对企业进行估值。成长阶段的企业一般具有较为稳定增长的现金流,采用现金流折价进行企业价值评估较为合理。成熟期的企业一般有规模相近、业务相同的上市公司进行对标,采用市盈率法能比较直接对其进行估值。

(二)对于不同行业的企业应采用不同的估值方法

不同的行业采用的估值方法是不一样的。比如对于新兴技术行业中的企业,由于未来状况的高度不确定性,难以找到与评估标的具有很好的可比性的上市企业,因此,这一个行业中的企业估值不适宜使用市盈率法,在创业投资实务中,比较适宜采用现金流量法评估这一标的对象的价值。这种情况下,现金流量折现模型中折现率的确定往往是准确估值的关键,由于这类投资对象的未来不确定性较大,可以将以相似技术或相同业务的成熟企业的必要投资回报率加上一定的风险溢价作为折现率,使用现金流量折现模型就可以评估投资标的的价值。对于已经沦为传统的行业,可以采用市盈率法对比已经上市的公司,能更加快速地估算企业的价值。

(三)及时根据企业的经营状况调整估值

因为企业所处的宏观行业环境以及企业的未来发展战略一直在变化,必须随时对企业的估值进行修正,才能及时准确地得知企业的当前价值,有助于创业投资资本家及时作出准确的判断。创业投资资本家在投资时可以分阶段注入资金,一旦发现企业估值发生了重大变化,作出停止资产投入或者加大资金投入的判断,这样也可以降低投资风险,提高投资效率。

【能力训练】

1. 单项选择题

(1)(　　)通过评估目标公司退出时的股权价值,再基于目标回报倍数或收益率,倒推出目标公司的当前价值。

A. 创业投资估值法　　　　　　B. 账面价值法
C. 清算价值法　　　　　　　　D. 重置成本法

(2)用目标回报倍数或者收益率将目标公司退出时的股权价值折算为当前股权价

值,计算公式为( )。
A. 销售收入×市销率倍数
B. 退出时的股权价值/目标回报倍数
C. 退出时的股权价值/(1+目标收益率)
D. 退出时的股权价值/目标回报率

(3) 股权投资通常存在的问题有( )。
Ⅰ.信息不对称;Ⅱ.外部性较强;Ⅲ.财务投资人通常难以积极主动参与被投资企业管理;Ⅳ.决策不透明。
A. Ⅰ、Ⅱ、Ⅲ B. Ⅰ、Ⅲ、Ⅳ C. Ⅰ、Ⅱ、Ⅳ D. Ⅱ、Ⅲ、Ⅳ

(4) ( )是风险资本的最佳退出途径。
A. 公开上市   B. 风险企业并购
C. 风险企业家回购   D. 破产清算

(5) 风险企业的管理层收购(MBO)或通过建立一个员工持股基金(ESOT)来回购属于( )。
A. 公开上市   B. 风险企业并购
C. 风险企业家回购   D. 破产清算

(6) 风险投资的回收途径有( )。
A. 分红   B. 转让股份   C. 出售股票   D. 以上都是

(7) 关于天使投资,下列说法不正确的是( )。
A. 天使投资是一种外部资金
B. 投资程序简单
C. 不是权益投资
D. 还可以提供专业知识和社会资源方面的支持

(8) 通过创业计划来熟悉企业,了解它的目标,判断是否值得为其提供资金的是( )。
A. 创业者   B. 生产者   C. 投资者   D. 使用者

(9) 关于创业团队,下列说法正确的是( )。
A. 创业团队是由一群才能互补、责任共担、为实现共同目标而努力的人所组成的群体
B. 创业团队可以出现两个核心成员位置重复的情况
C. 创业团队人人平等,无需领导者
D. 创业团队的素质对创业活动影响不大

(10) 下列哪种投资评价方法最适用于高新技术企业的价值评估。( )
A. 成本法   B. 相对估价法   C. 收益法   D. 期权定价法

(11) 风险资本的转让对象可以是所投资创业型企业的创办人、管理者或员工,由他们出资购买风险资本所持有的股份,这种方式称为( )。
A. 出售   B. 股份回购   C. 一般并购   D. 第二期并购

(12) 关于价值评估的现金流量贴现法,下列说法不正确的是( )。

A. 实体现金流量＝股利现金流量＋债务现金流量

B. 股权现金流量只能用股权资本成本贴现来实现，实体现金流量只能用加权平均资本成本来贴现

C. 企业价值评估中，通常将预测的时间分为详细预测期和后续预测期

D. 在数据假设相同的情况下，三种现金流量贴现法的评估结果是相同的

(13) 创业投资项目选择中最基础的一环是（　　）。

A. 对商业计划书的初步筛选和重点审查

B. 访谈创业者

C. 尽职调查

D. 确立投资项目

(14) 投资项目筛选的过程不包括（　　）。

A. 初步筛选审查商业计划书　　　B. 访谈创业者

C. 尽职调查　　　　　　　　　　D. 进行资金投放

(15) 创业投资项目与传统投资项目评估的最大区别是（　　）。

A. 对管理水平的要求　　　　　　B. 产品和市场

C. 投资收益　　　　　　　　　　D. 技术水平

(16) 创业投资资本家进行创业投资的最终目的是（　　）。

A. 帮助中小企业融资

B. 帮助政府发展经济

C. 以最小的投入获得最高额的投资收益

D. 控制某些企业

(17) 创业投资资本家进行项目筛选首要考虑的因素是（　　）。

A. 企业发展阶段　　　　　　　　B. 企业融资规模

C. 地理位置　　　　　　　　　　D. 产业领域

(18) 影响创业企业的业绩最重要的因素是（　　）。

A. 融资规模　　　　　　　　　　B. 行业寿命周期

C. 管理水平　　　　　　　　　　D. 技术水平

(19) 尽职调查的方法不包括（　　）。

A. 与管理团队交流　　　　　　　B. 询问相关人员

C. 实地考察　　　　　　　　　　D. 对企业进行估值

(20) 在对企业整体价值进行评估时，目前广泛采用的方法是（　　）。

A. 成本法　　　　　　　　　　　B. 相对估值法

C. 收益法　　　　　　　　　　　D. 期权定价法

2．多项选择题

(1) 以下关于创业投资定义的说法正确的是（　　）。

A. 投资对象主要是新兴创业企业尤其是高科技创业企业

B. 通过资本经营服务对所投资企业进行培育和辅导

C. 在企业发育成长到相对成熟后退出投资,以便于一方面实现自身的资本增值,另一方面能够进行新一轮创业投资

D. 仅仅提供资本金支持,并不参与企业经营管理

(2) 创业投资的特征主要包括(　　)。

A. 高风险、高成长性、高预期回报

B. 风险投资属于长期性、权益类资本

C. 分段投资、复合式投资工具、合同制约

D. 参与管理和激励机制

(3) 传统的标准的对企业价值的评价方法包括(　　)。

A. 成本法　　　　　　　　　　B. 相对估价法

C. 收益法　　　　　　　　　　D. 期权定价法

(4) 创业资本从一个创业型企业退出可以同时通过多种方式来实现。在美国,创业投资退出机制主要包括以下哪些方式(　　)。

A. 公开上市　　　　　　　　　B. 企业购并

C. 创业企业回购　　　　　　　D. 破产清算

(5) 下列关于相对价值模型表述不正确的有(　　)。

A. 在影响市盈率的三个因素中,关键是增长潜力

B. 市盈率模型最适合连续盈利,并且 β 值接近于0的企业

C. 驱动市净率的因素中,增长率是关键因素

D. 在收入乘数的驱动因素中,关键是销售净利率

(6) 下列关于企业价值评估的模型的说法中,不正确的有(　　)。

A. 现金流量贴现法的基本思想是增量现金流量原则和时间价值原则

B. 预测期和后续期的划分是财务管理人员主观确定的

C. 股权现金流量和实体现金流量可以使用相同的贴现率贴现

D. 相对价值模型用一些基本的财务比率评估目标企业的内在价值

(7) 关于企业价值的类别,下列说法正确的有(　　)。

A. 企业实体价值是股权价值和净债务价值之和

B. 一个企业持续经营的基本条件是其持续经营价值超过清算价值

C. 控股权价值是现有管理和战略条件下企业能够给股票投资人带来的现金流量的现值

D. 控股权价值和少数股权价值差额称为控股权溢价,它是由于转变控股权而增加的价值

(8) 在创业投资项目选择上,通常要考虑以下(　　)方面。

A. 企业所掌握的技术　　　　　B. 产业和市场

C. 管理水平　　　　　　　　　D. 预期投资回报

(9) 创业投资项目选择的特殊标准包括(　　)。

A. 产业领域　　　　　　　　　B. 发展阶段

  C. 融资规模   D. 地理区位

（10）对于盈利较低甚至亏损的企业，无法直接运用传统的市盈率确定企业价值，必须采用修正的指标和方法。在各国对创业企业价值评估实践中，（　　）和（　　）是较实用的评估方法。

  A. 市盈率估价法   B. 价格/销售收入估价法
  C. 动态市盈率估价法   D. 贴现现金流量法

3. 判断题

（1）创业投资就是向高科技创业企业投资。（　　）

（2）创业资本和其他金融投资不同，它是一种权益资本，而不是借贷资本。它追求的是最终的资本利得，而不仅是股息收入或利息。（　　）

（3）一般来说，创业资本家会采取较为保守的方法估计企业的赢利，而创业者则恰恰相反，他们希望尽可能高估企业的价值，以便在获得等额资本的同时尽可能少给投资者股权份额。（　　）

（4）并购这种退出方式对风险资本家有利，而对于风险企业的管理层来说就不太受欢迎，因为企业被大公司收购会失去其独立性。（　　）

（5）管理者收购的对象的上级或股东有意愿出让是收购的先决条件，而成为管理者收购的对象的企业一定是经营差的企业。（　　）

（6）创业投资资本在选择创业投资项目过程中会采用一定的标准，但并不是说投资项目要符合所有标准。因此，评估标准并没有固定的模式，也没有固定的数值比例要求，在决定取舍时主要依据创业投资资本家的主观判断。（　　）

（7）创业投资的目的是占有创业企业，而不是获得投资收益。（　　）

（8）创业投资资本家在创业企业中扮演的角色是战略投资人，而非财务投资者。（　　）

（9）股份回购能够使创业企业可以被完整地保存下来，不存在股份与资产的对外出售。（　　）

（10）并购资本专注于成熟企业进行并购，谋求掌握企业的控制权。（　　）

【网络资源与阅读书目】

[1] 贺树云. 科技风险投资项目评估的指标体系研究. 中国科技产业，2000(5)

[2] 李守彩. 私募股权投资对高新技术企业成长性影响的实证研究[学位论文]. 山东大学，2014

[3] 吴思莹. 创业企业或 PE 基金选择投资项目要考虑的主要因素. 经营管理者，2012(15)

[4] 邓文芳. 创业投资项目筛选方案研究[学位论文]. 湖南大学，2018

[5] 李晓记. 创业投资项目的价值评估研究[学位论文]. 西南财经大学，2010

[6] 李诗颖. 创业投资项目选择及评价研究[学位论文]. 湖南科技大学，2017

[7] 庞跃华. 创业投资的制度研究[学位论文]. 湖南大学，2011

[8] 孙巧悦. 私募股权投资的项目评估研究[学位论文]. 东南大学，2017

[9] Wells W A. Venture Capital Decision Making, Unpubliashed Doctoral Disscrtation. Carnegie-Mellon Uni. ,2005(1)

[10] Tyebjee T T, Bruno A V. A Model of Venture Capitalist Investment Activity. Lji. Management Science,1984(9)

[11] Macmillan R. Siegel and Narasimha P. Criteria Used by Venture Capitalists to Evaluate New Venture Proposals. Journal of Business Venturing,1985(1)

[12] Jagedeed Singh Bacher. Decision Making Used by Canadian Equity Investors to Evaluate Early Stage Technology Based Companies. A Thesis to Waterloo,Ontario, 2000(6)

[13] Graham Boocock,Margret Woods. The Evaluation Criteria Used by Venture Capitalists:Evidence From A UK Venture Fund. International Small Business Journal, 1997(4)

[14] Muzyka D, Birley S, Leleux B. Trade-off in The Investment Decision of European Venture Capitalists. Journal of Business Venturing, 2003(11)

[15] Rah J, Jung K, Lee J. Validation of The Venture Evaluation Model in Korea. Journal of Business Venturing,2004(6)

[16] Ray D M, Turpin D V. Venture Capital in Japan. International Small Business Journal,2003(4)

第十三章 投资项目评估的计算机应用

【学习要点】 本章主要介绍了如何利用 Microsoft Excel(2007)进行投资项目评估的财务与经济分析的计算,包括运用 Excel 进行项目评估的基本形式、常用函数、项目评估的过程和输出、计算机分析与手工处理的结合等。通过函数介绍与案例分析相结合的方法,更直观地向读者展示了 Excel 强大的计算功能。

【学习重点与难点】 本章学习的重点是将前述的各种方法利用计算机提供的 Excel 表格进行熟练运算,关键在于如何熟练掌握各种相关函数的语法和具体操作。难点是实践的经验和熟练程度,希望读者在学习中加强实践操作和运用。

【基本概念】 货币时间价值函数　投资项目评价函数

第一节　运用 Microsoft Excel 工具包进行项目经济评估的基本形式

Microsoft Excel 是微软公司出品的 Office 系列办公软件中的一个组件,可以用来制作电子表格、完成许多复杂的数据运算,进行数据的分析和预测,并且具有强大的制作图表的功能。它还可以创建和使用宏,帮助用户完成商业、科学和工程项目等任务。Microsoft Excel 在投资项目评估中发挥着越来越重要的作用。本节将介绍运用 Excel 进行投资项目评估的基本形式和具体操作。

一、基础知识

（一）单元格的基本操作

1. 选取单元格

在输入数据或单元格时,必须选取所要进行操作的某个单元格或某个范围的所有单元格,我们分别称为选取单元格和单元格范围。当某一个单元格被选取时,其四周边框将会显示一圈粗线条,而对应位置的行列坐标将突出显示出来,此时我们称此单元格为活动单元格。

（1）选取单个活动单元格

Excel 启动以后首先自动选取第一个单元格,用户只需将鼠标移至所需选取的单元格上单击左键或者使用键盘,即可将该单元格选为活动单元格。Excel 在工作表内光标是空心十字光标;在编辑时是竖条编辑光标,要进入其他区域时是箭头光标。

（2）选取连续活动单元格

首先，用鼠标单击选取范围的起始点。然后，按住鼠标左键不放，拖动鼠标至终点位置，松开鼠标左键即可。如果所选区域超过一个屏显示，则按住【Shift】键，然后移动滚动条至所需位置，直接在该位置单击鼠标左键即可。

图 13－1　连续单元格的选取

（3）选取间断单元格

● 间断单元格的选取

先选取一个单元格，然后按住【Ctrl】键，再依次选择其他单元格。

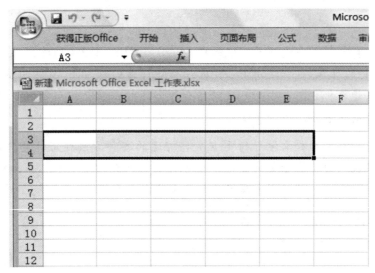

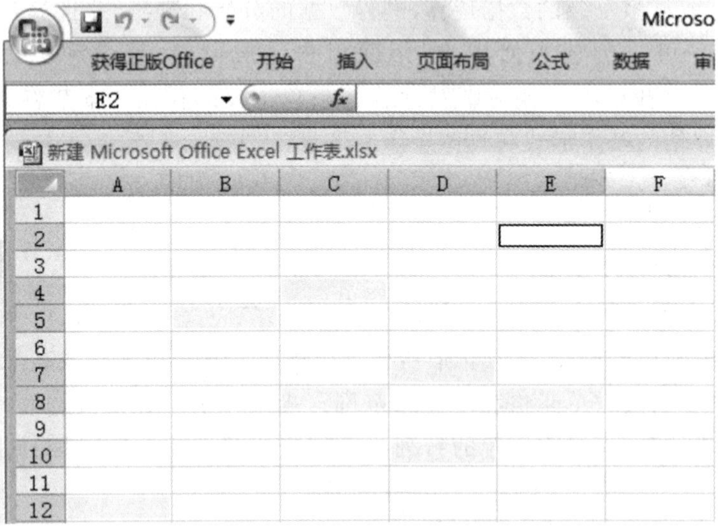

图 13－2　间断单元格的选取

● 间断单元格范围的选取

例如，选取第一个单元格范围为 A1～C4 后松开鼠标左键，此时按住【Ctrl】键，再用鼠标拖拉的方式选取第二个单元格范围为 D6～E9，便可选取多个连续的单元格范围。

图 13-3　间断单元格范围的选取

（4）整行（列）及工作表的选取

用鼠标单击行号，则选定该行（列）；用鼠标在行（列）号上拖动，则选择连续多行（列）；按住【Ctrl】键再用鼠标单击不同的行（列）号，则选定不连续的行（列）。

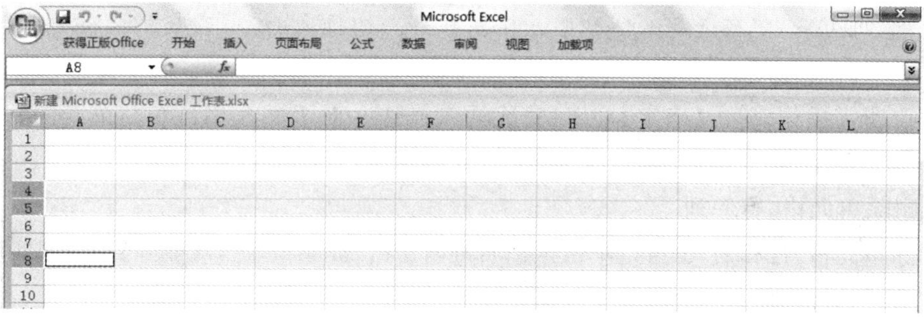

图 13-4　非连续行的选取

对整个工作表进行选定，首先将鼠标指针移到工作表左上角行号和列号交叉处的空白格（称为全选按钮），单击"全选"按钮，整个工作表立即呈黑白反相显示，表明整个工作表已经被选定。

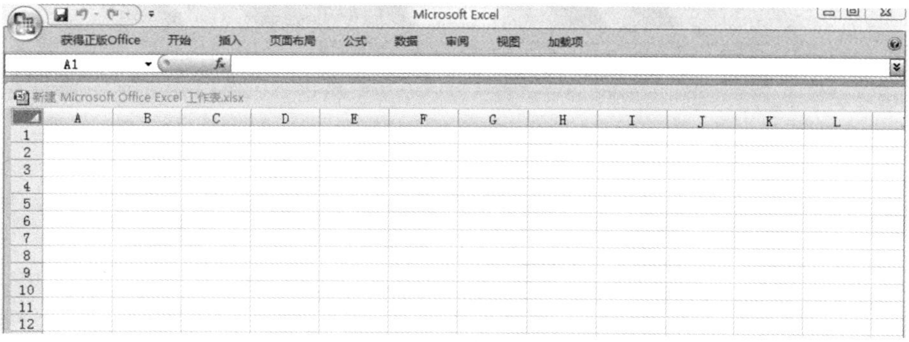

图 13-5　整个工作表的选取

2. 移动单元格

用户可以利用鼠标或者键盘移动屏幕上显示的某个单元格,也可以移动屏幕上看不见的某个单元格;可以滚动工作表查看其中的数据,也可以移动到工作簿中的其他工作表中。由于 Excel 中用户所进行的各种操作都是针对活动单元格的,所以在数据输入之前必须首先将单元格变为当前活动单元格。

3. 插入、删除单元格

● 插入单元格、行或列

首先,选定要插入位置附近的单元格,使之成为活动单元格。然后,右键单击,选择【插入】,会出现【插入】对话框。

对话框中,有如下选项:

a. 活动单元格右移(I)——在选定的活动单元格左边插入一空白单元格,活动单元格及同行后面的数据自动右移一格;

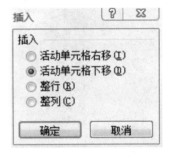

图 13-6 【插入】对话框

b. 活动单元格下移(D)——在选定的活动单元格上面插入一空白单元格,活动单元格及同列下面的数据自动下移一格;

c. 整行(R)——在选定的活动单元格所在行上面插入一空白行,后面的行自动下移一行;

d. 整列(C)——在选定的活动单元格所在列左边插入一空白列,后面的列自动右移一列。

选取所需操作,单击【确定】按钮,完成插入操作。对于插入整行和整列,还可以通过选择【开始】菜单中的【插入】命令来完成。

● 删除单元格、行和列

删除单元格、行和列,也可以单击鼠标右键,打开快捷菜单,选择【删除】命令来实现。

4. 冻结窗格

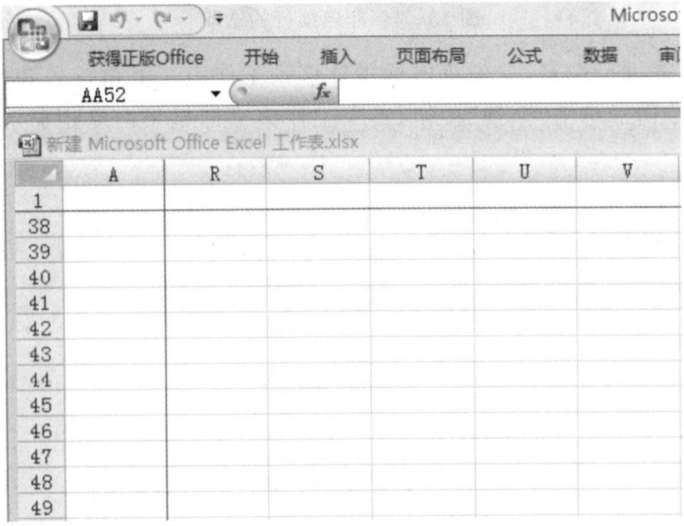

图 13-7 冻结窗格

如果需要处理的数据比较多,我们会用到冻结窗格的功能。单击工具栏中的【视图】,选择【冻结窗格】,会出现以下三个选项:

a. 冻结拆分窗格(F)——滚动工作表其余部分时,保持行和列可见(基于当前的选择);

b. 冻结首行(R)——滚动工作表其余部分时,保持首行可见;

c. 冻结首列(C)——滚动工作表其余部分时,保持首列可见。

例如,我们基于B1活动单元格,选择【冻结拆分窗格】,我们滚动工作表时,第一行与第一列是固定的。

(二)数据输入

1. 输入内容

用户可以在活动单元格或单元格范围内输入两种类型的数据:常数和公式。

常数可以是字符、数字以及日期和时间等。在默认状态下,所有输入的字符型数据在单元格内都左对齐。如果要在一个单元格内输入多行字符,可按【Alt】+【Enter】键换行。数值型、日期或时间数据在单元格内是右对齐。

公式则基于用户输入的值进行计算,可以包含数字、运算符、单元格地址和函数。先输入一个"="号,表示公式开始,再输入数字和运算符等公式内容,公式的内容将在编辑栏显示,而单元格显示的是公式的计算结果。

2. 输入方法

Excel中数据可以采用手工输入、自动生成、外部导入三种方式。

- 手工输入,双击单元格或者按F2,在当前单元格中输入所需数据。
- 自动生成,有规律的数据可以利用Excel中的填充命令自动生成。
- 外部导入,可以导入不同来源、不同格式的多种数据文件。

其中,从网络中导入数据,可以采取以下两种方法:

方法一,在浏览页面中用鼠标选中所需数据,单击鼠标右键,执行"复制"或者按"Ctrl+C",然后在Excel工作表中选取一个或一组单元格,执行"粘贴"或者按"Ctrl+V"即可。

方法二,在浏览页面所需表格处右击,在快捷菜单中执行"导出到Microsoft Excel"命令,则会自动生成一个Excel工作簿。

(三)数据编辑

1. 单元格数据的修改

在单元格内修改数据:可在工作表中双击要修改的单元格,然后移动插入指针修改数据,按【Enter】键结束修改操作。

2. 单元格数据的删除

在表格中选取要删除的数据范围,然后按【Del】键或使用鼠标的右键快捷菜单内的【清除内容】命令选项,完成数据的删除。

3. 单元格数据的移动

使用常用工具栏上的命令按钮选项或用鼠标可以完成数据移动操作。

4. 单元格数据的复制

使用常用工具栏上的命令按钮选项或用鼠标可以完成数据复制操作。

在复制过程中需要注意的是,如果原内容为数字、文字则原样复制;如果原内容为公式,则复制公式,而公式中的参数值将根据新位置相对于原位置的位移自动修改。复制完成后,在被复制区仍有一个虚框,去掉虚框,只需按下【Esc】键即可。

(四)函数的使用

1. 运算符和常用函数

(1)在 Excel 的公式中,运算符可以分为以下类型:

- 算术运算符:用于完成基本的数学运算,如加、减、乘、除等;
- 比较运算符:用于比较两个数值,并产生逻辑结果值 True(真)或 False(假);
- 文本运算符:用于将一个或多个文本链接为一个组合文本;
- 日期运算符:用于计算两个时间之间的间隔;
- 引用运算符:用于将单元格区域合并计算。

(2)Excel 常用函数,如下表:

表 13-1　Excel 常用函数

函数类别	示　例
逻辑函数	IF(判断)、NOT(非)、OR(或)、AND(与)、TRUE(真)、FAlSE(假)
数学函数	POWER(乘幂)、SQRT(开方)、LOG(对数)、FACT(阶乘)
统计函数	VAR(方差)、BINOMDIST(二项式分布概率)、EXPONDIST(指数分布)
金融函数	FV(现值)、NPV(净现值)、IRR(内部收益率)

2. 单元格地址与引用

(1)单元格地址

在公式中,数据的引用是以单元格地址来表示的,单元格的地址可分为相对地址、绝对地址和混合地址三类。

表 13-2　单元格地址

类别	含　义
相对地址	最常用的地址形式,表示某一个单元格相对于当前单元格的相对位置
绝对地址	单元格在工作表中的绝对位置。在相对地址前加上"$"符号就是绝对地址
混合地址	以上两种地址的混合

(2)单元格引用

表 13-3　单元格引用

类别	含　义
相对引用	引用一个或多个相对地址的单元格; 引用样式是用字母表示列,用数字表示行; 例如:A1

续表

类　别	含　　义
绝对引用	引用一个或几个特定位置的单元格； 引用样式为在相对引用的列字母前，与行数字前分别加一个美元符"＄"； 例如：＄A＄1
混合引用	以上两种引用的混合； 例如：A＄1

绝对引用和相对引用的主要区别是，当复制使用相对引用的公式时，被粘贴的引用将被更新，并指向与前面公式位置相对应的其他单元格。相反，在复制使用绝对引用的公式时，引用不发生改变。具体情况举例说明：① 相对引用，复制公式时地址跟着发生变化，如 C1 单元格有公式：＝A1＋B1；当将公式复制到 C2 单元格时变为：＝A2＋B2；当将公式复制到 D1 单元格时变为：＝B1＋C1。② 绝对引用，复制公式时地址不会跟着发生变化，如 C1 单元格有公式：＝＄A＄1＋＄B＄1；当将公式复制到 C2 单元格时仍为：＝＄A＄1＋＄B＄1；当将公式复制到 D1 单元格时仍为：＝＄A＄1＋＄B＄1。

二、Excel 工作簿的基本操作

（一）新建工作簿

新建 Excel 工作簿可以采取如下两种方式：

一种是使用默认空白工作表为基础工作表，进入 Excel 后，在屏幕上显示的工作表即为新建立的工作簿。如果想在所进行的工作簿当中再建立一个新的工作簿，则需要移动鼠标指针到【Office 按钮】，然后单击上面的【新建】命令按钮即可，系统将显示出 Excel 的模板选择对话框，用户可以选择自己所需要建立文件的模板名称。

图 13－8　新建工作簿

第二种方法，可以在将要创建工作表的区域右键单击，选择【新建】，然后选择【新建 Microsoft Excel 工作表】即可。

（二）打开工作簿

使用以前的数据文件，可以将鼠标指针移动至菜单栏，单击【Office 按钮】中的【打开】

命令选项,在出现的【打开】对话框中选取自己所需要的文件名称,单击【打开】按钮即可。

(三) 编辑工作簿

在新建或已打开的工作簿中进行编辑,主要有数据编辑、数据复制、数据移动、数据删除等,具体操作参考单元格数据的编辑。

(四) 保存工作簿

1. 常规保存方式

常规的保存方式,一般情况下,分为菜单和命令按钮两种方式。

采用菜单方式时,将鼠标指针移至菜单栏,单击其【Office 按钮】中的【保存】菜单项,在出现的对话框中选取所需的文件名称,在该对话框的文件名称处输入要保存文件的名字,然后选择【保存】命令按钮即可。

采用命令按钮方式保存文件,用户可随时对文件进行保存。移动鼠标指针至常用工具栏,单击【保存】命令按钮,系统将会把文件保存在原来的位置,用户可按上述方法对文件进行保存。

2. 以口令方式保存

当需要对文件进行口令设置时,单击菜单栏上的【Office 按钮】中的【另存为】命令选项,单击【工具】按钮,然后选择【常规选项】菜单选项。用户可以进行打开权限密码和修改权限密码的设置。

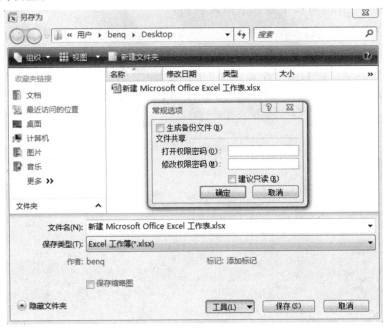

图 13-9 工作簿的保存

第二节 Microsoft Excel 工具包中用于建设项目评估的常用函数

Microsoft Excel 具有直观形象的用户界面和强大的计算功能,包含了丰富的计算函数和辅助工具,有利于使用者更好地进行金融模型的计算和应用。本节将讨论 Excel 用于项目评估的相关常用函数。

一、货币的时间价值函数

货币的时间价值(TVM)是资金在经济活动中产生的价值增值,是一切项目评估的重要基础。下面将分别介绍 Excel 中有关现值、终值、年金、利率、期数等货币的时间价值函数的语法和具体应用,其中相关参数如下:

rate——各期利率,是一固定值。

nper——总投资(或贷款)期,即该项投资(或贷款)的付款期总数。rate 与 nper 要保持一致性。

pmt——各期收支金额。通常 pmt 包括本金和利息,但不包括其他费用和税款,在计算一笔固定金额货币的终值和现值时该参数取值为 0。

pv——现值或本金,即从该项投资(或贷款)开始计算时已经入账的款项或一系列未来付款当前值的累计和。如果省略 pv,则假设其值为零。

fv——终值,或在最后一次支付后希望得到的现金余额,如果省略 fv,则假设其值为零(一笔贷款的未来值即为零)。

type——数字 0 或 1(0 为期末,1 为期初),为收支时间类型。如果省略 type,则假设其值为零,支付时间是在期末。

(一) 终值和现值

1. 函数

(1) 终值函数 FV()

用途:基于固定利率及等额分期付款方式,返回某项投资的未来值。

语法:FV(rate, nper, pmt, pv, type)

(2) 现值函数 PV()

用途:返回投资的现值,现值为一系列未来付款当前值的累计和。

语法:PV(rate, nper, pmt, fv, type)

由于 Excel 内部设置了一个现值和终值之间的关系式,在同一计算过程中使用以上函数时出现的终值和现值的符号是相反的;可在输入参数值时添加负号,以免混淆。

2. 应用

以终值函数的应用为例,同理可得现值函数的应用。关于函数的应用主要有两种方法:一是使用 Excel 中的函数使用向导来进行计算;二是可以直接在单元格中输入相应的函数。

【例 1】 本金 1 000 元,年利率 5%,计算 10 年后终值。

FV(5%,10,−1 000)=¥1 628.89

方法一:使用函数向导。

在 B6 单元格中输入"="后,然后点击 ![fx] 按钮,会出现图 13-10 的对话框

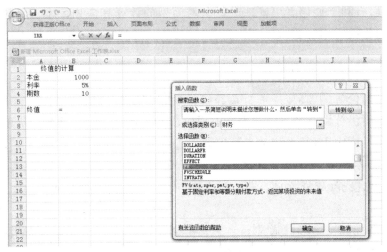

图 13-10　终值的计算(方法一)

单击【确定】后，会出现图 13-11。

图 13-11　终值的计算(方法一)

单击【确定】，我们就会得出结果。

方法二：直接在单元格中输入终值公式，如图 13-12。

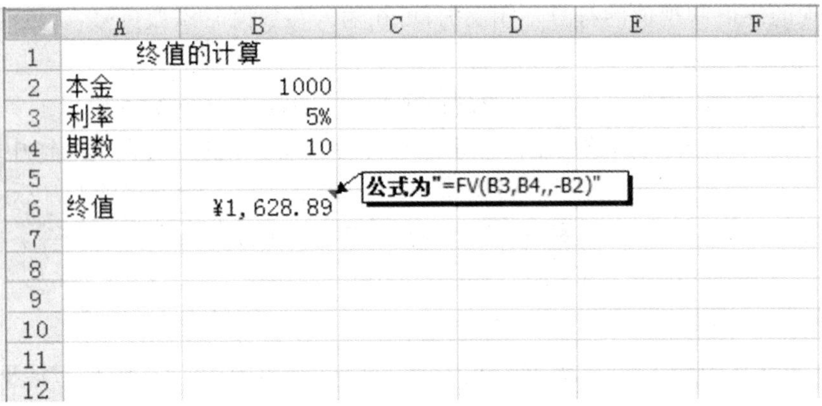

图 13-12　终值的计算(方法二)

在实际应用中，第二种方法具有简便快捷的优点，因此我们主要介绍第二种使用函数的方法，本章后面的例题我们都采用第二种直接在单元格中输入函数的方法。

【例 2】 年初将 1 000 元以年利率 0.5%存入储蓄存款账户中，并在以后十二个月的每月初存入 200 元，计算一年后该账户的余额。

FV(0.5%，12，−200，−1 000，1)＝¥3 541.13

新建 Microsoft Office Excel 工作表.xlsx

	A	B	C	D	E	F
1	终值的计算					
2	当期期初存入	1000				
3	每期期初存入	200				
4	利率	0.50%				
5	期数	12				
6						
7	终值	¥3,541.13	公式："=FV(B4,B5,-B3,-B2,1)"			
8						
9						
10						
11						
12						

图 13－13 终值的计算(方法二)

另外还可以进行多重现金流量的终值计算。

【例 3】 从当前开始的三年内，每年年初存入 200 元、500 元、800 元，年利率为 5%，计算三年后全部现金流量的终值。

TFV＝FV(5%，3，－200，1)＋FV(5%，2，－500，1)＋FV(5%，1，－800，1)＝¥1 622.78

新建 Microsoft Office Excel 工作表.xlsx

	A	B	C	D	E	F	G	H
1		多重现金流量的终值						
2	利率	5%						
3	时间线	1	2	3				
4	本金	200	500	800				
5	期数	3	2	1				
6	终值	¥231.53	¥551.25	¥840.00	→	公式"=FV(B2,D5,,-D4,1)		
7					→	公式"=FV(B2,C5,,-C4,1)		
8					→	公式"=FV(B2,B5,,-B4,1)		
9	总终值	¥1,622.78			→	公式"=SUM(B6+C6+D6)		
10								

图 13－14 多重现金流量的终值计算

(二) 利率和期数

1. 函数

(1) 期数函数 NPER()

用途：基于固定利率及等额分期付款方式，用于计算返回某项投资(或贷款)的总期数。

语法：NPER(rate, pmt, pv, fv, type)

参数中，pmt 为每期发生的现金流量，在整个年金期间保持不变。

(2) 利率函数 RATE()

用途：计算年金的各期利率。

语法：RATE(nper, pmt, pv, fv, type, guess)

参数中，pmt 为每期发生的现金流量，在整个年金期间保持不变。函数 RATE 通过迭代法计算得出，并且可能无解或有多个解。如果在进行 20 次迭代计算后，函数 RATE 的相邻两次结果没有收敛于 0.000 000 1，函数 RATE 返回错误值 #NUM!。此时，可以用 guess 参数（预期利率估计值）重新计算，其中 guess 的默认值为 10%。通常当 guess 位于 0 和 1 之间时，函数 RATE()是收敛的。

(3) 实际利率函数 EFFECT()

用途：利用给定的名义年利率和一年中的复利期次，计算实际年利率。

语法：EFFECT(nominal_rate, npery)

参数中，nominal_rate 为名义利率，npery 为每年的计息次数。

(4) 名义利率函数 NOMINAL()

用途：基于给定的实际利率和年复利期数，返回名义年利率。

语法：NOMINAL(effect_rate, npery)

参数中，effect_rate 为实际利率，npery 为每年的计息次数。

2. 应用

【例 1】 金额为 10 000 元的贷款，年利率为 10%，每年年末支付金额为 2 637 元，计算需要多少年支付完。

NPER(10%,2 637,－10 000)＝5(年)

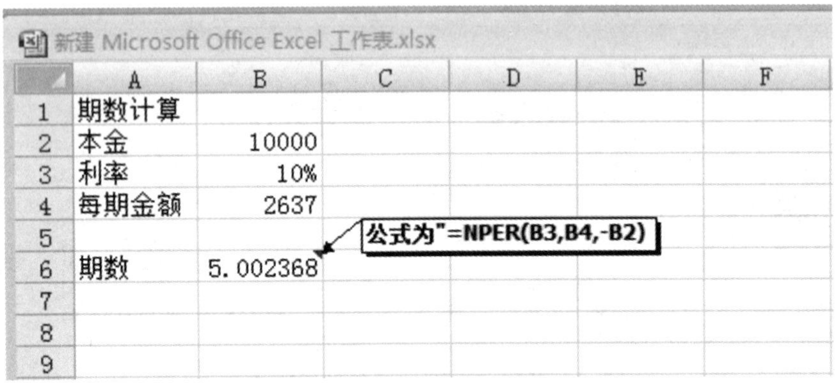

新建 Microsoft Office Excel 工作表.xlsx

	A	B	C	D	E	F
1	期数计算					
2	本金	10000				
3	利率	10%				
4	每期金额	2637				
5			公式为"=NPER(B3,B4,-B2)			
6	期数	5.002368				
7						
8						
9						

图 13－15 期数计算

【例 2】 金额为 80 000 的 5 年期贷款，月支付额为 1 500 元，计算该笔贷款的利率。

RATE(60,－1 500,80 000)＝0.39%

因为按月计息，故结果为月利率，年利率为 0.39%×12，等于 4.68%。

	A	B	C	D	E	F
1	利率计算					
2	本金	80000				
3	期数	60				
4	每期金额	1500				
5						
6	利率	0.39%	←公式为"=RATE(B3,-B4,B2)			
7						
8						
9						
10						

图 13－16　利率计算

【例 3】 已知名义年利率为 10%，计算年、季度、月的实际利率。

EFFECT(10%,1)＝10%

EFFECT(10%,4)＝10.38%

EFFECT(10%,12)＝10.47%

新建 Microsoft Office Excel 工作表.xlsx

	A	B	C	D	E	F	G
1	利率换算						
2	名义利率	10%					
3							
4	计息期	计息次数	实际利率				
5	年	1	10.00%	——→	公式为"=EFFECT(B2,B5)"		
6	季度	4	10.38%	——→	公式为"=EFFECT(B2,B6)"		
7	月份	12	10.47%	——→	公式为"=EFFECT(B2,B7)"		
8							
9							
10							

图 13－17　利率换算

（三）年金

1. 函数

（1）年金函数 PMT()

用途：计算年金每期现金流量；基于固定利率及等额分期付款方式，返回投资或贷款的每期付款额，即年金。

语法：PMT(rate, nper, pv, fv, type)

（2）各期本金函数 PPMT()

用途：基于固定利率及等额分期付款方式，用于计算返回投资或贷款的每期现金流量中的本金部分。

语法：PPMT(rate, per, nper, pv, fv, type)

参数中，per 为要计算利息的期数，且在 1 到 nper 之间。

（3）各期利息函数 IPMT()

用途：基于固定利率及等额分期付款方式，用于计算返回投资或贷款的每期现金流量中的利息部分。

语法：IPMT(rate，per，nper，pv，fv，type)

参数中，per 为要计算利息的期数，且在 1 到 nper 之间。

(4) 累计本金函数 CUMPRINC()

用途：计算年金在给定的 start-period 到 end-period 期间累计偿还的本金数额。

语法：CUMPRINC(rate，nper，pv，start_period，end_period，type)

此函数参数中，start_period 为计算中的首期(付款期数从 1 开始计数)，end_period 为计算中的末期，它们必须介于 1 和 nper 之间且 start_period≥end_period；type 为付款时间类型(0 为期末付款，1 为期初付款)；pv 必须为正，且返回的结果为负。

(5) 累计利息函数 CUMIPMT()

用途：计算年金在给定的 start-period 到 end-period 期间累计偿还的利息数额。

语法：CUMIPMT(rate，nper，pv，start_period，end_period，type)

此函数参数中，start_period 为计算中的首期(付款期数从 1 开始计数)，end_period 为计算中的末期，它们必须介于 1 和 nper 之间且 start_period≥end_period；type 为付款时间类型(0 为期末付款，1 为期初付款)；pv 必须为正，且返回的结果为负。

(6) 特定投资期内利息 ISPMT()

用途：计算特定投资期内要支付的利息。

语法：ISPMT(rate，per，nper，pv)

参数中，per 为要计算利息的期数，且在 1 到 nper 之间。

2. 各函数的关系

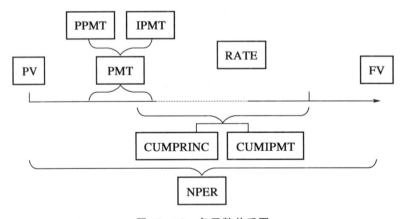

图 13-18　各函数关系图

以 PV()函数、FV()函数、RATE()函数、NPER()函数为基本要素，用时间线表示各函数，则它们之间的关系如图 13-18。当对应完全相同的参数时，有如下关系：

- IPMT()函数与 PPMT()函数之和等于 PMT()函数；
- CUMIPMT()函数等于 IPMT()函数的累加；
- CUMPRINC()函数等于 PPMT()函数的累加；
- CUMIPMT()函数与 CUMPRINC()函数之和等于对应计息期内 PMT()函数的累加。

3. 应用

【例】 五年期,本金为 10 000 元,年利率为 10%的银行贷款,计算终值、各期本金和利息。

	A	B	C	D	E	F	G
1	年金计算						
2	本金	10000		终值	¥16,105.10		
3	利率	10%					
4	期数	5					
5							
6	PERD	1	2	3	4	5	Σ
7	PMT	¥2,637.97	¥2,637.97	¥2,637.97	¥2,637.97	¥2,637.97	
8	PPMT	¥1,637.97	¥1,801.77	¥1,981.95	¥2,180.14	¥2,398.16	¥10,000.00
9	IPMT	¥1,000.00	¥836.20	¥656.03	¥457.83	¥239.82	¥3,189.87
10	CUMPRINC	¥1,637.97	¥3,439.75	¥5,421.70	¥7,601.84	¥10,000.00	
11	CUMIPMT	¥1,000.00	¥1,836.20	¥2,492.23	¥2,950.06	¥3,189.87	
12	ISPMT	¥800.00	¥600.00	¥400.00	¥200.00	¥0.00	

图 13-19　终值、本金和利息的计算

从图 13-19 可以看出,CUMPRINC()函数期数为 5 的值等于 PPMT()函数 5 期的累计值;CUMIPMT()函数期数为 5 的值等于 IPMT()函数 5 期的累计值。

二、投资项目评价指标

投资项目评价指标在一定程度上反映了项目的经济效果,下面介绍 Excel 中主要的评价指标函数和辅助性函数。

(一) 折旧

1. 函数

(1) 直线折旧函数 SLN()

用途:返回一项固定资产的每期线形折旧费。

语法:SLN(cost, salvage, life)

参数:cost 为资产原值,salvage 为资产在折旧期末的价值(资产残值),life 为折旧期限(资产的生命周期)。

(2) 固定余额递减法折旧函数 DB()

用途:使用固定余额递减法,计算一笔资产在给定期间内的折旧值。

语法:DB(cost, salvage, life, period, month)

参数:cost 为资产原值,salvage 为资产在折旧期末的价值(资产残值),life 为折旧期限(资产的使用寿命),period 为需要计算折旧值的期间。period 必须使用与 life 相同的单位,month 为第一年的月份数(若省略则假设为 12)。

(3) 双倍余额递减法函数 DDB()

用途:使用双倍余额递减法,计算一笔资产在给定期间内的折旧值。

语法:DDB(cost, salvage, life, period, factor)

参数:cost 为资产原值,salvage 为资产在折旧期末的价值(资产残值),life 为折旧期限(资产的生命周期),period 为需要计算折旧值的期间。period 必须使用与 life 相同的单位，factor 为余额递减速率（折旧因子）。如果 factor 被省略，则假设为 2（双倍余额递减法）。这五个参数都必须为正数。

（4）年限总和折旧法函数 SYD()

用途：返回某项资产按年限总和折旧法计算的每期折旧。

语法：SYD(cost，salvage，life，per)

参数：cost 为资产原值，salvage 为资产在折旧期末的价值（资产残值），life 为折旧期限（资产的生命周期），per 为期间，其单位与 life 相同。

（5）可变余额递减折旧函数 VDB()

用途：使用双倍余额递减法或其他指定的方法，返回指定的任何期间内（包括部分期间）的累计资产折旧值。

语法：VDB(cost，salvage，life，start_period，end_period，factor，no_switch)

参数：cost 为资产原值，salvage 为资产在折旧期末的价值（资产残值），life 为折旧期限（资产的使用寿命），start_period 为进行折旧计算的起始期间，end_period 为进行折旧计算的截止期间。start_period、end_period 必须与 life 单位相同。factor 为余额递减速率（折旧因子）。如果 factor 被省略，则假设为 2（双倍余额递减法）。no_switch 为一逻辑值，指定当折旧值大于余额递减计算值时，是否转用直线折旧法。如果 no_switch 为 TRUE，即使折旧值大于余额递减计算值也不转用直线折旧法；如果 no_switch 为 FALSE 或被忽略，且折旧值大于余额递减计算值时，将转用线性折旧法。

2. 应用

【例】 某企业购买一台新机器，价值 500 万元，使用期限 8 年，残值 20 万元。分别用直线折旧法、固定余额递减法、双倍余额递减法、年限总和法、可变余额递减折旧法计算各期的折旧，并作出各折旧法折旧额比较图。

折旧.xlsx

	A	B	C	D	E	F	G	H	I	J
1	折旧计算									
2	资产原值	500								
3	期末残值	20								
4	使用年限	8								
5										
6	年份	1	2	3	4	5	6	7	8	总计
7	方法									
8	直线折旧法	¥60.00	¥60.00	¥60.00	¥60.00	¥60.00	¥60.00	¥60.00	¥60.00	¥480.00
9		→	公式为"=SLN(B2, B3, B4)							
10	固定余额递减法	¥165.50	¥110.72	¥74.07	¥49.55	¥33.15	¥22.18	¥14.84	¥9.93	¥479.94
11		→	公式为"=DB(B2, B3, B4, B6)							
12	双倍余额递减法	¥125.00	¥93.75	¥70.31	¥52.73	¥39.55	¥29.66	¥22.25	¥16.69	¥449.94
13		→	公式为"=DDB(B2, B3, B4, B6)							
14	年限总和法	¥106.67	¥93.33	¥80.00	¥66.67	¥53.33	¥40.00	¥26.67	¥13.33	¥480.00
15		→	公式为"=SYD(B2, B3, B4, B6)							
16	可变余额递减折旧法	¥125.00	¥93.75	¥70.31	¥52.73	¥39.55	¥29.66	¥22.25	¥16.69	¥449.94
17	(no_swith=true)		→	公式为"=VDBB2, B3, B4, B6, C6, 2, TURE)						
18	可变余额递减折旧法	¥125.00	¥93.75	¥70.31	¥52.73	¥39.55	¥32.88	¥32.88	¥32.88	¥480.00
19	(no_swith=false)		→	公式为"=VDBB2, B3, B4, B6, C6, 2, FALSE)						

图 13－20　折旧的计算

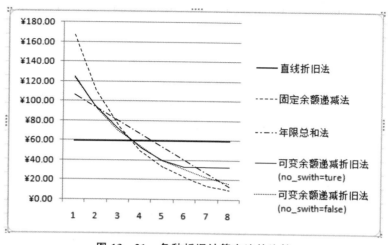

图 13-21 各种折旧计算方法的比较

(二) 平均收益率

1. 函数

平均收益率是项目预期的年均净收益与全部投资额的比值,未考虑货币的时间价值,是一种较粗糙的投资项目评价方法。在 Excel 中,平均收益率可以利用 Average() 函数来计算。

2. 应用

【例】 一投资项目初始投资额为 100 万元,经济年限 5 年,预期各年现金流量为 10 万元、20 万元、25 万元、20 万元、15 万元。计算此项目的平均收益率。如下图:

	A	B	C	D	E	F	G
1	平均收益率计算						
2	年份	0	1	2	3	4	5
3	现金流量	-100	10	20	25	20	15
4			公式为"=AVERAGE(C3:G3)/(-B3)"				
5	平均收益率	18.00%					

图 13-22 平均收益率的计算

(三) 投资回收期

1. 函数

投资回收期是投资项目累计产生的净现金流量补偿全部投资额所需的时间,可以利用 LOOKUP() 函数计算,公式为:

投资回收期=LOOKUP(0,累计现金流量,年份)+ABS(LOOKUP(LOOKUP(0,累计现金流量,年份),累计现金流量,年份))/LOOKUP(LOOKUP(0,累计现金流量,年份)+1,年份,现金流量)

语法:LOOKUP(lookup_value,lookup_vector,result_vector)

参数中,lookup_value 为函数 LOOKUP 在第一个向量中所要查找的数值,可以为数字、文本、逻辑值或包含数值的名称或引用;lookup_vector 为只包含一行或一列的区域,可以为数字、文本或逻辑值,且必须按升序排列(逻辑值排列为 FALSE、TRUE);result_vector 只包含一行或一列的区域,其大小必须与 lookup_vector 一致。

2. 应用

【例1】 一投资项目初始投资额为 100 万元,经济年限 5 年,预期各年现金流量为 15 万、25 万、30 万、20 万、15 万(不考虑贴现因素),计算此项目的投资回收期。如下图:

图 13 - 23 投资回收期的计算

公式说明:投资回收期=累计净现金流量开始出现正值年份数-1+(上年累计净现金流量的绝对值/当年净现金流量),函数 LOOKUP(0,B4:G4,B2:G2)得出的数值是上述投资回收期公式中的(累计净现金流量开始出现正值年份数-1)部分;ABS(LOOKUP(LOOKUP(0,B4:G4,B2:G2),B2:G2,B4:G4))得出的数值是上年累计净现金流量的绝对值部分;LOOKUP(LOOKUP(0,B4:G4,B2:G2)+1,B2:G2,B3:G3)得出的数值对应的是当年净现金流量的数值。

【例2】 一投资项目初始投资额为 100 万元,经济年限 5 年,预期各年现金流量为 15 万、25 万、30 万、20 万、15 万,贴现率为 1%,计算此项目的投资回收期。如下图:

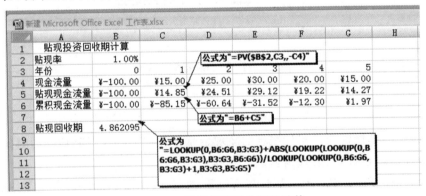

图 13 - 24 贴现投资回收期的计算

(四)净现值

1. 函数

(1)定期现金流量的净现值函数 NPV()

用途:通过使用贴现率以及一系列未来收支,返回一项投资的净现值,是计算定期现金流量的净现值。

语法：NPV(rate,value1,value2,…)

参数中，rate为贴现率，是一固定值；value1，value2，…代表1到29笔支出及收入的参数值，为各期现金流量（支出为负值，收入为正值），且此参数必须是在定期的期末发生。如果参数是数值、空白单元格、逻辑值或表示数值的文字表达式，则都会计算在内。如果参数是一个数组或引用，只有其中的数值部分计算在内，而忽略数组或引用中的空白单元格、逻辑值、文字及错误值。

函数NPV( )是依据项目开始后未来的现金流计算现值，按给定的现金流量顺序(即value1,value2,…)来注释现金流量发生的次序。NPV()假定投资开始于value1现金流所在日期的前一期，并结束于最后一笔现金流的当期，并未计入项目的初始投资额，因此并不是真正意义上的“净现值”。如果第一笔现金流发生在第一个周期的期初，则第一笔现金必须添加到函数NPV( )的结果中，而不应包含在values参数中。若要计算真正的净现值，则可在NPV()函数的计算结果上再加上项目初始投资额(负值)。

(2) 不定期现金流量的净现值函数XNPV()

用途：返回一组现金流的净现值，这些现金流不一定定期发生。若要计算一组定期现金流的净现值，可以使用函数NPV()。

语法：XNPV(rate,values,dates)

参数中，rate为贴现率。values是与dates中的支付时间相对应的一系列现金流量；首期现金流量若是初始投资额，则必须是负值，且将不被贴现；后续的现金流量都基于365日/年按日贴现；在全部现金流量中，必须保证至少有一个是负值。dates是与现金流支付相对应的发生日期表；第一个日期代表投资项目的开始，即初始投资发生的日期；其他日期应迟于此日期，可按任意顺序排列。

2. 应用

【例1】 一投资项目初始投资额为100万元，经济年限5年，预期各年现金流量为20万元、25万元、40万元、30万元、20万元，贴现率为2%，计算此项目的净现值。

净现值＝－100＋npv(2%,20,25,40,30,20)＝27.16万元

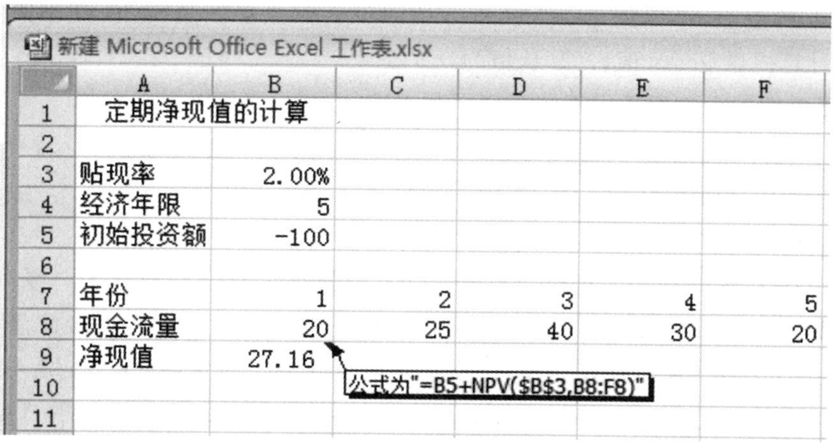
新建 Microsoft Office Excel 工作表.xlsx

	A	B	C	D	E	F
1	定期净现值的计算					
2						
3	贴现率	2.00%				
4	经济年限	5				
5	初始投资额	-100				
6						
7	年份	1	2	3	4	5
8	现金流量	20	25	40	30	20
9	净现值	27.16				
10						
11						

图13－25　定期净现值的计算

【例 2】 某投资项目于 2004 年底开始，初始投资额为 100 万元，此后 6 个月、12 个月、24 个月预期现金流量分别为 30 万、40 万、50 万，贴现率为 5%，计算该投资的净现值。

新建 Microsoft Office Excel 工作表.xlsx

	A	B	C	D	E	F
1	不定期净现值的计算					
2						
3	贴现率	5%				
4						
5	日期	2004/12/31	2005/6/30	2005/12/31	2006/12/31	
6	现金流量	-100	30	40	50	
7			公式为"=XNPV(B3,B6:E6,B5:E5)"			
8	净现值	12.7295851				
9						
10						
11						
12						

图 13－26 不定期净现值的计算

（五）内部收益率

1. 函数

(1) 定期现金流量的内部收益率函数 IRR()

用途：返回由数值代表的一组定期现金流的内部收益率。内部收益率为投资的回收利率，其中包含定期支付（负值）和收入（正值）。

语法：IRR(values,guess)

参数中，values 为项目预期的现金流量，按照预期现金流发生的顺序输入，包含初始投资（放在首位），且至少有一个正值、一个负值。values 为数组或单元格的引用，若包含文本、逻辑值或空白单元格，则将被忽略。guess 为对应函数 IRR()计算结果的估计值。

Microsoft Excel 使用迭代法计算函数 IRR( )。从 guess 开始，函数 IRR( )进行循环迭代，不断修正收益率，直至结果的精度达到 0.000 01%。如果函数 IRR( )经过 20 次迭代，仍未找到结果，则返回错误值＃NUM!。如果函数 IRR( )返回错误值＃NUM!，或结果没有靠近期望值，可以给 guess 换一个值再试。在大多数情况下，并不需要为函数 IRR( )的计算提供 guess 值，其默认值为 0.1(10%)。

(2) 不定期现金流量的内部收益率函数 XIRR()

用途：计算一组现金流的内部收益率，这些现金流不一定定期发生。若要计算一组定期现金流的内部收益率，可以使用 IRR 函数。

语法：XIRR(values,dates,guess)

参数中，rate 为贴现率。values 是与 dates 中的支付时间相对应的一系列现金流。首期现金流若是初始投资额则必须为负值，且将不被贴现。后续的现金流量都将基于 365 日/年按日贴现。在全部现金流量中，必须至少有一个为负值。dates 是与现金流支付相对应的支付日期表。第一个日期代表投资项目的开始，即投资发生的日期，其他日期应迟于该日期，可按任何顺序排列。guess 是对函数 XIRR()计算结果的估计值。

（3）修正内部收益率函数 MIRR()

用途：计算某一期限内现金流的修正内部收益率。

语法：MIRR(values，finance_rate，reinvest_rate)

参数中，values 为一个数组或对包含数字的单元格的引用（代表着各期的一系列支出及收入，其中必须至少包含一个正值和一个负值，才能计算修正后的内部收益率），finance_rate 为现金流中使用的资金支付的利率，reinvest_rate 为将现金流再投资的收益率。

2. 应用

【例 1】 一项投资项目初始投资额为 100 万元，经济年限 5 年，预期各年现金流量为 20 万元、25 万元、40 万元、30 万元、20 万元，计算此项目的内部收益率。

$$IRR(-100,20,25,40,30,20)=10.69\%$$

新建 Microsoft Office Excel 工作表.xlsx

	A	B	C	D	E	F	G
1	定期现金流量的内部收益率计算						
2							
3	年份	0	1	2	3	4	5
4	现金流量	-100	20	25	40	30	20
5							
6	内部收益率	10.69%	公式为"=IRR(B4:G4)"				
7							
8							
9							
10							

图 13－27　定期现金流量的内部收益率的计算

【例 2】 某投资项目于 2004 年底开始，初始投资额为 100 万元，此后 6 个月、12 个月、24 个月预期现金流量分别为 30 万元、40 万元、50 万元，计算该投资的内部收益率。如下图：

新建 Microsoft Office Excel 工作表.xlsx

	A	B	C	D	E	F
1	不定期现金流量的内部收益率计算					
2	日期	2004/12/31	2005/6/30	2005/12/31	2006/12/31	
3	现金流量	-100	30	40	50	
4						
5	内部收益率	15.54%	公式为"=XIRR(B3:E3,B2:E2)"			
6						
7						
8						
9						
10						

图 13－28　不定期现金流量的内部收益率的计算

【例 3】 某投资项目初始投资额为 100 万元，经济年限 4 年，若预期各期现金流量分别为 40 万元、80 万元、120 万元、100 万元，但在第 5 年项目结束后必须支出 250 万元处理工程，贴现率为 10%，判断此项目是否可行。

$$净现值=-100+NPV(10\%,40,80,120,100,-250)=205.71 万元$$

$$IRR=IRR(-100,40,80,120,100,-250)=4.54\%<10\%$$

$$MIRR=MIRR(-100,40,80,120,100,-250,10\%,10\%)=10.49\%>10\%$$

由计算可得，IRR 为 4.54%，低于项目融资利率 10%；但 MIRR 为 10.49%，高于项目融资利率，且净现值为 205.71 万元，因此，该项目可行。

新建 Microsoft Office Excel 工作表.xlsx

	A	B	C	D	E	F	G
1		不规则现金流量的内部收益率					
2							
3	贴现率	10%					
4	年份	0	1	2	3	4	5
5	薪金流量	-100	40	80	120	100	-250
6							
7	净现值	205.71	公式为"=-B5+NPV(B3,C5:G5)"				
8	IRR	4.54%	公式为"=IRR(B5:G5)"				
9	MIRR	10.49%	公式为"=MIRR(B5:G5,B3,B3)"				
10							
11							
12							

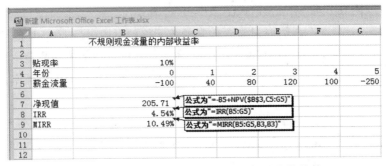

图 13－29　不规则现金流量的内部收益率的计算

第三节　项目评估过程的运行和输出

利用上两节介绍的 Excel 的基本知识及用于投资项目评估的常用函数和方法，则可利用 Excel，首先编制基本财务报表，通过数据的输入、计算、引用、加工、处理等，对项目进行财务评价和不确定性分析。最后，输出项目评估的结果。

一、投资项目财务报表的编制

（一）基本财务报表的编制

投资项目评估的基本财务报表主要有各类现金流量表、利润与利润分配表、财务计划现金流量表、资产负债表和借款还本付息估算表。通过基本财务报表的编制，可以计算各项财务评价指标，进行财务分析。

1. 现金流量表应正确反映计算期内的现金流入和流出，具体可分为下列三种类型：

(1) 项目投资现金流量表，用于计算项目投资内部收益率及净现值等财务分析指标。编制如下：

项目投资现金流量表

人民币单位：万元

序号	项目	合计	计算期 1	2	3	4	……	n
1	现金流量							
1.1	营业收入							
1.2	补贴收入							
1.3	回收固定资产余值							
1.4	回收流动资金							
2	现金流出							
2.1	建设资金							
2.2	流动资金							
2.3	经营成本							
2.4	营业税金及附加							
2.5	维持运营投资							
3	所得税前净现金流量（1-2）							
4	累计所得税前净现金流量							
5	调整所得税							
6	所得税后净现金流量（3-5）							
7	累积所得税后净现金流量							

计算指标：
项目投资财务内部收益率（%）（所得税前）
项目投资财务内部收益率（%）（所得税后）
项目投资财务净现值（所得税前）
项目投资财务净现值（所得税后）
项目投资回收期（年）（所得税前）
项目投资回收期（年）（所得税后）

图 13－30　项目投资现金流量表

（2）项目资本金现金流量表，用于计算项目资本金财务内部收益率。编制如下：

	A	B	C	D	E	F	G	H	I
1			项目资本金现金流量表						
2									
3								人民币单位：万元	
4									
5	序号	项目	合计			计算期			
6				1	2	3	4	……	n
7	1	现金流入							
8	1.1	营业收入							
9	1.2	补贴收入							
10	1.3	回收固定资产余值							
11	1.4	回收流动资金							
12	2	现金流出							
13	2.1	项目资本金							
14	2.2	借款本金偿还							
15	2.3	借款利息支付							
16	2.4	经营成本							
17	2.5	营业税金及附加							
18	2.6	所得税							
19	2.7	维持运营投资							
20	3	净现金流量（1-2）							
21	计算指标：								
22	资本金财务内部收益率（%）								

图 13-31　项目资本金现金流量表

（3）投资各方现金流量表，用于计算投资各方内部收益率。编制如下：

	A	B	C	D	E	F	G	H	I
1			投资各方现金流量表						
2									
3								人民币单位：万元	
4									
5	序号	项目	合计			计算期			
6				1	2	3	4	……	n
7	1	现金流入							
8	1.1	实分利润							
9	1.2	资产处置收益分配							
10	1.3	租赁费收入							
11	1.4	技术转让或使用收入							
12	1.5	其他现金流入							
13	2	现金流出							
14	2.1	实缴资本							
15	2.2	租赁资本支出							
16	2.3	其他现金流出							
17	3	净现金流量（1-2）							
18	计算指标：								
19	投资各方财务内部收益率								

图 13-32　投资各方现金流量表

2. 利润与利润分配表，反映项目计算期内各年营业收入、总成本费用、利润总额等情况，以及所得税后利润的分配，用于计算总投资收益率、项目资本金利润率等指标。编制如下：

利润与利润分配表

人民币单位：万元

序号	项目	合计	计算期					
			1	2	3	4	……	n
1	营业收入							
2	营业税金及附加							
3	总成本费用							
4	补贴收入							
5	利润总额（1-2-3+4）							
6	弥补以前年度亏损							
7	应纳税所得额（5-6）							
8	所得税							
9	净利润（5-8）							
10	期末未分配利润							
11	可供分配利润（9+10）							
12	提取法定盈余公积金							
13	可供投资者分配的利润（11-12）							
14	应付优先股股利							
15	提取任意盈余公积金							
16	应付普通股股利（13-14-15）							
17	各方投资利润分配							
	其中：**方							
	**方							
18	未分配利润（13-14-15-17）							
19	息税前利润（利润总额+利息支出）							
20	息税折旧摊销前利润（息税前利润+折旧+摊销）							

图 13-33　利润与利润分配表

3. 财务计划现金流量表，反映项目计算期内各年的投资、融资及经营活动的现金流入和流出，用于计算累计盈余资金，分析项目的财务生存能力。编制如下：

财务计划现金流量表

人民币单位：万元

序号	项目	合计	计算期					
			1	2	3	4	……	n
1	经营活动净现金流量（1.1-1.2）							
1.1	现金流入							
1.1.1	营业收入							
1.1.2	增值税销项税额							
1.1.3	补贴收入							
1.1.4	其他收入							
1.2	现金流出							
1.2.1	经营成本							
1.2.2	增值税进项税额							
1.2.3	营业税金及附加							
1.2.4	增值税							
1.2.5	所得税							
1.2.6	其他流出							
2	投资活动净现金流量（2.1-2.2）							
2.1	现金流入							
2.2	现金流出							
2.2.1	建设投资							
2.2.2	维持运营投资							
2.2.3	流动资金							
2.2.4	其他流出							
3	筹资活动净现金流量（3.1-3.2）							
3.1	现金流入							
3.1.1	项目资本金投入							
3.1.2	建设投资借款							
3.1.3	流动资金借款							
3.1.4	债券							
3.1.5	短期借款							
3.1.6	其他流入							
3.2	现金流出							
3.2.1	各种利息支出							
3.2.2	偿还债务本金							
3.2.3	应付利润（股利分配）							
4	净现金流量（1+2+3）							
5	累计盈余资金							

图 13-34　财务计划现金流量表

4. 资产负债表,用于综合反映项目计算期内各年年末资产、负债和所有者权益的增减变化及对应关系,计算资产负债率。编制如下:

序号	项目	投资期					
		1	2	3	4	……	n
1	资产						
1.1	流动资产总额						
1.1.1	货币资金						
1.1.2	应收负债						
1.1.3	预付账款						
1.1.4	存货						
1.1.5	其他						
1.2	在建工程						
1.3	固定资产净值						
1.4	无形资产及其他资产净值						
2	负债及所有者权益（2.4+2.5）						
2.1	流动负债总额						
2.1.1	短期借款						
2.1.2	应付账款						
2.1.3	预收账款						
2.1.4	其他						
2.2	建设投资借款						
2.3	流动资金借款						
2.4	负债小计（2.1+2.2+2.3）						
2.5	所有者权益						
2.5.1	资本金						
2.5.2	资本公积						
2.5.3	累计盈余公积金						
2.5.4	累计未分配利润						
计算指标:							
资产负债率							

图 13-35 资产负债表

5. 借款还本付息计划表,反映项目计算期内各年借款本金偿还和利息支付情况,用于计算偿债备付率和利息备付率指标。编制如下:

序号	项目	合计	计算期					
			1	2	3	4	……	n
1	借款1							
1.1	期初借款余额							
1.2	当期还本付息							
	其中：还本							
	付息							
1.3	期末借款余额							
2	借款2							
2.1	期初借款余额							
2.2	当期还本付息							
2.3	期末借款余额							
3	债券							
3.1	期初债券余额							
3.2	当期还本付息							
	其中：还本							
	付息							
3.3	期末债券余额							
4	借款和债券合计							
4.1	期初余额							
4.2	当期还本付息							
	其中：还本							
	付息							
4.3	期末余额							
计算指标	利息备付率							
	偿债备付率							

图 13-36 借款还本付息计划表

（二）财务报表的动态链接

投资项目评估中,常常会出现多个相关的财务报表。一个财务报表基础数据的变化,可能会影响其他财务报表的相关数据,从而为财务报表的分析计算带来麻烦。通过财务报表动态链接,定义各工作表之间的逻辑关系,可以有效解决这一问题,减少计算的复杂性。

具体步骤如下:

1. 在工作表中输入各财务分析报表。
2. 利用"开始"命令中的"复制"和"选择性粘贴",定义各工作表之间的逻辑关联。
3. 以此类推,建立各工作表之间的动态链接。同时,可以将此工作簿另存为模板文件,方便调用。

二、投资项目不确定性分析

不确定性分析是考虑各种不确定性因素的变化对投资项目经济效益的影响程度,是投资项目评估过程中一种重要的经济分析方法。下面介绍如何利用 Excel 进行投资项目的不确定性分析。

（一）盈亏平衡分析

盈亏平衡分析是一种静态分析方法,用来分析项目投产后收支平衡时必须达到的最低生产水平和销售水平。投资项目评估中,通过生产能力利用率来进行盈亏平衡分析,能够计算出项目保本时所须达到的最低限度的生产能力。在 Excel 中可以利用"单变量求解"进行计算。

【例】 某项目固定成本为 500 万元,达产期 10 年,年均可变成本为 100 万元,预期年均销售收入为 200 万元,假设销售税金及附加为 0,计算该项目的保本生产能力利用率。

$$达产期年均固定成本 = 500/10 = 50（万元）$$

$$生产能力利用率（BEP） = 50/(200-100) \times 100\% = 50\%$$

因此,该项目只需达到设计生产能力的 50%,即可保本。

利用 Excel 计算,步骤如下:

(1) 在工作簿中输入相关数据和计算公式。

	A	B
1	盈亏平衡分析	
2		
3	固定成本	500
4	达产期	10
5	年均可变成本	100
6	年均销售收入	200
7		
8	盈亏平衡时	
9	生产能力利用率	
10	销售收入	2000
11	固定成本	500
12	可变成本	1000
13	净利润	-500
14		
15		

B10 公式为"=B6*B4"
B12 公式为"=B5*B4"
B13 公式为"=(B10-B12)*B9-B11"

图 13-37　盈亏平衡分析

(2)选中工作簿中单元格 B13,在主菜单点中【数据】下的【假设分析】命令,选择下拉菜单中的【单变量求解】,弹出对话框后,在【目标单元格】中输入净利润单元格 B13,【目标值】中输入 0,在【可变单元格】中输入＄B＄9。

图 13-38 单变量求解对话框

(3)点击【单变量求解】对话框的【确定】按钮,则计算出盈亏平衡点的"生产能力利用率"为 50%。

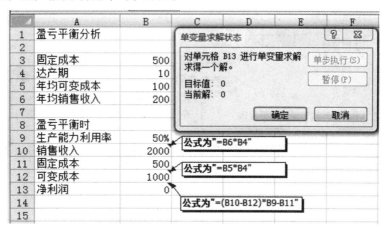

图 13-39 盈亏平衡分析生产能力利用率计算

(二)敏感性分析

敏感性分析是计算各重要因素的变化对项目效益的影响程度,进而减少风险中的不确定性,更好地控制预测风险。在 Excel 中可以利用"数据表"进行敏感性分析。

【例】 某项目总投资 100 万元,贴现率 5%,经济年限 5 年,预期年销售量 500 万元,产品销售价格 1000 元,若销售量和贴现率有 95%的概率在给定值的±10%内波动,计算项目净现值对销售量和贴现率的敏感度。

(1)在工作簿中输入相关数据和计算公式。

图 13-40 输入相关数据并计算

（2）用鼠标选中 B15：G20 的区域，在主菜单点中【数据】、【假设分析】命令，选择下拉菜单中的【数据表】，弹出对话框后，在【输入引用行的单元格】中输入贴现率所在单元格"＄B＄3"，在【输入引用列的单元格】中输入年销售量所在单元格"＄B＄6"，如图 13-41。

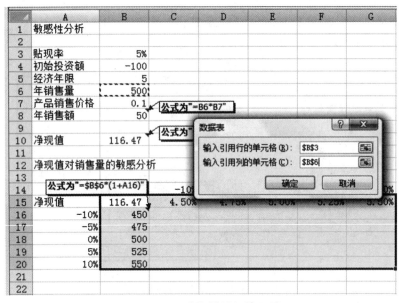

图 13-41 选取模拟运算区域

（3）点击【数据表】对话框的【确定】按钮，则得到净现值对销售量和贴现率的敏感性分析结果。

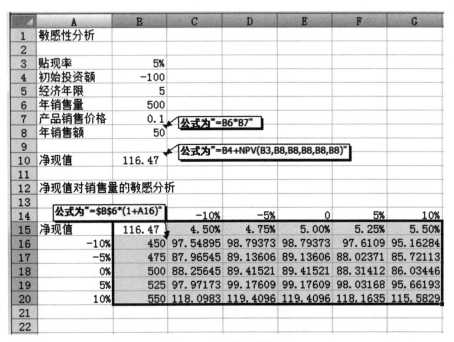

图 13-42 敏感性分析

（三）概率分析

概率分析是运用统计概率、预测不确定性风险的一种定量分析方法，一般针对项目净现值、投资回收期等指标，或者利用模拟方法测算项目相关评价指标。

1. 函数

（1）SUMPRODUCT()

用途：在给定的几组数组中，将数组间对应的元素相乘，并返回乘积之和。

语法：SUMPRODUCT(Array1，Array2，Array3，…)

参数中，Array1，Array2，Array3，…为 2 至 30 个数组，其相应元素需要进行相乘并求和。

（2）标准差函数 STDEVP()

用途：返回整个样本总体的标准偏差。它反映了样本总体相对于平均值(mean)的离散程度。

语法：STDEVP(Number1，Number2，…)

参数中，Number1，Number2，…为对应于样本总体的 1 到 30 个参数。可以使用逗号分隔参数的形式，也可以使用单一数组，即对数组单元格的引用。

（3）方差函数 VARP()

用途：计算样本总体的方差。

语法：VARP(Number1，Number2，…)

参数中，Number1，Number2，…为对应于样本总体的 1 到 30 个参数。其中的逻辑值(TRUE 和 FALSE)和文本将被忽略。

2. 应用

【例】 某项目投资回收期可能为 6 年、7 年、8 年、9 年、10 年，各回收期概率分别为 10%、20%、20%、30%、20%，计算该投资项目投资回收期的期望值和标准差。

	A	B	C	D	E	F
1	概率分析					
2						
3	投资回收期	6	7	8	9	10
4	概率	10%	20%	20%	30%	20%
5						
6	期望值	8.3	公式为"=SUMPRODUCT(B3:F3,B4:F4)"			
7	标准差	1.414214				
8			公式为"=STDEVP(B3:F3)"			
9						
10						

图 13-43　概率分析

因此，该项目最大可能性的投资回收期为 8.3 年，有 1.4 年左右的偏差。

三、项目评估结果的输出

在 Excel 中进行完各种财务评估和不确定性分析后，则可输出项目评估的结果。可分以下步骤进行：

1. 页面设置

选择【页面布局】菜单，根据需要分别设置页边距、纸张、版式、文档网格等选项。

2. 预览与打印工作表

在文档打印前，可以点击【Office 按钮】中的【打印】选择项下的【打印预览】功能，查看一下文档的格式设置等是否满足要求，以确保文档打印的准确性。打印预览所看到的文档内容和格式与实际打印出来的结果是完全相同的。

确定文档设置完全正确后，单击常用【Office 按钮】的【打印】按钮，对页面范围、副本、缩放等选项进行设置后，即可输出项目评估的结果。

第四节　计算机分析与手工处理的结合

根据以上三节的介绍，我们初步了解了如何运用 Excel 进行项目评估的运算和分析。利用计算机辅助计算，有利于我们更方便快捷地进行投资项目评估。通过下面这道例题，我们将了解到如何将计算机分析与手工处理相结合，进行项目评估。

【例】 某投资项目固定资产投资 200 万元，经济年限 5 年，贴现率 5%。固定资产折旧年限为 5 年，到期无残值，采用直线法折旧。年固定成本 40 万元，产品销售价格 2 万元，单位变动成本 1 万元，预期年销售量 100 万元，营运资本 100 万元且期末收回，所得税率 33%，试计算项目回收期、净现值及收益率。若销售量、销售价格、单位变动成本、固定成本、贴现率有 95%的概率在给定值的±10%内波动，需进行敏感性分析。

（一）基本数据运算

	A	B	C	D	E	F
1	现金流量分析					
2						
3	经济年限	5				
4	固定资产年限	5				
5	贴现率	5%				
6	固定资产原值	¥200.00				
7	销售价格	¥2.00				
8	年销售量	100				
9	变动成本	¥1.00				
10	年固定成本	¥40.00				
11	营运成本	¥100.00				
12	所得税税率	33%				
13						
14	现金预测					
15						
16	销售收入	¥200.00	公式为"=B7*B8"			
17	可变成本	¥100.00	公式为"=B8*B9"			
18	销售利润	¥100.00	公式为"=B16-B17"			
19	固定成本	¥40.00	公式为"=B10"			
20	折旧	¥40.00	公式为"=SLN(B6,0,B4)"			
21	息税前盈余	¥20.00	公式为"=B18-B19-B20"			
22	所得税	¥6.60	公式为"=B21*B12"			
23	净收益	¥13.40	公式为"=B21-B22"			
24	经营现金流量	¥53.40	公式为"=B23+B20"			
25						
26						

图 13－44　基本数据运算

固定资产采用直线法折旧,到期无残值,则:

$$每年折旧=200\div5=40(万元)$$

息税前盈余 $EBIT=$(单位销售价格－单位可变成本)×销售量－固定成本－折旧
$$=(2-1)\times100-40-40=20(万元)$$

经营现金流量 $=EBIT\times(1-$所得税率$)+$折旧$=20\times(1-33\%)+40=53.40(万元)$

(二) 各年现金流计算

该投资项目现金流计算可分为三个时期:

1. 初始投资时:固定资产投资＋投入的营运资本＝＄B＄8＋＄B＄9＝－300
2. 每年经营现金流量:＄C＄7:＄F＄7
3. 期末现金流量:

末期的经营现金流量＋固定资产残值＋回收的营运资本＝＄G＄7＋＄G＄9＝153.40万元

(三) 项目评价

投资回收期＝LOOKUP(0,B12:G12,B6:G6)＋ABS(LOOKUP(LOOKUP(0, B12:G12,B6:G6),B6:G6,B12:G12))/LOOKUP(LOOKUP(0,B12:G12,B6:G6)＋1,B6:G6,B11:G11)＝4.92 年

项目净现值＝B10＋NPV(B3,C10:G10)＝9.55 万元

$IRR=IRR$(B10:G10)＝5.97％

$MIRR=MIRR$(B10:G10,B3,B3)＝5.66％

此项目内部收益率大于贴现率,且净现值大于零,因此项目可行。

	A	B	C	D	E	F	G
1	现金流量分析						
2							
3	贴现率	5%					
4	经济年限	5					
5							
6	年份	0	1	2	3	4	5
7	经济现金流量		53.40	53.40	53.40	53.40	53.40
8	固定资产支出	-200					
9	营运成本	-100					100
10	自由现金流量	-300	53.40	53.40	53.40	53.40	153.40
11	贴现现金流量	-300	¥50.86	¥48.44	¥46.13	¥43.93	¥120.19
12	累计现金流量	-300	¥-249.14	¥-200.71	¥-154.58	¥-110.65	¥9.55
13							
14			公式为 "=LOOKUP(0,B12:G12,B6:G6)+ABS(LOOKUP(LOOKUP(0,B12:G12,B6:G6),B6:G6,B12:G12))/LOOKUP(LOOKUP(0,B12:G12,B6:G6)+1,B6:G6,B11:G11)"					
15							
16	投资回收期	4.920572					
17	项目净现值	¥9.55	公式为"=B10+NPV(B3,C10:G10)"				
18	IRR	5.97%	公式为"=IRR(B10:G10)"				
19	MIRR	5.66%	公式为"=MIRR(B10:G10,B3,B3)"				
20							
21							
22							

图 13－45 项目评价

（四）敏感性分析

销售量、销售价格、单位变动成本、固定成本、贴现率有 95% 的概率在给定值的 ±10% 内波动，则净现值对以上各因素的敏感度计算如图 13-46。

	A	B	C	D	E	F	G
1				敏感性分析			
2		贴现率	净现值			可变成本	净现值
3	-10%	4.50%	14.67		-10%	0.9	38.55
4	-5%	4.75%	12.09		-5%	0.95	24.05
5	0	5%	9.55		0	1	9.55
6	5%	5.25%	7.03		5%	1.05	-4.96
7	10%	5.50%	4.55		10%	1.1	-19.46
8							
9							
10		销售量	净现值			销售价格	净现值
11	-10%	90	-19.46		-10%	1.8	-48.47
12	-5%	95	-4.96		-5%	1.9	-19.46
13	0	100	9.55		0	2	9.55
14	5%	105	24.05		5%	2.1	38.55
15	10%	110	38.55		10%	2.2	67.56
16							
17							
18		固定成本	净现值				
19	-10%	36	21.15				
20	-5%	38	15.35				
21	0	40	9.55				
22	5%	42	3.75				
23	10%	44	-2.06				
24							
25							

图 13-46　敏感性分析

根据敏感性分析，绘制出项目净现值对各因素的敏感度图表，见图 13-47。由此可得出以下结论：

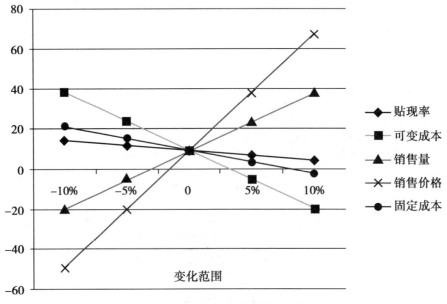

图 13-47　各因素敏感性分析图

1. 当贴现率在±10%变化时,净现值始终为正,说明净现值对贴现率不敏感;

2. 当单位可变成本、销售量、销售单价任一因素降低5%,或固定成本提高10%时,净现值出现负值,说明单位可变成本、销售量、销售单价以给定数值的-5%为阈值,固定成本以给定值的10%为阈值。

【能力训练】

1. 简答题

(1) Microsoft Excel 中单元格的引用有哪几种类型？区别是什么？

(2) Microsoft Excel 工具包中货币时间价值函数主要有哪些？

(3) Microsoft Excel 工具包项目评估各项指标如何计算？

2. 某人购房,办理一笔30年40万元的抵押贷款,年利率为5%。利用Excel计算此笔贷款每年还款额？其中利息多少？本金多少？

3. 某项目需投资37 500元购买设备,固定资产年限7年,按直线法折旧,残值为5 600元。该项目第一年销售量预计为5 700,到第五年增长为24 100,到第七年下降为8 200,第八年为0。第一年实际资本成本为9.3%,到第七年为10.6%。单位销售价格为9.2元,第一年固定成本7 940元,单位销售价格及固定成本均随通货膨胀率变化。预计第一年通货膨胀率为1.5%,到第五年增长到2.8%,此后保持不变。利用Excel计算该项目净现值。

【网络资源与阅读书目】

[1] 徐强. 投资项目评估. 北京：中国工人出版社,1998

[2] 王晓民. Excel金融计算专业教程. 北京：清华大学出版社,2004

参 考 文 献

1. 国家发展改革委员会,建设部.建设项目经济评价方法与参数[M].3版.北京:中国计划出版社,2006
2. 简德三.投资项目评估[M].上海:上海财经大学出版社,2016
3. 周春喜.投资项目评估[M].杭州:浙江大学出版社,2014
4. 苏益.投资项目评估[M].北京:清华大学出版社,2017
5. 刘艳博.投资项目评估[M].北京:清华大学出版社,2017
6. 周惠珍.投资项目评估[M].大连:东北财经大学出版社,2013
7. 周惠珍.投资项目评估案例分析[M].大连:东北财经大学出版社,2002
8. 成其谦.投资项目评估[M].北京:中国人民大学出版社,2017
9. 林文俏,姚燕.建设项目投资财务分析评价[M].广州:中山大学出版社,2014
10. 王晋,丁琳.投资项目评估[M].北京:中国物资出版社,2014
11. 王力,邓雪莉.投资项目评估[M].大连:东北财经大学出版社,2018
12. 牛建高,等.新编企业投资学[M].大连:东北财经大学出版社,2004
13. 徐强.新编投资学教程[M].南京:东南大学出版社,2014
14. 徐强.投资项目评估[M].北京:中国工人出版社,1998
15. 徐强.区域环境经济与区域形象设计[M].南京:东南大学出版社,2005
16. 徐强.区域环境经济与预警[M].北京:中国环境科学出版社,2001
17. 林万龙.投资项目财务分析实务[M].北京:中国农业出版社,2011
18. 农业部发展计划司.农业项目经济评价实用手册[M].2版.北京:中国农业出版社,1999
19. 邹一峰.中外投资项目评价[M].南京:南京大学出版社,2001
20. 冯晓琦.风险投资[M].北京:清华大学出版社,2012
21. 王晓民.Excel金融计算专业教程[M].北京:清华大学出版社,2004
22. [英]阿拉斯泰尔·L.D.精通Excel中的金融数学[M].北京:人民邮电出版社,2012